삼가 이 책을 아버지의 영전에 바칩니다.

근역학술총서 2

매산 이하진의
삶과 문학 그리고 성호학의 형성

초판1쇄 발행 ｜ 2010년 8월 30일
초판2쇄 발행 ｜ 2011년 5월 30일

지은이 ｜ 윤재환   펴낸이 ｜ 홍종화

디자인 ｜ 정춘경 · 하은실
편집 ｜ 오경희 · 조정화 · 오성현 · 신나래
관리 ｜ 박정대 · 최기엽

펴낸곳 ｜ 문예원   출판등록 ｜ 제317-2007-55호
주소 ｜ 서울 마포구 대흥동 337-25
전화 ｜ 02) 804-3320, 805-3320, 806-3320(代)
팩스 ｜ 02) 802-3346

ISBN ｜ 978-89-963231-4-3   93380
       978-89-963231-3-6   93380(세트)

ⓒ 윤재환, 2010
ⓒ 문예원, 2010, printed in Korea

※ 책 값은 뒤표지에 있습니다.
※ 잘못된 책은 바꾸어 드립니다.
※ 저자와의 협의하에 인지는 생략합니다.

근역학술총서 2

매산 이하진의 삶과 문학 그리고 성호학의 형성

윤재환

문예원

추천사

18세기 후반과 19세기 초반의 학술문화사學術文化史를 빛낸 인물로 독일에 요한 볼프강 괴테Johann Wolfgang Goethe(1749-1832)가 있다면, 조선왕조에는 다산茶山 정약용丁若鏞(1762-1836)이 있다.

괴테보다 13년 늦게 태어난 다산은 16세(1777) 때에 처음으로 성호星湖 이익李瀷(1681-1763)의 유저遺著를 보고, 흔연欣然히 학문에 뜻을 두고 정진하여 우리나라 5천년 지성사知性史에 새로운 지평을 열었다. 다시 말하면 다산은 경세치용학經世致用學의 신세계를 열었던 성호를 사숙私淑하여 조선후기 실학實學을 집대성集大成하였다.

우리들은 다산학茶山學이 성립할 수 있었던 기저基底에는 성호학星湖學이라는 큰 산이 있음을 알고 있으나, 성호학의 연원淵源이 매산梅山 이하진李夏鎭(1628-1682)으로부터 나왔다는 사실을 아는 이들은 그리 많지 않다. 성호 이익은 바로 매산 이하진의 다섯째 아들이다. 성호학의 학문적 기반基盤이 아버지 매산 이하진이었다.

천하의 태산泰山도 기점起點이 있고 유장悠長한 장강長江도 시원始源이 있듯이 학문의 세계도 이처럼 연원淵源이 있다. 이 『매산 이하진의 삶과 문학 그리고 성호학의 형성』은 저자 윤재환尹載煥의 성균관대학교 박사학위 논문을 근간으로 내용을 수정·보완하고 산문에 관한 글을 몇 편 첨가하여 엮은 것이다. 이 책에서 윤박사는 성호학의 기점起點이었던 매산의 생애와 문학세계를 정치精緻하게 고구考究하고 이어서 성호학의 기반 형성을 심도 있게 조명하였다. 우리는 이 책을 통하여 매산가梅山家가 조선의 학술

5

문화 발전에 기여한 내용을 쉽고 바르게 이해할 수 있게 되었다.

인문학이 위기에 처한 작금의 현실에서 윤박사는 매산을 중심으로 오랜 세월 동안 올곧게 꾸준히 연구를 진행하여 많은 논문을 발표하여 학계의 주목을 받고 있는 젊은 학자이다. 윤박사의 부친 고故 윤영옥尹榮玉 교수는 『신라 시가의 연구』(1980)를 비롯하여 수많은 논저를 통하여 우리나라 고전시가 연구에 큰 업적을 남겼다. 저자의 성실한 학문적 자세는 부친의 영향을 받은 것이 분명하다.

나는 윤박사와 근 20여 년 동안 여러 인연들이 있다. 최근에는 한국연구재단의 연구 과제인 《동아시아 역대 문화교류 인물 집성 - 근대 제국주의 시기 이전 동아시아 삼국의 문헌 자료를 중심으로 - 》의 연구책임자를 내가 맡고 있고 윤박사가 팀장으로서 연구원 20여 명이 함께 3년에 걸쳐 연구를 수행하고 있는 중이다. 이런저런 인연으로 불녕不佞이 서문을 쓰게 되었다.

윤박사는 앞으로도 연구에 정진하여 학술사에 길이 남을 저서를 계속해서 상재上梓하기를 기원한다. 끝으로 이 책이 근역학술 총서로 간행되게 되어 근역한문학회장으로서 더욱 기쁘게 생각한다.

2010년 8월

설촌서재雪村書齋에서

김상홍金相洪

책을 펴내면서

　이 책은 조선 후기 근기 남인近畿南人 계열의 대표적 관료이자 문인·학자였던 매산梅山 이하진李夏鎭의 삶과 문학세계를 살핀 것이다. 매산 이하진이라는 인물은 일반인들에게는 물론이고 학계에서도 아직까지 그리 많이 알려진 인물이 아니다. 그의 삶이 지난至難했던 정치적 역경 속에 놓여 있었고, 그 정치적 역경 속에서 순탄하지 못한 삶을 살다가 유배 도중 운명했기 때문인지도 모른다. 그러나 매산 이하진이라는 한 개인으로서의 삶은 당대의 정치적 부침浮沈 속에서 사라져 현재까지 그다지 알려지지 않고 있을지 모르지만, 그의 생애 속에 담겨져 있던 다양한 의미들은 아들 성호星湖 이익李瀷을 통해 지금까지 우리에게 전해지고 있다.

　이 책은 매산 이하진을 보다 구체적으로 살펴보고자 하는 의도에서 기획되었다. 크게 세 부분으로 구성되어 있는데, 첫 번째 부분에서는 매산 이하진이 생존하고 있었던 시기에 대해서 정치적 상황을 중심으로 살펴보았다. 17세기 조선의 정치적 상황과 매산 이하진의 삶을 대응시켜 살펴보면서, 그의 선대先代에 대해서도 함께 알아보았다. 이 작업을 통해 매산 이하진이 지니고 있었던 학문과 문학에 관한 의식을 가능한 한 구체화하고자 했다.

　두 번째 부분에서는 문집 속 작품을 바탕으로 매산 이하진의 문학세계를 살펴보았다. 그의 문학세계는 그의 선대와 유사한 경향을 지니고 있다. 그는 문文 보다 시詩를 중시하였고, 시를 통해 삶의 모든 정서를 그려내고자 하였다. 시와 비교하여 상대적으로 소략하다고는 하지만, 매산의 문이 지니고 있는 의미 역시 적지 않다. 그는 문을 통해 스스로가 지니고 있었던 정신적 지향세계를 오롯하게 드러내었고, 그가 느꼈던 현실 정치의 부조리에 정면으로 부딪쳤다. 그의 문학세계가 가치를 지니는 것은 삶의 역정과 문학세계가 함께하고 있다는 것에서 우선 찾을 수 있다.

마지막 세 번째 부분에서는 그의 학문과 문학세계가 다음 세대, 특히 성호 이익에게 이어진 과정을 살펴보았다. 매산 이하진과 성호 이익이 함께 생존했던 시기는 불과 일 년 남짓하다. 매산이 운명하기 일 년 전 성호가 유배지에서 태어났기 때문이다. 그러나 성호는 부친인 매산에게 학문과 문학세계를 전해 받은 그의 두 형, 섬계剡溪 이잠李潛과 옥동玉洞 이서李漵를 통해 학문과 문학을 익혔다. 이와 같은 학문의 전수관계를 통해 볼 때 성호의 학문과 문학세계는 매산의 자장磁場 안에서 이루어졌다고 할 수 있다. 물론 성호의 학문과 문학이 매산이나 두 형의 영향만으로 이루어졌다고 할 수는 없다. 그러나 성호 학문의 바탕에는 매산에게서 두 형에게로 이어진 가학家學의 연원이 그대로 존재하고 있는 것이다.

이 책은 아직까지 학계에 그다지 알려지지 않은 매산 이하진이라는 인물을 본격적으로 소개했다는 점에서, 또 가학을 중심으로 이루어진 성호 이익 학문세계의 형성과정을 추론해 볼 수 있는 하나의 단서를 제공하고 있다는 점에서 의미를 지닌다고 할 수 있다. 그러나 매산 이하진이라는 인물 자체에 대한 관심과 매산을 중심으로 성호 이익의 학문 형성에 미친 가학의 영향에 시선을 집중하고 있어 다양한 부분으로 논의를 확대하지 못했다는 한계를 지닌다. 이 부분은 앞으로 계속 보완해나갈 것이다.

필자가 매산 이하진이라는 인물에 대해 관심을 가지게 된 것은 성균관대학교로 학교를 옮긴 뒤 부족한 제자를 마다않고 거두어주신 임형택 선생님의 지도에 의해서이다. 선생님의 지도로 근기 남인에 대한 공부를 시작하면서 다양한 인물에 관심을 가지게 되었고, 지금 이렇게 매산 이하진을 중심으로 한 권의 책을 꾸밀 수 있게 되었다. 진심으로 이 자리를 빌려 선생님께 감사드린다.

필자에게는 감사드려야 할 많은 은사님들이 계신다. 임형택 선생님은 말할 것도 없고, 한시를 공부하도록 길을 열어주시고 늘 걱정해주시는 송준호 선생님, 지금까지 돌아보며 불민한 제자를 염려해주시는 중산 허호구 선생님, 이 책의 서문을 써 주신 설촌 김상홍 선생님, 이제는 고인이 되신 황패강 선생님, 손 꼽아보면 지면이 모자랄 정도로 많은 선생님들께 배우고 익혔다. 늘 선생님들의 이름을 욕되게 하는 것이 아닌가 걱정되고 죄송스러웠는데, 지금 이 책이 그 걱정과 죄송스러운 마음을 조금이라도 더는 시작이 되었으면 하는 마음을 조심스럽게 가져본다.

막상 책을 출간하고자 마음먹은 뒤 여러 가지 생각이 스쳐 지나간다. 5년이라는 시간을 묵히며 고민했던 것을 세상에 내 놓는 것이지만, 후련함이나 편안함보다 미안함과 안타까움이 앞선다. 필자에게 공부하는 업을 당연하게 생각하도록 만들어주신, 한번도 이 길에 들어서기를 강요하신 적도 재촉하신 적도 없으셨던 아버지께서 이제 이 책을 읽어주시지 못한다는 것이 무엇보다도 죄송스럽고 안타깝다. 이 마음속의 안타까움은 아마 평생 필자에게서 떠나지 않을 듯하다. 책이 출간되면 가장 먼저 고향의 선영에 누워계신 아버지를 찾아뵐 것이다. 세 아이를 낳아 기르는 동안, 공부한다는 것을 구실로 집안에 그다지 관심을 보인 적이 없었던 필자에게 큰 걱정 없이 업을 계속할 수 있게 해 준 아내에게, 또 그런 아버지를 믿고 따르는 아이들에게 미안하고 감사하다. 부족한 책이시나 근역학술총서로 출간하도록 해 준 근역한문학회의 여러 선생님들께도 진심으로 감사를 드린다. 이제 시작이지만, 이 책이 필자의 마음속에 담겨 있는 모든 이들에 대한 미안함과 죄송함, 그리고 안타까움을 조금이라도 지우고 고마움과 감사함을 표현하는 첫 걸음이 되기를 바란다.

2010년 8월
저자

차례

추천사 5
책을 펴내면서 7

서설_12

제1부 17세기 조선朝鮮과 매산梅山, 매산가梅山家

1. 17세기 조선朝鮮의 정치 상황政治狀況과 매산梅山 ·················· 31
2. 매산梅山의 학문學問과 문학관文學觀 ································ 65

제2부 매산梅山 이하진李夏鎭의 문학세계文學世界

1. 시詩로 그려낸 삶의 정서情緖 ······································ 99
   1) 사환仕宦의 포부抱負와 생활生活 속의 서정抒情 | 102
   2) 방축放逐의 우수憂愁와 안분安分의 추구追求 | 181

2. 문文으로 풀어낸 정신적精神的 지향指向 ················· 235
 　1) 기문記文에 드러난 정신세계精神世界 | 238
 　2) 상소문上疏文을 통해 본 의식 지향意識指向 | 263

제3부 매산梅山 이하진李夏鎭과 성호학星湖學의 형성形成

1. 성호학星湖學의 기반基盤 구축構築 ················· 295
2. 문학 세계文學世界의 토대土臺 형성形成 ················· 317

정리를 대신하여_368

　　　　　　　　　　　　　　　참고문헌　　381
　　　　　　　　　　　　　　　찾아보기　　389

서설

　매산梅山 이하진李夏鎭은 인조仁祖 6년(1628) 무진戊辰 춘春 2월 10일 오시午時에 여주이씨驪州李氏 가문家門의 본거지인 정동貞洞에서 태어나 숙종肅宗 8년(1682) 6월 14일 유배지인 평안북도平安北道 운산雲山에서 55세의 일기를 끝으로 세상을 떠난 인물이다. 자字는 하경夏卿, 호號는 매산 혹은 육우당六寓堂이라고도 한다. 아버지 지평공持平公 지안志安과 어머니 전주이씨全州李氏의 5남 1녀 중 장남으로 태어난 매산 이하진은 17세기 정치적 격변의 한가운데에서 남인 계열南人系列의 관료로 당대의 정치적 혼란을 몸소 겪으며 살아간 인물이다.

　매산 이하진은 서인西人과 남인南人의 정권이 수없이 뒤바뀌던 혼란한 시기에 유력한 남인 가문南人家門에서 태어나 서인과 남인의 정권 교체기와 청淸·탁濁으로 남인이 자체 분열하던 시기를 거쳐 경신대출척庚申大黜陟에 의해 남인 계열이 정계에서 완전히 배제되던 시기까지 남인 정권政權의 중심에서 활동하였다. 그는 인조반정仁祖反正 이후 정치적으로 기울어져가는 가문을 일으키고 자신의 이상을 현실 속에서 실현하기 위해 관직에 뛰어들어, 숙종 6년(1680) 진주목사晉州牧使로 좌천되기까지 각고의 노력을 다했지만 당시의 어지러운 현실 속에서 이상을 펼치지 못한 채 생을 마감했다.

　매산은 일생 동안 시대의 정치적 소용돌이 속에서 부침을 거듭하며 살아간 인물이었다. 그의 생애는 당대當代의 정치 상황과 나누어 설명할 수 없을 만큼 정치적 영향 아래에 놓여 있었고, 그 속에서 누구보다 갈등하며 살아간 인물이었다. 그렇지만 그의 생은 남인의 실각과 함께 끝을 맺기 때문에 정치적인 면으로만 본다면 실패한 삶을 산 인물이라고도 할 수 있다.

정치적인 면과 달리 매산은 당대 문학으로 상당한 명성을 떨쳤다. 그는 문학을 전공한 문인도 아니었고, 스스로 문학으로 자부하지도 않았지만 문학 특히 시詩로 명성을 얻었다. 그가 누렸던 문학적 성가聲價는 그와 정치적으로 사사건건 대립했던 허적許積이나 김석주金錫胄조차 인정하던 것이었다. 이와 같은 개인적인 성가와 함께 매산의 삶은 그의 학문과 문학세계가 후손에게 전해진 과정을 통해 우리에게 커다란 영향을 전해주고 있다. 그것은 매산의 학문과 문학 경향이 그의 아들들에게 이어져 조신후기 근기실학파近畿實學派의 형성과 이어지기 때문이다. 특히 둘째 아들 섬계剡溪 이잠李潛과 셋째 옥동玉洞 이서李溆에게 이어진 그의 삶은 다시 막내 성호星湖 이익李瀷에게 전해져 조선후기 경세치용학파經世致用學派[1]라는 새로운 학문세계를 여는 바탕의 하나로 작용하였다.

이 글은 매산 이하진의 학문과 문학세계에 대해 살펴보고, 이어 그의

---

1) 李佑成,「實學硏究序說」,「韓國의 歷史像」(創作과 批評社, 1982.8). 이 글에서 李佑成은 實學派를 세 부류로 나눈 뒤, 제 1기의 實學派로 星湖를 大宗으로 하는 經世致用學派를 들고 있다.

학문과 문학이 아들들인 섬계와 옥동 그리고 성호에게 어떤 영향을 미쳤는지 알아보고자 한 것이다. 이와 같은 목적을 위해 이 글에서는 우선 매산의 가계家系와 생애生涯를 당대의 정치적 상황과 결부하여 정리해보았다. 매산의 가문은 경헌공敬憲公 계손繼孫이 이룩한 번영의 토대 위에 소릉공少陵公 상의尙毅가 꽃을 피우면서 잠영簪纓의 반열에 올라섰으나 인조반정 이후 점차 정치적인 곤경을 겪었다. 매산 가문의 정치적 곤경은 그의 가문이 당대의 정치적 변화에 상당한 영향을 받고 있었음을 보여주는 것이기 때문에 매산의 가계와 생애를 살필 때 정치적 상황은 반드시 고려되어야 할 것이다.

다음으로 매산이 가지고 있었던 학문, 그리고 문학에 대한 의식을 정리해보았다. 매산에 관한 자료는 문집과 그의 후손들이 쓴 몇 편의 글이 전부이고, 문집도 시를 제외하고는 정치적이거나 의례적인 글을 중심으로 이루어져 있어, 매산이 스스로 자신의 학문관이나 문학관을 명확하게 밝힌 글을 찾기는 어렵다. 그러나 현재 남아 있는 자료만을 가지고도 학문과 문학에 대해 매산이 가지고 있었던 의식을 충분히 유추할 수 있다. 이 작업은 당대 매산이 지니고 있었던 학문적·문학적 가치에 대한 확인뿐만 아니라 다음 세대에 미친 매산의 영향을 확인하기 위해서도 반드시 이루어져야만 할 것이다.

다음으로 매산의 학문관과 문학관을 작품 속에서 직접 살펴보았다.

앞서 언급한 것과 같이 매산은 스스로 문인으로 자처하거나 문학으로 자임하지 않았지만 당대 이미 시로 상당한 명성을 누렸다. 매산의 문집을 살펴보면 그가 특히 시를 삶의 동반자로 여기고 즐겼다는 사실을 쉽게 알 수 있다. 매산 문집의 이러한 특성은 매산의 문학세계가 시로 대표되고, 시는 그의 일생에서 변함없는 가치를 가졌던 것이라 유추할 수 있게 한다. 따라서 이 글에서 다루는 매산의 문학세계는 시를 중심으로 하여 산문세계로 논의의 범주를 확장한 것이다. 산문세계에 대한 접근은 문집에 수록된 문장文章의 성격에 맞추어 기문記文과 상소문上疏文을 중심으로 한다.

마지막으로 매산의 삶과 문학세계가 그의 후손들, 특히 성호에게 어떤 영향을 미쳤는지 알아보았다. 선대부터 매산의 가문은 부친과 족부族父에게 학문을 익혔던 가학家學의 선통을 상하게 지니고 있었다. 가문의 보편적인 학문 전수과정이 보여주는 가학 전수의 전통으로 보아 매산이 비록 유배지에서 운명했다고 하더라도 매산의 삶과 문학세계가 그 아들들에게 상당한 영향을 미쳤으리라고 생각하는 것은 당연하다. 특히 둘째 아들 섬계와 셋째 옥동은 매산에게 직접적이고 강력한 영향을 받았으며, 이들에게 전해진 매산의 학문은 섬계와 옥동을 통해 학문의 기초를 닦았던 성호에게 이어져 성호의 학문 형성에 적지 않은 영향을 미쳤다고 보인다. 이 학문의 영향이 무엇이고, 성호에게 어떻게 영향을 미쳤는지 확인해보는 것이 이 글의 최종적인 목표이다.

성호의 학문세계는 미수眉叟 허목許穆을 거슬러 한강寒岡 정구鄭逑에게 이어지고 다시 퇴계退溪에게 접한다고 알려져 있다. 하지만 성호의 학문세계를 퇴계학退溪學의 사숙私淑만으로 이루어진 것이라 보기는 어렵다. 그것은 성호가 시무時務와 실사實事에서는 율곡栗谷과 반계磻溪를 추숭追崇했고, 또 이들의 학문을 따라 배우려고 노력했기 때문이다. 이기理氣와 심성心性을 논할 때 정반대에 서 있었던 퇴계와 율곡에게서 각각 배울 것을 찾아 자신의 학문세계를 형성했기 때문에 성호는 당대 보편적인 지식인들이 추구하고 있었던 형이상학적形而上學的이고 사변적思辨的인 학문 태도를 벗어나 실용實用의 학문을 창도唱導할 수 있었다.

이에 따라 성호의 학문세계는 단선적인 한 학통學統의 전승傳承만으로는 설명하기 어려운 점이 많다. 복잡하고 다양한 과정을 거쳐 이루어진 성호 학문의 형성과정 때문에 지금까지 성호의 학문세계에 대한 논의는 성호 스스로가 이룩한 학문적 성취나 성호 이후의 학문 전승과정傳承過程에 초점을 맞추어 연구가 진행되어 왔다. 성호의 학문 계승에 관해서도 성호를 정점으로 안정복安鼎福, 황덕길黃德吉, 허전許傳에게 이어지는 학통과 권철신權哲身, 정약용丁若鏞에게 이어지는 학통으로 나누어 많은 학자들에 의해 다양하게 언급되었다.[2] 그러나 성호의 학문 세계 형성과정은 그의 학문세계가 지니는 복잡하고 다양한 성격과 함께 구체적인 자료의 부족으로 인해 명확하게 확인하기 어렵다.

성호의 가문은 17세기 이후 정치적으로 실세失勢한 남인 가문에 속한다. 특히 성호의 부친 매산이 유배지에서 운명하고, 둘째 형 섬계 이잠이 원자元子의 보호를 주청하는 항소抗疏를 올려 장살杖殺된 이후 성호의 가문은 한동안 관직과 담을 쌓아야 했다. 성호도 과거를 통한 입신의 꿈을 가지고 있었으나 섬계가 장살된 뒤 그 꿈을 접고 안산安山의 첨성리瞻星里로 몸을 피해야만 했다. 성호가 안산의 첨성리에서 재야在野의 삶을 살았던 것은 그 자신이 원했던 것이 아니라 어쩔 수 없었던 당대의 정치적 상황 때문이었다. 당대 성호 가문이 겪었던 정치적 어려움 때문이었는지는 모르지만 성호의 학문 형성에 관해 확인해 볼 수 있는 자료들이 현재 거의 남아 있지 않다.[3] 이 글의 또 다른 목적은 이와 같은 성호 학문의 형성과정에 대한 의문을 해소하기 위한 것이기도 하다.

매산 가문의 학문 전수과정을 살펴보면 성호의 학문세계 형성에

---

2) 李佑成,「韓國 儒學史上 退溪學派의 形成과 그 展開」,『韓國의 歷史像』(創作과 批評社, 1982.8), 93-95쪽. 이 글에서 李佑成은 星湖學派를 左派와 右派로 나누어 논하였는데, 이 논의 이후 학계에서는 星湖學統을 두 부류로 나누어보는 경향이 주류를 이룬다. 右派의 중심인 順菴 安鼎福 系列 星湖學統의 전개에 대해서는 강세구,『성호학통연구』(혜안, 1999.7)에 자세히 언급되어 있다.

3) 成均館大學校 附設 大東文化研究院에서 林熒澤의 주도로 편집한『近畿實學淵源諸賢集』 6冊(2002.11)은 부족한 星湖 관련 자료들을 보완하는 데 큰 도움이 된다. 특히 이 책에는 가문의 학문전통과 학문의 계승과정을 살펴보는데 큰 도움을 주는 자료들을 수록하고 있어 앞으로 驪州李氏 관련 연구에 큰 보탬이 되리라 생각한다.

가학의 영향이 적지 않았을 것이라 짐작하게 한다.[4] 매산 가문 가학의 전통은 멀리 9세조 봉화공奉化公 이유李猷나 11세조 경헌공 이계손에게서부터 찾을 수 있고, 조금 가까이로는 증조 소릉공 이상의에게서 찾을 수 있다. 이 가학의 전통이 매산을 거쳐 그의 둘째 아들 섬계 이잠과 셋째 아들 옥동 이서를 통해 성호에게 전해졌다고 보인다.

성호가 태어난 다음해에 매산이 운명했기 때문에 성호는 부친 매산에게서 직접 학문을 전수받지 못했다. 그러나 성호에게 학문의 바탕을 형성해준 두 형이 모두 다른 스승을 찾아가기보다 부친 매산을 통해 학문을 익혔기 때문에, 성호의 학문은 두 형을 통해 그에게 전해진 가학의 전통을 바탕으로 이루어졌다고 보아야 할 것이다. 매산이 지닌 문학사적 가치와 의미는 여기에서도 분명히 드러난다고 할 수 있다.

성호의 학문세계는 '박학굉심博學宏深'이라는 네 글자로 요약할 수 있다. 다양한 분야에 대해 해박한 지식을 갖춘 성호는 학문의 목표를 실질實質의 구현에 두었다. 수기치인修己治人・경세치용經世致用과 무관한 학문은 진정한 학문이 될 수 없다고 생각한 성호는 경학經學을 통한

---

4) 韓㳓劤, 『星湖李瀷硏究』(서울大學校 出版部, 1980.9)에서 星湖의 學問에 家學의 영향이 어느 정도 작용하고 있을 것이라고 언급한 이후 星湖의 學問形成에 미친 家學의 영향에 관해서는 연구자들에 의해 계속 논의되었지만 구체적인 영향에 대해서는 아직까지 밝혀진 것이 없다. 2002년 3월 『民族文化推進會報』에 李佑成이 쓴 「가문(家門)과 학통(學統)」이란 글에서 星湖의 學問形成에 미친 家學의 영향이 소략하지만 비교적 잘 언급되어 있다. 이 글은 이와 같은 기존의 연구결과를 최대한 수용하여 星湖의 學問形成에 미친 家學의 영향을 살펴보고자 한다.

실용實用의 추구를 학문의 목표로 여겼다.

현실에 대한 실질적 효용에 주목한 성호는 경전經傳에 대한 접근도 당대의 관념적 학문 태도와 달리하였다. 정程·주朱의 주석을 무조건적으로 추종하는 맹목적인 학습 방법에서 탈피하여 경전의 본지本旨를 찾아가고자 했던 성호의 학문 태도는 당대의 보편적 사상 체계인 성리학적性理學的 유학 사상을 넘어 요순 이래堯舜以來 공孔·맹孟에까지 이어지는 유학儒學 자체의 근본이념으로 되돌아가자는 것으로 본원 유학本源儒學을 추구하는 것이었다. 성호 학문의 이러한 특성 때문에 성호에 대한 후대 연구자들의 연구 경향도 대체로 성호의 경학과 경제 및 사회사상에 주목하여 이루어져 왔다.

그런데, 성호의 이러한 학문 태도는 이미 그의 부친 매산에게서 발견할 수 있는 것이다. 경연經筵이 검토관檢討官으로 있으면서 "『논어論語』의 주註를 반드시 읽을 필요가 없다."라는 윤휴尹鑴의 말에 지지를 보낸[5] 매산의 의식은 그의 학문 태도가 성호와 같은 궤에 놓여 있고, 따라서 성호의 학문이 부친인 매산에게서 일정한 영향을 받았으리라고 짐작하게 한다.

---

5) 『朝鮮王朝實錄』肅宗 1년 1월 18일(丁丑) 2번째 기사. "御晝講, 尹鑴亦入侍, 鑴言『論語』註不必讀, 同知事 金錫冑曰:『論語』註不可舍, 鑴曰: 異於科儒用工, 不必讀, 檢討官李夏鎭曰: 鑴言甚是."

성호는 영조英祖 39년(1763) 83세의 나이로 운명할 때까지 1,200여 수首의 시를 남겼다.[6] 스스로 문인으로 자처하지 않았으면서도 일생 동안 시작詩作을 계속했고, 1,200여 수라는 적지 않은 양의 시를 남겼다는 것은 성호가 시에 대해 상당한 관심을 가졌다는 것을 알 수 있게 한다. 성호의 시에 대한 관심은 그가 남긴 시뿐만 아니라 『성호사설星湖僿說』의 시론詩論을 통해서도 확인할 수 있다. 성호는 『성호사설』에서 「시문문詩文門」을 별도로 분리하여 자신의 시론을 밝히고 있다. 이 속에서 성호는 범속한 생활교양의 연장이 아니라 구체적이고 뚜렷한 창작의식을 바탕으로 실질적인 현실인식을 작품 속에 형상화해야 한다는 자신의 시론을 분명히 드러내고 있다.[7] 성호의 시론은 문학에 대한 성호의 인식이 결코 가볍지 않았다는 것을 보여준다.

문학에 대한 성호의 태도는 가학의 전통과 관계 있는 것이라 생각된다. 성호의 가문은 그의 부친 매산 때까지만 하더라도 문학, 특히 시로 명성을 얻은 가문이었다. 그의 선조들이 스스로 문학으로 자부하지 않았고, 그의 조부가 가문이 시문으로 이름을 얻은 것에 대해 부끄러워

---

6) 星湖의 시는 38세경부터 82세까지 창작된 것이다. 『星湖全集』에 賦 4首와 詩 631題 1104首, 『海東樂府』에 詩 119首가 실려 있고, 『星湖僿說』에 賦 1首, 詩 11題 20首가 실려 있다. 星湖의 시 작품에 대해서는 金南馨, 「星湖 李漢의 文學論과 詩世界」(고려대학교 석사학위논문, 1983.12)의 24쪽에 잘 설명되어 있다.
7) 林熒澤, 「實學派文學과 漢文短篇」, 『韓國文學史의 視角』(創作과 批評社, 1984.3), 420쪽.

하는 마음을 가지고 있었다 하더라도 성호 이전까지 그의 가문은 문학을 통해 명성을 이룬 가문이었다. 성호대에 와서도 그의 형들은 여전히 시로 명망을 얻었고, 성호 이후로도 조카 혜환惠寰 이용휴李用休와 종손 금대錦帶 이가환李家煥에 이르기까지 문학에 대한 명성은 줄어들지 않았다. 문학에 대한 이러한 가문의 전통이 자연스럽게 성호에게 문학, 특히 시에 대해 많은 관심과 흥미를 가지도록 했으리라 생각된다.

성호의 학문과 문학세계에 미친 매산의 영향을 확인하기 위해 이 글은 우선 성호의 형 섬계와 옥동의 학문과 문학에 대해 살펴보고, 이후 성호의 학문 형성과정과 문학에 대해 살펴보고자 하였다. 그렇지만 이 작업에는 많은 어려움이 뒤따른다. 원자의 보호를 주청하다 장살된 섬계의 행적 때문에 섬계에 관한 자료가 거의 남아 있지 않고, 평생 독서와 강학으로 생을 마친 옥동도 문학을 본질적인 것으로 여기지 않았기 때문에 현재 전하는 자료를 통해 옥동이 밝힌 그 자신의 문학세계에 관한 언급을 찾기 어렵기 때문이다. 이런 한계를 극복하기 위해 이 글에서는 섬계와 옥동의 주변에서 찾을 수 있는 학문과 문학에 대한 다양한 언급들을 최대한 활용하여 이들의 학문과 문학세계에 대해 살펴보고, 이들에게 미친 매산의 영향을 알아보도록 하였다.

그 다음으로 성호가 섬계와 옥동에게서 받은 영향과, 그의 학문과 문학세계가 형성된 과정을 살펴보고자 하였다. 성호는 섬계와 옥동 두 형에게서 학문을 전수받았지만, 여기에 머무르지 않고 전수받은 학문을 바탕으로 자신만의 새로운 학문세계를 이룩하였다. 그렇기 때문에 가학의 전통이 성호의 학문세계 형성에 일정한 영향을 미쳤다고는 할 수 있지만, 그 전통이 바로 성호의 학문세계 전체가 될 수는 없다. 따라서 이 글에서는 성호 학문세계의 토대 형성에 미친 가학의 영향에 주목하고자 하였다.

마지막으로 소략하게나마 성호의 학문과 문학세계가 그의 자질子姪들을 중심으로 한 후손들에게 어떻게 전해졌는지 살펴보았다. 정치적으로만 본다면 매산의 운명 이후 매산의 가문은 조선후기 한미한 남인 가문의 하나로 전락하였다. 그러나 매산의 가문은 정치적 입지가 줄어든 만큼 학문적·문학적 위상을 더욱 강화했다. 여기에는 성호의 역할이 지대했다고 생각된다. 특히 성호의 자질들은 성호의 문하제자門下弟子와 달리 그들만의 학문세계를 형성하며 성호 학통의 한 갈래를 이룩하였는데, 이런 현상에는 성호에게 익힌 학문과 함께 선대부터 이어져온 가학의 전통이 동시에 작용했다고 생각된다.

이 글에서는 위와 같은 연구의 기본 대본으로 매산의 문집 『육우당유고六寓堂遺稿』를 이용했다. 현재 매산의 문집으로는 필사筆寫 초간본初刊本 4권 4책의 『육우당유고』와 필사 초간본 2권 2책의 『매산잡저梅山雜著』가 전하고 있다. 『육우당유고』에는 1,916수의 시와 111편의 문이 실려 있고, 『매산잡저』에는 286수의 시와 58편의 문이 실려 있는데, 『매산잡저』에 수록된 작품들은 모두 『육우당유고』 속에 실려 있다. 특히 시는 『육우당유고』의 「운양록雲陽錄」에 전부 실려 있어 중복되는 작품들을 각기 다른 책으로 편집했다고 생각된다. 따라서 이 글에서는 연구의 기본 대본으로 『육우당유고』를 이용했다.

『육우당유고』는 성균관대학교成均館大學校 부설附設 대동문화연구원大東文化研究院에서 임형택林熒澤의 주도로 편집한 『근기실학연원제현집近畿實學淵源諸賢集』 6책册 중 제 1책에 수록되어 있다. 따라서 이 글에서는 이후 연구자들의 이용과 검색의 편의를 위해 『근기실학연원제현집』 속의 『육우당유고』를 기본 자료로 하고 필요할 경우 국립중앙도서관 소장 『육우당유고』를 보조 자료로 이용했다. 이외의 문집들도 『근기실학연원제현집』 속에 수록되어 있을 경우 이를 기본 자료로 했다.

매산의 문집 『육우당유고』는 시와 문으로 나누어져 있는데, 권 1에서부터 권 3의 기행 시문집 「금강도로기金剛途路記」 이전까지는 모두 시로 되어있고, 권 4는 모두 문으로 되어 있다. 시는 시기에 따라, 문은 형식에 따라 배열하는 것을 편집의 기본 원칙으로 한 것 같은데 완벽하게 지켜지지는 않았다고 보인다. 또 군데군데 가필加筆과 교정矯正의 흔적이 보이는 것으로 보아 매산이 직접 편차編次한 것이라기보다는 후손이 간행을 위해 편집하다가 뜻을 이루지 못한 것이라 생각된다.

조금 더 자세하게 살펴보면 권 1은 약산藥山 오광운吳光運의 서문序文과 「록錄」으로 분류하지 않은 시 271제題 350수가 나오고, 이어 「남정록南征錄」에 30제 36수, 「서정록西征錄」에 11제 11수, 「북정록北征錄」 상上에 191제 216수, 「북정록」 중中에 72제 128수의 시가 수록되어 모두 575제 741수의 시가 실려 있다.

권 2는 권 1을 이어 「북정록」 중으로 시작하는데, 권 1을 이어 80제 97수의 시가 더 있어 「북정록」 중에는 모두 152제 225수의 시가 실려 있다. 다음으로 「북정록」 하下에 220제 222수, 「만록漫錄」에 198제 233수, 「진양록晉陽錄」에 63제 69수, 「서호록西湖錄」에 34제 39수의 시가 수록되어 모두 595제 660수의 시가 실려 있다.

권 3도 권 2와 같이 앞의 책을 이어서 시작한다. 권 2의 「서호록」을 이어 「서호록」으로 114제 125수의 시가 더 수록되어, 「서호록」에는 모두 148제 164수의 시가 실려 있다. 이어 「운양록雲陽錄」에 260제 327수의 시가 실려 있고, 그 뒤에 금강산을 유람하고 쓴 「금강도로기金剛途路記」가 첨부되어 있다. 「금강도로기」는 기행 시문집으로 시와 문이 섞여 있는데, 60제 63수의 시가 수록되어 권 3에는 모두 434제 515수의 시가 실려 있다.

권 4는 문으로 모두 111편篇의 문장文章이 실려 있다. 서序 6편, 기記 2편, 잠箴 1편, 사辭 1편과 〈성궁편省躬篇〉・〈변힐辨詰〉이라는 제목의 글이

1편씩 있다. 이 12편의 글이 그의 문집에서 문학성을 찾아볼 수 있는 글의 전부이다. 이 뒤로 명銘 8편・제문祭文 32편・표전表箋 10편・교서敎書 5편・계사啓辭 6편・청소請疏 2편・유문諭文 2편・조서詔書 1편・계문啓聞 1편・행장行狀 1편・사직소辭職疏 31편이 나오는데 사직소 가운데 8편은 〈피혐避嫌〉이라는 제목의 연작 상소문이다.

문집 속에서 시집이 배열된 순서로 보아, 편찬자가 매산의 일생 행적에 따라 그가 지은 시들을 배열하려고 했다고 생각된다. 그리고 약산 오광운이 문집의 서문에서 "공의 막내아들 성호가 공의『육우당유고』를 나에게 보여주고는 서문을 써달라고 했다."[8]라고 한 것으로 보아 아들 성호대에서 문집의 편찬을 시도했다고 보이는데, 현전하는 문집으로 보아 성호대에 이미 매산의 행적과 시문이 온전하게 남아 있지 않았다고 생각된다. 그것은 군데군데 보이는 가필・교정의 흔적, 중복되어 나오는 시, 약산이 서문에서 "공의 원고가 아직까지 책상자 속에 묻혀 있으니 참으로 한스럽다."[9]라고 한 것과 매산의 일생에 따라 「록錄」으로 명명한 시집을 배열하는 가운데 갑자기 그의 일생 중 어느 시기에 해당하는지 확인할 수 없는 「만록」이라는 제목의 시집이 들어가 있다는

---

8) 吳光運, 「序文」, 『六寓堂遺稿』, "公之季尤星湖公, 以公六寓堂遺稿, 示不佞, 使之繫一言."
9) 吳光運, 「序文」, 『六寓堂遺稿』, "公稿尙埋沒巾衍, 爲可恨."

것, 그리고 권 1의 첫 부분에 나오는 271제 350수의 시가 매산의 일생 중 어느 부분에 들어가야 하는지 파악할 수 없다는 것 때문이다.

이와 함께 매산이 불과 6개월 남짓 겪었던 연행燕行의 경험이 「북정록」에 663수의 시로 남아 있고, 2개월 남짓 생활했던 진주목사 시기에 쓴 시가 「진양록」에 69수, 5개월 남짓 거주했던 서호西湖 시기의 시가 「서호록」에 164수, 1년 8개월여 생활했던 운산雲山 유배시기의 시가 「운양록」에 327수나 남아 있는 데 비해 연행 이전의 시는 문집 속에 불과 693수만 실려 있어 지나치게 소략하기 때문이다.

현재 전하는 매산의 문집은 매산의 운명 이후 그의 후손들이 겪었던 현실적·정치적 역경을 그대로 보여주는 것이다. 매산의 운명 이후 불과 한 세대를 지나기도 전에 유고가 매몰되었다는 것은 당대 후손들이 겪었던 어려움이 선친의 유고를 수습하고 정리하기에도 벅찼을 정도였다는 것을 말해주기 때문이다. 하지만 지금 전하는 문집의 모습만으로도 매산의 특장이 문학, 특히 그 가운데에서 시에 있었음을 분명하게 확인할 수 있다.

지금까지 언급한 내용들에 대한 검토는 매산의 문학세계를 살펴 그 가치를 밝히고, 이어서 아직까지 분명하게 설명하지 못하고 하나의 가능성으로만 논의되고 있는 성호의 학문세계에 미친 가학의 영향과, 성호의 학문이 문하제자들과 후손들에게 각기 달리 전해진 실상에 접근하여 성호의 학문세계 형성과 전승의 과정을 구체화하는 데도 일정 정도 기여할 것이라 생각한다. 이와 함께 조선후기 근기 남인 계열近畿南人系列 문인들이 보여주었던 새로운 문학세계의 형성과정을 추정하는 데에도 적지 않은 역할을 할 것이라 기대한다.

제1부

17세기 조선朝鮮과 매산梅山, 매산가梅山家

1. 17세기 조선朝鮮의 정치 상황政治狀況과 매산梅山
2. 매산梅山의 학문學問과 문학관文學觀

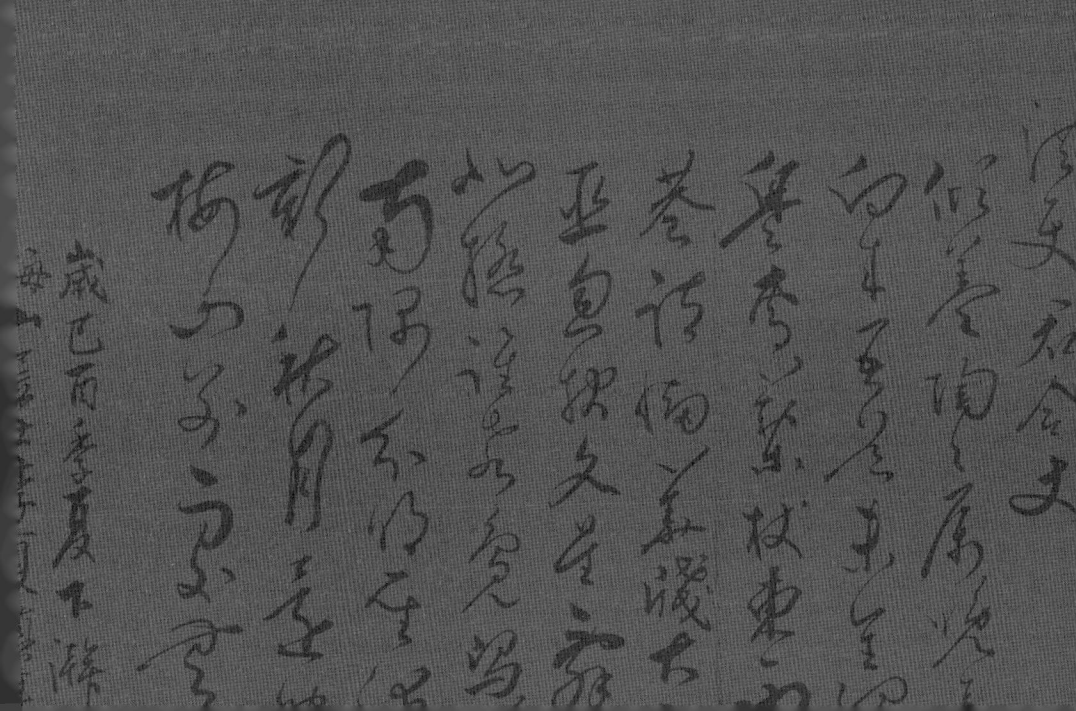

제1부 17세기 조선朝鮮과 맥산梅山, 맥산가梅山家

1. 17세기 조선朝鮮의 정치 상황政治狀況과 매산梅山

17세기는 우리 역사에서 그 어느 시기보다도 큰 정치적 격변기였다. 임진왜란의 여파를 그대로 안은 채 시작된 시기이면서, 그 여파를 완전히 극복하기도 전에 다시 병자호란이라는 참담한 시련을 겪은 시기이기에 정치·경제·사회·문화 전반에 걸쳐 이전의 어떤 시기보다 더 큰 혼란을 드러낸 시기였다.

선조宣祖 25년(1592)부터 7년간 계속된 임진왜란과 정유재란, 그리고 인조仁祖 5년(1627)의 정묘호란, 인조 14년(1636)의 병자호란은 민족 역사상 유래를 찾아볼 수 없는 외침外侵이었고, 우리 민족에게 지울 수 없는 굴욕과 상처를 안겨준 사건이었다. 급격한 인구의 감소와 엄청난 경제적 피폐, 문화적 손실은 이루 말할 수 없는 것이었다. 17세기는 이렇게 다양한 부분에서 다기한 혼란을 감싸안으면서 시작되었지만, 그 가운데에서도 특히 복잡하고 혼란한 모습을 보인 것은 정치적인 면이다.

매산梅山 이하진李夏鎭은 이런 17세기 정치적 격변의 한가운데에서 남인 계열의 관료로 시대의 혼란을 몸소 겪으며 살아간 인물이었다. 그는 서인西人과 남인南人의 정권이 수없이 뒤바뀌던 혼란한 시기에 유력한 남인 가문南人家門에서 태어나 서인과 남인의 정권 교체기와 청淸·탁濁으로 남인이 자체 분열하던 시기를 거쳐 경신대출척庚申大黜陟에 의해 남인이 정계에서 완전히 배제되던 시기까지 남인정권南人政權의 중심에서 활동하였다.

매산이 태어나기 4년 전, 집안을 일으켜 명가名家의 반열에 올려놓았던 조부 소릉공少陵公이 운명하면서 가세家勢가 조금 기울기는 했지만 당시 그의 가문은 상당히 번성한 가문이었다. 하지만 매산의 가계를 살펴보면 그의 가문이 이처럼 번영을 누리게 된 것이 그리 오래지 않았음을 알 수 있다.

『여주이씨세보驪州李氏世譜』와『여강세승驪江世乘』, 성호星湖 및 담촌澹村의 기록을 살펴보면 매산의 가문은 여주이씨 가운데 고려조에 인용교위仁勇校尉를 지낸 교위공校尉公 인덕仁德을 시조로 하는 교위공파校尉公派에 속한다. 하지만 그 선대는 중국의 산동山東 지역 사람이 아니었던가 생각된다.[1] 선대에 대한 기록이 불분명하기에 언제인지 분명히 알 수는 없지만 매산의 선조는 강화江華에서 여주驪州로 세거지世居地를 옮긴 뒤 몇 대에 걸쳐 오장군 윤戶長軍尹·호장 중윤戶長中尹 등 향직鄕職을 세습하던 호족豪族이었다.

이후 4세조 중랑장공中郎將公 교喬에 와서 하급무관이기는 하지만 처음으로 중앙관계에 진출하며 개성開城 북부 흥국리興國里로 거처를 옮겼다. 매산은 중랑장공 교의 세 아들 중 둘째 수해秀海의 후손인데, 수해의

---

1) 『驪江世乘』 총 1의 「李姓本源」과 「書字相國集序」를 보면 星湖는 先代의 근원을 정확히 알지 못하지만 중국에서 온 것이 아닌가 유추하고 있다.

자손들은 수해의 손자 중추원사공中樞院事公 윤방允芳대에 와서 다시 세거지를 수성隋城(수원水原)의 광교산光敎山 아래로 옮겼다. 고려의 멸망 이후 윤방의 아들 한림공翰林公 고皐가 조카 봉화공奉化公 유猷와 함께 벼슬에 대한 뜻을 버리고 광교산의 남쪽 팔달산八達山 아래에 은거했는데, 매산은 봉화공 유의 후손이다.[2] 하지만 이때까지도 그의 가문은 중앙정계에서 정치적으로 별다른 위치를 차지하지 못했던 지방의 한미한 가문이었다. 그의 가문이 본격적으로 중앙정계에 진출한 것은 봉화공 유의 손자인 경헌공敬憲公 계손繼孫에서부터 시작되었다.

경헌공 계손은 아버지 충간공忠簡公 의인依仁과 어머니 연안송씨延安宋氏의 2남 1녀 중 둘째 아들로, 세종世宗 5년(1423) 조부인 봉화공 유가 은거한 팔달산 서남쪽 20여 리에 있는 병곡丙谷(경기도 화성군 매송면)에서 태어났다. 자字는 인지引之, 호號는 귀헌龜軒 또는 귀봉龜峰이라고 하는데 본격적인 학문 수학은 19세 때 포은圃隱 정몽주鄭夢周의 손자인 장인 설곡雪谷 정보鄭保의 문하에서 시작했다. 세종 29년(1447) 생원시生員試에 합격한 후 그해 바로 식년 문과式年文科에 합격하면서 관직생활을 시작한 경헌공은 교서관 교감校書館校勘・예조정랑禮曹正郎을 거쳐 세조世祖 원년에 병조좌랑兵曹佐郎으로 원종공신록 이등原從功臣錄二等에 올랐다. 경헌공은 세조 7년(1461) 북방 여진족에 대비하기 위하여 한명회韓明澮가 함길도咸吉道 체찰사體察使로 부임하게 되었을 때 그의 종사관으로 임명되었으나, 한명회의 종사관으로 나가기 싫어 모친의 병환을 핑계로 부임을 거부하여 웅천진熊川鎭의 충군사마充軍司馬로 좌천되기도 하였지만 곧 사면되었다.[3]

---

2) 『驪江世乘』 卷 1부터 卷 3까지에 先代의 기록이 정리되어 있다.

    세조 8년(1462) 강원도 관찰사로 부임하여 백성들의 진휼에 공을 세워 가선대부嘉善大夫에 오른 뒤, 형조·예조참판을 지냈고, 예종睿宗 1년 (1469) 함경도 관찰사로 부임하여 이시애李施愛의 난亂 뒤 동요된 민심을 수습하고 향교를 적극 후원하여 교학敎學을 진흥시켰다. 성종成宗 2년 (1471)에는 이조참판·평안도 관찰사를 거쳐 형조판서로 명明 나라에 다녀오기도 하였다. 그 뒤 지중추부사·황해도 관찰사·대사헌·경기도 관찰사·한성부 판윤·병조판서 등을 역임하며 세종대에서 성종대에 이르기까지 여섯 임금 아래에서 벼슬을 하여 사첩史牒에 이름을 남겼다.

    경헌공의 업적은 주로 그가 관찰사 직에 있을 때 이루어졌는데,『성종실록成宗實錄』의 경헌공 관련 기록을 살펴보면 성종 원년 평안도 관찰사平安道觀察使 겸 영흥부 윤永興府尹으로 부임하였을 때 영흥부의 향안鄕案을 일으킬 구체적인 방안을 치계馳啓하여 전적典籍과 노비奴婢·전지田地를 사급賜給받았다는 기록이 나온다. 이를 통해 경헌공이 북방 지역의 유화儒化와 교도敎導에 큰 공을 세웠음을 알 수 있다.[4] 경헌공의 활동은

---

3) 「墓誌銘」,『驪江世乘』卷 3, 敬憲公 條, "歲庚辰, 上黨君韓明澮, 以兩界巡察使, 辟公爲從事, 公以母病告上黨, 啓以私託謫熊川." 이 기록을 보면 당시 韓明澮가 敬憲公의 장인 雪谷 鄭몇의 庶妹여서 敬憲公과 韓明澮 사이에 직접적인 친분관계나 교류가 있었지만, 雪谷과 敬憲公이 보낸 韓明澮를 멀리했음을 알 수 있다.

4) 『朝鮮王朝實錄』成宗 1년 3월 5일(甲申) 7번째 기사, "李繼孫, 嘉靖, 永安道觀察使, 兼永興府尹," 成宗 1년 6월 15일(壬戌) 6번째 기사. "永安道觀察使李繼孫馳啓曰; "禮曹受敎內; '諸邑鄕校儒生數少, 學舍頹廢, 敎授·生徒或僑居私第, 監司慢不致察, 有違國家興學之意, 儒生勿定額, 學舍令觀察使巡視修治.' 臣竊謂學校, 風化之源, 人才之盛衰, 世道之升降, 係焉, 殿下卽位之初, 首擧先務, 修明學校, 增廣儒生, 可謂斯文之一中興, 斯道之一大幸. 臣叨承方面之寄, 欲副委任之意, 興學之方, 晝思夜度, 期效一得之愚. 臣妄意, 本道非他道比, 我祖宗誕興之地, 如周之岐·漢之沛, 朝鮮億萬年根本之地, 而距京城隔絶, 漕運不通, 有奴婢者亦少, 負笈芹宮, 從仕王朝者, 百無一二. 朝廷禮讓之風·文物之美, 耳目所不及, 局於氣習, 一以强悍爲俗, 弓馬爲業. 學文之事, 父兄不以訓子弟, 子弟不以爲己任. 書僅記名, 得爲士官則曰幸矣; 力能挽弓, 充爲甲士則曰足矣. 以爭功得賞, 爲媒進之計; 急功利, 喜詐詐, 棄禮義, 尙氣力, 習以成風, 遂爲驕兵, 向者, 逆賊一唱, 擧道靡然從之, 無他, 不學無識, 鬪力爭利之習爲階也. 變氣習·明敎化之術, 不過興學校·育英才耳. 臣到任以後, 巡歷再三; 每至鄕校, 講校生所讀書, 雖六鎭僻遠, 資質英敏者, 往往有之, 但任敎授者非人, 敎誨不精, 監司一二日巡察之效, 亦安能振起士習? 由是, 爲校生者, 率皆孤陋·寡聞, 無所成就, 終不免爲馬前之卒, 非天降才也. 十室之邑, 必有忠信, 沃沃之鄕, 豈無地靈人傑? 第因敎養未得其道耳. 臣竊思之, 敎授非一, 難以盡得其人, 儒生雖多, 可與進取者蓋寡, 永興一府, 我太祖誕生之鄕, 今陞爲留守府, 以監司兼府尹, 爲一道首. 乞於本府鄕校, 以學業精博, 有聞望文臣, 特差敎授, 擇諸邑年少聰敏, 有將來學生, 少不下五·六十, 多不過百人, 常聚不罷, 敎授, 如范文正公, 夜課諸生, 皆立時刻; 胡安定公雅樂·詩書, 乙夜乃分. 監司·首領官, 亦於留營暇日, 常誘接勤奬, 提撕警覺, 積以歲月, 則庶幾有造有德, 全才輩出, 進爲朝廷之用, 自然一道觀感, 薰陶漸染, 齊變至魯, 魯變至道, 棄詐詐, 成禮俗, 不期然而然者矣. 但永興鄕校, 無一

성종 11년 다른 여러 도의 향교鄕校에도 학전學田이 급여되는 계기가 되었다.[5]

경헌공의 업적에 대해 성호는 경헌공이 "처음으로 북방을 유화儒化시켜 그 지방의 궁도지속弓刀之俗을 의관지향衣冠之鄕으로 바꾸어, 북방에서 경헌공은 동국東國에서의 태사太師와 중화中華에서의 당우唐虞와 같은 사람으로 인식되고 있다."고 하고, 또 "그 공열功烈이 3백 년 동안 변함없이 추앙되어 함경도의 문회서원文會書院(함흥咸興)·흥현서원興賢書院(영흥永興)·옥동서원玉洞書院(안변安邊)에 배향되었다."라고 했다.[6]

성호의 언급과 『여강세승』 등의 기록으로 보아 매산의 가문에서 경헌공이 차지하는 비중은 재론할 필요가 없을 듯하다.

奴婢, 諸邑遠居儒生, 贏糧亦難, 其支供之費, 計無所出. 臣更思之, 以曾革預原郡奴婢四十餘口及諸賜給外道內亂臣奴婢, 竝屬鄕校, 又以諸邑曾罷國屯田及道內亂臣田, 亦屬鄕校, 爲學田, 以上項奴婢, 鄕校差備外及監司營當番衙前, 本營差備外人, 耕治學田, 將其所出花利, 以爲儒生朝夕供饋之資. 又將道內年稅神布·魚鹽等物, 從市直貿穀補添, 則不必費國廩·傷民力, 養育儒生, 有餘矣. 如是五·六年之後, 若無見效, 臣當伏欺妄之罪." 傳曰: "給預原奴婢及亂臣奴婢中, 居近地者三十口, 革罷國屯田·亂臣田各十八結餘, 依監司所啓, 使之隨宜措辦, 俾有成效, 歲貢有將來者一·二人, 赴本成均館, 使加進益, 其餘諸邑鄕校, 亦令無弊措置, 益加勸學."
成宗 2년 7월 26일(丁酉) 7번째 기사. "先是, 永安道觀察使李繼孫請賜『四書』·『五經』·『通鑑』, 以訓都會儒生. 至是, 命依所啓賜之. 又賜『小學』·『楚辭』·『柳文』·『古文眞寶』等書."

5) 『朝鮮王朝實錄』成宗 11년 4월 16일(丙寅) 1번째 기사. "丙寅, 御經筵, 講『綱目續編』, 至詔給諸州學田, 侍講官安琛啓曰: '我國鄕邑之學, 舊有學田, 今則無之, 儒生雖有志於學, 恒苦無食, 請給田以養, 使得成業.' 檢討官曺偉曰: '鄕學儒生, 無以繼食, 分番讀書, 不能專業, 給田以養, 則人得激勵成就矣.' 上問左右, 領事沈澮對曰: '此法誠美, 但無田可給.' 上曰: '學田, 先王未給, 況無可給之田乎? 苟志於學, 豈而無食, 而輟其業哉?' 沈澮曰: '曾人多占民田, 對妻而食, 可奪以給之.' 同知事李克基曰: '以屬公田給州學, 則不患無田矣.' 執義李德崇曰: '郡·縣學校, 雖未能遍給學田, 若給州·府大官, 則郡·縣儒生, 聞風而至, 講劘成就矣.' 上'然.' 沈澮曰: '獨給州·府, 爲不均矣, 請令觀察使, 勿論州·府·郡·縣, 田有無, 均給之.' 上曰: '下三道鄕學, 人材輩出, 宜可給田, 江原道亦可給歟?' 克基對曰: '臣嘗觀察江原道, 惟江陵·原州, 素號多儒, 隸業鄕學, 登第者相繼, 他郡則無之.' 沈澮曰: '何地無才? 永安道之人, 不事文學, 自李繼孫爲監司, 志在興學, 聚儒生於永興鄕學, 敎養甚力, 人知向學, 文風大興.' 書偉曰: '繼孫多備廬粟, 以養儒生, 人人樂學, 雖居五鎭, 不憚路遠, 來學永興, 而至升于大學者有以.' 上曰: '京畿·江原·忠淸·慶尙·全羅道鄕校, 可給學田.'"

6) 李瀷, 「送李通判來慶赴任鏡城序」, 『星湖全集』 卷 51, "我先祖敬憲公, 以文化, 一變弓刀之俗, 爲衣冠之鄕, 遺澤之入人者, 久而深固, 君子慕戴, 小人樂利, 殆與天地同其攸遠, 是以隨地俎豆, 享祠不替, 此北人之願也."
李瀷, 「丙谷祠堂記」, 『星湖全集』 卷 53, "今我八世祖敬憲公, 事我惠莊大王, 首闢北路儒化, 書之史乘則爲名臣, 俎豆鄕閭則爲樂祖, 薦紳學士, 津津說功烈, 三百年不替, 其義可以爲始基祖矣."
李瀷, 「文會書院故事錄跋」, 『星湖全集』 卷 56, "故北路之有敬憲公, 猶夫東國之有太師, 中華之有唐虞."

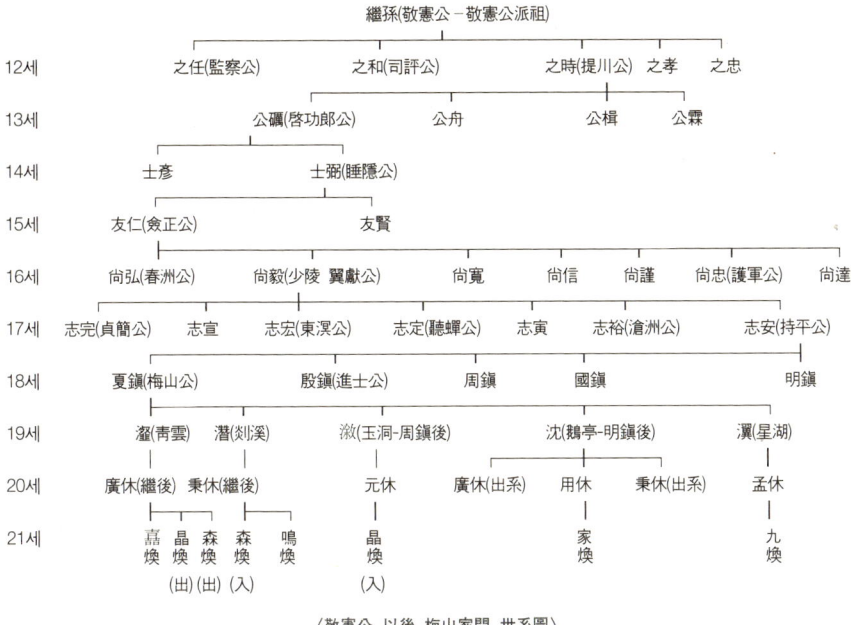

〈敬憲公 以後 梅山家門 世系圖〉

특히 성호의 은거지로 잘 알려진 경기도 안산安山의 첨성리瞻星里와 매산의 가문이 인연을 맺게 된 것이 바로 경헌공에서부터 시작되었다. 그것은 경헌공이 계유정난癸酉靖難 이후 정난원종공신靖難原從功臣 2등에 책훈되어 선친 충간공 의인의 묘소가 있는 안산에 상당한 규모의 사패지를 하사받아 선영과 향저鄕邸를 꾸미면서부터 안산의 첨성리가 매산 가문의 새로운 세거지가 되었기 때문이다.[7] 그러나 매산의 가문이 본격적으로 번성을 누리게 된 것은 경헌공에서부터 다시 5대가 지나고 난 뒤이다.

---

7) 「要覽」, 『驪江世乘』卷 3, 敬憲公 條, "安山先塋, 或云公爲京畿方伯時, 親所卜得者, 而塋下舊有村家甚盛, 公給資令移居而用之, 至今世葬."

매산의 가문에서는 경헌공 이후 다시 5대가 지날 때까지 중앙관계에서 현달한 인물이 나오지 않았다. 경헌공의 4남 2녀 중 3남인 제천공堤川公 지시之時가 제천 현감직堤川縣監職에 올랐으나, 아들 계공랑공啓功郎公 공려公礪가 연산군燕山君 10년(1504) 26세의 젊은 나이로 요절하자 그 충격으로 이듬해 임지에서 사망하면서 매산의 가문은 한동안 침체기를 맞게 되었다. 이 시기에 매산의 가문은 계공랑공의 부인 전주이씨全州李氏에 의해 부지되었다.

전주이씨는 정종定宗의 후손 청연수清淵守 이숙의李淑義의 딸로 25세의 젊은 나이에 한 집안의 가장이 되어 집안을 일으키기 위해 각고의 노력을 다했다. 그는 두 아들 사언士彦과 사필士弼의 교육을 부친에게 의탁하고 시숙媤叔에게 서울의 재산 관리를 위임한 뒤, 서울과 부친의 은거지인 남원南原을 수시로 내왕하며 두 집안의 살림을 보살폈다.[8]

이러한 모친의 노력으로 장남 사언은 중종中宗 17년(1522) 사마시司馬試에, 차남 사필은 중종 20년(1525) 생원시生員試에 합격한 후 중종 33년(1538) 문과文科에 합격하였다. 비록 사필의 관직도 목사牧使에서 그치기는 했지만 그의 문과 합격은 경헌공 계손 이후 3대만에 이루어진 가문의 경사였다. 이 수은공睡隱公 사필이 매산의 증조이다.

수은공의 아들 첨정공僉正公 우인友仁은 생원·진사시를 거쳐 음직蔭職으로 관직에 진출했다. 문과 출신도 아니고 고관을 지내지도 않았기 때문에 가세는 보잘것없었지만 치가治家와 교자敎子에 남다른 공을 들여

---

[8] 李瀷, 「外姓七世祖考妣墳塋改修記」, 『星湖全集』 卷 53, "金氏本居南原古達里, 通贊及配高靈申氏之墓在於家後, 申氏卽府使松舟之女. 啓功公早歿, 安人歸于其外氏南原鄉, 二孤從焉. 長佐郎士彦, 次卽我五世祖應敎公也. 後卒反于京第. 佐郎之子友直官禮曹判書, 爲宣明間名臣, 應敎公子僉正, 僉正公四子, 長校理次左贊成次郡守次禮曹參判, 子孫遂爲盛族大家, 皆安人誨養成立之力."

매산의 가문은 중흥의 계기를 맞게 되었고, 그 주역이 된 인물들이 바로 첨정공의 일곱 아들 중 상홍尙弘·상의尙毅·상관尙寬·상신尙信 네 사람이다. 첨정공의 일곱 아들 중 둘째 소릉공少陵公 상의가 바로 매산의 조부인데, 매산의 가문은 소릉공에 의해 최고의 전성기를 맞게 되었다.

매산의 가문에 중앙정계 진출의 토대를 만들어 준 인물이 경헌공 계손이라면 그의 5대손인 소릉공 상의는 그 토대 위에 번영의 꽃을 피운 인물이었다. 소릉공은 명종明宗 15년(1560) 2월 23일 외조부 수찬 허경許坰의 집인 한성부漢城府 서부 반송방盤松坊 아현阿峴에서 아버지 첨정공 우인과 어머니 양천 허씨陽川許氏 사이에서 태어났다. 자는 이원而遠, 호는 소릉少陵·오호五湖·서산西山·파릉巴陵·심산深山, 시호諡號는 익헌翼獻이다. 선조宣祖 18년(1585) 가을 을유사마시乙酉司馬試에 합격하였고, 그해 겨울 정시庭試를 거쳐 이듬해 별시문과別試文科에서 전시殿試에 직부直赴하여 급제하였다. 승문원 정자承文院正字로 관직을 시작한 소릉공은 승정원 주서·성균관 전적·지평·교리·장령·병조정랑 등을 역임하였다. 선조 25년(1592) 임진왜란이 일어나자 검찰사檢察使 이양원李陽元의 종사관으로 임무를 수행했고, 진위사陳慰使의 서장관書狀官으로 명나라에 다녀왔다. 이외에도 성균관 사예·사간·홍문관 직제학·좌부승지·병조참의·형조참의·도승지·병조참판·이조참판 등을 지냈다.

소릉공의 현달에 의해 선조대부터 광해군 때까지 최고의 전성기를 누렸던 매산의 가문은 17세기에 들어서 시작된 정치적 격변 속에서 위기를 맞이했다. 선조의 뒤를 이어 왕위에 오른 광해군은 자신의 세력 기반을 대북파大北派에 두고 있었기 때문에 광해군 때 정권은 대북세력이 장악하고 있었다. 당시 대북세력은 이이첨李爾瞻·정인홍鄭仁弘 등을 중심으로 광해군의 친형인 임해군臨海君과 이모제異母弟인 영창대군永昌大君

을 죽였으며, 또 계모인 인목대비仁穆大妃를 서궁西宮에 유폐하였다.

그러나 대북세력의 전횡은 당시 대북세력에 눌려 지내던 서인을 중심으로 한 반대세력에게 반정反正의 명분을 제공하였다. 이에 따라 서인들의 주도로 능양군 종綾陽君 倧을 왕으로 옹립하는 인조반정仁祖反正이 일어나 대북세력은 일시에 정권에서 배제되었다. 대 후금출병對後金出兵 이후 대북세력이 상대적으로 약화된 가운데 '폐모살제廢母殺弟'에 대한 처벌과 '존명의리尊明義理'를 내세운 인조반정이 성공하자, 서인은 남인과 연합하여 집권하였다.

인조반정으로 인해 매산의 가문은 적지 않은 타격을 입었다. 그것은 가문을 잠영簪纓의 반열에 올려놓은 매산의 조부 소릉공이 인조반정으로 인해 광해군에게서 받은 위성공신 여흥부원군 보국숭록대부衛聖功臣 驪興府院君 輔國崇祿大夫의 공신호功臣號와 훈봉勳封이 삭탈되고 1품계 강등되어 지중추부사知中樞府事로 좌천되었기 때문이다.[9]

인조반정이 일어나기 전까지 매산의 가문은 정권의 실세로 당시 정치권의 중심에서 활동하고 있었다. 당대 소릉공의 정치적 위상은 그의 집안이 맺고 있었던 인척관계姻戚關係를 통해서도 잘 알 수 있다. 소릉공의 형 춘주공 상홍春洲公 尙弘이 당시 대북大北의 영수였던 아계鵝溪 이산해李山海의 사위였고, 소릉공 자신도 서인의 명가인 해평윤씨海平尹氏 윤두수尹斗壽의 조카 윤현尹晛의 딸과 혼인하였다. 또 그의 첫째 아들 지완志完은 전주이씨全州李氏 첨정僉正 이결李潔의 딸, 둘째 아들 지선志宣은 북인의 명가인 행주기씨幸州奇氏 영의정 기자헌奇自獻의 딸과, 셋째 지굉志宏은

---

9) 「少陵公 墓誌」, 『驪江世乘』 卷 5, "丙辰正月, 進階輔國崇祿, 封驪興府院君, 兼工曹判書. …… 癸亥春, 仁祖反正, 衛聖功罷, 除勳封, 降一資, 夏辭遞贊成, 拜知中樞府事."

서인 능성구씨綾城具氏 목사 구사흠具思欽의 딸과, 넷째 지정志定은 북인의 명문인 한산이씨韓山李氏 이경심李慶深의 딸과, 다섯째 지인志寅은 대북의 권신이었던 풍천임씨豊川任氏 판서 임취정任就正의 딸과, 여섯째 지유志裕는 소릉공의 동생 호산청은공湖山淸隱公 상신尙信의 후사로 출계出系하였지만 남인의 명문 안동권씨安東權氏 도승지 권희權憘의 딸과, 막내 지안志安은 종친 영제군寧堤君 이석령李錫齡의 딸과 혼인하였다.

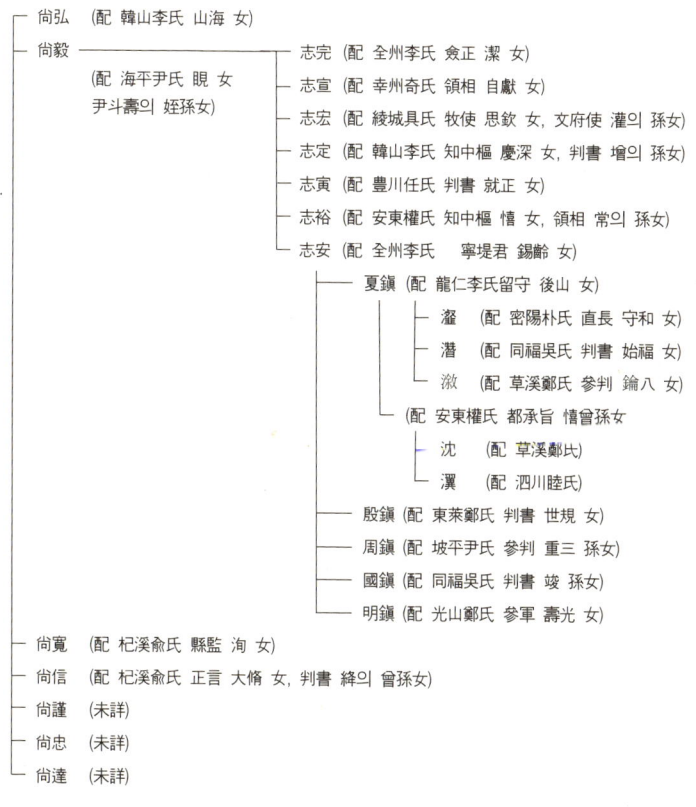

〈少陵公 當代 梅山家門 姻戚圖〉

이런 인척관계로 보아 당시 소릉공의 집안은 그 시대를 좌우하던 명문 권신가와 다양한 인척관계를 맺고 있었던 북인 계열의 명가였다고 할 수 있다.[10]

　인척관계뿐만 아니라 당대 매산 가문의 번성은 장남 정간공貞簡公 지완志完이 소릉공과 함께 상경上卿의 지위에 올랐던 것과, 소릉공 당시 주역교정청周易校正廳에 참여한 당대의 걸거인傑鉅人이 모두 60명이었는데 이 가운데 소릉공이 도승지都承旨로 21번에, 막내 동생 참판공參判公이 병조참지兵曹參知로 25번에, 장남 정간공貞簡公이 이조좌랑吏曹佐郎으로 51번에 참여하여 한 집안에서 부자형제 모두 세 사람이 동시에 주역교정청에 같이 뽑히는 영예를 누리기도 했다는 기록[11]이나 선조 23년(1590)에서 광해군 3년(1611)까지 22년 동안 문과 및 중시重試 합격자가 11명, 진사 및 생원시 합격자가 18명, 무과 합격자가 4명이 나와 중복된 사람을 제외하고도 모두 26명의 합격자가 그의 가문에서 나왔다는 기록[12]을 통해서도 충분히 짐작할 수 있다.

　그러나 이런 매산의 가문도 인조반정으로 서인 계열이 정권을 장악하자 정치적으로 상당히 위축되었다. 하지만, 광해군 때 북인정권의 한 축으로 정치에 참여하였으나 당파에 연연하지 않고 소신을 지켰던

---

10) 梅山의 先代가 北人이었다는 명확한 기록은 없다. 그러나 여기서 살펴본 것과 같이 당대 梅山 가문이 맺고 있었던 婚姻關係로 보아 梅山의 선대는 정치적으로 北人과 상당히 긴밀한 관계를 유지하고 있었다고 보아야 할 것이다. 梅山 가문의 이런 혼인 관계는 『朝鮮王朝實錄』, 仁祖 1年 3月 23日(癸丑)의 6번째 기사에서 "憲府啓曰; "左贊成李尙毅, 本以鄭夫連姻逆魁, 得罪公論久矣, 請命遞差." 答曰; "李尙毅先朝舊臣, 別無過失. 今日之論, 無乃過乎!"라고 한 기록에서 알 수 있듯이 仁祖反正 이후 少陵公이 탄핵을 받는 한 원인이 되었다.
11) 李瀷, 「周易校正廳 宣醞圖記」, 『星湖全集』 卷 53, "一時傑鉅人, 無不與焉, 合六十員. 貳相公, 時以都承旨, 居第二十一. 公之季弟參判公, 時以兵曹參知, 居第二十五. 公之長子判書公, 時以吏曹佐郎, 居第五十一. 其中父子兄弟, 三人同選者, 惟吾家在焉."
12) 李瀷, 「登科記」, 『星湖全集』 卷 53, "自庚寅至辛亥, 二十二年之間, 文武大小榜箚次著名, 其文科及重試, 合十一. 進士及生員, 合十八. 武科四, 合三十三人. 除疊出七人, 爲二十六人, 而其中牢觀者, 有三. 一是一門之內四子, 侍父前後登司馬, 更無監試赴擧者. 二是兒先釋褐, 父反居後, 同升諸公. 三是重試聯榜, 而其一則同年及第也. 此皆世之所嗟異而吾門萃焉, 豈不盛歟."

소릉공의 행적[13]과 인조반정 때 소릉공이 궁으로 들어가는 인조를 기다려 따랐던 일[14]로 인해, 실질적으로 당시 매산의 가문은 소릉공과 소릉공의 큰 아들 정간공 지완의 공신호와 훈봉이 삭탈되는 것[15] 이외에는 더 이상의 큰 피해를 입지 않았다.

소릉공의 처신은 인조반정이라는 정치적 격변에서 가문이 더 이상 큰 화난을 당하지 않도록 구제할 수는 있었지만, 이후 매산의 가문은 매산이 관직에 진출할 때까지 정권의 중심에 들어가지 못했고, 정치적 성향도 남인 계열로 변화했다.[16]

소릉공은 명종明宗 15년(1560)에 태어나 인조仁祖 2년(1624) 65세의 나이로 운명하기까지 임진왜란·동서분당東西分黨·폐모살제廢母殺弟·

---

13) 「少陵公 家狀」, 『驪江世乘』 卷 5, "仁祖改玉時, 反正勳臣, 秉柄用舍, 參以私好惡, 多所抉摘, 擧世難爲完人, 獨於公 復擬銓衡之望, 無敢有貳議. 公之處濁世, 持身謹嚴, 如此可知." 家傳의 기록 이외에 『朝鮮王朝實錄』에서도 反正功臣들이 少陵公 가문의 혼인문제를 거론하며 少陵公의 파직을 청하지만 '先王朝의 舊臣으로 큰 허물이 없다'고 거절하는 仁祖의 批答을 볼 수 있다. 앞의 주 10) 참조.

14) 「少陵公 家狀」, 『驪江世乘』 卷 5, "先是公呈病, 審知反正之擧, 以素服伏於西宮道傍, 上間之卽命隨駕, 因居貳公之位."

15) 少陵公 尙毅는 光海君代에 衛聖功臣 驪興府院君 輔國崇祿大夫의 功號와 勳封을 받았고, 그의 큰아들 貞簡公 志完은 翼社功臣 驪城府院君 正憲大夫의 功臣號와 勳封을 받았으나 모두 仁祖反正 이후 削奪된다. 그러나 志完은 이미 光海君 9년 11월 23일 53세로 운명하였기 때문에 그의 功勳 삭탈은 仁祖反正 이후 梅山 家門에 실질적인 타격을 미치지 못했다.
『朝鮮王朝實錄』 光海君 8년 1월 14일(乙酉) 2번째 기사. "前正吳靖·應敎李挺元·舍人丁好善·興海郡守丁好寬·永川郡守南橃·載寧郡守韓汝璂·司僕寺正柳希奮·典翰朴自興·直提學柳希發·左通禮鄭榮國皆加通政, 咸鏡監司柳公亮·工曹判書李尙毅·知事閔馨男皆加崇祿, 大司成趙存世·禮曹參判南瑾·護軍宋錫慶皆加嘉義, 義寧君宋諄·帶原君尹孝全·驪城君李志完皆加正憲."
『朝鮮王朝實錄』 仁祖 1년 9월 2일(己丑) 1번째 기사. "諫院啓曰; 光海位嗣之初, 翼社元勳之徒, 懷逹君規利之心, 縱使熒惑, 無所不至. 臨海喬桐之酷禍, 誠天下萬古之至寃. 此手旣滑, 骨肉餘幾, 連果寃死之人不, 知其幾家, 人皆側目, 臥不貼席者, 此輩之作俑也. 反正之後, 卽已昭雪臨海之寃, 削去僞勳之籍, 則癉惡之典, 義當劃施, 迄今寥寥, 國言藉藉. 且其時三司, 爲其元勳之所operate持, 未免告變之歸, 亦不無其罪. 請翼社元勳, 追削官爵, 三司官竝罷職不敍. 廢朝諸僞勳, 已行削罷, 則戊申以後凡干捕捉罪人, 隨參鞫廳, 奔走徼勞, 明受賞加實職者, 所當逐一改正, 以淸仕路, 而前日臺諫所啓, 只擧癸丑而不及於其前, 事同而異施, 物情皆以爲不均. 請令該曹, 從速査出, 一體施行. 上以從三司罷職之請, 其後果爭, 乃從. 翼社元勳許筬·金信元·柳希奮·崔有源·尹孝先等, 竝追奪官爵, 三司之官, 副提學宋應洵·典翰崔有源·應敎李志完·校理黃敬中·奇協修撰成時憲·正字尹睦大欽·掌令尹譲·持平閔德男·獻納尹孝先·正言李士慶·任章等, 竝罷職不敍."

16) 『朝鮮王朝實錄』 肅宗 1년 6월 辛酉의 기록을 보면 南人의 계보를 논하며 梅山을 淸南에 가까운 南人 속에 포함시키고 있다.
『朝鮮王朝實錄』 肅宗 1년 6월 4일(辛酉) 1번째 기사. "穆老而巧密, 或左或右, 積尤老於涉世, 伸縮有術, 內扶大運等, 而外若中立. 宇遠初黨於鑣·穆, 後歸大運之黨, 如夏鎭·沃·威明·聃命等, 首鼠兩間, 而諂事穆·鑣尤甚."

인조반정仁祖反正·이괄李适의 난까지 굵직굵직한 역사적 사건의 한가운데에 있으면서 영예와 시련을 몸소 겪으며 살았다. 그가 이런 어지러운 시기에 내외의 여러 요직들을 두루 거치며 가문의 번영을 이루어 그의 가문이 전성기를 맞이하도록 할 수 있었던 것은 그의 가문에서 대대로 후손들에게 강조해왔던 엄격한 자기수양自己修養의 가학 전통家學傳統과 그 가학家學을 바탕으로 한 관직생활의 결과라 생각된다.

소릉공은 자신의 현달을 바탕으로 그의 가문이 중앙정계에서 최고의 전성기를 누릴 수 있게 하였을 뿐만 아니라, 그의 가문이 서울의 세거지를 확정하는 데에도 결정적인 역할을 하였다. 경헌공 이후 다시 중앙정계에서 미미한 역할에 그쳤을 뿐이었던 매산의 가문은 비록 경저京邸를 가지고는 있었지만 그들이 뿌리내릴 확고한 지역을 확보하지는 못하고 있었다. 그러나 소릉공이 서울의 서부 황화방皇華坊 소정동계小貞洞契 소릉골에 거주하여, 가문의 대·소가大小家가 이곳에 모여 살게 되면서부터 정동貞洞은 이들의 세거지가 되었다. 성호에 따르면 "이곳은 세상 사람들이 정동의 이씨 댁이라 하였으니 대대로 현재賢才가 많고 사환자仕宦者가 끊이지 않았으며, 선조의 유훈을 잘 지켜 대가의 풍모를 잃지 않는 곳"[17]으로 가문의 본거지였다고 한다.

인조반정 이후 매산의 가문은 정치적 위기를 맞기는 하였지만 여전히 정권의 한 부분에 자리잡고 있었다. 소릉공의 7남 4녀 중 사위 네 사람이 모두 등제登第·현사顯仕하였고, 소릉공의 내·외손 60여 명과 그의 증·현손 중에서 가문을 빛낸 자가 허다했다는 기록[18]을 보면 비록

---

17) 李瀷, 「檀軒記」, 『星湖全集』 卷 53, "惟我李, 自我曾王考, 貳相公之宅于貞陵之洞, 人目爲貞洞之李, 世多賢才, 簪組不絶, 亦能佩持遺訓, 不失大家風裁者, 莫非吾先祖, 樹業貽謀之餘韻也, 其可忘乎."
18) 李瀷, 「先祖少陵公簡帖跋」, 『星湖全集』 卷 56, "維我曾王考貳相公, 有七子四女, 四子暨四女壻, 皆登第顯仕,

매산의 가문이 광해군 때와 같은 번영을 누리지는 못했지만 여전히 정치권의 한 부분에서 상당한 위치를 차지하고 있었음을 알 수 있다.

인조반정 이후로도 그의 가문이 여전히 정치권의 한 부분에 남아 있을 수 있었던 것은 당대의 정치적 상황 때문이었다고 생각된다. 인조반정 초 이괄의 난과 이인거李仁居 작변作變, 인조 6년(1628)의 유효립柳孝立 옥사사건獄事事件 등을 이용하여 대북파大北派를 완전 숙청한 서인정권은 서인 주도로 남인과 소북을 아우르는 3당 연합을 지속했으며, 효종孝宗이 즉위한 뒤로도 서인이 정국의 주도권을 쥐었지만 남인 이원익李元翼이 입상入相하여 남인 계열이 중앙정계에서 존재할 수 있었기 때문이다. 그러나 서인과 남인의 정치적 대립은 인조반정 이후 계속되었고, 효종이 즉위하자 등장한 우암尤庵 송시열宋時烈을 중심으로 서인들의 정국 주도는 현종顯宗 초까지 계속되었다.[19]

이 시기는 당파의 혼란이 계속되던 때였지만, 매산의 가문은 정쟁의 혼란에서 비켜서 있을 수 있었다. 그것은 소릉공의 후손들이 관직에 몸담고는 있었지만 권력의 핵심에서 한 걸음 물러서 있었기 때문이다. 이들은 대부분 부친의 뒤를 이어 관직에는 진출했으나 매산이 정계에 진출할 때까지 그다지 고위직에 오르지 못하고 대부분 지방관을 전전하면서 관직생활을 마감했다. 따라서 매산의 가문은 이 시기 당쟁의 회오리에 말려들지 않고 가문을 부지할 수 있었다.

이런 정치적 혼란기에 힘겹게 가문을 부지했던 소릉공의 일곱 아들 중 막내가 바로 매산의 부친 지평공持平公 이지안李志安이다. 지평공은

而長子判書公同升爲上卿. 世以爲榮, 有內外孫男女六十餘人, 以至於曾玄, 其麗許多, 此何等德業, 何等福祿, 必有以也."

19) 吳洙彰, 「붕당정치의 성립」, 『한국사 30』(국사편찬위원회, 1998.12), 69-94쪽.

소릉공과 해평 윤씨海平尹氏 사이의 7남 4녀 중 막내아들로, 선조 34년 (1601) 6월 29일 소정동小貞洞 경저京邸에서 태어났다. 자는 존오存吾, 호는 성천成川이다. 지평공이 출생했을 당시 소릉공은 홍문관 부제학을, 큰형 정간공貞簡公은 사헌부 지평을 지내고 있었기 때문에 지평공은 여유 있는 환경 속에서 성장할 수 있었다.

타고난 자질이 영민하고 기량이 커서 약관의 나이에 벌써 노성한 기풍이 있었고, 희노喜怒의 감정을 얼굴에 드러내지 않았다고 한다. 언제나 부모님 곁을 떠나지 않고 경사經史의 서적에 심취하였는데, 그중에서도 특히 『대학大學』과 『중용中庸』을 즐겨 읽어 아침에 읽고 저녁에 외우기를 만년까지 게을리하지 않았다. 어려서 몸이 약해 부모님께서 늘 걱정하시는 것을 알고는 건강관리에 최선을 다했으므로 부모님께서 더욱 애지중지하셨고, 작은 일에는 구애받지 않았으나 큰 시비에서는 언제나 의연하여서 사람들이 함부로 범할 수 없었다고 한다. 조금 자라 총산葱山 정언옹鄭彦顒의 문하에서 미수眉叟 허목許穆 등과 함께 수학하였는데 동문들의 추중을 받았다.[20] 이때 그가 맺은 미수와의 인연이 이후 그의 아들 매산에게 이어져 손자 성호에게 전해졌다고 유추된다.

24세 되던 인조 2년(1624)과 3년(1625) 연이어 부친과 모친의 상을 당해 삼년상을 마쳤으며, 인조 11년(1633) 사마시에 4등으로 합격하여 다음해에 선릉참봉宣陵參奉에 제수되었으나 나가지 않았다. 5년 뒤인 인조 17년 (1639) 금정찰방金井察訪에 제수되어 외직에 나가 임기가 만료되어 돌아왔는데, 역민驛民들이 선정을 기리는 거사비去思碑를 세워주었다. 이어

---

20) 李瀷, 「祖考司憲府持平 贈吏曹參判府君行狀」, 『星湖全集』 卷 67, "旣而登鄭葱山彦顒 之門, 同學如眉叟許公穆之倫, 咸推重焉."

의금부도사·동몽교관·공조좌랑을 거쳐 효종 2년(1651) 겨울 별시문과에서 병과로 급제한 뒤 정언·지평·형조좌랑·부윤 등을 역임하였다.

  지평공은 사헌부와 형조에서 근무하면서, 상하를 막론하고 법을 지켜야 함을 진언하는 등 강직한 자세로 관직생활을 일관했다. 특히 그가 효종 3년(1653) 형조좌랑에 임명되어 궁가宮家의 범법犯法을 엄격히 금해야 함을 밝히는 진언을 하여 효종으로부터 궁가와 사대부를 막론하고 법을 범하는 경우가 있으면 일체를 법에 따라 처리하라는 명을 받은 것[21]과 성천도호부사成川都護府使로 재직할 당시 청정한 정사政事 처리와 문학에 의한 교도에 감복한 부민府民들이 효종 7년(1656) 그가 임기를 마치고 서울로 돌아갈 때 추모비를 세워 공적을 기록한 것은 그의 관직생활 자세를 밝혀주는 대표적인 일화이다. 특히 성천의 추모비는 부친 소릉공과 넷째 형 청선공聽蟬公의 추모비 옆에 세워진 것이기에 더욱더 큰 의미를 지닌다고 할 수 있다. 하지만 지평공은 성천도호부사를 마지막으로 더 이상 관직생활을 이어가지 못하고 효종 8년(1657) 2월 10일 소정동 경저에서 57세를 일기로 운명했다.

  성호의 지평공 행장과 이맹휴李孟休의 가전家傳에서는 지평공의 모습을 관인보다는 엄격함과 인자함을 고루 갖춘 덕인德人으로 묘사하고 있는데, 이는 그가 17년의 관직생활 동안 그다지 비중 있는 관직에 나가지 못했기 때문이기도 하겠지만, 그보다는 그가 추구한 삶의 자세 때문이었다고 생각된다. 지평공이 지니고 있었던 삶의 자세는 그의 아들 매산을 거쳐 후손들에게 그대로 이어졌다고 보인다.

---

[21] 『朝鮮王朝實錄』 孝宗 4년 3월 11일(丁丑) 1번째 기사. "上召見諸司輪對官, 刑曹佐郎李志安進曰: 臣曹掌禁, 而法有所不行. 事涉宮家, 則禁吏不敢下手, 若或執而告之, 則乃反侵毒禁吏, 請明降指揮, 俾無此弊. 上曰: 以侍從爲法官, 其意有在, 不論宮家及士大夫, 犯禁者一切如法治之."

매산 이하진은 인조 6년(1628) 무진년戊辰年 봄 2월 10일 오시午時에 소정동 경저에서 아버지 지평공 지안과 어머니 전주이씨全州李氏 사이의 5남1녀 중 장남으로 태어났다. 자는 하경夏卿, 호는 매산 혹은 육우당六寓堂이라고도 한다.

매산은 타고난 자질이 영민하였고 잡기보다는 독서와 서예를 즐겨 일찍부터 당대의 명필로 추앙받던 중부仲父 청선공聽蟬公 지정志定에게 서예의 자질을 인정받았다. 매산의 서예 자질은 그의 셋째 아들 옥동玉洞 이서李漵에게 이어져 '동국진체東國眞體'라는 새로운 필법으로 꽃을 피웠다. 어려서부터 엄격한 부친의 훈도와 여러 족부의 가르침, 종형들의 영향 아래 학문을 시작한 매산은 27세가 되던 효종 5년(1654) 정월 광주廣州의 매산梅山(수원시 권선구 매산동)에 작은 별장을 짓고 글을 읽으며 손수 매화를 심고 매화의 고고한 절개를 보고 배우겠다는 자신의 의지를 밝혔는데, 이 마음가짐은 그의 일생을 두고 관류하는 것이 되었다.

이 해에 매산은 동생 은진殷鎭보다 나이로는 10년, 햇수로는 8년 뒤늦게 진사시에 합격하여 성균관에 입학했지만 이듬해에 모친상을 당했고, 그 2년 뒤에는 다시 부친상을 당했다. 당시 매산의 다섯 형제 가운데 셋째 주진周鎭과 넷째 국진國鎭이 각각 20세와 17세의 젊은 나이로 모친상을 당하기 3년 전인 효종 3년(1652) 사망하였기 때문에 매산은 둘째 은진과 함께 시묘살이를 했지만, 은진도 삼년상을 마친 뒤 병석에 누워 이듬해 5월 사망했다.

현종 3년(1662) 겨울 매산은 34세로 내시교관內侍敎官에 임명되면서 관직생활을 시작했지만 실직實職은 아니었다. 다음해 중양과重陽科에 수석으로 합격한 그는 전시殿試에 직부直赴할 수 있는 자격을 얻게 되었으나, 당시 재신宰臣 가운데 그의 합격을 저지하는 사람이 있어 관직 진출이 어려웠다.²²⁾ 이 시기는 1차 예송논쟁禮訟論爭이 발생하고 얼마 되지 않은 시기였기 때문에 북인 계열을 거쳐 남인 계열로 바뀐 가문의 정치적 성향은 그의 관직 진출을 순탄치 않게 만들었다.

1차 예송논쟁[기해예송己亥禮訟]은 현종이 즉위한 뒤 서인과 남인 사이에서 인조의 계비繼妃인 자의대비慈懿大妃 조씨趙氏가 효종에 대한 상복을 얼마동안 입어야 하는가를 두고 발생한 예에 관한 논쟁이었다. 이 논쟁은 기해복제己亥服制의 문제를 다룬 것으로, 서인의 기년설朞年說(1주년설)과 남인의 삼년설(2주년설)이 첨예하게 대립하였다. 이 대립은 표면적으로는 효종의 상에서 입을 자의대비의 복제에 관한 분쟁이었지만 문제의 핵심은 차자次子로서 왕위를 계승한 효종의 특수한 종법적宗法的 위상에 있었다. 서인의 기년설과 남인의 삼년설은 종통론적宗統論的으로 효종을 어떻게 보아야 하는가 하는 인식의 차이와 당시 발달했던 조선 예학의 학문적 시각 차이가 작용하고 있었다.

처음에 이 대립은 서인 우암 송시열과 남인 백호白湖 윤휴尹鑴 사이에서 벌어진 예학 논의에 불과하던 것이었지만 여기에 미수 허목의 상소가 더해지면서 점차 당론으로 전환되어 두 계열은 여기에 정치적 운명을 걸었다. 이 문제는 단순히 복제 문제로만 그치는 것이 아니라, 학파 간의 이념논쟁과 정치세력 간의 갈등 문제로 전개될 수밖에 없었다. 그것은 효종의 특수한 위치에 따라 언제든 효종의 정통성 시비로 문제가 비화될 수 있었기 때문이다. 결국 남인 계열의 윤선도尹善道가 우암을 '이종비주貳宗卑主'로 공격하면서 이 문제는 정쟁으로 비화되었고, 정치

---

22) 李瀷,「先考司憲府大司憲府君行狀」,『星湖全集』 卷 67,"至癸卯魁重陽科, 宰臣有不說者, 欲乘機阻撓, 俾不得出身, 天意已定, 終無奈何."

적으로 위기를 느낀 서인은 남인에 대한 대대적인 숙청을 전개하여 정권을 장악했다.[23]

이와 같은 당대의 정치적 상황으로 인해 관직 진출이 어려워지자 매산은 학문과 심신의 수양에 많은 시간을 할애했다. 특히 그는 학문의 여가에 명승을 유람하여 견문을 넓히는 일에 힘을 썼는데, 현종 5년 (1664) 고종형 정랑正郞 이정악李挺岳, 전적典籍 이익상李翊相과 함께 금강산을 유람한 것이 그 대표적인 예이다.

이후 매산은 현종 7년(1666) 봄 39세의 나이로 전시에 나아가 갑과의 2등을 차지하여 가주서假注書로 입시하면서 본격적인 관직생활을 시작했다. 그는 사옹원 직장·성균관 전적·사헌부 감찰·예조좌랑·병조좌랑 등의 관직에서 활동했지만, 본격적인 관직생활 2년 만에 부인 용인이씨龍仁李氏가 운명했다. 이 다음해 매산은 사헌부 지평에 임명되었고, 11월에는 병조랑이 되었다. 이때 현종이 병으로 온천에 가 정치화鄭致和가 호위대장으로 서울에 머물며 대궐을 출입하였는데, 그의 부하들이 지나친 행동을 하여 매산이 법으로 금지하자 정치화가 이를 못마땅하게 여겼다. 이에 매산은 "임금이 멀리 행차하여 나라가 텅 비었으므로 낭관은 조심스레 법을 지킬 줄만 알았다."고 하여 정치화의 사과를 받은 일이 있었다.[24] 얼마 뒤 지평으로 옮겼으나 대관臺官 김징金澄의 무고에 의해 체직되자 물러나 다시 광주廣州의 매산별업梅山別業에 들어가 3년의 퇴거생활退去生活을 했다. 이 퇴거기간 동안 매산은 스스로 부족하다고 여겼던 자신의 내면을 보다 정치하게 갈고 닦는 수양에 몰두

---

23) 李迎春, 「붕당정치의 전개」, 『한국사 30』(국사편찬위원회, 1998.12), 94-112쪽.
24) 李瀷, 「先考司憲府大司憲府君行狀」, 『星湖全集』 卷 67, "上幸湯泉, 鄭相致和, 以扈衛大將留都, 出入闕中, 傔從過制. 公以法裁抑. 鄭送人致詰. 公曰: 大駕遠出, 國中空虛, 郎官但知謹守法. 鄭謝曰: 得體矣."

했고, 또 안동권씨安東權氏를 두 번째 부인으로 맞이하였다.

약 3년간의 퇴거기를 거친 뒤 현종 12년(1671) 3월 병조좌랑에 서용敍用되면서부터 매산의 관직생활은 다시 시작되었다. 얼마 뒤 정랑 겸 진휼청감賑恤廳監이 되어 외창外倉에서 백성들에게 거두어들이는 쌀을 감독하게 되자 그는 정해진 양 이외에는 조금도 더 걷지 못하게 하였고, 상관들의 상납 요구도 거절하였다. 당시는 잦은 기상재해로 흉년이 들어 길에 굶어죽는 사람들이 많았는데 그가 몸소 순시하여 백성들을 보살폈으므로 목숨을 온전히 보존한 사람들이 많았다고 한다.

이어 간원의 정언·태학의 직강과 사예·춘방의 사서를 거쳐 현종 13년(1672) 봄에는 삼도의 해운을 맡아 폐단을 두루 수소문하여 일체를 혁파하여서, 임기를 마치고 조정에 돌아올 때 연해의 백성들이 비석을 세워 칭송하였다. 또 이 해 9월에는 황해도 관찰사가 되어 재해를 당한 백성들의 전정田政을 살필 때 한결같이 백성들의 불편함을 알리는 데 힘써 도움을 받은 백성들이 많았다. 매산이 관찰사로 재직할 때 마침 김징金澄이 뇌물죄에 걸려 평산平山으로 찬축竄逐되었는데, 그는 김징이 있는 군을 지나다가 이전의 무고를 잊고 조정에서 같이 벼슬했던 옛 정리를 생각하여 찾아보고 환대히자 김징이 부끄러워하면서 감격했다고 한다.

다음 해 여름 매산은 다시 내직으로 들어와 춘방의 필선, 문학·보덕으로 중앙 관직생활을 시작하게 되었으나, 이 해 8월 16일 장남 이해李瀣가 겨우 27세의 젊은 나이로 요절하는 슬픔을 겪었다. 이듬해 그는 장령·수찬·헌납·교리·사간·사성·집의·부교리·부응교·응교를 거듭하여 한 해 동안 무려 20여 번이나 자리를 옮겨가며 관직생활을 계속했다. 이 해 8월 현종이 승하하자 좌의정 김수항金壽恒이 수렴청정垂簾聽政을 주장히여 척신戚臣과 권신權臣들이 대부분 김수항의 뜻에 동의하

였으나 매산은 조금의 주저함도 없이 불가함을 역설하였고, 끝내 수렴청정의 논의는 실행되지 않았다.[25]

숙종이 즉위한 뒤 정국의 주도권은 잠시 남인 계열로 넘어오게 되었다. 그것은 현종 말년의 복제논쟁 이후 서인 계열이 정치적으로 위축되었고, 뒤이어 숙종이 즉위하자 서인 계열이 점차 정국에서 배제되었기 때문이다.

현종 15년(1674) 효종비 인선왕후仁宣王后 장씨張氏의 상이 있자, 다시 자의대비 조씨의 상복기간을 두고 복상문제가 발생했다. 이것이 제2차 예송논쟁[갑인예송甲寅禮訟]이다. 효종의 상에서는 효종의 지위에 대해 구체적으로 정의하지 않아도 되었지만 장자부長子婦와 중자부衆子婦의 복服을 결정하는 인선왕후의 상에서는 효종의 지위를 판별하지 않을 수 없었다. 이 상에서 효종을 장자로 보았던 현종과 청풍김씨淸風金氏, 남인 계열은 기년설朞年說을 주장하였으나 효종을 중자衆子로 보았던 우암 문하의 서인들은 대공설大功說(9개월)을 주장하였다. 이 과정에서 대공大功을 주장한 서인에게 기년복朞年服을 주장한 외척 주도의 남인 계열이 승리하여 숙종 즉위 이후 서인정권이 붕괴되고 남인정권이 성립되었다.

그러나 실질적으로 이 2차 예송논쟁은 서인과 남인의 대립이라기보다는 현종과 우암 문하의 서인 사이에서 일어난 대립으로, 대부분의 남인들은 이 논쟁에 직접 참여하지 않았다. 이 논쟁은 현종과 그의 외척 청풍김씨 세력과 우암 문하의 서인 세력 간의 대립이었기 때문에 2차

---

25) 李瀷,「先考司憲府大司憲府君行狀」,『星湖全集』 卷 67, "是年八月, 顯廟禮陟, 左議政金壽恒倡垂簾之議, 與諸大臣同坐政事堂, 召玉堂諸員問可否. 時聖嗣沖年, 戚畹强大, 權奸林立覬覦, 炙手加熱. 公乃抗言曰: 嗣君春秋已長, 聖明日進, 公輩以顧命大臣, 自可左右輔翼, 大妃亦宜從中周旋, 何至垂簾爲哉. 未知誰執此論, 而獨不見撤簾之難乎. 在今孰爲韓魏公. 人皆縮頸, 而公不少沮, 議遂寢."

예송논쟁 이후 남인들의 득세는 서인들의 몰락에 따른 반사이익에 불과했고, 실질적인 정국의 주도권도 남인이 장악했다기보다 외척 청풍김씨 일문이 주도했다.[26]

남인 계열이 정국의 중심에 들어선 숙종 즉위 초부터 경신대출척庚申大黜陟이 있기까지 6년 동안은 매산에게 정치적 황금기였다. 매산은 숙종 즉위 이후 남인 계열이 정권의 중심에 서게 되자 남인 계열의 중진으로 활동했다. 이 기간 동안 매산은 중앙부처의 요직을 두루 거치면서 미수 허목과 백호 윤휴의 출사를 강력하게 건의하여 실행시켰고, 이들의 정국 운영에 동조했다. 당시 매산은 남인의 중진으로 병권兵權의 향배와 서인에 대한 대책을 둘러싸고 분열된 청남과 탁남 사이에서 남인의 융화를 위해 노력했지만,[27] 허적許積의 정치적 행적을 못마땅하게 여겨 점차 청남 계열에 가까이 접근하게 되었다. 또 훈척권신인 김석주金錫胄와 사사건건 마찰을 일으켰다. 허적·김석주와의 반목은 이후 그의 관직생활을 위태롭게 했고, 특히 김석주와의 불화는 그가 운산雲山으로 유배되는 결정적인 원인으로 작용했다.

이 시기 매산은 조세의 감면을 주청하고 각 아문衙門이 소유한 둔전屯田이 폐단을 시정하려고 노력하였으며, 흉년으로 피폐한 민생에 대해 사실대로 임금에게 알리기 위해 힘썼으나 이로 인해 당시 영의정이었던 허적과 매사에 반목하게 되었다. 매산은 숙종 즉위 이후 중학교수·부응교·수찬·사도시 정·사간·승지·동부승지·좌부승지 등의 직책을 거치며 여러 차례 경연의 강관으로 참여하여 자신의 학문적 견해를

---

26) 李迎春, 「붕당정치의 전개」, 『한국사 30』(국사편찬위원회, 1998.12), 113-120쪽.
27) 『朝鮮王朝實錄』 肅宗 1년 6월 4일(辛酉) 1번째 기사. 앞의 주 16) 참조.

피력하며 숙종의 인정을 받았다.

숙종 2년(1676) 매산은 공조참의·대사간·우승지·홍문관 부제학·예조참의·대사성·이조참의 등의 요직을 두루 거치며, 당파의 이익을 위한 대립보다는 스스로 정한 기준을 지키고자 노력하였다. 당시 청풍부원군清風府院君 김우명金佑明의 상이 있자, 그가 비록 서인의 영수로 백호 윤휴나 남파南坡 홍우원洪宇遠과는 원수같이 지냈지만 매산은 그를 위해 임금에게 "신하의 상에 임금이 친히 임어臨御하는 예에 따라 청풍부원군의 상에 나아가 자성慈聖의 마음을 위로"28)하도록 청했고, 우암의 처벌에 관한 의론에서는 "옳고 그른 것이 어떤 것인지 따질 것 없이 그도 예에 대해 말한 것일 뿐인데, 죄가 어찌 죽음에까지 이르겠는가."29) 하며 사사賜死에 대해 반대하였다. 또 대흥산성大興山城을 쌓자는 건의에 대해서는 "성을 쌓는 것이 도리에 합당하다 해도 오히려 백성들을 구제하지 못할까 두려운데, 하물며 외지고 쓸모없는 땅에 한갓 백성들의 원망만을 모아서야 되겠는가."30) 하며 반대하였다.

다음해에 부제학·예조참의·대사간·호조참의·좌승지 등을 거쳤고 그해 겨울 중국으로 사신을 가라는 명을 받고 특별히 가선嘉善의 품계에 올랐다. 매산의 중국 사행에 대해 허적이 "매산은 문학으로는 넉넉하지만, 응대의 능력이 부족하다."고 반대하였으나 숙종의 간택으로 사행의 부사가 될 수 있었다.31)

---

28) 『朝鮮王朝實錄』肅宗 2년 12월 27일(乙亥) 1번째 기사. "上仍視都目政. 以李堂揆爲大司憲, 尹鐫爲左參贊, 尹墑爲修撰, 權大載爲大司諫, 吳挺昌爲大司成, 柳命堅爲修撰, 朴廷薜爲獻納. 政畢後宣醞. 兵曹參議李夏鎭請依君臨臣喪禮, 一幸淸風府院君喪, 以慰慈聖之心. 上不答."

29) 李瀷,「先考司憲府大司憲府君行狀」,『星湖全集』卷 67, "及時烈按律之論發, 公曰; 卽毋論是非之如何, 彼亦繫言禮, 罪豈至死."

30) 李瀷,「先考司憲府大司憲府君行狀」,『星湖全集』卷 67, "時有建議築大興山城. 公曰; 築城當道, 猶恐不濟, 況僻隅無用之地, 徒取民怨者哉."

숙종 4년(1678) 도승지와 부제학을 거친 뒤 3월 중국으로 가기 위해 조정을 나서 평양에 도착했으나, 중국에 국상이 있자 조정에서는 정사正使인 복평군福平君을 돌아오게 하고 매산을 상경上卿으로 삼아 진향정사進香正使를 맡겼다. 매산은 사행의 전 과정을 엄격하게 통제하여 예에 어긋나는 일이 없게 하였으며, 당시 역관들의 오만한 행동에 대해 크게 꾸짖어 다시 그러한 일이 없도록 하였다. 중국에 가서도 청나라의 접빈관에게 빈주의 예를 지킬 것을 요구하여, 청나라 예부좌시랑의 무례한 요구와 행동을 막았다. 이런 행동에 대해 당시 동행자들이 모두 탈이 날까 걱정하였으나 매산은 "내가 한 일이 올바른 것이고 또 해야 할 일을 한 것뿐"이라고 하며 당당하였다.³²⁾

되돌아올 때는 전례에 따라 하사해준 궤사은단饋賜銀段으로 수천 권의 고서를 사가지고 왔다.³³⁾ 이때 사온 도서가 그의 아들들의 학문세계 형성에 커다란 영향을 미쳤다고 생각된다. 지금 그 도서의 목록이 남아 있지 않아 매산이 사가지고 온 도서의 내용을 확인해 볼 수는 없지만 그의 아들 섬계와 옥동·성호의 학문에 당시 매산이 구입해온 도서가 지대한 영향을 미쳤으리라는 것은 쉽게 짐작할 수 있다.

매산은 중국에서 돌아온 뒤 당시 오삼계吳三桂의 난으로 혼란한 중국의 정세를 자세하게 아뢰고 이어 중국인들이 서북변으로 밀려 내려올

---

31) 李瀷,「先考司憲府大司憲府君行狀」,『星湖全集』卷 67, "將擇專對之材, 赴訴辨誣, 以親王孫福平君楟, 充正使, 當以亞卿中有才德文望者, 爲之副价, 特以事有至難, 不拘資格, 惟其人是擢, 上意屬公, 問於相臣許積曰: 李某何如, 積嚆之曰: 李某文學有餘, 短于酬應, 上曰: 文學有餘則可, 遂膺是擢也."

32) 李瀷,「先考司憲府大司憲府君行狀」,『星湖全集』卷 67, "公旣受命, 擇武弁中有名行者爲幕僚, 約曰: 使行自有軍門體, 如或犯科, 當以律從事, 諸幕僚各自飾, 無敢違者, 旣到燕, 衆譯驕或慢侮無禮, 公使譯舌謂曰: 吾雖小國使价, 爾職則不過一傳語者, 安容如是, 不然當申禮部, 後憚不敢復爾, 一日禮部左侍郎託事來過, 欲令使臣出門迎候, 公曰: 兩國相見, 自有其禮, 彼且私來幹事, 無與於我, 無已則當用賓主之禮, 侍郞又恚而歸, 以外國使事係禮部, 故同行皆怕生事, 公但曰: 我所執者正, 且任其所爲耳."

33) 李瀷,「先考司憲府大司憲府君行狀」,『星湖全集』卷 67, "及將還, 例有饋賜銀段, 乃擧以買古書數千卷以歸."

것에 대비하여 환란을 방비하도록 건의하였다.[34] 이후 그는 형조참판 겸 예문관 제학·오위도총부 부총관을 지냈고, 겨울에 대사간·예조참판·사헌부 대사헌을 지냈다.

이듬해 매산은 병조참판·대사간·동지의금부사·한성부 우윤·예조참판·대사성·한성부 좌윤 등의 요직을 두루 거쳤다. 이렇게 그가 요직을 거치며 실무를 담당하던 중인 숙종 5년(1679) 3월 허적의 아들 허견許堅이 서억만徐億萬의 처 차옥次玉을 겁탈한 사건이 일어났다. 이때 판의금 오시수吳始壽와 지의금 목래선睦來善이 허적을 위해 사태를 무마하려 하자 당시 정국에서 소외되어 있었던 서인뿐만 아니라 청남의 영수였던 미수도 차자箚子를 올려 허적 부자의 불법을 성토하다 쫓겨났다. 당시 매산은 대사간으로 동지의금부사를 겸하고 있었는데, 실권을 갖지 못해 적극적으로 이 문제의 처리에 참여하지 못했다.[35]

4월에는 강화도 돈대구축墩臺構築 공사현장에서 이유정李有湞의 역모사건이 발생했다. 이 역모사건이 정리된 뒤 김석주가 대제학으로 고묘문告廟文을 지었는데, 글의 내용이 자세하지 않아 수정하는 작업에 매산

---

34) 『朝鮮王朝實錄』 肅宗 4년 8월 20일(戊子) 1번째 기사. "陳慰兼進香使李夏鎭·鄭樸等回自淸, 夏鎭等以五月抵燕, 其國俗六月朔內不祭, 不許進香, 至七月始行祭, 又留館一旬, 始許離發, 蓋以南方敗報相繼, 方議攻剿, 不遑餘事云, 書狀官安如石進聞見事件, 略言; 吳三桂與耿精忠·鄭錦連結, 侵軼前後, 七城見陷, 漳泉被圍, 淸將宜滿水戰大敗, 副都統拉色巴巴等, 又大敗於岳州被禽, 廣西巡撫馬雄鎭戰敗自縊, 廣東德兵祖澤淸叛, 與三桂合, 侵陷諸城, 福建大將海澄公·黃芳世, 素雄勇多戰功, 以病死, 自是淸兵有敗無勝, 三桂稱帝, 國號大周, 改元紹武, 立其孫世霖爲皇太孫, 淸主荒淫無度, 委政於其臣索額圖, 兵興以後, 賦役煩重, 民不堪命, 國內騷然云."
『朝鮮王朝實錄』 肅宗 4년 8월 23일(辛卯) 2번째 기사. "夏鎭又言; 臣在燕見彼中事勢, 常有警急之憂, 未暇念及他事, 前頭使行, 雖請辨諍, 必無得許之理, 徒爲靡費而已."
35) 『朝鮮王朝實錄』 肅宗 6년 5월 11일(己亥) 2번째 기사. "司諫安垕·正言安後泰啓曰; 上年次玉獄事時, 其時禁府堂上, 周遮掩護, 用反案之狀, 敗露於今此推覈之日, 判義禁吳始壽·同知鄭維岳, 特施竄置之罰, 則睦來善·李夏鎭, 俱是佐貳之官, 終始同參奏讞文案, 無不相議, 則比諸擔當主張者, 雖或有間, 而循私罔上之罪, 畢竟同歸, 其所負犯, 不可罷職而止, 請前判書睦來善·前牧使李夏鎭竝命遠竄. …… 答曰; 不允. 睦來善·李夏鎭削奪官爵, 門外黜送. 削版事, 依啓."
이후 실록의 기록을 살펴보면 庚申大黜陟 이후 서인 계열에서 梅山이 당시 獄事에 적극적으로 참여하지는 않았지만 左貳의 관원으로 책임을 면할 수 없다고 하며 유배를 청하는데, 이를 보아 당시 梅山이 獄事의 처리에 적극적으로 개입할 위치에 있지 않았다는 것을 짐작할 수 있다.

이 참여하게 되었다. 당초 매산은 자신이 대제학의 글을 수정할 위치에 있지 않다고 하며 고묘문의 수정에 참여하지 않았으나 상신相臣들의 강권에 못 이겨 마침내 참여하게 되었지만, 실질적인 어떤 일도 하지 않았다. 결국 고묘문의 수정은 오정창吳挺昌과 권해權瑎의 주도로 이루어 졌지만 이후 매산은 이 일이 만든 상황을 벗어나지 못했다. 결국 이 두 사건은 매산의 관직생활이 파탄을 맞게 되는 결정적인 계기로 작용하였다.

애초에 매산은 김석주의 강화도 돈대공사 논의에 대해 "돈대는 내부가 사람 수백 명 정도를 수용하는 데 불과하여 세가 나누어지고 힘이 약하니 외구의 침입을 막기에 부족하다. 하물며 공사가 그때가 아니어서 백성의 원망을 무수히 부르게 될 것이니 참으로 국가의 근심을 두려워해야 할 것이 바다의 도둑떼에게 있는 것은 아닌 듯하다."[36)]라고 하며 반대하였다. 이렇게 시작부터 반대하였던 돈대공사에서 일어난 역모 사건에 대해 김석주가 쓴 고묘문을 수정하는 작업에 매산이 참여하게 되자, 애초 사이가 좋지 않았던 김석주와의 관계가 극도로 악화되었다.

매산과 김석주는 과거의 동방同榜이었으나 관직생활 동안 항상 대립관계에 있었다. 매산과 김석주의 불편했던 관계에 대해 싱호는 "석주가 공과 함께 과거를 관장할 때마다 객사客師를 위하여 은밀히 사사로움을 두도록 명하여 여러 차례 갑과甲科로 발탁하고자 하였으나 곧 공에게 발각되었기 때문"[37)]이라고 했다. 이런 김석주와의 불편한 관계가 매산

---

36) 李瀷,「先考司憲府大司憲府君行狀」,『星湖全集』卷 67, "先時, 錫冑議築江華墩臺, 公曰: 墩臺之內, 不過容人數百, 勢分力弱, 不足以捍外侮, 況役非其時, 厚招民怨, 誠恐國家之憂, 不在海寇也."
37) 李瀷,「先考司憲府大司憲府君行狀」,『星湖全集』卷 67, "蓋錫冑每與公同考試, 錫冑爲其客師命有秘私, 屢欲擢之魁, 輒爲公所覺, 錫冑色赧然, 衒公曰甚, 遇諸朝, 必以白眼, 其射影之毒, 未嘗一日忘于心也."

이 김석주의 고묘문 수정에 참여하면서 표면적으로 분출되었다.

숙종 6년(1680) 2월 25일 매산은 대사간으로 있으면서 강화도 돈대구축의 잘못과 윤휴의 사직, 허목의 해직, 홍우원의 원찬遠竄에 대해 항소를 올렸다. 이 항소는 바로 숙종의 진노를 불러와 매산은 그 당일 특명으로 진주목사晉州牧使로 좌천되었다. 당시 매산의 좌천에 대해 지나치다는 논의가 계속되었지만 정국의 흐름은 매산의 좌천을 막지 못했다.[38]

이런 상황에서 숙종 6년(1680) 남인이 축출되고 서인이 재집권하는 경신대출척이 일어났다. 이 사건은 동년 3월 남인의 영수인 영의정 허적이 조부의 시호를 맞이하는 잔칫날 일어난 유악油幄사건으로 시작되었다. 당시 허적의 분수 넘는 행동에 노한 숙종은 당일로 서인에게 군권을 넘기는 인사조처를 단행하였다. 남인을 견제하는 숙종의 태도가 확실해진 얼마 뒤 정원로鄭元老의 고변으로 허적의 서자 견堅이 인조의 손자이며 인평대군麟平大君의 아들인 복창군福昌君·복선군福善君·복평군福平君과 함께 역모를 도모하였다는 '삼복三福의 변變'이 드러났다. 이 사건으로 허견과 삼복뿐만 아니라, 허적·윤휴·유혁연柳赫然·이원정李元禎·오정위吳挺緯 등 남인 중진들 대부분이 죽임을 당하거나 유배되었다.[39]

경신대출척은 당시 남인의 중진으로 활동하고 있었던 매산에게 큰 영향을 미쳤다. 매산은 경신대출척이 있기 전 항소를 올려 진주목사로 좌천되었지만 이후 일어난 경신대출척으로 인해 다시 삭탈관직削奪官職·문외출송門外出送되어 마포의 상수동 근처에 있는 서호西湖 주변에서

---

38) 『朝鮮王朝實錄』 肅宗 6년 2월 25일(乙酉) 1번째 기사. "大司諫李夏鎭上疏曰; …… 疏上, 上特遞其職, 又以疏中, 容悅巧進, 猛虎豼貙, 龍虎鯤鱔等語, 謂出於私護黨論, 凌蔑廷臣之意, 黜補晉州牧使, 使之給馬發送. 政院繳還, 憲府爭論, 竝不聽."
39) 洪順敏, 「붕당정치의 동요와 환국의 발발」, 『한국사 30』(국사편찬위원회, 1998.12), 155-157쪽.

생활하게 되었다. 이 무렵 허적·윤휴가 사사되었고, 매산은 다시 김석주를 비롯한 서인들의 연이은 상소로 인해 이해 10월 마침내 평안북도平安北道 운산군雲山郡으로 원배遠配되었다.

매산의 유배에는 김석주가 결정적인 역할을 하였다. 김석주는 매산이 자신의 고묘문을 수정하는 일에 참여한 것 때문에 앙심을 품고 있었는데, 경신대출척이 일어나자 이를 계기로 매산의 처벌을 여러 가지 경로로 다양하게 임금에게 주청하였다. 경신대출척 이후 서인이 주도하고 있던 삼사三司에서 남인 중신들에 대해 일일이 거명하며 정사政事의 잘못을 들어 탄핵하였지만, 남인의 중진으로 활동했던 매산은 정사의 잘못에 의한 탄핵의 대상으로 거명되지 않았다. 이것은 매산에 대한 탄핵이 실정보다 허견의 옥사 문제와 김석주의 고묘문 수정에 참여했다는 정치적 명분에 따라 이루어진 것임을 보여주는 것이다.

운산으로 유배된 이듬해 10월 매산은 계비 권씨에게서 막내 성호 이익을 낳았다. 매산은 유배지에서 자신의 울적한 심회를 달래기 위해 시작詩作과 서예에 몰두하여 『천금물전千金勿傳』이라는 10권의 서첩을 남겼으며, 『주문공가례朱文公家禮』를 산절刪節하여 자식들에게 전했다. 그러나 그는 운산에서의 유배생활을 채 2년도 넘기지 못하고 숙종 8년 (1782) 6월 14일 55세의 일기를 끝으로 유배지에서 운명하였다. 매산의 시신은 둘째 아들 섬계와 셋째 아들 옥동에 의해 이 해 가을 고양군高陽郡 혜음령惠陰嶺 아래에 반장返葬되었다.

경신대출척으로 다시 정권을 장악한 서인은 청남과 탁남을 불문하고 남인 세력을 완전히 제거해나갔다. 그러나 서인 계열은 얼마 후 우암 중심의 노론老論과 윤증尹拯·박세채朴世采 중심의 소론小論으로 분열되었다. 이 분열은 양자 간의 학문적·사상적 차이에서 발생한 것으로 주자절대론과 주자상대론, 명분론·의리론과 실리론 간의 갈등에서 비롯된 것이었다. 이 이후의 정치적 대립은 노론과 소론을 중심으로 전개되어갔다.

그러나 얼마 뒤 숙종의 후사문제로 일어난 신임사화辛壬士禍에서 노론의 김창집金昌集·이건명李健命 등이 대역죄로 몰려 죽자, 노론은 큰 타격을 입게 되었다. 이 기간 중 숙종 15년(1689) 서인이 물러나고, 우암이 사사賜死되는 기사환국己巳換局으로 인해 남인이 잠시 동안 다시 집권하게 되었다. 이 기사환국 이후 매산은 관작官爵을 회복하게 되었고, 그의 묘소도 양주楊州로 옮겨졌다가 숙종 18년(1692) 정부인 용인이씨와 함께 원주原州의 백운산白雲山 분지동分池洞 오좌午坐로 옮겨졌다. 숙종 41년(1715) 6월 20일 후배後配인 정부인 안동권씨가 70세로 사망하자 역시 공의 곁에 안장되었다.

하지만 기사환국에 의한 남인들의 집권은 얼마가지 못했고 이후 일어난 경술환국庚戌換局으로 인해 정권은 다시 서인 세력으로 넘어가게 되었다. 숙종 20년(1694) 경술환국에 의해 남구만南九萬을 중심으로 하는 소론정권이 성립되자 남인은 재기불능의 큰 타격을 입게 되었다. 이후 노·소론은 희빈 장씨禧嬪張氏의 처벌을 둘러싸고 대립하다가 18세기에 들어서면서 완연한 노론 중심의 정국이 전개되었다.

매산의 죽음과 그 이후로 계속된 남인 계열의 정치적 실세는 매산의 아들들에게도 그대로 영향을 미쳐 이들의 관직진출을 철저하게 막았다. 당대의 정치적 상황은 매산의 아들들에게 현실에 대한 강한 좌절감과 울분을 느끼게 했다. 이런 상황에서 희빈 장씨의 처우와 원자元子의 보호를 주청한 매산의 둘째 아들 섬계 이잠의 상소문은 그 자신을 죽음으로 몰고 갔을 뿐만 아니라 그의 동생들과 종질, 종손들에게까지 심각한 영향을 미쳤다.

매산은 모두 5남 3녀를 두었는데 전배前配인 용인이씨에게서 3남 2녀를, 후배後配인 안동권씨에게서 2남 1녀를 두었다. 이들은 모두 당대 정치참여에 대한 강한 욕구를 가지고 있었지만 현실의 상황은 이들의 관직 진출을 철저히 막았고, 이에 따라 이들은 울분과 좌절감을 안은 채 초야를 떠도는 세외의 삶을 살아야 했다.

매산의 장남 청운靑雲 이해李瀣[인조 25(1647)-현종 14(1673)]는 시문詩文에 능했고 학식도 출중하였다고 하나 27세의 젊은 나이로 일찍 죽어, 동생 아정鵝亭의 아들 광휴廣休가 후사를 이었다. 둘째 섬계剡溪 이잠李潛[현종 1(1660)-숙종 32(1706)]은 경학과 예학에 밝았고, 의론議論이 명백하며 기상이 엄격하여 근기 남인 계열近畿南人系列의 사표師表로 인정받았다. 16세의 어린 나이로 사마시에 합격할 만큼 뛰어난 능력과 관직에 대한 강한 욕구를 가지고 있었으나, 매산이 유배지인 운산에서 운명하자 과거科擧와 현실에 대한 욕구를 꺾고 평생 초야를 떠돌며 울분에 가득한 삶을 살았다. 울분에 찬 방외의 삶을 살아가던 섬계는 그가 47세 되던 해에 당시 원자元子의 보호를 주청하는 항소抗訴를 올렸다가 장살되었는데, 사후 기절氣節로 근기 남인 계열에서 절대적인 추앙을 받는 인물이 되었다. 그러나 그의 항소는 이후 그의 동생들과 후손들에게 정치적 곤경을 가져다주는 결정적인 계기가 되었다. 아들이 없어 동생 아정鵝亭의 셋째 아들 병휴秉休가 후사를 이었다.

셋째 이서李溆[현종 3(1662)-경종 3(1723)]는 호를 옥동玉洞, 사시私諡를 홍도선생弘道先生이라고 하는데, '동국진체東國眞體'의 창시자로 서예 방면에서 대단한 성취를 이루었다. 그는 10세가 되던 해에 숙부 주진周鎭의 후사로 들어갔었고, 생부인 매산이 중국에서 사가지고 온 서적을 바탕으로 경사지집經史子集에 두루 박통博通하였다. 관직에 대한 꿈을 가지고 있었으나 둘째 형 섬계와 같이 당대의 혼란한 정치 현실과 이에 따른 부친의 죽음으로 인해 과거의 꿈을 접고 평생 격물치지格物致知의 수양과 독서에만 종사하였을 뿐 벼슬에 나아가지 않았다. 섬계와 옥동은 막내 동생 성호 이익에게 가학을 전수하여 성호 학문세계의 바탕 형성에 중대한 영향을 미쳤다.

넷째 이침李沈[현종 12(1671)-숙종 39(1713)]은 호를 아정鵝亭이라고 하는데, 숙부 명진明鎭의 후사로 들어갔다. 일찍 학업을 성취하여 숙종 29년(1703) 사학유생四學儒生의 대표로 이미 사사당한 우암을 신변伸辨하는 상소를 올려 당대 명망을 얻었다.[40] 그러나 숙종 32년(1706) 둘째 형 섬계가 왕세자의 보호를 주청하는 상소를 올렸다가 장살당하자 과거를 전폐하고 현실에 대한 모든 욕구를 접은 뒤 계부季父인 양근공楊根公 명진明鎭의 후사로 충청남도忠淸南道 예산군禮山郡 덕산현德山縣 고산면高山面 장천리長川里에 내려가 수신修身으로 일생을 보냈다. 문헌 자료가 존재하지 않아 드러난 학문적 업적을 찾아보기는 어렵지만 세 아들 중 두 아들을 형의 양자로 보내 집안의 혈통을 이었고, 이후 세 아들이 모두 성호학星湖學의 중추적인 인물로 자리잡았기 때문에 근기 남인 학통, 특히 성호 학통星湖學統의 가계 내家系內 전수라는 측면에서 볼 때 결코 가볍게 볼 수 있는 인물이 아니다.

---

40) 『朝鮮王朝實錄』肅宗 29년 7월 17일(辛酉) 1번째 기사. "四學儒生李沈等, 上疏爲先正臣宋時烈申辨, 答曰: 爲大老辨誣之誠, 溢於言表, 予甚嘉尙焉. 後, 時烈門人執義李箕洪·平市令鄭纘輝·忠淸道儒生蔡之涵等, 俱上疏辨誣, 上嘉納之."
『朝鮮王朝實錄』에 수록된 이 기사 속의 李沈에 관한 家門內의 기록을 찾을 수 없다. 그러나 『조선왕조실록』 속에 등장하는 李沈을 모두 검색해 생몰연대로 추정하여 보았을 때, 매산의 넷째 아들 李沈이 이 무렵 33세여 서 가장 가까운 인물로 유추할 수 있다. 또, 앞의 주 38)에서 볼 수 있듯이 부친 매산 역시 尤庵에 대한 私憾을 가지지 않았고 무엇보다 이 시기는 둘째 刻溪의 장살 사건이 일어나기 이전이었다. 따라서 『조선왕조실록』이 기사 속의 李沈을 매산의 넷째 鵝亭으로 볼 수 있다고 생각한다. 다만, 李沈의 이와 같은 행동이 이 시기 남인 계열 인물들이 지니고 있었던 우암에 대한 보편적 인식과 상당한 차이를 가지고 있다는 점에서 보다 명확한 근거를 확보할 필요가 있을 것이다.

막내 성호星湖 이익李瀷[숙종 7(1681)-영조 39(1763)]은 조선후기 근기 남인 학파의 태두이자 실학파의 하나인 경세치용학파經世致用學派의 창시자로 거론된다. 매산의 유배지인 운산에서 태어났으나 이듬해 매산이 운명하였기 때문에 매산에게 직접 학문을 전수받지 못했다. 성호는 둘째 형 섬계와 셋째 형 옥동을 통해 가학을 익혔고, 이후 퇴계를 사숙하며 자신의 학문을 완성했다. 성호는 퇴계에서 한강寒岡 정구鄭逑·미수 허목으로 이어지는 근기 남인 계열의 학문 전통을 후대 안정복安鼎福·권철신權哲身 등에게 전수하여 이후 근기 남인 계열 뿐만 아니라 조선후기를 이끄는 정신적 지주가 되었다.

성호도 섬계에게서 학문을 시작할 당시 과거에 대한 큰 꿈을 가지고 있었지만 섬계가 상소로 인해 장살되자 안산安山의 첨성리瞻星里로 몸을 피해야만 할 정도로 정치적 곤경을 겪게 되었고 이후 과거를 단념하게 되었다. 섬계의 장살사건은 당쟁의 와중에서 운명한 매산의 죽음과 함께 이후 매산 가문이 정치적으로 곤경을 겪는 중요한 원인이 되었다.

성호의 학문은 그의 자질子姪들에게 그대로 이어졌다. 특히 경학은 아들 만경萬頃 이맹휴李孟休와 조카 정산貞山 이병휴李秉休에게 전해져 목재木齋 이삼환李森煥, 예헌例軒 이철환李嚞煥, 청계淸谿 이성환李晶煥에게 이어졌고, 문학은 혜환惠寰 이용휴李用休를 거쳐 금대錦帶 이가환李家煥, 낙하생洛下生 이학규李學逵에게 이르렀다. 이후 성호의 학문은 다산茶山 정약용丁若鏞에게 집대성되면서 우리 민족의 학술사에 거대한 획을 그었다.

매산에게는 다섯 아들 외에 세 딸이 있었는데, 그 중 장녀는 판서 목창명睦昌明에게, 둘째는 처사 조하주曹夏疇에게, 셋째는 사인士人 정득주鄭得柱에게 시집갔다. 이외에도 측실부인에게서 딸 하나를 두었는데, 권홍權訌에게 시집갔다.

제1부 17세기 조선朝鮮과 매산梅山, 매산가梅山家

2. 매산梅山의 학문學問과 문학관文學觀

매산은 일정한 스승의 문하에서 학습한 경험이 없었다. 어려서부터 선친과 족부·종형에게 육예六藝를 익혔고, 장성해서는 이렇게 익힌 학문을 기반으로 독학하여 자신의 학문세계를 이루었다. 이러한 학문 수학 과정은 매산뿐만 아니라 그의 가문에서 볼 수 있는 보편적인 현상이다.

가문 바깥의 특별한 스승 문하에서 학습하지 않았던 가문의 일반적인 학문 수학과정 때문인지는 모르지만, 현재 매산이나 그 선조들의 학문 태도나 과정, 혹은 주된 학문 경향을 구체적으로 확인할 수 있는 자료나 기록이 남아 있지 않다. 매산 가문 선조들의 사적을 기록하고 있는 『여강세승驪江世乘』에서도 그들의 학문에 대해 구체적으로 밝히지 않아 그들의 학문세계를 명확히 확인할 수 없다. 그러나 대체적으로 독서를 통한 박학을 추구하였으며, 『대학』과 『중용』을 중심으로 생활 속에서의 수양과 실천을 중시한 학문 태도나 서예書藝와 시문학詩文學을 위주로 하였던 예술관은 가문의 공통된 경향이었다고 생각된다.

『여강세승』에서 찾아볼 수 있는 매산 선조들의 학문에 대한 언급은 매산의 8대조 충간공忠簡公 의인依仁이 시서詩書를 중시하였다[1]는 짧은 한 마디에서부터 시작된다. 물론 그 이전에도 학사공學士公 고阜와 봉화공奉化公 유猷의 학문이 상당했었다는 짧은 언급이 있기는 하지만 구체적으로 어떤 것이었는지에 대해서는 알 수 없다. 이후로도 확인할 수 있는 매산 선조들의 학문 전수과정은 경헌공敬憲公 계손繼孫이 장인인 설곡雪谷 정보鄭保에게 수학하였다는 것[2]과 이후 매산의 고조부 형제인 사언士彦·사필士弼 형제가 외조부인 청연수淸淵守 이숙의李淑義에게 수학하였다는 기록,[3] 매산의 부친 형제들이 총산蔥山 정언옹鄭彦甕을 찾아가 배웠다는 것[4]이 전부이다.

문학에 대해서도 이와 비슷하게 간략히 언급되어 있을 뿐이다. 그러나 『여강세승』을 살펴보면 매산 가문의 명성이 주로 문학 방면에서 이루어졌음을 쉽게 알 수 있다. 시서를 즐겼다는 의인 이후로 매산의 고조인 사필, 증조대의 우직友直·우인友仁 형제, 조부대의 상홍尙弘·상의尙毅·상신尙信 형제와 그의 부친 지안志安을 포함하여 부친대의 지완志完·지굉志宏·지정志定·지천志賤 형제가 모두 문학으로 당대에 명성을 떨쳤다.[5] 이 가운데 매산의 종조부인 청선공聽蟬公 지정志定은 서예 방면

---

1) 李石亨, 「忠簡公 陰刻」, 『驪江世乘』 卷 3, "事母至孝, 敎子甚勤, 惟事詩書, 不求聞達者, 有年矣."
2) 金益容, 「敬憲公 神道碑銘」, 『驪江世乘』 卷 3, "配延日鄭氏, 監察號雪谷保女, 文忠公圃隱先生曾孫女."
3) 李孟休, 「啓功郞公 家傳」, 『驪江世乘』 卷 4, "夫人李氏, 挈幼孤南下, 夫人父國宗淸淵字淑義, 母金氏通贊淙女, 通贊素饒于貲, 庄園在南原府南古達里, 淸淵公家焉, 夫人隨之淸淵公, 老而歸漢師, 夫人又隨之往來, 辛勤課督二子不懈, 卒皆成名."
李漢, 「外姓七世祖考妣墳塋改修記」, 『星湖全集』 卷 53, 1장 제1절의 각주 8) 참조.
4) 李漢, 「持平公 行狀」, 『驪江世乘』 卷 8, "旣而登鄭蔥山彦曾之門, 同學如眉叟許公穆之倫, 咸推重焉."
5) 李尙毅, 「應敎公 士弼 墓誌」, 『驪江世乘』 卷 4, "拜承政院注書, 例遷典籍, 諸承旨咸歎曰; 如公文筆, 不可多得, 右遷雖不可止, 恨不得久留也."
李慶休, 「斂正公 友仁 墓誌」, 『驪江世乘』 卷 4, "明廟釋喪, 大妃祔廟, 館學進歌謠, 公籍東庠掌其事, 應對明亮, 酬酢得宜, 年未弱冠, 鬢堂動目, 一時士林, 皆自以爲不及也."
李慶休, 「少陵公 尙毅 家狀」, 『驪江世乘』 卷 5, "秋以東宮冕服奏請使, 如京師, 時李芝峯睟光爲副使, 芝峯文章士也, 以公居常謙恭, 不以翰墨自居, 故芝峯亦未深知, 至是與之酬唱, 大驚服曰; 少陵文章, 當代罕敵. …… 公於詩律, 不事雕鍥, 自臻於妙絶, 有止始韻格, 談詩者, 以爲讀之, 可知其吉人語也. 公於晩年, 悉取少時詩稿焚之曰; 文藝

에서도 남다른 성취를 이루어 높은 평가를 받았는데, 특히 초서에서 뛰어난 경지를 이루었다는 평가를 받았다.[6]

그러나 이들의 학문이나 문학에 대한 언급은 대개 한두 줄의 짤막한 정도에 불과하다. 따라서 구체적으로 이들의 학문이나 문학세계에 대해 알아보기 위해서는 현재 남아 전하는 문집을 직접 확인해 볼 수밖에 없지만, 현재 전하고 있는 문집도 소략하여 분명히 밝혀내기 어렵다. 그렇지만 학문이나 문학에 대한 언급과 달리 매산의 선조들이 가졌던 독서와 내수內修를 중심으로 하여, 실천하는 삶의 자세는 『여강세승』 속에 비교적 자세하게 드러나 있다.

특히 이들이 지녔던 삶의 자세는 이들의 생활 속에서 드러난 모습이나 후손들에게 남긴 유훈을 통해 잘 알 수 있다. 이 가운데에서도 매산의 증조인 첨정공僉正公 우인友仁이 그의 자손들에게 남긴 유훈은 이후 자손들의 삶과 학문의 지표로 자리잡게 되었다. 우인의 유훈은 독서·수도守道·신교愼交·애군愛君의 정신과 독서를 통한 박학의 추구, 서예를 중시하는 의식, 근검절약의 생활 자세를 강조한 것[7]으로 이후 후손들의 삶과 학문세계에서 중요한 생활 지표로 작용하였다. 소릉공도 자식들에게 보낸 편지에서 누차 독서와 내수內修의 중요성을 강조하는데,[8] 이 역시

者末也, 何足示後, 故有詩集, 如干編刊行."
李潩,「持平公 志安 行狀」,『驪江世乘』卷 8, "文詞典雅, 乃曰: 吾家恥以文人得號, 安用此爲, 故篋衍無留, 後輯得近體詩若干篇, 藏於家."

6) 李瑞雨,「通政大夫行永興大都護府使聽蟬李公墓碣陰記」,『聽蟬詩稿』, "聽蟬公生而魁偉, 幼學于蕙山鄭公彦窐, 以文詞名, 爲詩有高格, 尤工於書, 作小楷得習法, 餓而弁之不爲曰: 是翦翦者, 何以後乃公也, 爲於是, 興到意會, 一以草書發之, 快健飛活, 見者怡悅, 久之神化."

7) 李尙毅,「僉正公 遺訓」,『驪江世乘』卷 4, "其敎戒必以讀書守道愼交愛君之意爲先. 又嘗曰: 數日不讀書, 意思便不好, 不可不多識, 前言往行, 以畜其德. 又曰: 至於շ劃, 亦六藝之一, 讀書之暇, 從事於斯, 務令楷正, 及諸子相繼登第, 乃戒之曰: 吾觀近世文臣, 綾經六品, 便生驕侈, 土木興妖, 傑搆連雲, 吾不願, 汝等無效也."

8) 『少陵集』卷 3의 簡牘에 자식들에게 보내는 편지가 15편 실려 있는데, 그 내용은 한결같이 독서에 대한 강조, 나태와 게으름에 대한 경계이다. 이중 아들 志定에게 보낸 것이 5편, 志完에게 보낸 것이 2편, 志寧에게 보낸 것이 2편, 손자 元鎭에게 보낸 것이 1편이다. 대상을 특정하지 않은 「寄兒輩書」가 5편 있다.

우인과 같은 것이다.

매산은 이와 같은 선조들의 영향을 바탕으로 자신의 학문적 기초를 닦았다. 특히 매산은 부친을 제외하고는 족친 가운데 중부인 청선공 지정과 종형 태호공太湖公 원진元鎭의 영향을 가장 많이 받았다고 생각된다.9)

학문과 문학, 생활 속의 수양과 실천하는 삶의 자세와 함께 매산 가문의 가학 전통에서 주목해 보아야 할 것은 사행使行의 경력이다. 매산의 가문은 유달리 많은 사행의 경력을 가지고 있었다. 그의 선조들이 이처럼 사행에 많이 참여하게 된 것은 당대 그들이 갖고 있었던 문학에 대한 명성 때문이었다고 생각된다.

『조선왕조실록』과 『여강세승』을 통해 매산 가문의 사행 경력을 구체적으로 살펴보면, 그의 7대조 계손繼孫이 성종 6년(1475) 12월 고명주청사誥命奏請使의 부사副使, 성종 14년(1483) 정조진하사正朝進賀使로 중국을 다녀온 이래 고조 사필士弼이 명종 3년(1548) 천추사千秋使의 서장관書狀官으로, 종증조 우직友直이 선조 18년(1585) 사은사謝恩使로, 조부 상의尙毅가 선조 30년(1597) 진위사陳慰使의 서장관書狀官, 광해군 3년(1611) 동궁고명 면복주청사東宮告命冕服奏請使의 정사正使로, 종조부 상신尙信이 선조 38년(1605) 동지사冬至使로, 백부 지완志完이 선조 36년(1603) 서장관書狀官, 광해군 5년(1613) 공성왕후恭聖王后 책봉주청사策封奏請使로, 종형 원진元鎭이 인조 18년(1640) 세조시강원 필선世子侍講院弼善으로 심양瀋陽에 가서 당시 태자였

---

9) 李瀷, 「先考司憲府大司憲府君行狀」, 『星湖全集』 卷 67, "家庭唯諾之暇, 只以讀書習字爲務. 公仲父聽蟬堂以筆法譁世, 見公字畫歎曰; 此兒必將以筆名. …… 公從兄太湖公名德鞏一世, 平生靳許可, 獨於公裒然稱賞, 事無大小, 必容訪焉."
李瀷, 「從叔父太湖公行錄」, 『星湖全集』 卷 67, "公平生居家也理, 故宗黨仰若泰山."
당시 梅山이 從兄 太湖公에게 받은 영향이 어떤 것인지는 분명하지 않지만 星湖의 언급으로 보아 梅山보다 34세나 많았던 太湖公은 父親代가 모두 사망한 이후 梅山 家門의 정신적 지주 역할을 했다고 생각된다.

던 소현세자昭顯世子를 모셨다. 여기에 더하여 매산 자신도 숙종 4년(1678) 윤 3월 진위 겸 진향사陳慰兼進香使로 중국을 다녀왔다.

이렇게 보면 경헌공 계손 이후 매산의 선조대에서 매산에 이르기까지 모두 5대 7명의 인물들이 대를 이어 빠짐없이 중국에 다녀왔다는 것을 알 수 있다. 이러한 사행 경험은 자연히 매산과 그의 후손들에게 전해져 그들의 학문세계에 영향을 미쳤으리라 생각된다. 특히 매산의 셋째 아들 옥동과 다섯째 아들인 성호가 조선을 벗어난 적이 없었으면서도 중국의 문물에 대해 폭넓은 이해를 가지고 있었으며, 중국에서 나온 다양한 서적들을 열람할 수 있었던 것은 이와 같은 가문의 사행 경력에 기인한 것이라 생각된다.

이렇게 보았을 때 매산의 학문 역시 그의 선조들과 같이 가학의 전통을 바탕으로 이루어졌다고 생각된다. 그가 32세 되던 효종 10년(1659) 부친의 삼년상을 마칠 무렵 쓴 「성궁편省躬篇」을 보면 그가 추구했던 학문세계를 대체적으로 짐작해 볼 수 있는데, 그의 학문 경향도 가학의 전통과 동일한 궤에서 설명이 가능하다.

「성궁편」에서 매산은 이전까지 자신이 익혔던 과거를 위한 학문과 과거에 연연하던 삶을 반성하며 스스로 자신의 학문세계와 지향점에 대해 밝혔다. 그의 반성은 자기 스스로를 되돌아보게 만들었고, 그 결과 매산은 자신에 대해 새로운 자각을 가지게 되었다. 이 자각은 그에게 이전까지 느끼지 못했던 자기 자신의 가치와 의미를 깨닫게 해주었다.

지금 내가 태어난 모습이 다행히도 날개나 털을 가진 짐승도 아니고, 초목이나 거북물고기 같은 것도 아니어서 儒者의 冠을 쓰고 儒者의 옷을 입고 넓은 거처[仁]와 바른 길[正道]에 거하고 서 있으니 다행이고 또 다행이다. 여기에 지치고 피곤하며 쇠약하고 병든 몸이나 곱사등이와는 그 모습이 다르니, 내가 내가 될 수 있었던 것을 어찌 스스로 다행으로 여기고 기뻐하지 않을 수 있겠는가.[10]

그의 자부심은 인간, 그 가운데에서도 특히 병 없는 건강한 유자儒者라는 자신의 처지에 대한 자부심이었다. 이 자부심은 자신을 되돌아본 뒤 스스로를 긍정하면서 얻게 된 것이었기 때문에 그는 세상과 자신에 대해 강한 책임감과 성취 욕구를 가졌다. 자신을 건강한 유자儒者로 이 땅에 태어나게 한 하늘은 그에게 분명한 책임을 부여해주었고, 그 스스로도 이 세상에서 하늘이 부여해준 책임을 다하고자 한 것이었다. 그렇기 때문에 매산은 뜻을 넓히고 재주를 기르기 위해 노력하고자 했다.

이 육척의 쓸만한 몸으로 태평하고 道 있는 세상에 태어나 끝내 스스로 성취한 것이 없다면 나는 사람도 아니다. 아침저녁으로 생각하고 또 고민하여 스스로 그 형체에 부합할 만한 것을 찾으니 마땅히 뜻을 넓히고 재주를 기르는 것만한 일이 없었다. 이에 문을 닫아걸고 광주의 남쪽 산기슭에 깊숙이 잠겨서 매산이라 하고 고인들이 지은 책들을 다 가져다가 부지런히 힘써 조용히 앉아 읽어 큰 이치를 얻고자 하였다. 널리 익히고 사물의 이치를 다 찾는 것에 힘을 써서 한 권의 책이라도 다 알지 못하고, 한 가지 기예라도 능숙해지지 못하는 것을 부끄러워하여 안회가 순 임금은 어떤 사람이며 나는 어떤 사람인가 한 가르침을 늘 외워 내 몸에 스스로 기약한 것이 적지 않았다. 주공의 多才多藝라는 말을 늘 익혀서 의약, 복서, 星曆, 種樹의 방편에 대해서도 널리 통달하였다. …… 조

---

10) 李夏鎭,「省躬篇」,『六寓堂遺稿』卷 4, "今余之生也, 幸旣已不翼而不毛, 不卑不龜魚, 冠儒衣儒, 居立乎廣居與正道, 幸之又幸, 而與癃疲瘘病, 遽疹戚施者, 不同其形貌, 吾之所以得爲吾者, 其可不自多而自喜乎."

정 안에서는 儒道의 교화를 찬양하고 대담하게 직언하며, 밖으로 한 지방을 홀로 다스려 그 지방에 교화를 펼쳐 그 선한 도를 살피고 궁구하여 그 책임을 다하기를 생각하지 않은 적이 없었으니 곧 그 뜻이 처음부터 또한 적지 않았다.[11]

지난날을 돌이켜본 매산의 반성은 그 자신의 학문을 한 단계 진보시켜, 스스로에 대한 자부를 바탕으로 한 광지廣志와 양재養才의 박학을 추구하게 만들었다. 이 박학은 그 스스로도 밝혔듯이 세상에 대한 책임감과 성취 욕구를 바탕으로 한 것이기 때문에 현실적 효용가치를 중심으로 하는 것이었다. 매산이 생각했던 현실적 효용가치는 세상을 경륜하고 유가의 도를 널리 선양하여, 백성을 보살피고 이상 사회를 건설하는 것이었다.

이를 위해 매산은 고인들의 서적을 다 가져다가 읽어서 단 한 권의 책이나 단 하나의 기예라도 완벽하지 않은 것이 없도록 노력하였다. 당시 그가 추구했던 것에는 의약醫藥·복서卜筮·성력星曆뿐만 아니라 종수種樹의 일까지 포함되어 있어, 이 당시 매산이 그야말로 박학다예를 추구했다는 것을 알 수 있다.

이렇게 백과사전적인 박학과 다예를 추구한 매산의 학문 경향은 당대 성리학자들의 보편적인 학문 경향과는 다른 것이었다. 그것은 그의 박학이 당대 성리학자들의 일반적인 관심사였던 개인의 내면을 수양하는 심성 중심에서 벗어나 사회 현실에 대해 열려 있었기 때문이다.

---

11) 李夏鎭,「省躬篇」,『六寓堂遺稿』卷 4, "夫以六尺可用之軀, 生太平有道之世, 終無以自成就, 我則非人. 朝而思夕而念, 求其所以自副其形者, 宜莫如廣志而養才. 於是閉戶沈潛于廣之南麓曰; 梅山, 盡取古人所著編簡, 矻矻靜坐而讀之, 得以大, 肆力于博文窮格之事, 恥一書不通, 而一藝之或不能, 遍誦顏氏舜何人余何人之訓, 而其所以自期于身者, 亦不淺鮮, 服周公多才多藝之辭, 而汎濫于醫藥卜筮星曆種樹之術, …… 內焉贊揚儒化, 而謇諤朝端, 外焉專制方面, 而宣化雷封, 無不攷究其善道, 而思盡其任, 乃其志, 初亦不細矣."

매산은 평생 독서를 통해 자신의 학문 영역을 넓혀갔는데, 확대된 학문 영역은 개인의 심성수양이라는 내면적인 것뿐만 아니라 인간과 사회라는 자기 외적인 부분까지 포함하고 있었다. 매산의 이와 같은 박학은 하나의 학설에 집착하지 않고 학문의 다양성을 추구하여 현실적 응용에 대비하는 실용적 성격을 지닌 것이었다. 따라서 그의 박학은 현실의 문제에 대한 역동적 대응을 추구하는 실질적인 학문을 의미하는 것이다. 그가 추구했던 박학은 개인의 심성 수양을 넘어서서 인간과 사회를 염두에 둔 것이었다고 할 수 있다.

이와 같은 박학을 추구했던 매산은 자기 자신에게 무한한 가능성을 열어두었다. 그에게는 성현이 학문의 기준이자 목표였으며, 이 목표는 다가설 수 없는 이상의 목표가 아니라 자신의 노력 여하에 따라 얼마든지 따라갈 수 있는 실재적인 목표였다. 이러한 의식에 따라 자신을 수양하고 경전을 접했기 때문에 매산은 비록 성현을 사표師表로 삼고는 있었지만 성현과 자신과의 거리를 다가설 수 없는 간격으로 여기지 않았으며, 성현의 경전에 대한 후현後賢들의 주소註疏를 절대적인 것으로 신봉하지도 않았다.

매산은 경연에서 윤휴가 "『논어』의 주를 반드시 읽을 필요는 없다."라고 하자 당시 검토관으로 윤휴의 말이 옳다[12]고 하며 윤휴의 경학관에 지지를 보냈다. 매산의 이런 태도는 그가 가지고 있었던 학문관을 단적으로 드러낸 것으로, 그가 당시의 경직된 성리학적 학문 경향으로부터 비교적 자유로울 수 있었던 인식기반을 갖추고 있었다는 것을 보여준다.

---

12) 『朝鮮王朝實錄』肅宗 1년 1월 18일(丁丑) 2번째 기사. 서설의 각주 5) 참조.

당시의 경직된 학문 경향은 계곡谿谷 장유張維의 글을 통해 잘 알 수 있다. 계곡은 그의 만필漫筆에서 당시의 학풍이 허위와 가식에 가득 차 있음을 폭로하고 이를 신랄하게 비판하였다.

> 중국의 학술은 갈래가 많아 正學과 禪學, 丹學이 있다. 程朱를 배우는 자가 있고 陸氏를 배우는 자도 있어서 문이나 길이 하나가 아니다. 그런데 우리는 有識 無識 할 것 없이 책을 끼고 글을 읽는 사람들이 모두 程朱를 외울 뿐, 다른 학문이 있음을 듣지 못한다. 어찌 우리나라 선비들의 학문이 중국보다 훌륭해서 그런 것이겠는가. 그런 것이 아니다. 중국에는 학자가 있으나 우리에게는 학자가 없다. 대개 중국은 인재와 생각이 녹록하지 않으므로 시대마다 뜻있는 선비가 實心으로 학문을 닦는다. 그런 까닭에 각기 좋아하는 것을 따라서 배우는 것이 동일하지 않았다. 그렇지만 가끔 각각 실지로 얻는 것이 있었다. 우리는 그렇지 못하여 생각이 옹졸하고 도무지 志氣라고는 없다. 정주의 학문만 세상에서 귀중하게 여긴다는 말을 듣고 입으로 말하고 겉으로 존중할 뿐이다.[13]

계곡이 당대의 학풍에 대해 이렇게 신랄한 비판을 가한 것은 당대의 학자들이 실심實心으로 진리를 탐구하지 않았기 때문이다. 계곡에 따르면 당대의 학자들이 정주학을 맹목적으로 추종했던 것은 정주의 학문이 진리이기 때문이 아니라 그 학문이 세상에서 귀중하게 여겨진다는 말을 들었기 때문이라는 것이다. 결국 이들의 정주학은 정학正學도 실학實學

---

13) 張維, 「我國學風硬直」, 『谿谷漫筆』 卷 1, "中國學術多岐, 有正學焉, 有禪學焉, 有丹學焉, 有學程朱者, 學陸氏者, 門徑不一, 而我國則無論有識無識, 挾筴讀書者, 皆稱誦程朱, 未聞有他學焉, 豈我國士習果賢於中國耶. 曰: 非然也. 中國有學者, 我國無學者, 蓋中國人材志趣, 頗不碌碌, 時有有志之士, 以實心向學, 故隨其所好而所學不同, 然往往各有實得, 我國則不然, 齷齪拘束, 都無志氣, 但聞程朱之學世所貴重, 口道而貌尊之而已."

도 아닌 허학虛學이자 위학僞學이었던 것이다.

당대의 보편적인 학문 경향과 달리 매산은 자신이 추구하는 학문의 이상적 목표를 성현聖賢의 경지에 두었고, 이를 위해 성현의 경전을 무엇보다 중시하였지만 이 경전을 체득體得하기 위해 무비판적이고 무조건적으로 정주의 주석에만 매달리는 폐쇄적이고 답습적인 당대의 학문 경향에 동조하지 않았다.

경전에 대한 매산의 태도는 그가 가진 박학의 경향과 동일한 궤에 있는 것이다. 인간을 학문의 중심에 두고 현실의 문제를 해결하기 위해 박학을 추구했던 매산은 경전에 대해서도 관념화·사변화된 당대의 학문 경향을 벗어나 경전의 본지本旨를 직접 찾아가고 확인하는 학문 태도를 추구했던 것이다. 이것은 매산이 현실의 변화와 문제에 대해 탄력적으로 대응하지 못하는 당대의 학문 경향을 넘어서서 경전의 본지를 통해 현재의 문제를 해결할 수 있는 근원적인 답을 찾고, 이를 바탕으로 현실의 문제를 해결하겠다는 실질적인 학문관을 지녔다는 말이 된다.

매산의 학문 태도는 미수가 지녔던 상고尙古의 학문 정신과 접하는 것이고, 이후 성호에게서 볼 수 있는 육경六經 중심의 실질적인 학문관과도 맥을 같이히는 것이다. 매산과 성호에서 찾아볼 수 있는 학문 태도의 유사성은 성호의 학문이 매산에게서 일정한 영향을 받았으리라는 것을 암시해주는 것이기도 하다.

이러한 학문관을 지니고 있었던 매산은 관직생활 동안 다양한 방면에 대한 관심을 바탕으로 실질적인 효용성을 중시하여, 늘 백성들에게 현실적인 도움을 줄 수 있는 방법을 찾았다. 그래서 그는 장령掌令으로 있으면서 임금의 신릉 거둥에 사치를 피하고 폐단을 제거하여 백성들을 보호하도록 건의하였고,[14] 숙종 즉위년에는 당시 피폐한 백성들의 생활을 돕기 위해 조정에서 대동미의 환급을 감해주는 대책을 논의하자 수찬修撰으로 "지금 민간에서는 밥을 지어먹지 못하는 자들도 많으니 이전의 적곡積穀을 감면하는 명이 있더라도 바치기 어려운 백성들이 많을 것"[15]이라고 하여 이전까지 백성들이 바치지 못했던 적곡을 감해주는 대책만으로는 백성들에게 실질적인 도움이 되지 않는다는 것을 밝혔다. 또, 윤휴와 함께 병거兵車의 편리성을 강조하여 만들기를 청하였으며,[16] 김석주의 강화도 돈대墩臺 공사에 대해서는 그 효용성에 대해 의문을 제기하고 피폐한 당시 백성들의 삶을 걱정하며 반대했다.[17] 대외관계에서도 진향사로 다녀온 중국의 혼란한 정세를 살펴서 청나라 사람들이 만주로 진출할 것이라는 견해를 밝히며 서북지방의 방비를 강조했다.[18]

매산은 국내정치에서는 누적된 폐단과 허위적인 관습을 제거하여 백성들의 삶을 안정시킬 것을 강조하였고, 대외관계에서는 일어날 수도 있는 환란을 예방하여 왜란이나 호란 같은 민족적 시련을 다시 겪지 않도록 노력하였다.

외적外的으로 박학博學을 통한 학문의 현실적 효용성에 주목한 매산은 내적內的으로 하늘이 자신에게 부여해 준 본성을 지키기 위해 '경敬'을

---

14) 『朝鮮王朝實錄』顯宗 15년 2월 2일(丁未) 1번째 기사. "執義金錫胄·掌令李夏鎭啓; 請於新陵禮幸時, 沿途供帳諸具, 毋或過侈, 道路諸役, 毋或過治, 且令廟堂, 講究軍政變通之策, 使國內應有身役者, 竝先補本兵諸額, 後及他役, 以祛積弊, 而保民生, 以革濫僞而完軍實, 答以兩件事, 依啓."
15) 『朝鮮王朝實錄』肅宗 즉위년 12월 2일(辛卯) 2번째 기사. "修撰李夏鎭曰: 卽今民間絶火者多, 舊糴雖有減捧之令, 而亦難備納, 上曰: 予意則庚辛以上, 欲皆蕩減矣."
16) 『朝鮮王朝實錄』肅宗 1년 1월 28일(丁亥) 1번째 기사. "上御畫講, 尹鑴進曰: 兵車一事, 柳赫然以藏置爲難, 而退而思之, 一車當用十人, 十人相替看守, 外方則出給民間, 用以輦載, 則不患藏置之難, 請及時造作, 檢討官李夏鎭亦言防馳突·禦賊騎, 無逾於此, 我國西路, 用之尤切. 上曰: 旣令造之, 觀其制度則可以知之."
17) 李潊, 「先考司憲府大司憲府君行狀」, 『星湖全集』卷 67, 1장 제1절의 각주 36) 참조.
18) 『朝鮮王朝實錄』肅宗 4년 8월 20일(戊子) 1번째 기사, 8월 23일(辛卯) 2번째 기사, 1장 제1절의 각주 34) 참조.

통한 약례約禮의 수양을 추구했다.

 이어서 탄식하기를 "내 뜻이 옛 사람들에게 미치지 못하는 것이 아니고, 내 재주가 지금 사람들만 못한 것이 아닌데 남들은 모두 성취한 것이 있지만 나 홀로 없으니 어찌 내가 지키는 것이 요약되지 않아서가 아니겠는가." 이에 백가의 서적을 다 버리고 眞德秀가 엮은 『心經』 한 권만을 가지고서 머리를 굽혀 궁구함을 더했다. 그 主一無適, 收斂惺惺이라는 말에서는 더욱 가슴속에 붙여두었고, 마침내 敬이라는 한 글자를 가지고 늘 두렵고 두려워하는 법도로 삼아 그 도리를 따라 정수를 헤아려 삼 개월이 지나서야 마치기를 고했다. 그런 뒤에야 이 마음이 몸속에서 지켜지고 있는 것 같았으나 이 학문은 글을 꾸미는 데는 이르지 않는 것 같았다.[19]

 '경敬'을 중심으로 자신의 내면을 수양하고자 한 매산의 태도는 이후 일생 동안 유지되며 그의 삶을 관류하는 기준으로 자리 잡았다. 그가 '경'에 주목했던 것은 인간, 특히 유자儒者로 태어났다는 것에 자부심을 느꼈던 그의 의식과 학문의 중심에 인간과 사회를 두고 박학을 추구했던 그의 학문 대도와 밀접한 관계를 가진다. 그가 추구한 '경' 중심의 수양자세는 '수기이경修己以敬'과 '경이직내敬以直內'의 수양 태도를 의미하는데, 이것은 인간의 본성을 긍정하는 성선性善 사상에 기반을 두는 것이다.

---

19) 李夏鎭, 「省躬篇」, 『六寓堂遺稿』 卷 4, "繼以歎曰: 余志非不及古人, 余才非不如今人, 人皆有所立, 而我獨無, 豈吾所操者, 有不約耶. 乃悉屛百家語, 獨對眞氏所錄一部書, 俯首而加硏窮焉. 其於主一無適, 收斂惺惺之說, 尤以着之於胸, 而卒乃以敬之一字, 爲常惺惺之法, 由其盤蠡, 斟其淑粹, 越三月而告之畢, 然後此心, 似守於腔子, 此學似不至彌文矣."

생각이나 헤아림을 중단한 상태에서 마음을 고요하게 간직하고자 하는 수양 자세인 '경'은 인간의 이기적 사유에 의해 선한 본성이 악하게 변질되지 않도록 하는 것이다. 따라서 '경'의 수양 태도는 근원적으로 인간의 본성을 긍정하고 인간 그 자체에 의미를 부여하는 것이다. 그렇기 때문에 매산이 인간에 대한 긍정과 자신에 대한 자부를 바탕으로, 하늘이 자신에게 부여해준 것을 스스로 지켜나가기에 가장 합당한 실천 덕목으로 '경'을 선택한 것이었다.

매산의 이와 같은 수양 태도는 그의 삶을 거쳐 자식들에게 전해졌다고 생각된다. 그가 유배지인 운산에서 『주문공가례』를 산절刪節하여 자식들에게 전한 것도 자식들이 자신과 같은 수양 태도를 지니고 평생 살아가기를 원했다는 것을 보여주기 때문이다.

매산은 자신의 내면 수양을 위해 매화에 남다른 애착을 가졌다. 그의 「복거매산기卜居梅山記」와 「변힐辨詰」에는 그가 남달리 매화를 아끼고 사랑한 이유가 잘 나타나 있다. 이 글에서 매산이 밝힌 표면적인 이유는 임포林逋와 같이 매화에 대한 벽癖을 지니고 있었기 때문이다.[20] 그러나 그 내면에는 이보다 더 깊은 뜻이 숨어 있었다.

"나를 돌이켜보건대 재주는 성기고 자질은 탁하여 비록 감히 매화에 덕을 견줄 수는 없으나 그럼에도 마음속 깊이 기뻐하는 것이 있습니다. 뜰 가운데에서 마주하여 북돋우어 심고, 쓸고 물주는 것은 그 사모하는 마음을 밝히는 것입니다. 아! 사람들이 다 같이 좋아하는 것을 나는 알고 있으니 모란의 부귀와 작약의 영화에서 길가의 복숭아와 오얏, 담장 아래의 살구와 둑 위의 배나무까지 진

---

20) 李夏鎭, 「卜居梅山記」, 『六寓堂遺稿』 卷 4, "而獨於梅也, 有和靖孤山之癖焉."

실로 하나로 모을 수 없습니다. 그러나 내가 좋아하는 것은 확연히 남들과 달라 마치 변화하고 요염한 것을 즐거워하나 외로운 향기에 번민하는 것 같습니다. 내가 어찌 남과 달라서이겠습니까. 뜻에 합하는 것이 있어서 좋아하는 것도 그것을 따라서 그런 것이 아니겠습니까? 또 사물은 사람에 의탁하여 이름을 삼는 것이 있습니다. 국화가 비록 고우나 도연명을 만난 뒤에야 향기가 더욱 퍼졌고, 연꽃이 비록 군자다우나 주무숙과 짝한 뒤에야 덕이 더욱 드러났습니다. 사람이 사물에 있어서 진실로 좋아하고 싫어하는 다름이 있고, 사물이 사람에 있어서도 적당한 사람을 만나 의지하는 것을 귀하게 여깁니다. 지금 이 매화는 구구하게 후미진 바다 왼쪽에 있어 일찍이 환하게 속세에서 빼어난 사람과 만난 적이 없었다가 나에게 취해졌으니, 그렇다면 이 매화로 하여금 도연명의 국화, 주무숙의 연꽃처럼 아름다운 짝을 얻게 한 것이 아니겠습니까! 나에게 이 매화를 초란과 같게 한다면 취할 만한 실상이 없겠습니까. 이전 빈 산에 있을 때의 향기는 그에게 있었지만 이제 나의 뜰에 있으니 향기는 나에게 속합니다. 혹 소홀하여 매화에게 거듭 누가 되지 않을까 하는 한 가지 생각이 걱정스러우나, 하나라도 누가 된다면 곧 그것은 매화의 불행이나 조심할 줄 알아서 반성한다면 나에게 다행일 것입니다. 다음에 불행이 없도록 하고 행복이 있도록 한다면 그것도 괜찮을 것입니다." 하니 나그네가 탄복하고 기뻐하였다. '나와 함께 환하게 웃은 뒤, 나그네에게 말한 것을 글로 써서 기문으로 삼았다.[21]

---

21) 李夏鎭,「卜居梅山記」,『六寓堂遺稿』卷 4, "顧余才疏質淺, 雖不敢以比德於梅, 而然其心有竊喜焉者, 對之于中庭, 而培植之掃溉之, 昭其慕也. 噫, 人之所同好者, 我知之矣, 牡丹之富貴, 芍藥之繁華, 以至於桃蹊李徑, 杏壇梨塢, 固不一其彙, 而余之好, 較然不與衆人似樂繁艶而悶孤芳, 我豈異於人哉, 將志有所合而愛亦隨之者歟, 且物之與人, 所託以爲名者也, 菊英雖芳, 得淵明而香益播, 蓮花雖君子, 配茂叔而德益著, 人於物, 固有愛惡之異, 而物於人, 亦貴乎得其人而爲之依也. 今是梅也, 顧顧焉僻處左海, 曾不能皎厲拔俗者與遇, 而見取於余, 然則使是梅得以媲美於陶菊周蓮也歟. 在余使是梅同乎楚蘭而無實可取也歟, 在余向之在空山香在稟, 今而在余庭香, 係余矣, 將恐一念或忽而重累於梅, 一爲所累, 便爲梅之不幸, 而知愼而反省, 則幸於余者多矣. 他日無俾有不幸者而俾有幸焉者其可也. 客歎而悅, 共我一粲, 旣已言於客, 書以爲之記."

매산은 자신이 매화에 남다른 애착을 가진 것이 자신의 뜻과 매화가 합하는 것이 있기 때문에 아끼는 감정이 이를 따른 것일 뿐이라고 했다. 매화는 부귀를 표상하는 모란이나 번화를 상징하는 작약과 체질적으로 다를 뿐만 아니라 주변에서 흔히 볼 수 있는 복숭아나 오얏, 살구나 배와도 다르다. 또 사람이 사물에 대해 좋아하고 싫어하는 감정이 다른 것처럼 사물도 적절한 사람을 만나야 올바른 의지처依支處를 얻게 되는 것이다. 그런데 다행히 매산은 매화와 짝할 수 있기 때문에 매화와 자신이 모두 서로에게 알맞은 의지처를 얻었다는 것이다. 결국 그가 매화에 대해 애착을 가진 것은 매화의 품성과 자신의 지향점이 일치하기 때문이었다.

매산이 스스로 밝힌 '경'의 수양 태도와 현실적 효용가치를 강조한 박학의 추구, 성현과 경전에 대한 객관적 접근 자세는 그가 일생 동안 지니고 있었던 학문 태도이자 삶의 모습이었다. 이것은 엄격한 자기수양을 강조한 가학의 전통 위에 그 스스로가 닦은 수양과 학문을 더하여 이룬 것이다.

이와 같이 유자儒者로 자부하며 현실을 위한 박학을 추구하였기 때문에 매산의 관직생활은 실질적 효용을 추구하는 것이었다. 이와 함께 '경'으로 내면을 닦는 수양 태도는 그 자신을 엄격한 기준 아래 살아가도록 만들었다. 그래서 매산은 관직생활 동안 때때로 과단하고 직설적인 표현과 행동을 하여 많은 정적政敵을 만들었다. 특히 당시 정권을 장악하고 있던 훈척 권신 김석주와의 대립은 매산의 관직생활을 고단하게 만들었고, 급기야 운산으로 유배되는 결정적인 계기가 되었다.

매산이 가졌던 박학의 학문 경향이나 경전과 성현에 대한 객관적인 접근 태도, '경'에 의한 내면 수양은 그의 아들들에게 그대로 이어졌다고 생각된다. 특히 둘째 아들 섬계가 보여준 현실에 굴하지 않는 강직한 삶의 자세나 셋째 옥동이 추구한 '성誠'과 '신信'의 수양 자세와 철저한 기준에 따른 생활 태도, 독서를 통한 다양한 분야에의 관심, 그리고 막내 성호에게서 볼 수 있는 박학에의 관심, 성현과 경전에 대한 객관적인 접근 태도는 매산의 학문 태도나 삶과 상당부분 일치한다. 이와 같은 유사점은 섬계와 옥동을 거쳐 성호에게 전해진 매산의 삶과 학문 태도가 이후 성호를 중심으로 한 근기 남인 학파의 학문 전통을 수립하는 데 일정한 영향을 미쳤다는 것을 보여준다고 할 수 있다.

인간에게 실질적이고 실용적인 학문을 추구했던 매산은 문학에 대해서도 폭넓은 관심을 지니고 있었다. 비록 그가 표면적으로 문학을 본질적인 것이거나 필수적인 것이라 하지는 않았지만[22] 그의 문집을 살펴보면 문학, 특히 시에 대한 그의 관심을 확인할 수 있다. 문학을 본질적인 것이라고 여기지 않았던 그의 태도는 경전을 중심으로 한 개인의 수양에 최상의 학문적 가치를 부여했던 당대 사대부들의 보편적인 태도였다. 당대의 보편적 학문관과 같이 매산의 가문도 그의 대에 올 때까지 시문詩文으로 명성을 얻었지만 그들 스스로 시문을 본질적인 것이라 하지 않았고, 시문을 통해 얻은 명성을 드러내어 자부히지도 않았다. 특히 매산의 부친 지평공은 자신의 가문이 시문으로 이름을 얻은 것을 부끄러워하는 마음까지 가지고 있었다.[23]

매산이 비록 표면적으로는 문학의 가치를 인정하거나 중시하지 않았

---

22) 앞에서 살펴본 「省躬篇」에서 梅山이 '敬'을 추구하며 "此學似不至彌文矣"이라고 한 것이나, 星湖가 梅山의 행장에서 "爲詩不屑爲組織之工"이라고 한 것을 보면 표면적으로 梅山이 문학의 가치를 드러내어 인정하지 않았다는 것을 짐작할 수 있다.
23) 李瀷, 「持平公 志安 行狀」, 『驪江世乘』 卷 8, "文詞典雅, 乃曰; 吾家恥以文人得號, 安用此爲, 故篋衍無留, 後輯得近體詩若干篇, 藏於家."

지만 당대 그의 명성은 문학을 통해 이루어졌고, 스스로도 이에 대해 적지 않은 자부심을 가졌다고 생각된다. 이것은 그의 문집과 행장·묘갈명 속에 전하고 있는 문학에 대한 언급이나 일화를 통해 짐작할 수 있다.

현재 매산의 문학관이나 문학에 대한 의식을 명확하게 드러내주는 자료가 전하지 않아 그의 문학관을 분명하게 정의하기는 어렵지만, 전하고 있는 단편적인 자료만을 살펴보더라도 문학에 대한 그의 관심을 충분히 읽을 수 있다.

매산은 「성궁편省躬篇」 속에서 형식적이고 화려한 문장에 힘쓰던 초년기를 반성하면서 자신이 추구하는 문학의 모습을 밝히고 있다. 초년기는 그가 학문을 시작하던 시기로, 이 시기 그가 추구했던 것은 과문科文을 익히는 것이었다.

> 이전에 내가 어리석고 또 어려서 人事를 잘 알지 못해, 언제나 나의 책임으로 여긴 것은 화려하고 고운 문장을 짓고 과거의 문장을 익혀서 과거에 응시하여 높은 벼슬을 얻는 것이었다. 그래서 장부의 일이 이와 같으면 충분하다고 하였다. 오로지 外物에 분주히 힘써서 스스로 내 몸이 내 몸이 된 까닭을 알지 못하고, 마침내 내 몸을 완전히 없애버리게 되었으나 뜻을 얻지 못하고 노년이 찾아왔으니 곧 올해 어느덧 내 나이 서른둘이 되었다.[24]

이런 태도는 매산이 수양과 학문에 침잠하면서 곧 극복되어야 할

---

24) 李夏鎭,「省躬篇」,『六寓堂遺稿』卷 4, "囊吾駸昏且年少, 不通曉人事, 尋常爲己任者, 唯是挨章搞藻, 習科程之文, 以應試取靑紫, 謂丈夫事業, 如是可足. 專馳騖於外物, 自不知吾身之爲吾身也. 屬抹搬不偶, 暮途侵尋, 迺今世忽焉已三十有二."

부정적인 세계로 자각되었다. 그 스스로 당시를 회고하며 오로지 외물에만 힘써 자신의 몸이 자신의 몸이 된 까닭을 알지 못했다고 했는데, 이는 지나간 시간이 그에게는 넘어서야 할 미완의 시간이자 문학적 습작기임을 말해주는 것이다. 이어서 그는 자신이 추구하는 문예에 대해 문사文辭와 성병聲病(시詩), 변려문騈儷文과 서예書藝로 나누어 설명했다.

> 文辭를 익힐 때는 한유・유종원의 유파에 거슬러 올라가 소식・증공 이하는 거론하지 않았고, 聲病을 다스릴 때는 정원・원화 연간에 머물러 五代 이후는 좋아하지 않았다. 四六騈儷文에서는 재주의 끝이 잠깐 노닐었고, 서예에서는 鍾繇와 王羲之를 따랐으나 붓끝은 넘어서기를 생각하였다.[25]

부화한 수식에 치중하는 과문科文의 폐단에 대해 반성한 매산은 한유韓愈와 유종원柳宗元으로 대표되는 당송고문唐宋古文을 문장 창작의 전범으로 삼아 소식이나 증공 이하는 거론하지 않는다고 하였다. 시에서는 당唐나라 정원貞元・원화元和 연간의 풍모를 지향했으며 오대五代 이후 시대의 것은 좋아하지 않는다고 하였다. 변려문騈儷文은 재주의 말단이 잠시 머물렀을 뿐이고, 서예에서는 종요鍾繇와 왕희지王羲之를 추구하였으나 그 경지를 넘어서려 하였다고 했다.

매산이 배우고자 했던 한유와 유종원은 고문운동을 창도한 인물로, 복고復古를 기치삼아 선진先秦・양한兩漢의 산문 전통을 계승할 것을 주장했던 인물이다. 이들은 육조六朝 이래 변우문騈偶文의 문풍을 반대하며

---

25) 李夏鎭,「省躬篇」,『六寓堂遺稿』 卷 4, "攻文辭, 則泝回於昌黎河東之沿, 而蘇曾以下, 不論也. 治聲病, 則跂足於貞元元和之祭, 而五季以後, 不屑也. 駢四儷六, 而才刃斯游, 爾鍾汝王, 而筆穎思脫."

'문이재도文以載道'의 사상을 강조했던 인물로 잘 알려져 있다. 매산이 이들의 문장을 배우고자 했던 것은 그가 추구했던 산문세계의 지향점이 바로 '문이재도'로 규정할 수 있는 당송唐宋 고문파古文派의 문학세계와 맥을 같이했다는 것으로 이해될 수 있다.

고문운동은 한漢나라 이후 시작된 형식과 수사 중시의 문풍文風이 위魏·진晉·남북조南北朝를 거치며 완성시킨 변려문의 문풍에 대해 반발하면서 시작된 것이다. 위진남북조시대의 유미주의적인 문학 경향을 대표하는 변려문은 중당中唐에 이를 때까지 문장의 주류적 지위를 유지해왔다. 변려문은 대구와 전고의 교묘한 운용, 음률의 조화, 자구의 아름다움, 표현의 화려함 등을 중심으로 형식상의 미를 추구하는 문장이다. 따라서 변려문의 유행은 내면적인 사상보다는 외면적인 표현의 미를 중시하는 풍조를 이끌어 글의 내용을 공허하게 만들었다.

이러한 형식 중심의 변려문을 개혁하여, 문장의 자유스러운 표현을 추구하는 신문체운동이 한유와 유종원을 중심으로 일어났는데, 이를 '고문운동古文運動'이라고 부른다. 고문운동은 인생과 사회를 등한시하고 형식미만을 추구하는 문학의 폐단을 극복하고자 한 것으로, 이들의 목표는 경서를 중심으로 하는 고대문장으로의 복귀와 유가의 도덕을 밝히고 유가사상을 선양하는 글의 창작 추구로 정리할 수 있다. 당송고문파의 경우 문학을 도를 밝히는 도구로 보았으며, 도덕을 담지 않은 문장은 가치가 없고, 세상의 교화와 관계없는 문학은 쓸모가 없다고 보았다.

시에서도 당나라 정원·원화 연간의 풍모를 지향한다고 했는데, 정원 연간은 785년에서 804년으로 당나라 덕종德宗 때이고, 원화 연간은 806년에서 819년으로 당나라 헌종憲宗 때이다. 당시唐詩의 시기 구분을 적용하면 이 시기는 성당盛唐시기와 중당中唐시기에 해당하며, 이 시기의 대표적인 시인으로는 이백李白·두보杜甫·위응물韋應物·한유韓愈·맹교孟郊·유종원柳宗元·유우석劉禹錫·백거이白居易·장적張籍·원진元縝 등을 들 수 있다.

정원·원화 연간으로 대표되는 중당 시기는 한시漢詩의 황금기로 시의 형식적인 아름다움과 표현 기교, 다양한 사상과 내용 등 시문학이 다방면에서 최고의 전성기를 누리던 시기였다. 특히 중당 시기 중·후반기로 오면서 한시는 현실주의적인 경향을 보이며 전반적인 혁신운동을 전개하던 시기였고, 시를 통해 사회의 모순을 고발하려는 움직임까지 나타나던 시기였다.

이 시기는 당나라의 틀을 흔든 안록산安祿山의 난이 평정된 이후로, 자연 속에서 조용하고 편안한 심경으로 자아를 확립하려는 산수자연시山水自然詩와 혼란한 사회의 모순된 현실을 직시하며 사회의 부조리를 있는 그대로 표출해내고자 한 사회비판시社會批判詩가 본격적으로 등장한 시기이다. 특히 이 시기는 백거이와 원진元縝에 의해 신제악부시新題樂府詩를 통한 시가詩歌혁신운동이 이루어지고 있었던 시기이다. 신제악부시는 당대唐代 시인들이 스스로 신제新題를 세워 지은 악부시樂府詩를 말한다. 신제악부는 두보에 이르러 크게 발전하였는데, 두보는 악부시체를 운용하여 시사時事를 묘사하는 데 뛰어났다. 그는 고악부시가 지니고 있는 제목의 속박을 과감히 벗어던지고 시에 묘사된 현실적인 내용에 근거하여 악부시의 제목을 삼았다. 그의 「병거행兵車行」·「여인행麗人行」·「비진도悲陳陶」·「애강두哀江頭」 등은 모두 사실적 내용을 근거로 제목을 세운 즉사卽事의 명편이었다.

두보의 창작 원칙은 중당 시기에 원결元結·위응물韋應物·대숙륜戴叔

倫·고황顧況 등으로 이어져 백거이와 원진에 의해 완성되었다. 이들이 추구했던 신제악부시운동은 정원·원화 연간이라는 특정한 시대 조건의 산물이었다. 안록산의 난을 거친 후 쇠락의 길에 접어들고 있었던 당나라에서는 번진藩鎭의 할거, 환관의 전횡, 과중한 조세, 빈부격차의 심화, 이민족의 침입과 빈번한 전란 등으로 사회적 혼란이 더욱 가중되었지만, 다른 한편에서는 현실의 폐단에 대한 명확한 인식을 지닌 지식인에 의해 정치개혁과 사회 안정에 의한 당나라의 부흥이 주창되었다. 이러한 시대적 상황이 당대의 문단과 시단에 그대로 반영되어 한유·유종원을 중심으로 한 고문운동과 백거이·원진을 중심으로 한 신악부운동으로 나타났다.

결국 고문운동과 신악부운동 모두 문학의 사회적 효용과 역할을 강조하는 것으로, 내용적으로는 강렬한 현실적 의의와 선명한 경향성을 갖추어 광범위한 사회생활을 반영하면서 당대의 사회적 모순을 폭로하여 사회문제를 날카롭게 지적하는 것이었고, 형식적으로는 고문을 바탕으로 한 자유로운 창작 의식의 표출을 통해 형식과 내용을 일치시켜 내용을 강조하고자 하는 것이었다.

매산이 중당中唐 시기의 시세계를 추구하면서 오대五代 이후는 좋아하지 않았다고 한 것은 그가 중당中唐 말기에 등장하여 만당晚唐을 거쳐 오대五代 이후까지 이어진 시 경향을 좋아하지 않았다는 것이다. 중당 말기에 등장한 시 경향은 시어詩語를 갈고 다듬어 고음苦吟을 추구하여 개성적個性的이면서도 험벽險僻한 표현을 일삼는 것이었다. 이 중당中唐 말기의 시 경향은 그 시기 당唐나라의 퇴폐적頹廢的이고 부화浮華한 시대상과 결합해 유미적唯美的이고 탐미적耽美的인 문학으로 변모하여 오대五代에 전해졌다.[26)] 매산이 오대五代 이후의 시를 좋아하지 않는다고 한 것은, 매산이 시란 형식적 기교나 수사보다 현실에서 느끼는 자신의 내면을 자연스럽고 진실하게 펼쳐낼 때 가치 있는 것으로 인식한 중당中唐의 시를 시다운 시로 받아들였다고 생각할 수 있다.

매산이 이러한 경향의 시문을 추구했다는 것은 그 자신의 문학적 지향점이 당송 고문파의 산문세계나 성당·중당 시기의 시세계와 같이 정제된 문학 양식 속에 당대의 모순을 비판하고 바로잡으려는 문학의 현실 비판 기능에 있었음을 보여주는 것이 아닐까 생각한다. 이러한 의식은 형식적 수사나 기교보다 내용을 중시하는 의식의 표출이라고도 볼 수 있을 것이다.

변려문騈儷文에 대해서도 매산의 생각은 동일한 것이었다. 조정의 조령詔令이나 관원들의 상주문上奏文 같은 공식적인 문장은 전아典雅함을 필수적인 요소로 여겨 여전히 변려문이 사용되고 있었다. 따라서 변려문을 익히지 않을 수는 없지만 애초에 변려문이 가진 지나친 격식과 수식을 싫어하여 재주의 끝부분만 잠시 머물렀다고 했다. 서예에서는 종요와 왕희지의 경지를 추구하였으나 오히려 이를 뛰어넘기 위해 노력했다고 했다.

> 공은 태어나면서 남다른 표식이 있었다. 이마 위에 文이라는 표시가 있어 文이라고 했다. 눈은 밝고도 밝아 밤에도 작은 글자를 분별할 수 있었고, 기백이 충만해 있어 이전에 친족 중에 귀신 든 사람을 만나보니 귀신이 곧 도망갔다. 기억력이 남보다 뛰어났으나 재주를 믿고 스스로 게으르지 않아서 책을 대해서는 반드시 자세하고 깊이 있게 보아 몸에 젖어드는 것으로 법도를 삼았다. 그러

---

26) 金學主, 『中國文學史』(新雅社, 1989,9), 232-303쪽.

므로 만년에 이르러서도 오히려 책을 등지고 외우는 것이 몹시 많았다. 시를 짓는 것에 대해서는 조직적으로 글자를 짜맞추는 것이라고 하여 즐기지 않았으나 붓을 대면 막히는 곳이 없어 잠깐 사이에 여러 편을 지었다. 어떤 사람이 시에 대해 물으니 대답하기를 시는 풀이하고자 하지만 풀이되지 않는 그 사이를 높게 여기는 것이라고 하였으니 대체로 말은 만들어낼 수 있으나 참된 느낌은 깨닫기 어렵다는 것을 말한 것이다.[27]

이 글은 성호가 그의 부친인 매산이 평소 지니고 있었던 삶의 자세와 매산이 생각하고 있었던 문학, 특히 시에 관한 의식에 대해 간략하게 밝힌 것이다. 이 글을 통해 매산이 강건한 기질을 가지고 태어난 인물로 평생 자신에 대한 수양을 게을리하지 않았던 사람이라는 그의 사람됨과, 시에 뛰어났던 그의 문학적 특기, 그리고 시에서 형식적 수사나 기교보다는 진실한 인간 감정의 표출을 중시했던 그의 시 의식을 확인할 수 있다.

특히 매산이 시에 대해 '풀이하고자 하지만 풀이되지 않는 그 사이를 높게 여기는 것[欲解未解間爲高]'이라 한 것과 '말은 만들어낼 수 있으나 참된 느낌은 깨닫기 어렵다[言語可造 而眞賞難諭]'라고 한 것을 통해 그가 시의 창작에서 주목하였던 것이 무엇이었는지 짐작할 수 있다. 매산은 시에서 수식의 공교로움보다는 그 속에 담긴 감정의 진실을 중시했고, 표현 기교 면에서는 함축을 통한 모호성·애매성에 주목했다고 할 수 있다.

---

27) 李瀷,「先考司憲府大司憲君行狀」,『星湖全集』卷 67, "公生有異表, 額上有文曰文, 目炯炯夜能辨細字, 氣魄充完, 嘗視族人之病鬼崇者, 鬼輒避, 記性絶人, 然亦不恃才而自息, 對卷必以熟深沛然爲度, 故至于衰晚, 猶背誦甚多. 爲詩不屑爲組織之工, 下筆源源, 頃刻累數篇. 或問詩, 應曰: 詩以欲解未解間爲高, 蓋爲言語可造, 而眞賞難諭也."

매산이 생존했던 17세기의 시단은 성당盛唐의 시와 한漢·위魏의 고시古詩를 학시學詩의 전범으로 삼고 있었던 시기였다. 이 시기는 낭만적이고 감성적인 시를 위주로 하여 호방한 시의 격조格調와 기상氣象을 중시하던 시대였다.[28] 이런 시기에 시 속에 투영된 감정의 진실성에 주목한 매산의 시는 자연히 당대 시단의 보편적인 흐름과 일정한 거리를 지닐수밖에 없었다. 특히 표현 기교면에서 '풀이하고자 하지만 풀이되지 않는 그 사이를 높게 여기는 것[欲解未解間爲高]'이라고 하여 함축을 통한 시詩의 모호성·애매성에 주목한 매산의 시 의식詩意識은 시의 내용이나 소재, 시어의 선택에서 당대의 의고적擬古的이고 복고적復古的인 창작 태도와 일정한 거리를 지니는 것이었다.

매산의 이러한 표현 기법은 시의 표면에 작자의 사상과 감정을 직접적으로 분명하게 드러내기보다 형상과 표현의 이면에 감추어두어 시의 의미와 감흥을 확장하고자 하는 것이다. 특히 시어의 구사에서 한정된 시어의 의미를 확대하여 풍부한 암시성을 부여하는 것으로 짧은 시구 속에 복합적인 의미를 유도하여 의미망의 확충을 꾀하는 기법이다.

이와 같은 표현기법은 유협劉勰이 『문심조룡文心雕龍』에서 "글 바깥에 또 다른 의미가 숨어있다[文外之重旨]"라고 한 것이나 구양수歐陽修가 『육일시화六一詩話』에서 "말은 끝났어도 뜻은 다함이 없다[言有盡而意無窮者]"라고 한 것과 백거이白居易가 『문원시격文苑詩格』에서 "말은 다했으나 뜻은 멀리까지 이르러야 한다[語盡而意遠]"라고 한 것에서도 알 수 있듯이 이전부터 한시漢詩의 기본적인 창작 기법으로 인식되었던 표현방법이다. 서구에서도 Empson, William이 『Seven Types of Ambiguity』(London:

---

28) 안대회, 『18세기 한국 한시사 연구』(소명출판, 1999.8), 14-22쪽.

Chatto and Windus, 1930)에서 "문학작품의 풍부함과 미묘함의 많은 부분은 애매성에서 생겨나므로 시적 언어를 정의하는 특징은 애매성이라 해도 좋다"라고 주장한 이후 시적 표현의 중요한 기법으로 인식되었다. 결국 앞에서 살펴본 시에 대한 매산의 언급은 그가 시의 본질적인 기능과 가치에 주목하여 시를 창작하고 있었음을 말해주는 것이다.

> 공은 스스로 호를 梅山이라 하였고 또 호를 六寓堂이라고 하였다. 이어서 또 풀이하기를 "천지간에 이 몸을 두고, 經史에 마음을 두며, 술잔에 흥취를 두고, 초목에 눈을 두며, 詩句에 흥을 두고, 書法에 정신을 둔다."고 했다.[29]

이 글은 매산이 자신의 호를 육우당六寓堂이라고 명명한 이유를 밝힌 글이다. 이 글에서 그가 '시구에 흥을 둔다[寓興於詩句]'고 한 것에서도 시가 그의 삶과 분리될 수 없는 것이었고, 그 시는 수식과 조탁彫琢에 의한 것이라기보다 스스로 느끼는 자연스러운 감정의 분출이었음을 알 수 있다. 문학에 대한 매산의 의식과 그의 문학적 특징은 그의 문집에 서문으로 쓴 약산藥山 오광운吳光運의 글을 통해서 다시 확인할 수 있다.

> 아아 이 책은 선비가 세상을 근심한 것이 아니겠는가. 선비의 훌륭한 글과 융성한 세상의 풍류가 이에 다하였다. 세상의 도가 오르내리는 기미가 비록 반드시 이 책에 매여 있는 것은 아니나 이 책을 일러 세상의 도가 오르내림을 근심하고 있다고 한다면 지나친 것은 아닐 것이다. …… 내가 뒤늦게 태어나 비록

---

29) 李瀷,「先考司憲府大司憲君行狀」,『星湖全集』卷 67, "公自號梅山, 又號六寓堂, 仍又解曰; 寓形於天地, 寓心於經史, 寓趣於壺觴, 寓目於卉木, 寓興於詩句, 寓神於書法."

공을 직접 뵙지는 못했으나 또 일찍이 장로들의 말씀을 들었으니 공은 氣宇가 뛰어나고 크며 심사가 명백하였다. 그러므로 그 언론 문장도 이와 같았다. 내가 이전에 남몰래 평가하기를 (공의) 문장에는 두 종류가 있는데 하나는 세상에 대한 것이고, 다른 하나는 심사에 대한 것이다. 세상에 대한 것은 계찰이 음악을 관람하다 회풍 그 이하는 평가를 하지 않은 것과 같고, 심사에 대한 것은 당태종이 활을 논할 때에 그 나뭇결의 굽고 곧은 것을 자세히 살핀 것과 같다.[30]

이 글에서 약산은 매산의 문학을 세상에 관한 것과 개인의 심사에 관한 것으로 나누어 설명하고 있다. 약산은 이 두 경향의 작품들이 가지는 특징으로 단호함과 곡진한 진실이라고 했다. 계찰季札이 회풍鄶風 이하는 평가하지도 않았다는 것은 잘못된 세상에 대한 단호하고도 과감한 비판 태도를 말하는 것이고, 당 태종唐太宗이 활을 논할 때 나뭇결의 굽고 곧은 것을 자세히 살폈다는 것은 자신의 내면에서 일어나는 감정을 솔직하게 있는 그대로 작품 속에 드러내고 있음을 말하는 것이다.

약산의 평가와 같이 매산은 자신의 시 속에 그가 느낀 내면의 감정을 진실하게 표출하기 위해 노력했다. 그래서인지 그는 문文보다 시詩에 더욱 뛰어났다고 평가받았다. 특히 옥동과 성호가 밝힌 그의 모습을 통해 그의 특장이 문학, 그 가운데에서도 시에 있었다는 것을 쉽게 알 수 있다.[31]

---

30) 吳光運, 「六寓堂遺稿 序文」, 『六寓堂遺稿』 卷 1, "嗚呼斯集也, 其士類之限世也歟, 士類之名論, 晨世之風流, 其盡於斯乎. 世道升降之機, 雖未必係於斯集, 而謂斯集也, 當於世道升降之際, 非過也. …… 不佞後生, 雖未及公, 而亦嘗獲聞長老言, 公氣宇英偉, 心事明白, 故其言論文章, 亦如之. 不佞竊嘗評騭, 文章有二科, 一則以其世, 一則以其心. 以世者, 如季札觀樂, 自鄶以下, 無譏也, 以心者, 如唐宗論弓, 要察其木理之曲直也."
31) 李漵, 「梅山 行狀 草」, 『弘道先生遺稿』 卷 12, 附錄, "考 司憲府大司憲, 諱夏鎭, 號梅山, 文學雅望爲世師表." 李瀷, 「先考司憲府大司憲君行狀」, 『星湖全集』 卷 67, "爲詩不屑爲組織之工, 下筆源源, 頃刻累數篇."

매산이 시를 선호했다는 것은 그의 문집 『육우당유고六寓堂遺稿』에 실려 있는 시가 1,900여 수에 이르는 데 비해 문은 111편에 불과하고, 이 111편의 문 가운데에서도 문학성을 확인할 수 있는 문학적 의도에 의해 창작된 글이 겨우 12편에 지나지 않는다는 시詩와 문文의 양적인 대조에서도 쉽게 알 수 있다. 이와 같은 시문의 양적·질적 차이는 매산이 시란 외물外物에 의해 촉발된 자기 내면의 진실한 감정을 표출해내는 것이라고 생각했고, 이러한 인식을 기반으로 시에 대해 남다른 애착을 가지고 있었음을 보여주는 것이라 생각된다.

매산의 문집 대부분을 차지하고 있는 시는 매산이 시에 대해 지니고 있었던 의식과 같이 몇 가지 특징적인 모습을 보여준다. 그 첫 번째로 들 수 있는 것이 시 속에 표출된 정서이다. 매산은 자신의 시 속에 그의 내면 정서를 있는 그대로 표출했다. 따라서 매산의 시는 그가 느끼고 있는 감정을 그대로 드러내어 그의 심경을 있는 그대로 느낄 수 있게 해준다.

두 번째 특징은 시의 구성방법이다. 내면 정서의 솔직한 표현을 중시하여 수사적이고 형식적인 수식을 배제하였기 때문에 그의 시는 읽는 이에게 쉽게 다가온다. 그의 시는 험벽險僻한 고사를 사용하거나 벽자僻字를 이용한 기괴하고 낯선 시가 아니라 자신의 정서를 읽는 사람에게 자연스럽게 전하는 시이다. 이 때문에 매산의 시를 접하는 사람들은 편안하게 그의 심경을 느끼고 동화될 수 있다.

세 번째 특징은 시의 형식에 관한 것으로, 매산의 시에는 차운次韻에 의한 시가 많다는 것이다. 1,900여 수의 시 가운데 500여 수의 시가 차운에 의해 지어진 것이다. 이와 같은 형식적 특징은 그에게 시가 생활화된 것이었음을 말해준다. 다양한 인물들과의 교유交遊 과정에서 상대방의 시를 자연스럽게 차운하여 자신의 정서를 표출할 수 있었다는 것은 그만큼 그에게 시가 익숙한 생활의 도구였음을 말해주기 때문이다. 특히 그의 차운시에는 두보杜甫의 시를 차운한 것이 많은데, 이것은 그가 학시學詩의 전범典範으로 두보를 설정해두고 있었다는 것과, 생활 속에서 느꼈던 갈등이나 정서가 두보가 그 자신의 시대를 살아가며 느꼈던 갈등이나 정서와 흡사했다는 것을 말해주는 것이다.

이 특징은 매산이 고시古詩나 악부시樂府詩보다 근체시近體詩를 주로 창작했다는 것과도 연관되는 것이다. 매산이 사건이나 장면을 조직하고 언지言志와 사의寫意에 적절한 자유로운 체제의 고시古詩보다 정감에 따라 사물을 그려내고 개인이 한순간에 느끼는 감흥을 서술하기 적당한 응축된 체제의 근체시近體詩를 선호했다는 것은 그만큼 그에게 시가 익숙한 것이었고, 생활 속에서 교양과 사교의 큰 틀을 담당하고 있었음을 보여주는 것이다.

네 번째 특징은 유람遊覽과 기행紀行의 도중에 지은 시가 많다는 것이다. 매산의 문집 속에 들어있는「남정록南征錄」은 그가 충청남도 일대를 유람하며 쓴 시들을 모은 것이고,「서정록西征錄」은 개성 주변을 유람하며 쓴 시들을 모은 것이나. 또「북정록北征錄」은 연행기간에, '금강도로기金剛途路記」는 금강산을 유람하며 쓴 시들을 모은 것이다. 이렇게 보면 매산의 문집에 실려 있는 시 가운데 유람이나 기행 도중 창작한 시가 모두 770여 수나 된다. 이 시들을 쓴 시기가 모두 그가 방축放逐되기 이전이니, 전체 1,900여 수의 시 가운데 방축기放逐期의 시 560여 수를 빼면 기행이나 유람 도중 쓴 시가 수학기修學期와 사환기仕宦期를 합한 시기에 창작한 시의 절반을 넘는다는 것을 알 수 있다. 이런 특징은 그가 기행과 유람 도중 접한 경물에 대해 상당한 호기심과 흥미를 느꼈다는 것을 말해주는 것으로, 그의 박학 취향과도 관련되는 것이다.

이외에 들 수 있는 특징으로는 만시輓詩와 애도시哀悼詩, 송시送詩와 증별시贈別詩 같은 의례적인 시가 많다는 것과 영물시詠物詩와 같이 대상에 침잠하여 쓴 시가 많다는 것, 그리고 월과月課나 영상시迎祥詩, 춘첩자春帖字 등과 같은 규범적인 시가 많다는 것을 들 수 있다.

만시와 애도시, 송시와 증별시 같은 시가 많다는 것은 매산이 주변 인물에 대해 가지고 있었던 애정을 보여주는 것이고, 영물시가 많다는 것은 그의 관심 대상이 사물에까지 확대되어 있음을 보여주는 것이다. 이 두 가지는 모두 그에게 시작詩作이 일상적인 행위였음을 의미하는 것이다. 그리고 월과나 영상시, 춘첩자와 같은 시가 많다는 것은 당대 시인으로서 매산이 지니고 있었던 명성과 명망을 알 수 있게 한다.

이와 함께 외물에 의해 촉발된 진실한 내면정서의 묘사를 중시하여 수사적이고 형식적인 표현을 배제하며, 험벽險僻한 고사古事와 벽자僻字를 피하고 함축에 의한 애매성과 모호성을 강조한 매산 시의 특징은 섬계와 옥동을 거쳐 성호에게까지 이어진 것으로 보인다.

제2부

매산梅山 이하진李夏鎭의 문학세계文學世界

1. 시詩로 그려낸 삶의 정서情緖
2. 문文으로 풀어낸 정신적精神的 지향指向

제2부 매산梅山 이하진李夏鎭의 문학세계文學世界

1. 시詩로 그려낸 삶의 정서情緒

이 장에서는 매산梅山의 시세계詩世界를 검토의 중심에 둔다. 시를 우선 검토의 대상으로 삼은 것은 무엇보다 그의 문학적 성과가 시를 중심으로 이루어졌기 때문이다. 앞에서 살펴본 것과 같이 매산은 스스로 문학으로 자부하지 않았지만 당대 시로 상당한 명성을 얻었고, 시를 삶의 일부분으로 향유하고 있었다. 다음으로는 현재 전하는 자료의 한계 때문이다. 현재 전하고 있는 매산의 문집에는 1,900여 수의 시와 111편의 문이 있지만, 그의 문학적 역량을 살펴볼 수 있는 문장文章은 12편에 불과하여 문장을 통해서 그의 문학세계를 살피기에는 지나치게 자료가 소략하다. 마지막으로는 매산 가문의 문학적 전통 때문이다. 그의 가문은 이미 그의 선대先代부터 문학, 특히 시로 명성을 얻었고, 이런 전통은 그와 그의 다섯 아들에게서도 공통적으로 확인할 수 있는 특징적인 모습이다.

이 글은 매산의 문학세계를 확인하고 그의 문학적 특징이 후대, 특히 막내 아들 성호星湖에게 어떤 영향을 미쳤는지를 확인하기 위해 기획된 것이다. 따라서 이 글에서는 가문의 문학적 전통과 그 자신의 문학적 특성을 가장 잘 보여주는 시를 우선 검토의 대상으로 하도록 한다.

이를 위해 이 장에서는 우선 매산의 생애를 크게 사환기仕宦期와 방축기放逐期로 나누어 각 시기에 창작된 시를 구분하여 살펴보고자 한다. 매산의 시세계를 두 시기로 나누어 살펴보고자 하는 것은 그의 시가 보여주는 특징 때문이다. 매산은 다양한 분야에 대한 관심을 바탕으로 박학博學을 추구했고, 성현聖賢과 경전經傳에 대해 객관적인 인식 태도를 가지고 있었다. 그는 박학을 추구했던 자신의 학문 태도에 걸맞게 다양한 대상을 소재로 시를 창작했다. 그의 시는 관직생활의 고뇌에서 생활 주변의 잡사雜事와 경물景物에 이르기까지 시선이 닿는 모든 것을 시의 소재로 활용하였다. 이와 같은 태도는 시를 사물에 의해 촉발된 감흥의 자연스러운 발로로 여겼던 그의 시 의식詩意識에 기인하는 것이다.

그에게 시는 인위적 노력에 의한 것이라기보다 사물에 의해 촉발된 감흥感興, 물물物에 의해 유도된 정情의 격동이었기 때문에 쓰지 않을 수 없는 것이었다. 그렇기 때문에 그는 시에서 중요한 것은 수식修飾이나 조탁彫琢보다 '참된 느낌', '진실한 감정'이라 생각했고, 이러한 시 의식을 자신의 뛰어난 시재詩才로 시 속에 다양하게 표현했다. 매산에게 시는 일상적인 것이었고, 시의 소재나 대상도 그가 주변에서 접할 수 있는 모든 것이었다.

그러나 매산의 시도 그가 방축放逐이라는 정치적 시련을 겪으면서 변모된 모습을 보인다. 당쟁의 풍파에 아랑곳하지 않고 스스로 닦은 학문을 현실에 적용하고자 했던 매산에게 방축은 그의 삶이 가지는 의미와 목표를 박탈하는 것이었기 때문이다. 이에 따라 방축기放逐期 그의 시는 사환기仕宦期의 시가 다양한 상황이나 사물에 의해 드러난

정情의 격동激動이나 감흥感興의 발로發露를 보여주고 있는 것과 달리 방축된 현실적 상황 아래에서 내면화된 개인적인 고뇌의 정서를 표현하고 있다.

사환과 방축이라는 기간에 각기 다른 정서情緖를 보여주고 있는 매산의 시는 그의 시가 삶과 일치한다는 것을 말해준다. 사환을 통해 현실 속에서 자신의 삶을 추구해나가고 있을 때와 방축되어 물러날 수밖에 없는 각기 다른 상황은 그에게 현실적인 거리와 함께 시를 대하는 정서적 배경에서도 차이를 가지게 만들었고, 그는 이런 정서적 차이를 자신의 시 속에서 숨기지 않았기 때문이다.

매산의 시가 보여주는 이와 같은 특성 때문에 이 장에서는 그의 시세계를 사환기와 방축기 두 시기로 나누어 살펴보도록 한다. 먼저 매산이 35세에 내시교관內侍敎官으로 임명되면서부터 53세에 진주목사晉州牧使로 좌천되기 전까지 18년간의 사환 기간 동안 그가 창작한 시를 대상으로 그의 시세계를 살펴보도록 하겠다.

1) 사환仕宦의 포부抱負와 생활生活 속의 서정抒情

사환기 매산의 시세계는 크게 세 갈래로 나눌 수 있다. 그의 문집에는 사환기의 시가 모두 1,300여 수 실려 있는데, 이 가운데 가장 많은 양을 차지하고 있는 시가 연행燕行을 포함한 기행과 유람의 도중에 창작한 것으로 모두 770여 수에 이른다. 매산이 기행과 유람을 제외한 일상생활 도중 창작한 시는 문집 1권에 「록錄」으로 분류되지 않고 실려 있는 시 350수와 2권의 「만록漫錄」에 실려 있는 시 233수가 전부여서 모두

580여 수 정도만 여기에 해당한다.

일상생활 도중 창작한 시는 개인적인 심사心事나 생활주변의 경물을 읊고 있는 시와 만시輓詩·송시送詩로 나눌 수 있다. 매산이 개인적인 심사를 읊은 시는 관직생활이나 일상적 삶의 공간에서 느낀 자신의 심사를 드러낸 것이고, 주변의 경물을 대상으로 한 시는 삶의 공간에서 지니고 있었던 주변에 대한 그의 다양한 관심과 애정을 보여주는 것으로 기행과 유람 도중 창작한 시 다음으로 많은 양을 차지한다.

이와 달리 만시와 송시는 매산이 죽음과 이별이라는 상황 아래에서 창작한 것이다. 그의 문집에는 만시와 송시가 모두 154수 수록되어 있는데, 이 시들은 일상의 경물을 읊은 시와는 다른 면에서 그가 자신의 주변에 대해 가지고 있었던 애정을 보여준다.

이외에도 월과月課나 영상시迎祥詩, 춘첩자春帖字와 같은 시도 많이 있지만 이런 시들은 특수한 상황 아래에서 창작된 규범적이고 형식적인 시이기 때문에 그의 개인적인 창작의식이 자유롭게 발휘될 여지가 제약된 것이라 할 수 있다. 따라서 이 글에서는 논의에서 제외하도록 한다.

매산 시의 이런 특성 때문에 사환기의 시세계를 다루는 이 장에서는 사환기 그의 시세계를 자아自我와 일상 경물日常景物의 시, 만시와 송시, 금강산金剛山 기행紀行과 연행燕行의 시로 나누어 살펴보도록 한다.

(1) 자아自我와 일상 경물日常景物의 시詩

인간으로, 그것도 병 없는 건강한 몸으로 세상에 태어나 유관儒冠을 쓰고 유의儒衣를 입고 세상을 살아간다는 것에 스스로 자부심을 느꼈던 매산은 자신에 대한 자부심만큼이나 자신과 세상에 대한 강한 책임의식을 가졌다. 이 책임의식은 그에게 내적으로는 '경敬'을 중심으로 한 수양을 통해 하늘에서 부여받은 인간의 본성을 지켜나가도록 하였고, 외적으로는 이 수양과 학문을 바탕으로 세상에 나가 자신이 느낀 책임을 다하도록 하였다. 이 책임감은 그가 매화에 대한 자신의 벽癖을 밝힌 「복거매산기卜居梅山記」 속에서 쉽게 찾아볼 수 있다.

> 매화의 꽃은 바짝 마른 야윈 사람의 모습과 같고, 매화의 맑은 향기는 조용하고 깨끗한 사람의 모습과 짝을 이루니 그 흰 빛은 바로 희고 깨끗하여 물들지 않은 사람이고, 그 뜻이 괴로운 것은 바로 행실을 닦아 이름을 세우는 사람입니다. 봄에 앞서 얼음·서리와 싸우는 것은 일찍이 험난한 괴로움을 접한 사람을 증명하는 것이고, 열매를 맺어 솥에 들어가는 것은 나라를 경영하고 세상을 바로잡을 뜻을 품는 사람을 감동시키는 것입니다. 겉모습은 평범한 풀과 나무를 벗어나지 않으나 군자가 중하게 여기는 것은 다른 것이 아니라 바로 매화에 있습니다. 매화가 매화다운 것은 매화라고 불리는 것을 저버리지 않았기 때문입니다.[1]

이 글에서 매산은 자신이 평생 매화를 벗하며 살고자 하는 이유를 밝히면서, 매화의 모습을 인간의 내면과 사회적 대응이라는 두 측면에서 살피고 있다. 매화의 향기와 흰 빛은 맑고 조용하며 깨끗하여 물들지 않은 인간의 내면과 일치하고, 매화의 꽃과 뜻은 세상에 대한 포부와 의지를 가지고 현실에 고뇌하며 삶을 실천해나가는 인간의 행동과 일치

---

[1] 李夏鎭, 「卜居梅山記」, 『六寓堂遺稿』 卷 4, "梅之花瘦, 人之形容枯槁者以之, 梅之香淸, 人之恬靜淡泊者論之, 其色素, 卽人之皎潔不緇也, 其意苦, 卽人之修行立名也. 先春戰冰霜, 而夙嬰險艱者徵焉, 結實和鼎鼐, 而志懷經濟者感焉, 外貌不離乎尋常卉木之中, 而君子人之所重, 不于他而于梅, 梅乎梅其不負所稱矣."

한다는 것이다. 그렇기 때문에 봄에 앞서 얼음·서리와 싸우고 열매를 맺어 솥[재신宰臣]에 조화를 이루는 매화의 모습은 바로 나라를 경영하고 세상을 바로잡을 생각을 가진 사람이 일찍이 험난함과 괴로움을 겪는 것과 같다는 것이다. 이런 성질 때문에 매화는 군자에게 중히 여김을 받고, 매산과 평생 함께하는 동지가 될 수 있는 것이다.

이런 사회적 책임의식을 가졌기 때문에 매산은 일생 동안 관직에 매달렸다. 또, 이 책임의식과 함께 매산을 관직생활에 적극적으로 다가서게 만든 중요한 요인으로 자신의 선조에 대한 강한 자부심을 들 수 있다.

成都府裡感懷長   성도부 안에 드니 감회 깊어지는데
先祖先君宰此鄕   선조와 선군께서 이 고을 다스렸었지.
路上雙碑遺愛在   길가의 나란한 비석에 사랑 남아 전하니
居人應識我摧腸   고을 사람 당연히 내 간장 치솟을 줄 알겠지.[2]

이 시는 연행 도중 성천成川을 지나면서 매산이 느낀 감회를 읊은 것이다. 성천은 매산에게 대단한 자부심을 부여해주는 지역이다. 그의 조부와 부친 그리고 종부從父인 청선공聽蟬公이 연이어 벼슬한 곳으로, 성천에서 이룩한 선조들의 선정 때문에 성천부민들은 선조들이 떠날 때마다 추모비를 건립해 주어 3개의 추모비가 이곳에 나란히 서 있었다.

연행燕行을 위해 중국으로 가는 길목에서 선조들의 추모비가 나란히 서있는 성천을 지나며 그는 뜨거운 격정을 느꼈다. 선조들의 업적에서

---

2) 李夏鎭, 〈成都〉, 「北征錄」 上, 『六寓堂遺稿』 卷 1.

매산이 느낀 격정은 그에게 가문과 관직에 대한 강한 자부심을 불러왔지만 그만큼 많은 부담감으로 작용하여 늘 그 스스로를 되돌아보게 하는 계기가 되었다.

紅日上高簷　　붉은 해 처마 위로 높이 솟아올랐는데
官齋塊獨坐　　관청에서 우두커니 홀로 앉아 있노라니
身閑箇事無　　한가한 몸 한 가지도 일삼을 것 없으니
問汝何爲者　　묻노라 그대는 무엇하는 사람인가.[3]

비변사에서 번을 서며 자신을 되돌아보고 쓴 시이다. 맑고 청명한 날 우두커니 관청에 앉아 있게 되자 매산은 자신을 되돌아보는 시간을 가졌다. 여유롭고 한가한 시간으로 달리 고심하며 해야 할 일이 없는 상황은 그에게 만족감이나 자족감으로 다가오지 않았다. 그것보다는 자신의 역할을 되돌아보며 스스로를 다잡는 계기가 되었다. 그래서 매산은 스스로 자신이 해야 할 책무를 다하고 있는지, 자신이 하고 있는 행동이 세상에 어떤 보탬이 되는지를 고뇌하며 그 심정을 시 속에 드러내었다.

一夜春風滿玉堂　　한밤의 봄바람은 옥당에 가득하고
捲將花柳入詩腸　　늘어진 꽃 버들은 詩想에 드네.
林鶯隔葉多時囀　　숲 꾀꼬리 잎 뒤에서 무던히도 지저귀고
簷燕啣泥底事忙　　처마 제비 진흙 물고 어찌 그리 바쁜가.

---

3) 李夏鎭, 〈備局自嘲〉, 『六寓堂遺稿』 卷 1.

趁曉宣催便殿侍	새벽 되자 황급히 便殿의 시위 재촉하고
退朝猶惹御爐香	조회 물러나도 오히려 御爐의 향기 스며 있네.
太平無象霜侵鬢	태평세월은 형상 없어 서리만 귀밑 침노하니
獨傍官池待鳳凰	홀로 官池 옆에 서서 봉황새 오기를 기다리네.[4]

이 시는 옥당에서 숙직한 뒤 느낀 심사를 읊은 것이다. 앞 시에서와 같이 매산은 관직생활 동안 지니고 있었던 자신의 마음가짐을 미련尾聯에서 조용히 드러내고 있다. 매산은 봄이 되어 싱그러운 버들과 울어대는 꾀꼬리, 바쁘기만 한 제비를 뒤로하고 관직에 분주한 시간을 보냈다. 그러나 태평한 시절 아무것도 이룬 것 없이 몸만 늙어가기에 그는 옥당의 못가에 홀로 서서 봉황새가 오기만을 기다릴 수밖에 없었다. 관직생활 도중 자신을 돌아보는 그의 의식이 잘 드러나 있다.

세상에 대한 책임감과 의무감으로 관직에서 고뇌했던 매산이었지만 관직을 벗어난 일상생활 속에서는 이와 다른 모습을 보여준다. 일상 속에서 그는 자신의 삶을 긍정하고 주변의 사물에 여유로운 시선을 보였다. 매산의 이런 태도는 자신의 현실에 애정을 갖고 삶을 긍정하는 자세에서 나온 것이다.

그가 가진 현실에 대한 애착과 삶을 긍정하는 자세는 자신과 자신을 둘러싼 일상에 대해 애정 어린 시선을 보내도록 하여, 그의 시 속에서 일상을 잔잔한 흥興의 세계로 표현하도록 한다. 따라서 매산이 그의 일상을 대상으로 읊은 시에서 볼 수 있는 정취情趣는 그에게 생활 자체가 하나의 미美가 되어 적극적으로 다가오고 있음을 말해준다. 이에 따라

---

[4] 李夏鎭, 〈玉堂春思〉, 『六寓堂遺稿』 卷 1.

그의 시에서 풍기는 분위기도 따뜻하고 흐뭇한 것이 되며, 일상의 경물을 관찰하여 표출된 감정도 애정에 가득 찬 정취가 된다.

애정에 가득 찬 잔잔한 정취를 시 속에 구현하고 있는 매산의 심미적審美的 태도는 인간과 삶을 긍정하는 그의 정신자세에 기인한다. 특히 그는 자신의 주변을 바라보면서 잔잔한 흥취興趣를 드러내지만, 주변의 경물을 접하고 관찰하여 얻은 흥취를 시 속에 재현할 때 그 흥취의 표출이 실정實情을 넘어서는 격절함으로 나타나지 않도록 한다.

少昊司金懶	소호의 가을 부림이 게을러선지
炎威倚旱加	더위 기세 가뭄 따라 한층 더하네.
喘禽爭苑樹	헐떡이는 새들은 뜰 나무 그늘을 다투고
枯蟻抱庭沙	마른 개미는 정원 모래를 헤집고 있네.
大地疑無水	땅 위에는 물 한 방울 없는 듯한데
斜陽更染霞	지는 해는 또 다시 노을 물들이네.
何由箋上帝	어찌하면 상제에게 글을 바쳐서
輓動阿香車	阿香의 수레를 움직여볼까나.5)

이 시는 매산이 정원에 있으면서 저녁노을을 바라보며 가뭄을 걱정하는 마음에서 쓴 시이다. 이 시의 뒤에 매산은 "속언에 저녁노을이 천리를 물들이면 가뭄이 든다고 한다俗諺暮霞行千里謂將旱也"고 자주自註를 달아놓았다. 이 시는 계속되는 여름 가뭄에 지쳐 있던 그가 다시 하늘에 낀 저녁노을을 보고 앞으로 얼마나 가뭄이 더 계속될 것인지 걱정스러

---

5) 李夏鎭, 〈悶旱〉, 『六寓堂遺稿』 卷 1.

워하며 쓴 시이다.

　가을을 부리는 소호少昊가 제 일을 못해서인지 이번 여름은 쉬 끝나지 않았다. 게다가 비까지 오지 않아 더위는 가뭄과 함께 사람들을 괴롭혔다. 사람만 더위에 괴로움을 느끼는 것이 아니었다. 나무에 깃들인 새들도 더위를 못 이겨 헐떡거리며 내는 소리가 싸우는 듯 사납고, 뜰 아래를 기어다니던 개미도 바싹 말라 모래 같은 흙을 헤집으며 괴로워했다. 계속되는 가뭄에 날을 걱정하던 그의 시선이 나무 위에 앉은 새와 땅 위를 기어가고 있는 개미에게 옮겨진 것이다. 매산은 새와 개미를 보면서 안타까움을 느꼈고, 더위와 가뭄 걱정은 더 심해졌다.

　새와 개미의 모습을 보고 느낀 안타까움은 매산이 고개 들어 바라본 하늘에 끼어 있는 노을에서 극대화되었다. 저녁노을을 보는 순간 그의 머리에는 언젠가 들었던 속담이 생각났던 것이다. 저녁노을이 천리에 가득하면 가뭄이 든다고 했는데, 벌써 땅 위는 물 한 방울도 없는 것처럼 바짝 말라 있으니 다시 저렇게 노을이 들면 언제까지 이 가뭄이 계속될 것인가. 매산의 걱정은 어떻게 하면 비를 불러 가뭄을 달래고 더위를 식힐까 하는 생각으로 바뀌었다. 순간 그는 소나기라도 내리게 상제上帝에게 글을 올려 아향阿香의 수레인 뇌거雷車를 움직여달라고 부탁하고 싶었다.

　이 시는 매산이 가뭄과 더위에 고생하면서 그의 눈에 들어온 저녁노을을 보고 속담이 생각나 지은 것이다. 별다른 험벽한 고사를 사용하지도 않았지만 그가 느끼는 더위와 가뭄이 어떠했는지 나무 위에서 우는 새와 땅 위에서 푸석푸석한 흙을 헤집고 있는 개미의 모습을 통해 쉽게 짐작할 수 있다. 이렇게 일상에서 느끼는 정서를 일상의 경물을 통해 묘사하는 것이 매산 시의 특징적인 기법 중 하나이다.

漠漠一天雲	아득히 검게 하늘 덮은 구름이
絲絲終日雨	부슬부슬 온종일 비로 내리네.
栽花及此辰	이때가 되어서 꽃을 심고 있으니
未覺閑階暮	한적한 섬돌 위로 해 지는 줄도 모르네.[6]

  이 시는 봄비를 만나 꽃을 심으며 기뻐하는 매산의 심경을 읊고 있는 시이다. 하늘을 검게 덮고 있던 구름이 이슬비가 되어 하루 종일 부슬부슬 내렸다. 이 비는 매산의 활동을 제약하여 그를 무료하게 만드는 따분한 것이 아니라 그가 기다리고 있었던 것이었다. 촉촉하게 내리는 봄비 속에서 꽃을 심으며 그는 비 내리는 하루를 바쁘게 보냈다. 그래서 매산은 조용하고 한적한 섬돌 위로 저녁이 깔리는 것도 느끼지 못하는 것이다.

  이 시에서 매산을 기쁘게 하는 것은 꽃을 심기에 알맞게 부슬부슬 내리는 봄비이다. 그런데 시 속에서 봄비라는 경물을 대하는 매산의 태도는 객관적 관찰을 넘어서고 있다. 이것은 경물을 통해 느낀 그의 감정이 경물 그 자체를 넘어서서 경험에 의해 환기된 흥을 불러오고 있음을 보여주는 것이다. 그의 시선이 대상 경물의 객관적인 모습을 넘어서게 되는 것은 그가 삶의 공간에서 접하는 사물에 대해 가지고 있었던 관심과 애정 때문이라고 할 수 있다.

| 怪底花園蝶欲狂 | 이상하게 화원 나비 미친 듯 날더니만 |
| 梨雲一朶殿梅香 | 배 꽃 한 떨기가 매화 향기 뒤를 잇네. |

---

6) 李夏鎭,〈喜雨呼韻〉,『六寓堂遺稿』卷 1.

閑居盡日無餘事　한가하게 온 종일 아무 일도 없으려니
少瀝新醅爲洗粧　새 술이나 조금 걸러 洗粧이나 해야겠네.[7]

    이 시는 매산이 정원에서 막 핀 배꽃을 보고 읊은 시이다. 한가하게 봄날을 보내던 매산은 갑자기 이리저리 바쁘게 날아다니는 나비의 모습에 호기심을 느꼈다. 그의 시선이 나비가 가는 곳을 향하다가 마침내 막 피어난 배꽃 한 떨기를 발견하게 되었다. 그의 시선이 나비를 따라 배꽃까지 갔지만 배꽃을 발견한 이후 매산은 자신의 시선 속에 경물에 의해 일어난 정서를 싣게 되었다. 관찰의 시간이 지속되면서 그의 의식이 관찰을 넘어서 경험에 의해 환기된 흥을 느낀 것이다. 그의 눈에 들어온 배꽃은 배꽃이 필 때면 배나무 아래에서 술을 마시던 당나라의 세장洗粧 풍속을 상기시켰고, 그는 곧 그 흥에 잠기게 되었다. 대상에 대한 그의 관찰이 대상에 대한 호기심과 애정에서 시작하기 때문에 그의 관찰은 대상의 객관화를 넘어서서 관찰자인 그가 느끼는 유흥幽興을 시 속에 드러내며 서정성을 강화한 것이다.

    생활 주변에서 느낀 흥취興趣를 읊고 있는 매산의 시는 잔잔한 유흥幽興의 세계를 묘사하며 그가 일상에서 느낀 정취를 표출하고 있다. 이런 시는 그가 일상 속에서 실질적으로 경험하고 관찰한 대상으로부터 찾아낸 정서를 시 속에 묘사한 것이다. 따라서 매산이 그의 일상과 일상의 경물을 묘사한 시에서 느낄 수 있는 정서는 삶을 긍정하는 적극적이고 능동적인 태도와 일상의 경물을 바라보는 애정 어린 시선, 그리고 수양된 인격을 바탕으로 한다.

---

7)　李夏鎭, 〈梨花〉, 『六寓堂遺稿』 卷 1.

매산에게 흥취를 전해주는 것은 누구나 볼 수 있는 일상적인 것이었다. 그러나 이런 일상적인 사물에 대한 관찰의 결과 일어나는 흥취는 그의 마음속에 잔잔한 파문을 일으켜 유흥으로 묘사된다. 이 유흥은 대상에 대한 매산의 관찰이 그의 내면에서 정서적 동의를 이끌어내고 있음을 보여주는 것이다.

怪事憑詩問　괴이한 일 詩에 기대 물어보니
東君致答辭　동군이 답하는 말 보내주었네.
春風有三色　봄바람에 세 가지 빛이 있어서
同到此花枝　다 같이 이 꽃가지에 이르렀다고.[8]

이 시는 하나의 가지가 세 가지 색깔을 띠고 있는 삼색도三色桃를 보고 쓴 시이다. 봄의 어느 날 정원에 나가본 매산은 하나의 가지가 세 가지 색깔로 물드는 삼색도의 모습에 기이함을 느꼈다. 어떤 이유 때문에 하나의 가지가 세 가지 색을 드리울 수 있을까 궁금하게 여긴 그는 봄에게 시를 써 물어보았다. 그러자 봄이 그에게 봄바람에 세 색깔이 있어서 복숭아 가지도 세 가지 색깔로 물드는 것이라고 답한 것이다. 정원에서 봄을 맞은 삼색도를 보고 읊은 이 시는 매산이 그의 주변에서 볼 수 있는 사물에 대해 가지고 있었던 관심을 잘 보여주는 것이다.

非酒非茶衆好同　술도 차도 아닌데 모두 같이 좋아하니
天敎靈草晩生東　하늘은 신령한 풀 뒤늦게 이 땅에 나게 했네.

---

8) 李夏鎭,〈三色桃〉,『六寓堂遺稿』卷 1.

吸來王屋湌霞術	들이키면 王屋山이 노을에 물든 듯하고
吐後公超作霧功	뿜어내면 張楷가 안개 술수 부린 듯하네.
用代桂薑調肺胃	계수 생강 대신해 폐와 위를 조절하고
味資香辣淨喉嚨	맛과 향은 톡 쏘아서 목구멍 맑게 하네.
書窓曉起饒寒嗽	새벽 書窓 아래에서 찬 기침과 다툴 때
上策如今是火攻	상책은 지금같이 바로 이 火攻 쓰는 거네.[9]

摘取南靈葉	남령초 잎 하나를 가져다 놓고
催將火上焙	서둘러 불을 붙여 태워 보네.
新烟香鼻觀	새 연기 鼻觀法의 좀에 걸맞고
淡味當茶杯	담박한 맛 한 잔의 차에 해당해.
此物從窮海	이 물건 바다 저 멀리서 왔으나
于今徧九垓	지금은 온 나라에 두루 퍼졌네.
籌司尤有賴	생각을 부릴 때 더 큰 힘 되니
或可助鹽梅	혹여나 鹽梅를 도울 수 있겠네.[10]

이 두 편의 시는 모두 남령초南靈草를 두고 읊은 시이다. 이 시에서 매산은 담배에 대한 자신의 관심을 늘어놓고 있다. 첫 번째 시에서 그는 이렇게 유용한 담배가 우리나라에 뒤늦게 들어온 것에 대해 하늘에 투정을 부렸다. 그는 술도 아니고 차도 아니지만 모든 사람들이 다 좋아하는 것을 왜 이제야 이 땅에 나게 했느냐고 했다. 이어서 그는 담배

---

9) 李夏鎭,〈南靈草〉,『六寓堂遺稿』卷 1.
10) 李夏鎭,〈南靈草〉,『北征錄』中,『六寓堂遺稿』卷 2.

연기를 들이킬 때와 내뿜을 때의 모습을 노을에 물든 왕옥산王屋山과 도술을 부리는 장해張楷에 비유하고 있다. 들이켜 목에 가득 담배연기가 차오르는 것이 높이 팔천 장에 넓이 수백 리의 우뚝한 왕옥산이 노을에 가득 물드는 것 같고, 내뿜어 자욱한 담배연기는 공초도사公超道士 장해가 도술을 부려 사방 오리五里를 안개로 뒤덮은 것 같다는 것이다.

이어 매산은 담배의 기능으로 계수桂樹나 생강生薑을 대신하여 폐와 위를 조절할 수 있고, 톡 쏘는 맛과 향으로 목구멍을 깨끗하게 한다고 했다. 이와 함께 담배가 그에게 주는 가장 큰 이익으로 이른 아침 서창書窓 아래에서 찬 기침을 할 때 기침을 가라앉히기에 제일 좋다는 것을 들었다.

두 번째 시는 매산이 연행 도중 담배를 두고 읊은 시이다. 이 시에서도 그는 담배 연기의 향기를 맡으며 한 잔의 차에서 느낄 수 있는 담박한 맛을 느꼈다. 그리고 일본에서 건너왔다는 유래를 밝히며 온 나라 안에 퍼져 있는 담배의 실상에 대해 간략하게 언급했다. 담배가 매산에게 주는 가장 큰 도움은 그의 사고를 원활하게 이끈다는 것이다. 그에게 담배는 염매鹽梅와 같이 없어서는 안 될 것으로 인식된 것이다.

雪裡春光透	눈 속으로 봄빛이 스며드는데
羣芳儘讓梅	온갖 꽃들 모두 다 매화에게 양보하네.
香醪隨意酌	향기로운 술 뜻대로 따라 마시니
初月自何來	초승달은 어디에서 찾아오는가.
靑帝元相約	봄의 신과 애초에 약속 있었나
玄冥未敢催	겨울 신도 감히 너무 재촉 못하네.
花魁君莫詫	꽃 중의 으뜸이라 그대 너무 자랑 말게

| 金榜我曾魁 | 科榜에서 나 일찍이 으뜸이었네.[11] |

春心何處覓	봄 마음을 어디서 찾을 수 있나
香動欲粧梅	향기 풍기며 매화 단장하려 하네.
似帶孤山趣	孤山의 정취를 띠는 것 같고
疑從漢水來	은하수 따라 흘러 온 듯도 하네.
寧容管城喚	차라리 붓의 부름 용납할지언정
不受剪刀催	가위와 칼의 재촉 받지도 않네.
剛被東君誤	東君의 오해를 크게 받았나
珠躔轉斗魁	별의 궤도가 북극성을 옮겨버렸네.[12]

이 두 수의 시는 매산이 겨울의 끝자락에서 매화를 두고 읊은 시이다. 첫 번째 시는 초저녁 짙어지는 매화 향기를 맡으며 고즈넉하게 홀로 앉아 술을 마시다가 이제 막 피어나려는 매화의 모습을 보고 시로 읊은 것이다.

겨울 끝자락에 성급하게 찾아온 봄기운은 정원에 가득 깔려 있는 눈 사이사이로 스며들었다. 이 봄기운을 받아서인지 정원의 꽃들도 막 기지개를 켜려 하지만, 모두 첫 자리를 매화에게 양보나 한 듯 어떤 꽃도 매화를 앞서지 못했다. 이런 모습을 보며 매산은 혼자 앉아 한 잔 술을 따르고 그를 찾아온 달을 반기는 여유를 부렸다.

필 듯 필 듯하면서도 몽우리를 터뜨리지 않는 매화의 모습을 보고

---

11) 李夏鎭, 〈梅〉 其 1, 『六寓堂遺稿』 卷 1.
12) 李夏鎭, 〈梅〉 其 2, 『六寓堂遺稿』 卷 1.

그는 매화가 이 해에 앞서 미리 봄·겨울의 신과 약속을 하지 않았나 생각해보았다. 이렇게 생각한 매산은 매화를 향해 한 마디 했다. 네가 비록 봄을 알리는 꽃 중에서는 가장 앞선다고 하지만 나도 너에게 뒤떨어지는 사람이 아니라고. 일찍이 나도 과방科榜에서 수석을 하여 모든 사람에 앞섰던 사람이라고 말이다.

두 번째 시에서 매산은 물이 오르며 봄 맞을 채비를 하고 있는 매화나무를 보고 봄을 느꼈다. 이 매화의 모습은 임포林逋가 지녔던 고산孤山의 정취를 띠고 있는 듯하고, 은하수를 타고 하늘 저 멀리서 흘러온 듯도 하다. 그 편안하고 조용한 모습은 절로 시흥을 돋우어 붓을 찾게 만들었고, 봄에 앞서 꽃을 피우기 때문에 가위나 칼로 다듬을 필요도 없었다. 그런 매화가 쉬 꽃을 피우지 못하는 모습을 보고 매산은 봄의 신에게 오해를 받아, 봄의 신이 북극성의 궤도를 옮겨버렸기 때문이라고 생각했다. 매화가 피기를 절실하게 바라는 매산의 의식이 이 시 속에 드러나 있다.

餘炎蒸萬物	남은 더위 만물을 찌는 듯하니
腐草化纖虫	썩은 풀 변하여 작은 벌레 되었네.
暫弄含光尾	빛 담은 꼬리를 잠시 희롱할 뿐이지만
微分照夜功	밤 밝히는 그 공을 작은 분수 삼았네.
熒熒寧助日	밝게 빛나 편안히 태양을 도와
點點暗隨風	점점이 어둠에도 바람 따르네.
幸被車囊貯	수레 주머니에 담아 놓을 수 있다면
收名藝苑中	예원에서 그 이름을 거둘 수 있겠네.[13]

이 시는 반딧불의 모습을 읊고 있는 시이다. 늦여름 찌는 듯한 더위를 느끼던 밤, 점점이 날아다니는 반딧불의 모습을 보고 매산은 여름 썩은 풀이 반딧불이 되었다고 생각했다. 미물로 태어나 큰 힘을 가지지 못한 작은 곤충이지만 빛을 담고 있는 꼬리를 휘두르는 것만으로도 밤을 비추는 공을 이루는 반딧불을 보고 그는 반딧불이 스스로 자신의 분수를 다하고 있다고 여기며 대견해하였다.

비록 작은 빛을 비출 뿐이지만 태양이 지고 난 밤 반딧불의 모습은 미처 다하지 못한 태양을 돕는 것 같아보였고, 바람을 타고 이리저리 나는 모습에서 기특함을 느꼈다. 그는 이런 반딧불을 주머니에 담아 예원藝苑에 가지고 간다면 진晉나라의 차윤車胤이 책을 비춰 봤던 것처럼 예원에서도 큰 명성을 거둘 수 있으리라 생각한 것이다.

倚杖小園中	지팡이 짚고 작은 동산 안을 거니니
春深鶯語滑	봄 깊어 꾀꼬리 소리 어지럽구나.
爾鳴爲阿誰	너의 울음 누구를 위한 것이길래
悠然嘯歌發	끝없이 울음소리 울려 퍼지나.
初聞百舌鳴	처음 들었을 땐 百舌鳥 울음 같더니
錯道新聲好	잘못 말했네 새로운 소리 더 좋네.
新聲終萬變	새로운 소리 끝내는 수없이 변하니
嘿坐望蒼昊	조용히 앉아 푸른 하늘 바라다보네.
幽花帶山氣	그윽한 꽃 산 기운 띠고 있어서
一見我心傾	한 번 보니 내 마음 사로잡혔네.

---

13) 李夏鎭, 〈鶯〉, 「北征錄」 中, 「六寓堂遺稿」 卷 2.

蜂蝶來粧點	벌 나비 찾아와 단장을 하니
居然塵世情	그대로 속세의 정을 보이네.
蛙鳴有底急	개구리 울음소리 급하기도 해
閣閣竟春宵	개굴개굴 봄밤을 다 지새우네.
我耳將聾久	내 귀 오래도록 멀려 했는데
誰能任汝囂	누가 너에게 멋대로 울게 했나.
偸香蜂接翅	향기 훔치러 벌은 날개 붙이지만
容易捐花房	쉽사리도 꽃부리를 저버린다네.[14]
......	......

 이 시는 매산이 봄 맞은 후원을 거닐며 쓴 시의 앞부분으로, 매산의 경물시가 가지는 폭넓은 소재와 작시詩作의 대상을 잘 보여주고 있는 시이다. 새봄이 찾아온 후원을 거닐던 매산은 그곳에서 봄을 맞은 온갖 물상들의 환희를 보고 들었다. 그는 이 시 속에서 꾀꼬리, 백설조百舌鳥, 나비, 개구리, 벌 등 자신이 후원後園에서 접한 모든 것들을 시의 소재로 사용하였다. 매산은 이들의 목소리와 움직임을 통해서 후원에 찾아든 봄의 정경을 정겹고 소박하게 시 속에 그려내었다. 그는 이렇게 일상에서 누구나 흔히 접할 수 있는 경물들을 소재로 시 속에 자신의 흥을 잔잔하게 그려낸다.

 지금까지 살펴본 매산의 자아와 일상 경물에 대한 시는 그가 가지고 있었던 시 의식을 잘 드러내고 있는 시이다. 이 시에서 매산은 삶의 주변에 있는 일상의 경물을 관찰하여 시 속에 묘사함으로써 자신의

---

14) 李夏鎭, 〈後園雜事〉, 『六寓堂遺稿』 卷 1.

흥을 드러내었다. 이 흥은 사물에 의해 촉발된 감흥感興, 물物에 의해 유도된 정情의 격동이었기 때문에 자연스럽게 매산을 시작詩作으로 유도하게 되는 것이다.

그가 일상의 경물을 대상으로 한 시는 대상에 대한 그의 객관적 관찰에서 시작하지만, 관찰자인 매산은 객관적 관찰의 시선을 넘어서서 곧 대상에 의해 촉발된 자신의 감흥을 느끼게 되었다. 그래서 그의 시는 대상 경물 그 자체보다 경물로 인해 환기된 자신의 감정이나 의식을 시 속에 묘사하게 되는 것이다. 따라서 그의 시에서 묘사된 경물들은 객관적인 경물 그 자체가 아니라 매산에 의해 내면적으로 전화轉化된 경물이 된다.

그것은 매산의 관찰이 대상에 대한 그의 애정을 바탕으로 하기 때문에, 그의 시는 관찰의 결과를 객관적으로 묘사하기보다 관찰에 의해 유도된 그 자신의 흥을 묘사하게 되는 것이다. 따라서 매산의 시 속에 묘사된 경물은 실존하는 경물 그 자체와는 다르다. 하지만 이런 차이는 그가 가진 일상에 대한 애정에 의한 것이고, 이에 따라 시 속에서 드러난 흥도 비약적으로 자신의 감정을 확장한 것이 아니라 경험에 의해 환기喚起된 것이다.

매산의 흥은 그가 대상 경물을 관찰하면서 느낀 것이다. 근본적으로 삶을 긍정하고 일상에 애정을 가지고 있었던 매산은 그의 주변에 있는 경물을 관찰하는 시간이 길어질수록 대상 경물에 접근하게 된다. 이렇게 좁혀진 경물과의 거리가 그에게 대상 경물을 통해 느낀 흥을 시 속에 분출하도록 하는 것이다. 그렇기 때문에 그의 시는 인위적 노력에 의한 것이라기보다 그도 어찌할 수 없는 자연스러운 흥의 발로發露인 것이다.

매산 시의 이런 특징은 그가 가지고 있었던 대상에 대한 애정과 함께 그의 시적 재능을 보여주는 것이기도 하다. 생활 주변에서 누구나 볼 수 있는 경물을 시로 옮겨내는 그의 시작詩作 행위는 그에게 시가 일상적인 생활이었음을 말해주는 것이고, 이런 소소한 대상을 통해 자신의 흥취를 자연스럽게 전할 수 있었다는 것은 그의 시적 재능이 즉물적卽物的으로 눈에 접하는 모든 사물을 시로 옮겨낼 수 있을 정도였다는 것을 말해주기 때문이다.

이런 재능을 지니고 있었기 때문에 매산은 일견 진부해질 수도 있는 평범한 소재를 대상으로 시를 지었지만 그 대상에 대해 보편적이고 관습적인 표현을 넘어서서 자신이 느끼는 흥취를 자연스럽게 표현할 수 있었다. 그의 시는 험벽險僻한 고사故事나 벽자僻字를 사용하기보다 대상에 대해 가지는 그 자신의 기발한 착상을 참신한 방법으로 배열하는 그만의 작시 기법作詩技法을 통해 이루어진 개성적인 것이라 할 수 있다.

(2) 만시輓詩・송시送詩

매산은 자신이 살아가는 현실과 인간이라는 존재를 긍정했다. 그렇기 때문에 관직생활을 하면서 수없이 많은 어려움을 겪고 비난을 받았지만 현실을 부정하거나 인간을 원망하는 태도를 보이지 않았다. 이런 인식은 그의 시세계 속에서 인간에 대한 긍정과 인간관계에서 느낀 감정의 진솔한 표현으로 드러난다. 매산의 이런 인간적 면모에 대해 성호星湖는 매산의 행장에서 다음과 같이 표현하였다.

성품이 강직하고 반듯하여 악을 미워하기를 더러운 물건과 같이 하였으나 또 사람을 용납하는 아량을 손상하고 先代의 忠厚한 덕을 떨어뜨릴까 두려워하여 (인간관계에서) 도량을 넓히고 관대히 하기도 했기 때문에 농담을 하며 기뻐하기도 했다. 그렇지만 是非를 분별하는 것에서는 우뚝하여 범할 수 없는 것이 있었다. 그러므로 사람들이 모두 (그와) 함께 하기를 즐거워했다.[15]

성호의 이 글을 통해 짐작할 수 있는 매산은 자신의 중심을 지키며 스스로 돌이켜 옳다고 생각하는 것에 대해 주저하지 않는 선비의 모습을 지닌 인물이다. 그러나 그와 함께 자신이 맺고 있는 인간관계에 대해서는 과단하고 박절한 태도보다는 여유와 편안함을 바탕으로 상대를 인정하고 하나가 되려는 모습을 지닌 사람이다. 이런 매산에게 진실한 인간 감정은 그 자체로 가치 있고, 의미 있는 것이었다. 그렇기 때문에 매산은 시에서 중요한 것은 조직적으로 글자를 짜맞추고 말을 조직하는 형식이 아니라 참된 감정을 표출하는 것이라고 여겼다.

일상의 삶 속에서 자신이 느낀 진솔한 감정의 표현이 시에서 가장 중요한 것이라고 생각했던 매산에게, 일상의 틀을 넘어서는 벗과의 이별이나 벗의 죽음은 하나의 큰 충격으로 다가오게 된다. 이 충격은 그에게 시를 통해 자기 내면에 응축된 감정을 해소하도록 만든다. 따라서 매산이 주위의 인물들과 이별하는 자리에서 송시送詩를 쓰고, 죽음에 임해 만시輓詩를 쓰는 것은 당대 보편화된 상투적이고 형식적인 의미의 만시와 송시가 아니라 당연한 것이었고 절실한 것이었다.

---

15) 李瀷,「先考司憲府大司憲君行狀」,『星湖全集』卷 67,"性剛方嫉惡若浼, 又恐傷容人之量, 墜先世忠厚之德, 張而或弛, 故爲詼謔譁如也, 然至是非之分, 則卓然有不可犯者, 故人皆樂與之偕也."

앞에서 언급했던 것과 같이 매산의 문집 『육우당유고六寓堂遺稿』에는 1,900여 수의 시가 실려 있는데 그 가운데 만시와 애도시哀悼詩가 97수, 송별시送別詩가 57수 실려 있어 작품 편수로 보더라도 그의 시세계詩世界에서 만시와 송시는 상당한 비중을 차지한다. 매산의 만시나 송시가 그의 문집에서 상당한 분량을 차지하게 된 것은 그 당대의 사회적 분위기와 무관하다 할 수 없지만,[16] 그와 함께 주변 인물들의 죽음과 이별이 매산에게 준 충격이 그만큼 컸다는 의미이기도 하다.

매산의 만시가 주변의 다양한 인물들을 대상으로 지어졌음에도 불구하고 그의 직계 가족에 대한 만시는 보이지 않는다. 그의 만시는 그의 생애 전 기간에 걸쳐 지어진 것이다. 어느 시기라고 죽음을 맞이한 이가 없을 리 없기 때문에 그의 생애 전 기간 동안 만시가 창작되었다는 것은 당연하다고 할 수 있다. 그런데 매산은 25세가 되던 해에 두 동생 주진周鎭과 국진國鎭을 잃었고, 40세 되던 해에 부인 용인이씨龍仁李氏를, 46세 되던 해에 큰아들 청운靑雲 이해李瀣를 잃었지만 이들에 대한 만시는 그의 문집에서 찾아볼 수 없다. 이것은 현재 전하고 있는 문집의 불완전성 때문이라고도 볼 수 있지만, 그것보다는 이들의 죽음에 대한 매산의 인식과 시 의식詩意識에 기인하는 것이라고 할 수 있다.

그것은 시를 대상에 의해 촉발된 진실한 감정표현의 도구라고 생각했던 매산이 형제와 처자의 죽음이라는 극단적인 슬픔 아래에서 그의 감정을 어떻게도 표현할 수 없었다고 생각할 수 있기 때문이다. 이런 유추를 가능하게 하는 것은 그가 부인과 자식의 죽음에 대해 쓴 만시는 찾을 수 없지만, 꿈속에서 부인을 만난 뒤 쓴 시와 아들의 기일이 되어

---

16) 朴浚鎬, 「惠寰 李用休 文學 硏究」(成均館大學校 博士學位論文, 1999.10), 128쪽.

쓴 시를 문집 속에서 볼 수 있기 때문이다.

만시에 대한 매산의 이런 태도는 그가 죽음이라는 다시 만날 수 없는 이별의 상황에서도 과장된 감정이나 상투적 표현을 통한 의례적이고 형식적인 시의 창작은 부정했다는 것으로 볼 수 있다. 그렇기 때문에 매산이 그의 주변에서 목도한 다양한 인물의 죽음을 대상으로 창작한 만시는 그 당대 관습화된 만시의 보편적 경향과는 일정한 거리를 보인다. 매산의 만시는 죽은 자의 평생 행적을 칭송하고 그와 자신과의 개인적 관계를 읊으며 슬픔을 토로하는 상투적인 감정을 표출하지 않는다.

이런 특성 때문에 매산의 만시에는 진혼鎭魂이나 칭양稱揚보다 비탄悲嘆이 표현의 중심에 놓이게 된다.[17] 그는 자기 주변에서 영결永訣의 슬픔에 빠져 있는 사람들을 위해 많은 수의 만시를 지었지만, 그의 만시는 죽은 자를 애도하기 위해서뿐만 아니라 산 자의 슬픔을 위해 지어진 것이기도 하다. 그래서 그의 만시는 죽은 자의 행적을 일목요연하게 정리하는 칭양의 형식이나 죽은 자의 혼을 위로하는 진혼의 형식을 택하기보다, 그 사람의 죽음으로 인해 갖게 되는 살아남은 사람의 고통과 그의 죽음으로 인해 느끼는 자신이 비탄을 형상화하는 방식을 택한다. 따라서 매산의 만시에서는 죽은 자를 칭송하며 높이는 형식적인 수사보다 살아남은 사람이 느끼는 슬픔이라는 실질적 감정이 중시되고 있다.

---

17) 최재남, 『韓國哀悼詩硏究』(경남대학교 출판부, 1997.5). 이 책에서 저자는 哀悼詩를 悼亡, 哭子, 哭兄弟, 悼朋으로 나누고, 그 내용으로 悲嘆, 鎭魂, 稱揚을 들고 있다.

五斗驅人赴瘴鄉	오두미 사람 부려 瘴氣있는 땅에 가니
窮途身計本凄凉	곤궁한 길 몸 위한 계책 애초에 처량했네.
賦成歸去抽簪易	부 한편 짓고 돌아가며 비녀 빼기는 쉽지만
國重循良解印妨	나라에서 循吏 아껴 벼슬 버리기 어려웠네.
飄泊旅魂湖邑外	정처 없이 떠도는 혼 湖邑 밖으로 가고
低昂丹旐漢山陽	높고 낮은 만장들은 한산의 남쪽 가네.
撫孤此日無從淚	남은 아이 쓰다듬는 이날 난데없이 눈물나니
洒向秋天斷鴈行	눈물 뿌리며 바라본 가을하늘에는 기러기 줄도 끊어졌네.[18]

이 시는 단성군수丹城郡守 이석규李碩揆의 죽음을 애도한 만시이다. 이 시에서 매산은 이석규의 삶의 모습과 그 죽음에 대한 서러움을 묘사하고 있다. 특히 매산은 그 죽음의 서러움을 묘사하기 위해 시 속에 남아있는 이석규의 아이를 등장시켜, 남아 있는 아이를 보니 자기도 모르게 절로 눈물이 난다고 했다.

시 속에서 매산은 이석규가 벼슬 때문에 어쩔 수 없이 장기 가득한 땅으로 가게 되었다고 했다. 단성丹城은 경상남도 산청군山淸郡에 있는 현으로 서울에서 멀리 떨어진 풍토가 다른 곳이다. 이 먼 곳으로 가는 힘든 길이기 때문에 자신을 위한 계책은 애초에 세울 수 없었다. 그래서 이석규가 가는 길은 처량하고 쓸쓸한 길이었다. 그가 벼슬을 버리고 고향으로 돌아오기는 아주 쉬운 일이었다. 도연명陶淵明이 「귀거래사歸去來辭」를 쓰고 벼슬을 버렸듯이 그도 부賦나 한 편 짓고 벼슬을 버릴 수 있었지만, 나라에서 어진 관리를 중하게 여겼기 때문에 관리가 되어

---

18) 李夏鎭,〈挽李丹城 碩揆〉,『六寓堂遺稿』卷 1.

함부로 벼슬을 버릴 수도 없었다.

  육신을 떠난 그의 혼은 정처 없이 이리저리 서호西湖 저 바깥으로 떠도는데, 만장들만 그의 몸을 묻으러 남산 양지를 향해간다. 그의 죽음 자체도 슬프지만 매산은 남아 있는 아이를 보면서 흘러내리는 눈물을 주체할 수 없었다. 까닭 없이 어디서부터인지도 모르게 쏟아지는 눈물을 주체할 수 없어 가을 하늘 멀리 시선을 돌려보지만 그의 눈에는 이석규의 죽음을 슬퍼하는 자신의 마음을 아는지 북으로 돌아가는 기러기의 줄도 끊어져 보인다.

  이 시에서 매산은 이석규의 죽음을 접하고 그의 행적을 칭송한 뒤 자신의 비탄을 서술하고 있다. 따라서 이 시는 칭양과 비탄의 정서가 혼재되어 드러난 시이다. 이 시에서 매산은 두련과 함련에서는 칭양의, 경련과 미련에서는 비탄의 정서를 드러내고 있다. 이와 같은 서술 기법은 칭양의 원인이 바로 비탄의 원인으로 전화轉化되었음을 보여주는 수사적 장치이다. 미련에서 매산은 자신이 느끼는 서러움을 곡진하게 표현하기 위해 '무고撫孤'와 '단안행斷鴈行'이라는 표현을 사용했다. 남아 있는 어린 아이는 죽은 이석규와 대비되어 매산의 가슴에 큰 멍으로 다가오며 죽음의 서글픔을 강화하고 있고, 끊어진 기러기의 행렬은 형제를 잃은 이의 심정을 상징적으로 표현한 것이다.

聞君遘疾自鷄鳴	그대 병들었다는 소식 들은 새벽에
走馬相看骨爲驚	말 달려 와보니 내 온몸 놀라 떨리네.
架上詩書渾不亂	시렁 위의 시와 서 전혀 어지럽지도 않고
枕頭顔面尙如生	베갯머리 얼굴은 여전히 살아 있는 듯하네.
虛疑藥物神功在	약물에 신령한 공 있다는 생각 헛된 것이니

忍聽萱堂夜哭聲　모친의 한 밤 곡성 차마 들을 수 있겠나.
異室孀妻同穴願　옆방의 아내는 무덤에 같이 들겠다니
海西何處是佳城　해서의 어느 곳이 그대 있을 만한 곳인가.[19]

　이 시는 김호서金虎瑞의 죽음을 애도한 만시이다. 이 시에서 매산은 앞 시와 달리 김호서의 죽음과 그의 죽음으로 인해 비탄에 잠긴 주변 인물들의 서러움만을 시 속에서 언급하고 있다. 김호서가 어떤 인물인지는 다른 자료가 없어 확인하기 어렵지만 수련首聯으로 보아 매산과 상당한 친분을 가졌던 인물이라 생각된다.
　이 시에서 김호서를 유추해 볼 수 있는 부분은 함련頷聯밖에 없다. 하지만 이 함련에서도 매산은 김호서의 평생을 칭양하지 않았다. 다만 단아했던 그의 성품과 죽음에 임해서도 변함없었을 그를 느끼게만 하고 있다. 베갯머리에서 바라본 그의 모습이 살아 있을 때와 같다는 표현은 김호서가 죽음을 편안히 맞이했다는 것이고, 이것은 시렁 위의 단정한 시서詩書로 느낄 수 있는 그의 평소 행적과 일치한다.
　경련頸聯과 미련尾聯은 모두 비탄으로 구성되어 있다. 약물에 신비한 효능이 있을 것이라 여겼던 자신의 생각이 헛된 것이었고, 자식을 잃고 울부짖는 어머니의 곡소리는 차마 들을 수 없는 것이라 했다. 특히 옆방에서 남편과 같이 죽고 싶다고 울부짖는 그 아내의 비통한 기원은 매산을 어찌할 수 없는 비탄에 잠기게 했다. 그래서 매산은 해서海西의 어느 곳이 그렇게도 있을 만한 곳이기에 이렇게 서둘러 길을 떠나느냐고 묻고, 어디에 가 있더라도 남은 사람의 비탄으로 인해 그대는 편치 않을

---

19) 李夏鎭, 〈挽金秀才 虎瑞〉, 『六寓堂遺稿』 卷 1.

것이라고 했다.

이 시에서 매산은 가능한 한 자신의 직접적인 감정표현을 자제하고 있다. 그래서 김호서의 죽음을 접한 매산의 직접적인 반응은 수련의 두 번째 구에서 그친다. 하지만 김호서의 죽음을 슬퍼하는 매산의 비탄은 어머니의 곡소리와 아내의 울부짖음을 통해 직접적인 슬픔의 토로보다 더 절실하게 드러난다.

不復人間有石交	다시는 인간세상에 돌 같은 우의 없으리니
我腸如割子爲刀	내 창자 갈라지는데 그대가 칼이 되네.
斤因郢質由來廢	자귀는 匠石 재주 따라 그 뒤로 버려졌고
琴爲鍾期久已抛	거문고는 鍾子期 위해 내버린 지 오래됐네.
望子峯高西日薄	望子峯 그 위로 서산의 해는 져가고
桓山禽叫北風飇	桓山의 우짖는 새는 북풍 속에 시끄럽네.
龍門舊譽終應大	龍門의 옛 영예 끝내 큰 보답 받으리니
丹穴留雛見九包	丹穴에 남겨진 새끼 鳳凰 九包를 만나겠네.[20]

이 시는 징자止字 유사완柳士完의 죽음을 주모한 시이다. 유사완이 누구인지는 구체적으로 확인할 수 없지만 진주유씨晉州柳氏로 안산安山에서 터를 잡고 생활했던 퇴당退堂 유명천柳命天의 자가 사원士元이었고, 그의 동생 정재靜齋 유명현柳命賢의 자가 사희士希였던 것으로 보아 이들과 같은 항렬의 일족이라 짐작된다.

유사완과 매산이 언제부터 교류했었는지는 알 수 없지만 이 시를

---

20) 李夏鎭, 〈哭柳正字士完〉, 『六寓堂遺稿』 卷 1.

보아 그에 대한 매산의 정이 장석匠石과 영인郢人, 백아伯牙와 종자기鍾子期에 뒤지지 않았음을 알 수 있다. 이 시는 그런 친구 사완의 죽음에 곡하는 자신의 심경을 드러낸 것이다. 이 시에서 매산은 비탄의 정서를 담담하게 드러내고 있지만, 그 진폭이나 여운이 절실한 정도로 드러나 보이지 않는다. 그것은 이 시의 구성을 위해 사용한 고사로 인해 비탄의 정서가 반감되어버렸기 때문이다.

수련에서 매산은 자신의 슬픔을 그대로 드러내고 있다. 이 세상에서 이제 더 이상 금석金石과 같은 우애는 없을 것이라고 한 것은 사완의 죽음에 대한 자신의 마음을 드러낸 것이고, 나의 창자 끊어지는데 그대가 칼이 되었다고 한 것은 그의 죽음이 바로 자신이 느끼는 비탄의 원인이라는, 그의 죽음에 대한 매산의 서러움을 밝힌 것이다.

함련에서는 사완의 죽음으로 세상에 대한 뜻을 잃어버린 자신의 모습을 영인이 없어진 뒤의 장석과 종자기가 죽은 뒤의 백아에 비기고 있다. 자귀를 버린 장석과 거문고를 부순 백아가 된 매산은 더 이상 세상에서 어떤 일도 할 수 없는 사람이었다. 이런 마음을 아는지 서산의 해도 뉘엿뉘엿 져가고 산 속의 새들도 찬 겨울바람 속에서 시끄럽게 우짖는다.

미련에서 매산은 사완의 삶이 부질없는 것이 아니었음을 밝히고 있다. 그가 세상에서 펼치고 얻었던 영예는 사라져버리지 않고 그의 후손들에게 전해질 것이라고 했다. 단혈丹穴에 머물고 있는 봉황새의 새끼처럼 그의 후손들은 영풍靈風을 타고 세상에 멋지게 비상할 것이라고 하여 사완의 혼을 달래고 있다.

마지막 연에서 사완의 후손들을 언급하며 그의 혼을 달랜 것은 사완의 죽음에 대한 매산의 울분을 말해주는 것이다. 그에게 사완의 죽음은 어처구니없는 것이었고, 있어서는 안 되는 것이었으며, 창졸간에 일어난 갑작스러운 것이었다고 생각된다. 그렇기 때문에 매산은 자신과 함께 사완을 달래기 위해 이러한 표현을 사용했던 것이라 보인다.

이 시는 사완의 죽음으로 인한 매산의 서러움과 애통함을 담담하게 드러내어 비탄을 중심 정조로 한다. 그런데 이 시는 이전의 시들과 달리 상당히 이지적이고, 또 전고의 사용을 통해 문학적 수사를 기하고 있다. 이와 같은 표현이 매산의 만시를 문학적으로 치장해준 것은 분명하지만, 비탄이라는 정서의 표출에서는 많은 문제를 야기한다. 고사의 사용이 정서의 직접적 표출을 가로막아 진실성과 실질성을 약화시키기 때문이다.

매산의 만시에서 볼 수 있는 비탄의 정조는 친족이나 친구의 죽음에서만 드러나는 것이 아니라 그의 만시가 지닌 기본적인 정서였다. 그가 여인들의 죽음을 접하고 쓴 만시를 살펴보면 이런 정서를 쉽게 확인할 수 있다.

懷中弱息上爺孃	품속에는 어린 자식 위로는 시부모님
三九春光片夢忙	스물일곱 청춘 조각 꿈저럼 황망하네.
生日杯棬仍坐奠	생일날 술잔이 이내 제상 술잔 되니
嫁時裳服尙餘香	시집올 때 입은 옷엔 아직 향기 남았네.
舊崗下邑纔營兆	옛 산등성 아래 터에 겨우 무덤 얽었으니
新搆終南未架樑	새로 얽은 종남산 집 시렁 들보 하나 없네.
萬事卽今皆涕淚	지금의 모든 일 다 같이 눈물만 흘리게 하니
忍將何說慰潘郞	차마 무슨 말로 반랑을 위로할까.[21]

이 시는 진사 이여명李汝命의 부인의 죽음을 애도한 만시이다. 이 시에 드러난 매산의 정조는 부인의 죽음에 대한 안타까움뿐이다. 그가 느낀 안타까움은 부인의 죽음과 부인의 죽음을 슬퍼하는 남편을 바라보고만 있어야 하는 그 자신의 어찌할 수 없는 상황에서 출발한다.

시의 시작부터 매산은 부인이 죽어서는 안 되었다는 것을 강조했다. 위로는 두 분 시부모님께서 살아계시고, 아래로는 어린 자식들이 있으니 그의 죽음은 애초에 말이 안 되는 것이다. 더욱이 이제 겨우 스물일곱 청춘이니 해야 할 일들, 누려야 할 것들이 아직 많이 남아 있었다. 부인의 죽음은 누구도 생각지 못한 창졸간의 일이었다. 생일을 축하하는 술잔을 들었던 것이 언제였는데 곧 그 술잔은 제상祭床의 술잔으로 변해버렸고, 시집올 때 입었던 옷은 아직 색이 바래지도 않고 향기를 풍기며 남아 있다. 함련의 '생일배권生日杯捲'과 '좌전坐奠', '가시상복嫁時裳服'과 '여향餘香'은 모두 생生과 사死의 대비를 통해 죽음의 무상함과 애상을 강조하는 표현이다.

안타깝게 죽은 부인을 위해 해줄 수 있는 일은 아무것도 없었다. 그저 남산의 한쪽 귀퉁이에 작은 무덤 하나 황량하게 만들어줄 뿐이었다. 거창하게 무엇을 할 수도 없었지만 해봐야 아무런 의미 없는 것이었다. 갑작스럽고 서글픈 일에 눈물을 흘리던 매산은 그의 남편을 위로해줄 수도 없다는 것에 다시 한 번 깊은 안타까움을 느꼈다.

六六春光片夢驚	서른여섯 청춘 조각 꿈처럼 깨어나니
忍將粧粉寫銘旌	차마 화장분으로 銘旌을 쓰게 될 줄이야.

---

21) 李夏鎭, 〈挽李進士 汝命 內〉, 『六寓堂遺稿』 卷 1.

鰥郞撫柩摧腸慟	남편은 관 만지며 장 끊어진 듯 통곡하고
稚子攀牀索乳聲	어린 아이 평상에 매달려 젖 찾으며 울고 있네.
袿裺未渝箱裡繡	옷 다 해져도 바꾸지 않아 상자 속에 고운 옷 남았고
釵留猶記鬢邊荊	비녀 남아 오히려 아내의 귀밑머리 기억하네.
無情牛女添深感	무정한 견우직녀 깊은 슬픔 더하니
河漢東西夜夜橫	은하수 동서로 밤마다 가로 걸려 있네.[22]

이 시는 어느 부인의 죽음을 맞이하여 쓴 시이지만 누구인지 밝히지 않아 그 대상을 구체적으로 확인하기 어렵다. 그러나 이 시에서 매산이 주목하고 있는 것도 앞의 시와 같다. 매산은 이 시에서도 부인의 죽음만을 염두에 두고 시를 쓰고 있는데, 부인의 죽음 자체보다는 그의 죽음을 서러워하는 주변의 모습을 서술하여 그 비탄의 정조를 객관적으로 극대화하고 있다.

서른여섯 청춘을 한순간 꿈처럼 날려버린 부인의 죽음 앞에서 주변 사람들은 어찌할 줄 모르는 당혹감을 느꼈다. 부인의 죽음이 준비되지 않은 것이고 예기치 못한 것이었다는 것은 화장분으로 명정銘旌을 쓴다는 표현 속에서 확인힐 수 있다. 갑삭스러운 부인의 죽음 앞에 남편은 부인의 관을 부여 쥐고 통곡하고, 젖먹이 아이는 아무것도 모른 채 젖을 달라고 평상에 매달려 울부짖는다. 매산은 부인의 죽음보다 남은 이들의 행동에서 더 큰 서러움을 느꼈다.

서러움을 느낀 매산은 부인의 평소 행적을 되짚어보았다. 해질 대로 해진 옷이지만 새 옷으로 갈아입을 줄 몰랐던 부인이 상자 속에 비단옷

---

22) 李夏鎭,〈挽〉,「漫錄」,『六寓堂遺稿』卷 2.

을 남겨놓은 채 죽은 것이다. 부인의 남겨진 비녀는 살아남은 사람들에게 부인에 대한 새로운 기억과 그리움을 불러왔다. 사그라질 줄 모르는 가슴 아픈 서러움은 저녁 하늘 위에 떠있는 견우성과 직녀성을 보면서 더해졌다. 견우와 직녀는 지금 이 땅에서 느끼는 사람들의 고통이야 어떻든 관계없이 밤하늘을 동서로 길게 가로지르며 자신들의 만남을 누리고 있는 것이다.

이 시에서 매산은 앞의 시보다 많은 수사적修辭的 표현을 사용했다. 특히 죽음의 돌연성을 강조하기 위해 '편몽경片夢驚'과 '장분사명정粧粉寫銘旌'이란 표현을 했고, 슬픔을 강조하기 위해 '환랑무구䗫郎撫柩'와 '색유성素乳聲'이라는 표현을 했다. 또, 경련의 '규척미투상리수袿瘠未渝箱裡繡'는 부인의 평소 행적을 말하는 것이고, 미련의 '하한동서야야횡河漢東西夜夜橫'은 죽음이란 슬픔 앞에서도 변함없는 자연의 모습을 드러내어 부인의 죽음이 주는 애상哀傷을 강화했다.

매산이 여인의 죽음을 대상으로 하여 쓴 만시에서 볼 수 있는 정서도 비탄의 정서이다. 만시의 대상이 여인이라는 점에서 칭양의 정서가 드러나기 어렵다고도 할 수 있다. 규방閨房에서 집안 살림을 전담하는 여인을 칭양할 수 있는 인물은 그의 가족이나 친지와 같이 아주 밀접한 관계를 가진 사람이 아니면 어렵기 때문이다. 그러나 여인을 칭양할 때 흔히 할 수 있는 보편적 표현인 효孝와 열烈의 강조를 그의 만시에서 볼 수 없다는 것은 매산이 여인의 만시에서도 그 여인을 의례적으로 칭송하려고 하지 않았다는 것이다. 이런 특성은 그가 상투적이고 형식적인 만시가 아니라 망자의 죽음에서 느끼는 산자의 슬픔을 표현하기 위해 만시를 창작했다는 것을 보여준다.

두 여인의 죽음에 대한 만시에서 매산이 주목한 것은 모두 여인의 죽음에 의한 비탄의 정서이지만, 그 표현에서는 조금의 차이가 보인다. 진사 이여명李汝命의 부인의 죽음을 애도한 만시가 부인의 죽음에 주목하고 있는 반면, 두 번째 만시는 남겨진 사람들의 슬픔에 주목하고 있다. 이런 차이는 그와 두 여인과의 관계에 의한 것이었다고 생각된다. 그가 여인의 죽음 그 자체에 주목하기 위해서는 그 여인과 일정한 친분관계를 유지하고 있어야 하기 때문이다.

이런 차이점 역시 매산이 만시를 형식적이고 의례적인 행위가 아니라 구체적이고 실질적인 문학으로 인식하고 있었음을 보여준다. 그는 만시를 쓰면서도 그가 느끼는 슬픔이 무엇 때문인지를 찾아 그 모습을 진실하게 형상하고 있는 것이다.

泉下荊妻夢裡迎 이 세상 밖 아내를 꿈속에서 만나니
情言款款宛平生 정든 말 사랑스러워 생시처럼 뚜렷하네.
覺來禁直三更雨 깨어보니 금부 당직 삼경의 비 내리니
腸斷銅壺咽不鳴 장 끊어져 銅壺처럼 목메어 소리도 안 나네.23)

이 시는 매산이 현종 15년(1674) 금부에서 숙직을 하다가 죽은 부인의 꿈을 꾼 뒤 쓴 시이다. 첫 번째 부인 용인이씨龍仁李氏가 이 시를 쓰기 7년 전 운명하였으니, 이 시는 부인이 죽은 7년 뒤 꿈에서 만난 부인을 그리워하며 쓴 시이다. 이 시에서 매산의 직접적인 서러움은 마지막 구에서만 나타나 있지만 꿈속에서 만난 부인에 대한 견딜 수 없는 그리움이 잘 형상화되어 있다.

---

23) 李夏鎭, 〈甲寅六月十六日夜記夢〉, 『六寓堂遺稿』 卷 1.

금부에서 숙직하며 매산은 잠깐 꿈을 꾸었다. 꿈속에서 만난 부인은 그에게 생시와 같이 여러 가지 다정한 이야기들을 전한다. 그 이야기가 너무나 사랑스럽고 선명하기에 그는 꿈이라는 생각조차 할 수 없었다. 그런데 막상 꿈을 깨보니 자신은 금부에서 당직 중이었고, 바깥에는 삼경의 비만 추적추적 내리고 있다. 재회의 기쁨과 환희는 매산이 꿈에서 깨어나 현실을 느끼게 되면서 곧 슬픔의 근원으로 전화轉化된다. 차라리 꿈을 꾸지 않았다면 느끼지 못했을 슬픔을 느끼지만 통곡할 수도 없는 그의 처지는 그를 더욱 깊은 상실감 속으로 빠뜨리는 것이다.

昌黎瘞天後	창려는 먼저 간 조카 묻고 남았고
卜氏喪明餘	자하는 자식 잃고 눈멀어 살았네.
六載還今日	육 년 지나 그날이 되돌아오니
無言血染裾	말없이 피눈물만 옷깃을 적시네.[24]

이 시는 연행燕行 도중 장남 청운靑雲 이해李瀣의 기일忌日을 맞아 쓴 시이다. 죽음을 접하고 쓴 시가 아니어서 만시라고는 할 수 없지만 죽은 자식을 그리워하는 마음을 담고 있어 여기에서 다루어본다. 이 시에서 매산은 앞에서 살펴본 시들과 달리 고사를 통한 관습적인 표현을 하고 있다. '창려예요昌黎瘞天'는 한창려韓昌黎가 그와 같이 자랐던 조카 십이랑十二郞의 죽음을 슬퍼하였던 일을 말하는 것이고, '복씨상명卜氏喪明'은 자하子夏(복상卜商)가 아들을 잃고 너무 비통해하여 실명한 것에서 나온 고사로 '예요瘞天'와 '상명喪明'은 곡자시哭子詩에서 흔히 볼 수 있는 관습

---

24) 李夏鎭, 〈燕中遇長兒亡日〉, 「北征錄」中, 『六寓堂遺稿』卷 1.

적 표현이다.

　연행 도중 맞이한 아들의 기일에 매산은 그가 느끼는 서러움을 달리 표현할 수 있는 말이 없었다. 그렇기 때문에 관습적인 고사들을 나열하며 자신이 느끼는 서러운 마음을 상징적으로 표현한 뒤, 마지막 구에 와서 말없이 피눈물 흘리는 자신의 모습을 형용한 것이다. 고사를 사용한 정서의 표현은 그 정서의 직서적 표출을 가로막아 실질성과 격절성激切性을 약화시킨다. 그래서 이 시에서 매산은 고사를 통해 자신의 정서를 표현한 것이다.

　지금까지 살펴본 매산의 만시는 대부분 죽음을 맞이한 대상이나 죽은 이로 인해 슬픔을 느끼는 주변의 모습을 시 속에 직접적으로 표현하여 죽음에 대한 비탄의 정서를 표출하고 있다. 그의 만시에서 볼 수 있는 비탄의 정서는 그가 접한 죽음이라는 상황에서 그 자신이 직접 느낀 애상哀傷을 표현하기 때문에 관습적 표현보다 서러움의 강도가 더 강하다.

　비탄을 주된 정조로 하는 매산의 만시는 죽은 이에 대해 느끼는 비탄과 서러움의 감정을 강화하기 위해 살아남은 주변의 인물들을 시 속에 등장시키고 있다. 친구의 죽음에서는 남아 있는 어머니와 부인, 아이의 서러움을 표현하여 비탄의 정서를 강조하고, 부인의 죽음에서는 통곡하는 남편과 철모르는 아이를 등장시켜 안타까움과 슬픔을 강화한다. 이런 표현적 특징은 매산이 만시란 그 감정이 진실하기만 하다면 죽음이라는 마지막 상황에서 망자亡者를 위해 살아남은 사람이 느끼는 비통함을 있는 그대로 표현하는 것이라 생각하였음을 보여주는 것이다.

　매산 만시의 특징은 시란 외물外物에 의해 촉발된 그 자신의 내면정서를 진실하게 표출하는 것이라 생각했던 그의 시 의식을 보여주는 것이다. 그는 자기 내면의 진실한 감정을 표출하는 도구로 시를 인식했기 때문에 서러워하고 비통해야 할 때에는 그 비통함과 서러움을 감추지 않는 것이 옳다고 여긴 것이다.

　서러움과 안타까움의 형상화는 만시와 함께 송시送詩에서도 볼 수 있는 모습이다. 그의 송시는 대체로 관직에 부임하기 위해 임지로 떠나는 이들에게 써준 것이다. 대개의 경우 이런 시에서는 임지에서의 선정善政을 당부하며 떠나는 사람의 건승健勝을 기원하는 것이 보통인데, 그는 떠나는 사람과 남는 사람이 맞이하는 이별의 안타까움에만 주목하였다. 특히 그의 안타까움은 가까이 여기는 사람과의 이별일수록 더욱 짙게 드러난다. 매산의 송시에서 볼 수 있는 이런 특징은 그의 송시가 관습적인 행위가 아니라 이별이라는 상황 아래에서 느끼는 그 자신의 절실한 감정을 드러내고 있음을 보여준다.

　　　鍾城太守赴鍾城　　종성 태수 종성으로 부임하는데
　　　行色飄然一劒輕　　느긋한 그 모습 한 자루 칼 가볍네.
　　　言志有詩聊自慰　　뜻 말할 땐 시를 지어 스스로 위로하겠지만
　　　掃愁無等秪虛名　　시름 쓸 땐 비가 없어 헛된 말만 하겠지.
　　　病妻和淚前陳誡　　병든 처는 눈물 뿌리며 앞서 경계 늘어놓고
　　　稚子牽衣强問程　　어린 아이 옷 당기며 애써 갈 길 물어보네.
　　　靑海拍天羣嶺阻　　푸른 바다 하늘 닿고 뭇 산들은 험악하니
　　　千金珍重故人情　　천금처럼 진중하게 이게 벗의 정이라네.[25]

---

25) 李夏鎭, 〈重別鍾城倅〉, 『六寓堂遺稿』 卷 1.

이 시는 종성태수鍾城太守로 부임하는 목래지睦來之를 전송하며 쓴 시이다. 종성은 함경북도 북동부에 있는 군으로 동쪽은 경원군, 남쪽은 경흥군·부령군·회령군, 북쪽은 온성군에 접하고, 서쪽은 두만강豆滿江을 국경으로 하여 중국의 간도間島 지방과 마주하고 있는 우리나라 북쪽의 접경지역이다. 이 시의 주인공으로 등장하는 목래지는 그의 큰 사위 목창명睦昌明과 한집안인 사천목씨泗川睦氏 가문 사람이다. 광해군 9년 (1617)에 태어나 그보다 열한 살이 많지만, 숙종 30년(1704)에 운명하여 매산보다 오래 살았다.

이 시에서 매산이 주목하고 있는 것은 목래지와의 이별에서 느끼는 자기 마음속의 안타까움이다. 이 안타까움을 객관화하기 위해 그는 '병처病妻'와 '치자稚子'라는 목래지의 개인적인 상황을 시 속에 끌어들이고 있다.

수련首聯에서 매산은 종성으로 부임하게 된 목래지의 표정을 그리고 있다. 종성태수가 되어 종성으로 부임하게 되었는데, 목래지의 표정에는 아무런 변화가 없었다. 느긋한 모습은 예전과 다를 바 하나 없는 것이다. 함련頷聯에서 매산은 목래지의 개인적인 상황을 드러내 밝히고 있다. 눈물을 뿌리며 떠나는 길을 걱정하는 병든 아내, 옷을 잡아당기며 어디로 가느냐고 애써 묻는 어린 자식은 목래지의 발길이 차마 떨어지지 못하게 한다. 이들은 목래지의 내면을 괴롭게 만들 뿐만 아니라 주변 인물들에게도 목래지의 종성 부임을 안타깝게 만들었다.

마지막으로 매산은 목래지가 이런 상황들을 뒤로하고 떠날 수밖에 없으니 임지에 가서는 부디 몸조심하라고 말하며 시를 맺고 있다. 하늘에 닿을 듯 넓게 펼쳐진 푸른 바다와 사납게 자리 잡은 험한 산들은 자연히 소식조차 멀어지게 할 것이니 그 곳에서 진중하게 몸조심 잘

하라는 당부를 전하며 시를 맺었다. 이 시에서 매산은 이별의 안타까움과 임지에서의 자기 보존에 대한 염려와 당부만을 말하고 있다. 이런 모습은 그의 다른 송시에서도 볼 수 있는 특징이다.

愁州北望路途遲	북으로 愁州 바라보니 길은 멀기만 한데
愁到愁州不禁多	근심 이른 愁州에는 막지 못할 것이 많네.
千里聞名腸亦斷	천 리 먼 곳 이름 듣고 장이 또 끊어지니
三年於此意如何	이곳에서 삼년이라 그 마음은 어떠한가.
至今山學人頭白	지금까지 산은 사람 머리 흰 것 배웠고
終古天爲嶺石磨	예로부터 하늘은 고개의 바위에 갈렸지.
故國滄茫音信阻	고향땅 멀리 아득해 소식조차 막힐 테니
秖應歸夢落烟蘿	돌아가려 꿈꿔봐도 烟蘿 속에 떨어지겠지.[26]

이 시도 종성으로 부임하는 강계숙姜啓叔을 전송하며 쓴 시이다. 당대의 정치적 상황은 매산과 그의 주변 인물들에게 많은 어려움을 주었다고 생각되는데, 그래서인지 그의 송시에 등장하는 인물들의 임지任地도 북쪽 끝이나 남쪽 끝에 있는 험벽하고 먼 지역이 대부분이다.

종성은 예로부터 변방의 위태로운 곳으로 인식되었다. 이 지역은 원래 고구려 땅이었으나 고구려와 발해가 망한 뒤 여진족女眞族이 들어와 수주愁州라 하였다. 조선에 들어와 세종 17년(1435) 여진족을 물리치고 영북진寧北鎭, 즉 백안수소伯顔愁所에 종성군을 설치한 뒤 절제사節制使에게 지군사知郡事를 겸임시키고 부계俯溪・임천林川 부근의 주민을 이곳으

---

26) 李夏鎭,〈送姜啓叔之任鍾城〉,『六寓堂遺稿』卷 1.

로 이주시켰다. 이런 연혁으로 볼 때 종성은 여진족과 우리 민족이 맞닿아 생활하고 있는 곳이라 생각된다. 이 먼 곳으로 가는 강계숙에게 매산이 전해줄 말은 그저 안타깝다는 것밖에는 없었다.

이 시의 첫 구에서 시작된 매산의 안타까움은 시가 끝날 때까지 시의 표면에 그대로 유지되고 있다. 첫 구에서 그는 강계숙이 가게 된 종성을 북으로 바라보니 멀고도 멀어서 갈 길을 찾을 수 없이 아득하고, 그곳에 도착하면 낯선 인정과 풍물 때문에 가슴속에서 일어나는 시름을 막을 수 없을 것이라고 했다. 이어 매산은 강계숙의 임기 삼년을 떠올렸다. 종성으로 간다는 말만 들어도 이렇게 가슴 아픈데, 그 곳에서 삼년이란 시간을 보내야 하니 자네 마음은 어떤가 하고 물은 것이다.

다음 연에서 매산은 종성의 험난한 산세에 대해 말했다. 산은 사람의 흰 머리를 배워서인지 늘 꼭대기에 흰 눈을 덮고 있고, 하늘은 예부터 바위에 갈릴 듯 산과 붙어 있었지만 아직도 줄어들지 않고 하늘과 산은 닿아 있다. 그렇기 때문에 그곳에서는 고향 생각을 아무리 해봐도, 고향 소식을 아무리 기다려도 끝내 접하기 어렵다. 소식을 접하기만 어려운 것이 아니라 고향을 그리워하는 꿈조차도 산에 막혀 고향으로 가지 못하고 초목 무성하고 안개 자욱한 그곳에서 길을 잃어버릴 것이라 했다.

너무나 먼 새외의 땅으로 가는 강계숙이기에 그에게 해줄 말이 무엇보다 먼저 안타깝다는 것이었음은 당연하다. 그런데 이 시 속에서 매산은 안타깝다는 것 이외에는 다른 어떤 것도 언급하지 않았다. 꿈조차 돌아올 수 없는 곳이라는 미련尾聯의 표현은 그가 종성에서 느끼게 될 그리움과 고독감을 극대화시키고 있는 것이고, 매산의 안타까움이 절절하게 넘치는 부분이다.

君去西州道路長	그대 가는 서주 길은 멀기도 하니
亂山深處是同昌	어지럽게 산 깊은 곳 이곳이 同昌이네.
夢中炊臼悲前歲	아내 여읜 슬픔이 지난해의 아픔인데
病後分符落此鄕	병 뒤에 받은 관직 이곳으로 떨어졌네.
千里覊愁當自慰	천 리 나그네 시름은 스스로 위로하겠지만
故人深戒可能忘	벗들의 깊은 경계 잊을 수 있겠는가.
離筵不用歌三疊	송별연에서 陽關三疊 다 부르지도 못했으니
未出陽關已斷腸	陽關三疊 다하기 전 이미 간장 끊어졌네.[27]

이 시는 관서에 있는 동창同昌으로 떠나는 벗에게 준 시이다. 대상이 누구인지 구체적으로 드러나지 않아 자세히 알 수 없지만 그가 가는 동창도 평안북도 영변대도호부의 은산현殷山縣에 속하는 군으로 역시 새외의 변방이다. 이렇게 매산의 주변 인물들이 나가는 외직이 모두 새외의 극변방極邊方이었던 것은 당시 불안했던 그의 정치적 상황을 짐작할 수 있게 해 준다.

이 시에서 벗의 안타까운 사정은 '몽중취구夢中炊臼'라는 네 글자 속에 그대로 드러난다. 산이 어지럽게 자리 잡고 있는 깊숙하고 먼 곳으로 가야 하는 벗은 이미 가슴속에 깊은 슬픔을 안고 있었다. 지난해 아내를 잃은 슬픔 때문에 몸이 상하여 오랜 시간 병석에 누워 있었던 것이다. '몽중취구夢中炊臼'는 취구지몽炊臼之夢으로 상처喪妻를 의미한다. 이런 슬픔에 몸을 가누지 못하던 벗이 겨우 몸을 추스르자 임명된 곳이 이곳 동창이다.

---

27) 李夏鎭, 〈別〉, 「漫錄」, 『六寓堂遺稿』 卷 2.

그곳으로 가는 벗이기 때문에 시름이 적을 수 없었다. 그의 마음속에서 일어나는 시름은 그 스스로가 위로할 수밖에 없겠지만 혹시라도 벗들이 전해준 걱정 어린 말들을 잊지 말아 달라고 매산은 당부했다. 그러면서 그는 벗을 떠나보내는 자신의 서러운 마음을 왕유王維의 양관삼첩陽關三疊에 의탁하여 드러냈다. 왕유가 위성渭城에서 친구를 송별하며 읊었던 그 노래를 매산은 벗과 이별하는 자리에서 다 부를 수조차 없었다.

離歌凄斷不成腔	이별 노래 처량히 끊겨 한 곡도 다 못했으니
送爾長鞭赴北幢	긴 채찍 휘두르며 북으로 가는 깃발 전송하네.
嶺度雲天傷絶域	구름 낀 하늘 너머 산들 絶域에 상심하고
俗便弓馬異中邦	활과 말에 편한 풍속 나라 안과 다르다네.
思親陟屺腸回數	부모 그리워 산에 올라도 애간장 타기 부지기수고
聞鴈懷人淚下雙	기러기 소리에 사람 그리워 두 줄기 눈물 흘리겠지.
暇日消憂眞上策	한가한 날 시름 삭히기 참으로 상책 있으니
牀頭應有酒盈缸	침상머리에 분명히 가득 찬 술동이 두겠지.[28]

이 시에서도 매산은 북으로 가는 벗을 전송하고 있다. 권중장權仲章은 안동권씨安東權氏 일문의 권두위權斗緯가 아닐까 생각되지만 구체적으로 확인하기는 어렵다. 권중장이 가는 곳도 북쪽의 변방이다. 북막北幕은 대체로 관북關北지역을 지칭하는 말이고, 이 지역은 우리나라의 동북쪽 끝으로 인정과 물산이 특히나 유별난 곳이다.

---

28) 李夏鎭, 〈次韻送權仲章赴北幕〉,「西湖錄」,『六寓堂遺稿』卷 2.

애초 여진족의 거주지였던 곳으로 한양과의 먼 거리 때문에 이곳으로 가는 도정道程은 높은 산과 깊은 계곡, 큰 강이 가로놓인 대단히 험난한 것이었다. 특히 이 지역에는 다른 곳보다 훨씬 많은 산악이 놓여 있다. 백두산白頭山의 주맥主脈을 비롯하여 여기에서 뻗어 내리는 많은 지맥支脈이 모두 이 지방을 거쳐, 높은 산이 도처에 솟아있다. 그렇기 때문에 이 지역에서 한양에 올라가 과거科擧에 급제한다는 것은 극히 어려운 일이었다.

이런 험난한 곳으로 가는 벗을 전송하기에 앞서 매산은 자신이 먼저 시름에 겨웠다. 이 시의 전반부에서 그는 권중장과의 가슴 아픈 이별을 '불성강不成腔'이라는 짧은 세 글자 속에 담고 있다. 이별의 서러움 때문에 한 곡조의 노래도 다 부를 수 없어 그저 마냥 긴 채찍을 휘두르며 북으로 가는 깃발을 전송할 뿐이라는 것이다. 이렇게 떠난 북막은 하늘조차 상심하는 곳으로 풍속이 완연히 다르다고 말했다. 궁마弓馬를 편히 여기는 풍속은 거칠고 사납기 때문에 견디기 더욱 어려울 것이라는 그의 우려를 담고 있다.

이곳에서 권중장은 틈이 날 때마다 고향을 그리워 할 것이라고 했다. 부모님이 그리워 산에 올라보고, 기러기 소리에 놀라 고향 소식을 기다려 볼 것이다. 그러나 그런 행동은 오히려 더 큰 상심을 불러 올 것이라고 했다. 부모님이 그리워 고향을 바라보려고 오른 산에서 고향은 볼 수 없고, 오히려 꽉 막힌 산이 가로막고 있어 그의 애간장은 더욱 끊어질 것이고, 기러기 소리를 듣고 고향의 소식을 기다려 보지만 너무나 먼 길이어서 소식조차 접하지 못하고 눈물만 흘리게 될 것이라 생각한 것이다. 이런 절역絶域에서 시름을 삭히는 가장 좋은 방법은 술에 취해 시름을 잊어버리는 것이라고 생각한 매산은 권중장의 머리맡에는 언제나 한 동이 가득 찬 술 단지가 있을 것이라고 했다.

이 시에서도 매산은 북막이라는 절역으로 떠나는 이에게 송별의 시를 써 주면서 선정에 대한 당부나 권계勸誡의 말을 하지 않았다. 그것보다는 오히려 그가 임지에서 느낄 서러움과 고독감에 주목하면서 자신의 안타까움을 드러내고 있다.

송별의 순간 자신이 느끼는 이별의 안타까움에 주목하는 매산 송시의 특징은 변새의 임지로 부임해가는 이를 전송하는 시에서뿐만 아니라 사행使行을 떠나는 이를 전송하는 시에서도 드러난다.

此別萬餘里	이 이별 만여 리나 먼 곳이니
此懷千百端	이 회포 천백 갈래 나누어지네.
今宵聯客枕	오늘 저녁 그대와 베개 나란히 해도
明日隔雲巒	내일이면 구름 낀 산 저 너머에 있겠지.
遼塞秋風早	저 먼 변방 가을 바람 이를 테고
沙河曉月寒	강 모래밭 새벽달은 차가울 테지.
路途煩頌祝	길가의 시끄러운 송축 소리는
上下罄心懽	위아래 사람 모두 다 마음으로 기뻐하는 거겠지.[29]

이 시는 매산이 그보다 한 해 먼저 동지사冬至使로 연경에 간 심재沈梓를 전송하며 쓴 시이다.『조선왕조실록朝鮮王朝實錄』에는 이 시의 제목과 달리 심재의 직책을 서장관書狀官이 아니라 부사副使라고 했다. 심재에 대해 자세히 확인할 수는 없지만 매산보다 한 해 먼저 태어나 숙종

---

29) 李夏鎭,〈碧蹄館送別沈書狀梓燕京之行〉,「漫錄」,『六寓堂遺稿』卷 2.

19년(1693)까지 살다 간 사람으로, 본관은 청송靑松 자는 문숙文叔 호는 양졸재養拙齋라고 하는 인물이 아닐까 생각된다.

이 시에서 드러나는 매산의 정서도 이별에 대한 안타까움뿐이다. 만여 리 먼 연행燕行을 떠나는 벗을 곁에 두고 마지막 밤을 보내니 그의 마음속에 일어나는 생각들이 벗이 가는 길만큼이나 길고 다양하다. 오늘 저녁은 그대와 베개를 나란히 하고 누워 아쉬움을 달래보겠지만 내일이면 저 멀리 구름 낀 산 너머로 가버릴 사람이다.

심재가 가야 할 먼 길을 생각하고 매산은 그의 여정을 떠올렸다. 북쪽으로 가는 길이니 찬 기운이 여기보다 빨리 이를 것이라고 생각한다. 이른 가을 바람에 쉬 추위를 느낄 것이고, 그만큼 강가에 내리비치는 새벽달도 찬 기운을 머금고 있으리라 생각한 것이다. 이런 여정을 떠나는 심재에게 주위의 백성들이 모두 나와 시끄럽게 송축할 것이다. 연행 가서 맡은 임무를 잘 수행하고 무사히 돌아오라는 이들의 송축은 위아래사람 할 것 없이 모두가 마음속에서 우러나는 진정을 표하는 것이라고 했다.

대상에 의해 촉발된 내면 정서의 진실한 표현이 바로 시라고 생각했던 매산에게 일상의 틀을 넘어서는 벗과의 이별이나 벗의 죽음은 자연스럽게 그를 시 속으로 몰아넣었다. 그렇기 때문에 매산에게 만시와 송시는 관념적이고 상투적인 것이 아니라 자신의 내면에 응축된 감정을 해소하는 방법의 하나였다. 매산의 만시는 죽음을 맞이한 대상이나 죽은 이로 인해 슬픔을 느끼는 주변의 모습을 시 속에 직접적으로 표현하여 죽음에 대한 비탄의 정서를 표출하고 있다. 따라서 매산의 만시는 고사와 전고를 통한 관습적 표현보다 죽은 이와 그 주변의 슬픔을 시 속에 직접 드러내어 서러움의 강도를 강화한다.

이런 특성은 매산의 송시에도 그대로 드러난다. 매산은 임지로 떠나는 이들에게 전별의 시를 쓰며 떠나는 사람과 남는 사람이 느끼는 안타까움을 시 속에 형상화했다. 이것은 매산의 송시가 다른 어떤 것보다 이별이라는 상황 아래에서 느끼는 그 자신의 솔직한 감정에 주목했다는 것을 보여주는 것이다.

매산의 만시와 송시가 가지는 이런 특성은 그의 시적 재능과 시 의식을 그대로 보여주는 것이다. 일상적이고 관습적인 형식인 만시와 송시 속에서도 그 자신이 느끼는 안타까운 정서를 자연스럽게 드러낼 수 있었다는 것은 그만큼 그에게 시가 익숙하고 친근한 것이었음을 말해준다. 또 자연스럽게 드러난 안타까운 정서가 상투적이고 보편적인 고사와 전고를 의거하지 않았다는 것은 시의 창작을 위한 그의 착상과 표현 방법이 일반적인 틀을 넘어서고 있음을 보여주는 것이다.

이와 함께 그의 만시와 송시 속에서 볼 수 있는 비탄과 안타까움이라는 실질적이고 절실한 감정은 시를 대하는 그의 의식을 보여주는 것이다. 시의 가치를 형식보다 내용에 두었던 매산은 송별이나 사별의 순간 그가 느끼는 서러움과 안타까움을 시 속에서 과장하거나 감추지 않는 것이 옳다고 여긴 것이다. 그것은 대상에 대한 그의 애정이 그가 대상과 맞이하는 이별을 필연적인 자연의 섭리 중 하나로 담담하게 받아들일 수 없게 하였기 때문이다. 이 때문에 매산은 만시와 송시 속에서 이별의 순간 자신이 느낀 서러움을 곡진하게 표현하는 것이다.

(3) 금강산金剛山 기행紀行과 연행燕行의 시詩

생활 속에서의 수양과 실천을 추구했던 매산은 다양한 기행과 유람의 경험을 가지고 있다. 조선조 사대부들의 기행과 유람은 산수 자연 속에서 자신의 호연지기浩然之氣를 기르고 기개를 키워 세상에 나가고자 하는 유가적儒家的 수양관의 하나로, 공자가 "동산에 올라보니 노나라가 작아 보이고 태산에 올라보니 천하가 작아 보인다."30)라고 한 이래 유가儒家의 보편적 수양관으로 자리를 잡았다. 특히 매산의 생존 시기인 17세기를 중심으로 한 조선중기에 접어들면서 당대의 문장가들은 유상遊賞과 기행紀行의 과정에서 접하는 새롭고 아름다운 경관을 통해 자신의 미감美感을 만족시키고 이를 창작의 원천으로 삼아 그가 가진 심미적 감수성을 펼쳐보였고, 학자들은 험난한 산을 등정하고 먼 여정의 유람을 통해 본원本源의 진리眞理를 탐구하는 자신의 내면을 수양하였다.

조선중기로 접어들면서 유상과 유람, 기행을 배경으로 다양한 형식의 문학 작품들이 창작된 것은 조선조에 접어들면서 활발하게 진행되었던 인문지리지 편찬 작업의 결과와 밀접한 관계를 가진 것으로 생각된다. 세종 연간의 『팔도지리지八道地理志』와 성종 연간의 『동국여지승람東國輿地勝覽』, 중종 연간의 『속동국여지승람續東國輿地勝覽』은 그 당대와 이후 문인·학자들의 기행과 유상 활동에 상당한 영향을 주었으리라 짐작할 수 있다. 매산梅山도 금강산 유람을 위해 『여지지輿地志』를 준비해 갔던 것으로 보인다.31)

이와 함께 이전부터 사대부·관료들을 중심으로 전해오던 유상과 기행의 수양 태도가 주자朱子의 『남악창수집南岳唱酬集』이 전래된 이후 당대 사대부士大夫들의 전형적인 수양방법으로 확립되었다는 것을 또

---

30) 「盡心」上, 『孟子』, "孟子曰: 孔子登東山而小魯, 登太山而小天下."
31) 李夏鎭, 「金剛途路記」, 『六寓堂遺稿』卷 3, "其所見者, 則當面一山崚嶒際, 天或如釰, 或如戟, 一奔一顧, 不能名狀, 輿地志所云."

다른 이유로 들 수 있다. 주자가 그의 절친한 벗 남헌南軒 장식張栻과 함께 남악南岳과 형산衡山을 등정하면서 지은 시를 모은 『남악창수집』의 전래는 주자 중심의 성리학이 조선의 사상계를 관류하면서, 당대 학자들에게 심성수양의 방법에서 유상과 기행을 빼 놓을 수 없는 것으로 인식하게 만들었다고 생각된다.32)

매산의 유상과 기행 활동도 이러한 당대의 시대적 흐름과 그 축을 같이한다. 하지만 매산의 유상과 기행은 그의 내면을 수양하는 활동의 일환이기는 했으나, 도道의 묘체妙體를 찾아가기 위해 성리학자들이 추구했던 수양을 위한 유상이나 기행과는 다른 면모를 보인다. 그것보다 매산의 유상과 기행은 부족한 지식을 확충하고 자신의 내면에 잠재되어 있는 흥취를 끌어내는 계기로 작용했다. 기행과 유상에 대한 매산의 의식은 다음 글에서 잘 나타난다.

> 인생은 뜻에 맞는 것을 귀하게 여긴다. 예전에 임포는 작은 배에 뜻을 두었고, 사령운은 밀랍 칠한 나막신에 뜻을 두었다. 이 두 사람은 세상을 뛰어넘는 숨겨진 자질을 갖추었고, 이때는 자신의 뜻을 이룰 만한 때였지만 오히려 이런 낙에 빠졌는데, 하물며 이 뒷세대 수백 년 뒤에 온갖 세상에 얽혀 도를 행할 수 없는 때이겠는가? 우리 두세 대부가 힘쓰는 것은 기이하고 아름다운 곳을 이리저리 쏘다녀서 뒷사람들의 비웃음을 조금 풀어보는 것뿐이다.33)

---

32) 이혜순 외, 『조선중기의 유산기 문학』(집문당, 1997.3), 14-27쪽, 114-128쪽.
33) 李夏鎭, 「送李正字文若重遊金剛詩序」, 『六寓堂遺稿』 卷 4, "人生貴適意耳, 昔通仙適于小舟, 謝公適于蠟屐, 之二人者, 俱以拔俗韞櫝之資, 時則可爲, 而猶然耽此樂, 矧從叔數百年之後, 逢此百罹而道不可行. 唯我二三大夫所可勉者, 靈區放浪, 差解後人之嘲而已."

이 글에서 매산은 자신의 유상이 가지는 의미를 적의適意에 두고 있다. 매산의 이런 태도는 그의 시 의식과 궤를 같이한다. 매산에게 유상의 대상이 되는 자연은 자신의 내면을 의탁하고 그 속에서 흥興과 여유를 찾을 수 있는 현실적 공간이었다. 유상의 대상을 심오한 철학적 근원이나 이치理致의 원천이 아니라 흥의 대상으로 생각했기 때문에 매산은 그가 겪은 유상의 경험과 흥취를 그의 시문詩文 속에 옮겨 놓을 수 있었다. 유상과 기행을 통해 일상을 벗어나 접하는 새로운 세계와 그에 대한 설레임, 그리고 그 속에서 느끼는 매산의 흥취는 그의 유상·기행 문학 작품에서 접할 수 있는 대표적인 모습이다.

매산의 문집에는 유상과 기행의 경험과 흥을 담은 작품이 많이 있지만[34] 그의 일생에 큰 영향을 미친 것은 37세 때의 금강산金剛山 유람遊覽과 51세 때의 연행燕行이었다. 금강산 유람은 「금강도로기金剛途路記」 속에 문文과 함께 61수의 시로, 연행은 「북정록北征錄」 속에 660여 수의 시로 각각 전 과정이 기술되어 있다. 특히 『육우당유고』 권 3의 절반 정도를 차지하고 있는 「금강도로기」는 그의 대표적인 유상·기행 문학 작품집이다. 이 글은 매산이 현종 5년 8월 초9일 종형從兄 이정악李挺岳, 전적典籍 이익상李翊相과 함께 금강산으로 떠나면서부터 24일까지의 여정을 시와 문으로 기록하고 있는 기행 시문집인데, 금강산을 유람한 일정에 따라 그가 접한 풍광과 느낀 흥취를 시문으로 기록하고 있다.

매산은 금강산 유람을 떠나면서부터 설레는 자신의 마음을 시로 읊

---

34) 「南征錄」에 실려 있는 30題 36首는 梅山이 충청남도 일대를 유람하며 쓴 시이고, 「西征錄」에 실려 있는 11題 11首는 개성 주변을 유람하며 쓴 시들을 모은 것이다. 「北征錄」에는 연행기간에 쓴 시 563題 663首가 실려 있고, 「金剛途路記」에는 금강산을 유람하며 쓴 시 60題 63首가 실려 있다. 梅山의 문집에 실려 있는 시 중 유람이나 기행 도중 창작한 시는 모두 770여 수가 된다.

기 시작했다. 기대와 흥분 속에서 여정을 시작한 매산은 길을 가면서 새로운 것을 만날 때마다 마주한 경물과 자신의 심경을 시로 읊어 기록했다.

幽人倦興發	隱士에게 신선의 흥이 일어
遂作仙山遊	마침내 신선산을 유람하네.
從我二兄在	나를 따라 두 형님 계시기에
風流隨處優	풍류가 가는 곳마다 넘쳐나네.35)

金剛臺下問眞源	금강대 아래에서 참된 근원 물어보니
鬼護神慳石作門	귀신이 보호하여 바위로 문 만들었네.
照眼幽花逢我笑	눈을 두자 그윽한 꽃 나를 맞아 웃고
噴山晴瀑向人喧	산이 뿜는 맑은 폭포 나를 향해 떠드네.
靑獅嚼舌猶靈迹	푸른 사자 입 속의 혀 신령한 자취 같고
玄鶴無巢只舊痕	현학은 둥지에 없어 옛 흔적만 남아 있네.
會借金剛一臂力	금강역사 팔뚝의 힘 한 번 빌려다가
移來別界近鄕園	별세계를 내 집 근처 옮겨두고 싶네.36)

曲曲飛泉岸岸楓	굽이굽이 날 듯한 샘 벼랑마다 단풍이니
摩訶西畔正陽東	마하연은 서쪽 가에 정양사는 동에 있네.
居僧欲問吾行色	거기 사는 스님에게 내 행색 물어보니

---

35) 李夏鎭, 〈無題〉, 「金剛途路記」, 「六寓堂遺稿」 卷 3.
36) 李夏鎭, 〈過金剛窟寫興〉, 「金剛途路記」, 「六寓堂遺稿」 卷 3.

四箇仙人一笛風　네 사람의 신선에다 피리꾼이 하나라네.[37]

亂山無數夕陰收　수없이 많은 산들 저녁 어둠이 거두니
返鳥歸雲似有求　되오는 새와 구름 찾는 것이 있는 듯하네.
後壓層崖樓欲倒　뒤 누르는 층층 벼랑에 누각은 쓰러질 듯하고
外隣滄海地如浮　밖으로 이은 푸른 바다에 땅은 떠 있는 듯하네.
嫣紅萬樹酣丹壑　곱게 붉은 만 그루 나무 붉은 골짜기에 무성하고
寒玉千叢稱素秋　시린 옥 같은 천 떨기 산 가을에 걸맞구나.
未放巨鼇敎戴去　이고 가라 시킨 자라 아직 풀지 않았는지
蓬萊物色短筇頭　봉래산 온갖 경치 짧은 지팡이 끝에 있네.[38]

이 시들은 모두 매산이 금강산을 유람하면서 느낀 자신의 흥을 읊고 있는 것이다. 첫 번째 시는 매산이 금강산 유람을 떠나면서 느낀 자신의 흥을 읊고 있다. 현종 5년(1664) 8월 9일 두 사람의 사촌형과 금강산 유람을 떠나게 된 매산은 마냥 흥겨운 자신의 마음을 '선흥僊興'이라는 두 글자 속에 담아내고 있다.

다음 두 편의 시는 16일 만폭동萬瀑洞, 관음담觀音潭, 금강대金剛臺, 청룡담靑龍潭, 흑룡담黑龍潭, 관음각觀音閣, 귀담龜潭, 선담船潭, 중향성衆香城, 마하연摩訶衍, 만회암萬灰庵을 거친 뒤 마하연에서 하루를 묵으며 느낀 자신의 흥을 읊고 있는 시이다.

두 번째 시는 금강대를 지나면서 바라본 경치를 묘사하며 자신의

---

37) 李夏鎭, 〈漫興〉, 「金剛途路記」, 『六寓堂遺稿』 卷 3.
38) 李夏鎭, 〈長安寺次韻〉, 「金剛途路記」, 『六寓堂遺稿』 卷 3.

흥을 표출한 것이다. 향로봉香爐峰의 금강대를 지나면서 그 아래에 펼쳐져 있는 계곡을 보니 귀신이 비호하는 듯하고, 주변의 꽃과 폭포는 이 속에서 유람을 즐기는 자신을 향해 미소 짓고 떠든다는 표현에서 이곳을 유람하는 매산의 흥을 짐작할 수 있다. 지나쳐오면서 보았던 사자암의 모습에는 신령한 자취가 그대로 남아 있고, 금강대 아래 깊숙한 골짜기에 있었다는 붉은 댕기에 검은 꼬리를 가진 현상단정학玄裳丹頂鶴의 빈 둥지는 그에게 아쉬움을 전해준다. 이런 세외의 승경을 차마 떠나지 못하겠기에 그는 금강역사金剛力士의 힘을 빌려 이곳을 자신의 집 근처에 옮겨, 두고두고 즐기고 싶다고 했다.

세 번째 시도 16일 저녁 자신이 느낀 흥을 묘사하고 있는 시이다. 눈을 두는 곳마다 날 듯이 굽이쳐 흐르는 샘이고, 벼랑마다 단풍에 물들어 있다. 서쪽으로 마하연을 동쪽으로 정양사正陽寺를 두고 있는 이곳은 그야말로 세외의 승경이었다. 그래서 매산은 그곳에 사는 스님에게 자신의 모습을 물어보고 싶어졌다. 이런 승경 속을 유람하는 자신이 바로 신선이 아니겠는가 생각한 것이다. 마지막 구절에서 '사개선인四箇仙人'이라 한 것은 16일 매산의 종질堂姪 이자명李子明이 고성高城에서 찾아와 그와 함께 유람했기 때문이다.

마지막 시는 장안사長安寺 주변의 풍경 묘사를 중심으로 구성되어 있다. 산 사이로 내리는 저녁과 저녁 하늘에 깔려 있는 구름, 그 사이를 나는 새의 모습, 그리고 장안사 뒤로 솟구친 벼랑과 멀리 보이는 바다의 모습. 붉게 물든 골짜기·나무와 흰 서리 깔린 산봉우리의 모습, 이 모든 것은 매산의 눈에 비친 있는 그대로의 모습이었다. 이 모습을 매산은 시 속에 그대로 옮겨놓으면서 한 폭의 그림을 만들어낸다. 그런데 이렇게 주변의 풍경을 시 속에 시각화 하면서 매산이 주의를 기울인 것은 색채의 대비에 의한 시적 형상화라고 보인다. 이런 색채의 대비에 의한 시적 형상화는 셋째 구절에서 붉게 물든 골짜기와 흰 산봉우리와의 대조에서 분명하게 확인할 수 있다.

매산은 유람의 도중 느낀 자신의 흥만을 시 속에 기술한 것이 아니었다. 그는 8월 초 9일 유람을 시작하면서부터 마칠 때까지 전 과정을 날짜에 따라 일기처럼 시로 기록해 두었다.

朝辭三角午松山	아침에 삼각산 떠나 낮에 송산에 오니
抱邑巖蹊邐迤坂	포천읍 바위 길은 구불구불 비탈이네.
客子風流詩句裡	나그네 풍류는 시구 속에 들어있고
蓬萊雲物杳茫間	봉래산 구름 낀 풍경 아득한 속에 있네.
遲追太史千年躅	사마천의 천년 자취 저 멀리서 뒤따르려고
剩得浮生一月閑	무상한 생애에서 한 달의 여유 얻었다네.
明發先須尋鷺渚	내일은 맨 먼저 白鷺洲를 찾아가
紅塵免被俗人訕	속세에서 시속 사람 헐뜯음을 피해보리.[39]
滄海漫天一逕斜	푸른 바다 넓은 하늘 한 길로 비꼈는데
馬蹄終日響鳴沙	말발굽만 하루 종일 모래 길을 달려가네.
濕雲釀雨籠山影	눅눅한 구름 비를 빚어 산을 감싸고
病葉舍風競浪花	병든 잎은 바람 맞아 꽃과 교태 다투네.
豊餉已知眞宰力	넉넉한 음식 참으로 군수의 힘인 걸 잘 아니
短吟輸輿錦囊誇	짧은 시나 지어다가 시 주머니를 채워줘야지.

---

39) 李夏鎭, 〈無題〉, 「金剛途路記」, 『六寓堂遺稿』 卷 3.

| 關東踏遍猶餘興 | 관동 명승 다 돌았어도 흥 아직 남았으니 |
| 擬上張騫八月槎 | 장건처럼 8월에 은하수까지 올라가 볼까나.⁴⁰⁾ |

日上扶桑萬象淸	동녘에서 해 솟으니 만물이 깨끗하고
西山落月耿微明	서산으로 달이 지니 여명이 밝아지네.
僕夫篝火催人起	종놈은 횃불 들고 일어나길 재촉하고
征馬從金望路鳴	떠날 말은 방울 따라 길을 보며 울고 있네.
蓬島回頭猶似夢	봉도를 되돌아보니 흡사 꿈만 같고
終南在眼儘多情	종남산 눈에 드니 모두가 다정하네.
向來逸氣收難得	지나간 호탕한 기운 다시 얻기 어려우니
自詠新詩金石聲	새 시 지어 읊으면서 악기 소리에 맞추네.⁴¹⁾

이 시들은 모두 금강산 유람의 여정을 담고 있는 것이다. 여정만 묘사한 것이 아니라 그 속에서 느낀 자신의 흥도 함께 담고 있기 때문에 명확히 구분하기는 어려우나, 지나오면서 접했던 경물을 읊으면서 자신의 흥을 드러내는 것이 아니라 앞으로 접하게 될 경물에 대한 자신의 기대를 흥 속에 담고 있어 지나쳐온 경물에서 느낀 흥을 담고 있는 앞의 시와는 조금 다른 모습을 보여준다.

첫 번째 시는 매산이 서울을 떠나 포천에 도착하여 쓴 시이다. 매산은 자신의 유람이 가지는 의미와 그가 느끼는 흥을 이 시의 함련頷聯과 경련頸聯 속에서 밝히고 있다. 특히 경련에서 태사공 사마천의 자취를

---

40) 李夏鎭, 〈自國島還宿安邊府路上有作〉, 「金剛途路記」, 『六寓堂遺稿』 卷 3.
41) 李夏鎭, 〈豊田曉發〉, 「金剛途路記」, 『六寓堂遺稿』 卷 3.

따른다고 한 것과 뜬 인생이라고 한 표현 속에서 매산의 금강산 유람이 가지는 의미를 잘 알 수 있다.

　두 번째 시는 안변부安邊府 군산君山의 북쪽에 있는 국도國島를 찾아본 뒤 쓴 시이다. 이곳을 찾은 것은 학포鶴浦의 승경勝景이 관동과 비교해 손색이 없다는 이야기를 듣고 학포를 찾았다가 내친걸음에 국도까지 이르게 된 것이다. 하늘과 맞닿은 푸른 바다를 보며 하루 종일 모래밭길을 가지만 그는 지루함이나 답답함을 느끼지 않았다. 가느다랗게 내리는 비 속에서 산의 풍광을 자세히 살필 수는 없었지만 곱게 물든 단풍잎이 그를 반갑게 맞이하기 때문이다. 이 속에서 매산은 그의 여정을 물심양면으로 도와준 통천군수 김정하金鼎夏에게 고마움을 느꼈다. 그래서 그에게 보잘것없는 솜씨지만 시를 지어주려고 마음먹었다. 그런데 국도를 돌아본 것을 끝으로 관동의 유람을 다했지만 매산에게는 아직도 흥이 남아 있었다. 그는 이 흥을 이어서 장건張騫이 팔월 어느 날 뗏목을 타고 은하수를 건너가 견우와 직녀를 만나고 왔다는 그 일을 해보고 싶어졌다.

　마지막 시는 매산이 유람을 모두 마치고 철령鐵嶺을 넘어 한양으로 돌아오면서 쓴 시이다. 풍전豐田은 강원도 북부의 회양부淮陽府에 있는 곳이다. 이곳에서 한양을 향하며 매산은 이번 유람을 정리하는 시를 썼다. 이른 새벽 갈 길이 멀다고 재촉하는 종과 말의 울음소리에 잠을 깬 매산은 지나온 여정을 하나하나 손꼽아보았다. 신선세계와 같던 관동의 유람은 그에게 다시 올 수 없는 새로운 경험이었다. 다시 하기 어려운 이 경험은 그를 긴 흥 속에 잠기게 하여 매산은 다시 시를 지어 그 흥을 스스로 읊어본 것이다.

　매산이 그의 유람 경험을 기록한 「금강도로기」에는 유람 도중 느낀 그의 흥이나 그가 겪은 여정의 기록과 함께 그가 접한 경물들을 시 속에 그대로 옮겨놓으면서 이에 대해 평가한 시들도 보인다.

有石名禾積	화적이라 부르는 바위 있으니
神龍兩角排	신령한 용 두 뿔을 세우고 있네.
灘聲秋轉瀍	여울물 소리 가을 들어 급해지고
雲氣晝常霾	구름 기운 낮에도 늘 컴컴하네.
鎭水靈堪驗	물 달래는 신령함 몹시 영험해
祈霖願必諧	비를 빌면 그 소원 꼭 들어주네.
邦家載祀典	나라에서도 祀典에 싣고 있으니
靑壁護回涯	푸른 석벽 물가를 감싸 지키네.[42]

靑獅當面若將吞	푸른 사자 얼굴 보니 삼킬 듯하여
却立無言已喪魂	그저 서 있다 말을 잃어 넋이 나가네.
灘急雷霆看鬪怒	여울물 급해 우레 치니 노해 싸우듯하고
風駏山嶽爲掀飜	바람 불어 산악은 뒤집어질 듯하네.
除非宗慤鏖林邑	宗慤이 아니라면 임읍을 칠 수 있나
恐是如來降獨園	부처 홀로 이 동산에 내려온 것인가.
覓得僧來試借問	시험삼아 스님 찾아 물어보아도
居然深處怪巖蹲	태연히 깊숙한 곳 괴이한 바위만 웅크리고 있네.[43]

---

42) 李夏鎭, 〈無題〉, 「金剛途路記」, 『六寓堂遺稿』 卷 3.
43) 李夏鎭, 〈獅子巖〉, 「金剛途路記」, 『六寓堂遺稿』 卷 3.

初日露前峰	첫 해가 앞산 위에 모습 보이니
孤帆映極浦	외론 배 먼 포구에 어리비치네.
開窓延白光	창 열면 밝은 빛이 비쳐 드는데
半壁丹靑古	반벽의 단청 빛은 예스럽구나.[44]

  유람의 대상을 현실의 공간이자 흥의 원천으로 생각했던 매산은 유람 도중 자신의 눈에 들어오는 신비로운 경물에 대해서도 초자연적이고 초월적인 신성성神聖性으로 설명하기보다는 인간으로 느끼는 기이함과 신비로움으로 설명하고 있다. 그렇기 때문에 매산은 금강산이라는 불교적 설화를 가장 많이 보유한 공간에 대해서도 불교에 바탕을 둔 초월적 해명을 부정한다.

  매산이 유람 도중 자신의 눈에 든 경물을 묘사한 시는 그의 눈에 들어온 경물의 외형 묘사를 시작으로 하여 그 경물에서 느낀 자신의 경이로움을 드러내고 있어, 그가 일상의 경물을 대상으로 쓴 시와 동일한 표현방법을 사용하고 있음을 알 수 있다.

  첫 번째 시는 매산이 화적연禾積淵에 가본 뒤 그 모습을 보고 쓴 시이다. 금강산을 가는 길에 포천의 백로주白鷺洲에 있는 화적연에 들러 그곳의 승경勝景을 보고 매산은 많은 안타까움을 느꼈다. 용과 같은 기이한 모습을 하고 있는 화적과 화적연은 국전國典에도 가뭄에 비를 비는 곳이라 되어 있을 정도로 이름난 곳이었다. 그런데도 이곳의 이름을 화적禾積이라 한 것은 이곳에 사는 사람들이 일상적으로 보아 그 기이함을 알지 못하여 그렇게 부른 것이 아니겠느냐고 매산은 탄식했다. 또 수많은

---

44) 李夏鎭,〈無題〉,「金剛途路記」,「六寓堂遺稿」卷 3.

시인 묵객들이 이곳을 들러 왔지만 이름을 고치지 않은 것은 어째서인가 하고 되물어 보았다.[45]

이 시에서 매산은 화적과 화적연의 기이한 모습을 두련頭聯과 함련頷聯 속에 드러내었다. 두 개의 뿔을 곧추세우고 있는 듯한 화적의 모습과 화적연의 경관을 읊어 이곳이 빼어난 곳임을 증명한 뒤 이 화적연이 가지고 있는 영험함에 대해서 밝혔다. 물을 달래는 영험함이 워낙 뛰어난 곳이어서 이곳에서 비를 빌면 반드시 비를 내려준다고 했다. 그래서 나라의 제사를 기록해둔 사전祀典에서도 이곳을 영험한 곳으로 여겨 기록해두고 있고, 화적연의 물길을 따라 푸른 석벽이 둘러서서 보호하고 있다는 것이다.

두 번째 시는 매산이 사자암獅子嚴을 찾아보고 난 뒤 쓴 시이다. 백심百尋이나 되는 높이와 천척千尺의 넓이를 가진 이 사자암의 모습은 보는 이들에게 경외감을 주는 것이었다. 그런데 사자암의 맞은편 층진 석벽 사이에 사자의 입과 같은 크기의 구멍이 있고, 사자의 입 속에 작은 흰 돌이 있어 반대편 석벽의 색깔과 같았다. 이런 모습에 대해 매산의 일행을 안내하던 스님이 "대보살님께서 그 신통한 힘으로 장난쳐서 이 기둥을 뽑아다가 저쪽으로 옮겼는데, 벼랑 끝의 돌로 된 매에게 물어다 옮기게 하였습니다."고 하자 매산은 곧 이어 그 허탄함이 이와 같이 심하다고 부정했다.[46]

매산의 이런 태도는 그가 유람의 대상을 현실적 공간으로 의식하고

---

45) 李夏鎭, 「金剛途路記」, 『六寓堂遺稿』 卷 3, "蓋國典所載祈雨所也, 人皆異其龍也, 而氓俗謂之禾積, 豈以俚人所習熟見之者, 爲喩耶, 騷人韻士, 經是者幾許, 而恬然不改其號, 抑何歟. 余爲之一歎焉."
46) 李夏鎭, 「金剛途路記」, 『六寓堂遺稿』 卷 3, "僧傳, 大菩薩弄其神通, 拔此柱彼, 而岸傍石鷹, 實擾以送云, 其言誕甚."

있었음을 보여준다. 그렇기 때문에 매산은 유람의 공간에 대한 불교적 해명을 부정하고 인간으로 느끼는 신비감과 경이로움으로 그 공간을 바라보려고 하는 것이다.

이 시도 앞의 시와 같은 표현방법을 사용하고 있다. 이 시의 앞 두 연은 매산이 바라본 사자암의 모습과 사자암을 둘러싼 주변의 경치를 묘사하고 있다. 당장이라도 사람을 물 듯 입을 벌리고 있는 사자의 모습과 주변에서 울리는 물소리, 세차게 불어오는 바람은 사자암의 모습을 더욱 신비롭게 만들어준다. 이어 다음 두 구에서는 사자암을 바라보는 그의 심사를 읊고 있다. 장풍長風을 타고 만 리의 물결을 헤치며 진무장군振武將軍이 되어 임읍林邑을 격파하고자 했던 종각宗慤이 그 뜻을 이룬 것처럼 부처가 홀로 이 산중에 내려왔다는 것인지 궁금하게 느껴진 것이다. 그는 스님을 찾아가 그 뜻을 물어보지만 아무런 설명도 들을 수 없었다. 그래서 그는 그저 산 깊숙한 곳에 웅크리고 있는 괴이한 바위가 부처의 뜻을 말해주고 있는 듯하다고 여겼다.

세 번째 시는 고성군高城郡에 있는 해산정海山亭에서 하루를 묵은 뒤 그곳의 풍경을 바라보며 읊은 시이다. 이 시는 그곳에서 바라본 경물에 대한 매산의 심사를 배제하고 그가 바라본 경물만을 묘사하고 있어 앞의 두 시와는 표현방법에서 조금 다른 모습을 보여준다. 이 시의 첫 두 구에서 매산은 해산정 한 쪽으로 우뚝 솟아 있는 산과 앞으로 탁 트인 바다의 모습을 읊어 해산정의 주변 풍광을 서술했다. 다음 두 구에서는 밝은 햇살이 내리비치는 고색창연한 해산정의 모습을 읊고 있다. 고성군 성 위로 우뚝 솟아 오른쪽으로 금강산과, 왼쪽으로 동해와 접하고 있는 해산정의 모습을 매산은 눈에 들어오는 그대로 묘사한 것이다.

이렇게 매산의 금강산 유람은 자신의 내면을 수양하고 견문을 넓히는 과정이었으며 숨겨진 국토 산하의 아름다움을 찾아내고 확인하는 계기로 작용했다. 그래서 매산은 그의 눈에 접하는 모든 대상을 시작詩作의 소재로 활용하였고, 그 대상의 모습을 그가 보고 느낀 그대로 시 속에 묘사하여 자신의 감흥을 표현하였다.

유상과 기행에 관한 매산의 태도는 연행燕行에서도 그대로 드러난다. 연행을 불과 몇 주 앞두고 쓴 것으로 보이는 매산의 간찰簡札을 살펴보면 그는 자신의 연행에 벅찬 기대를 갖고 있어서 스스로 절제하기 어려운 감회를 느꼈다고 생각된다.47) 매산이 연행에 이렇게 큰 기대를 가지고 있었던 것은 그의 집안이 가지고 있었던 사행使行 내력과 일정한 연관이 있다고 보인다. 그에게 이를 때까지 다섯 세대世代를 연이은 가문의 사행 경력 때문에 그는 다른 누구보다 풍부한 사행의 기본 지식을 가지고 있었다고 생각된다. 또 미지의 세계, 새로운 공간에 대한 기대는 그의 박학博學 욕구를 자극하기에 충분했으리라 짐작할 수 있다.

이렇게 큰 기대를 가지고 시작한 연행이었기 때문인지 『육우당유고』에는 매산이 연행기간 동안 지은 시가 「북정록北征錄」 상上·중中·하下 세 편 속에 모두 660여 수나 실려 있다. 이 시들은 그가 연행을 출발할 때에서부터 시작하여 연경燕京에서의 체류 기간과 귀국하는 여정까지 연행의 전 과정을 통해 보고 느낀 것을 읊고 있는 것이다. 이것을 보면 불과 6개월 남짓했던 연행 경험이 매산에게 강렬한 인상을 남겼음을 알 수 있다.

연행기간 동안 매산이 창작한 시는 대체로 세 부류로 나누어볼 수

---

47) 「梅山 簡札」, 星湖紀念館 所藏, "伏承下書, 憑審臘寒, 政履益宜, 伏慰之至, 弟蕭行太追, 只隔數旬, 遠望長途, 情懷已難裁之, 奈何奈何, ……."

있다. 첫 번째는 연행을 떠나는 매산의 기대와 흥분, 그리고 연행기간 느낀 객수客愁와 그리움의 내면 정서가 표출되어 있는 시이다. 두 번째는 연행의 여정과 일정 등 연행의 과정을 담고 있는 시이다. 마지막은 연행기간 그가 접한 이향異鄕의 풍경風景을 읊은 시이다. 그런데 이 가운데 두 번째 시와 세 번째 시는 실질적인 구분이 상당히 모호하다. 그것은 매산이 연행의 전 과정을 시로 묘사하고 있지만, 그 시에서 묘사의 대상이 된 것은 그에게 특이한 심사를 불러오는 풍경이나 상황·인물들이었기 때문이다. 따라서 이 장에서는 매산이 연행기간 창작한 시를 크게 둘로 나누어 살펴보도록 한다.

  연행을 시작하면서 매산은 연행에 대한 흥분과 벅찬 기대를 가졌다. 그러나 연행의 기간이 길어지고 주변의 상황이 힘들어지면서 매산은 나그네로 이국異國을 떠도는 자신에 대한 시름을 느끼게 된다. 이 시름은 고국과 고향에 대한 그리움으로 다가와 연행을 마칠 때까지 그를 떠나지 않았다.

淸曉坡平發	맑은 새벽 파평을 떠나노라니
逶迤馬耳東	꾸불꾸불 말 귓가로 봄바람 부네.
林暄花有信	숲 따뜻해 꽃은 곧 소식 있겠고
沙遠水如空	모래 멀어 물은 없는 듯 보이네.
短詠從工拙	짧은 노래는 솜씨 따라 이루어지고
長途仗信忠	먼 여정은 충과 신을 의지하누나.
功成報明主	공을 이뤄 밝은 임금께 보답하려니
朱夏序將窮	한여름 절기도 다하겠지.[48]

이 시는 매산이 연행을 떠나면서 자신의 포부와 흥을 드러내고 있는 시이다. 매산은 연행의 명命을 받고 이른 새벽 파주를 떠나게 되었다. 이른 새벽 떠나는 길이지만 그는 어려움보다 새벽 공기의 청량함과 말 귓가로 불어드는 봄바람에서 훈훈함을 느꼈다. 숲 속의 꽃들도 곧 꽃망울을 터뜨리려는 듯하고, 저 멀리 보이는 강은 투명해 없는 듯하다.

이 속에서 매산은 혼자 흥얼거리며 자신의 심사와 의지를 드러냈다. 연경까지 먼 여정을 주저 않고 떠날 수 있는 것은 임금에 대한 충신忠信 때문이다. 이 충신을 바탕으로 반드시 공을 이루겠다고 매산은 생각했다. 그렇게 돌아오면 계절도 바뀌어 여름의 끝자락에 있게 될 것이라 생각한 것이다. 이 시에서 매산은 임금에 대한 충심忠心과 함께 연행의 흥과 기대에 가득한 자신의 모습을 드러내어, 그의 모습을 마치 기대에 들뜬 어린아이와 같이 만들었다.

行行平壤江東境	가고 가는 평양 길은 강동의 경계이고
得得靑山綠水間	만나고 만나는 푸른 산은 푸른 물 사이네.
鼓角導前三令肅	앞길 이끄는 북 피리는 세 번 호령 엄숙하고
褊裨擁後萬人看	뒤 지키는 褊將 神將 모든 사람이 바라보네.
嬌春柳爲搖新綠	고운 봄 버들은 신록을 뽐내고
夾路花應媚好顔	길가 꽃은 고운 빛 아양을 떠네.
到底君恩天共大	사방에 이른 임금 은혜 하늘같이 크니
王程萬里敢辭難	왕명 받은 만 리 길 감히 어렵다 말하겠나.[49]

---

48) 李夏鎭, 〈早發坡州客館〉, 「北征錄」 上, 『六寓堂遺稿』 卷 1.
49) 李夏鎭, 〈江東道中〉, 「北征錄」 上, 『六寓堂遺稿』 卷 1.

이 시는 연행 도중 평양平壤을 향해 가면서 쓴 시이다. 이 시에서 볼 수 있는 매산의 모습도 앞의 시와 같이 기대와 흥분에 들뜬 모습이다. 강동江東의 경계에 있는 평양을 향해 가면서 매산은 푸른 강 사이사이에 자리 잡은 산을 지나쳤다. 매산의 행렬은 연행의 임무만큼이나 엄격하게 훈련된 수하들로 이루어졌다. 벽제辟除를 외치고 행차를 알리는 소리는 군문軍門의 삼령오신三令五伸과 같이 엄숙하고, 뒤를 옹위하는 편장과 비장들은 모든 사람들이 우러러볼 만큼 절도 있다.

이런 수하들과 함께 연행을 떠나는 매산은 자신감을 가질 수 있었다. 이런 자신감을 가지고 바라본 길가에는 이제 막 푸른빛을 띠기 시작한 버들과 곱게 피어 있는 꽃으로 가득했다. 자신감을 느낀 매산은 한편으로 자신에게 이런 기회를 준 임금에게 감사함을 느꼈다. 그렇기 때문에 비록 지금 자신이 가는 길이 조금 힘들고 괴롭다고 하더라도 투정할 수 없는 것이다. 앞의 시에서와 같이 이 시에서도 매산은 연행에 대한 기대로 잔뜩 부풀어 있는 모습을 보여준다.

자신감과 기대로 들뜬 연행이었지만 그 기간이 길어질수록 매산은 타향을 떠돌고 있는 자신을 돌아보게 된다. 연행을 출발한 지 얼마 되지 않아서부터 그의 마음속으로 찾아온 객수客愁는 시간이 지날수록 점점 더 그를 못 견디게 했다. 정사正使라는 막중한 직책을 담당하고 있었지만, 매산은 시 속에서 연행의 임무와 상관없이 이국 타향異國他鄕에 와 있는 '외로운 나그네'가 된 자신을 그리고 있다. 그래서 연행기간 매산이 자신의 심경을 읊은 시는 대부분 '객수客愁'와 '기정羈情'을 담고 있다. 이런 시름을 느꼈기 때문에 매산은 연행의 임무를 마치고 귀국의 허락을 얻자 연경에서부터 귀국의 기쁨을 시 속에 담아냈다.

吾行幾日息征鞍	나의 길 언제나 여정을 멈출까
明到連山宿舊關	내일은 연산의 옛 관에서 머물겠지.
枕上夜來鄕國夢	베갯머리 밤이 들어 고향을 꿈꿔봐도
三千客路片時間	삼천 리 먼 나그네길이라 잠시 잠깐뿐일세.[50]

關雨凄凄客夜闌	관새 비는 처량하게 나그네 밤새 내리고
病懷聊借酒杯寬	병든 심사 그 오직 술잔을 빌려 풀 뿐이네.
故園消息憑誰問	고향의 소식을 누구에게 물어보나
虛幌無情燭燼殘	텅 빈 휘장 정 없는지 등불만 아스라하네.[51]

위에서 인용한 두 수의 시는 모두 연행 도중 매산이 느낀 객수를 읊고 있는 시이다. 첫 번째 시는 매산이 연행 도중 요동遼東에 들어와 연산連山지역을 바라보며 쓴 시이다. 이제 막 중국땅에 들어왔지만 그는 남은 일정이나 연행의 책임감보다 꿈에서라도 고향으로 돌아가고 싶은 간절한 마음을 시 속에 읊고 있다. 그러나 시에서 밝힌 것처럼 매산은 삼천 리 먼 길을 떠나왔기 때문에 꿈속에서도 고향을 찾아가지 못했다. 꿈을 꾸어도 닿기 어려운 먼 곳에 고향이 있기 때문에 매산이 고향 생각은 애절하기까지 하다.

두 번째 시에서 매산은 연행 도중 비 오는 밤에 홀로 앉아 있는 자신의 심사를 읊고 있다. 변새에 처량하게 비가 내리니 서글픈 심사에 매산은 밤이 되어도 잠을 이루지 못했다. 이런 서글픈 심사를 달리 어떻게 풀어

---

50) 李夏鎭, 〈思歸〉, 「北征錄」 上, 『六寓堂遺稿』 卷 1.
51) 李夏鎭, 〈有懷〉, 「北征錄」 中, 『六寓堂遺稿』 卷 1.

볼 수 없어 그저 매산은 술잔을 기울일 뿐이다. 술잔을 기울이며 나그네가 된 서글픔을 풀어보려 하지만 고향 소식이 그립기만 하다. 그는 고향 소식이 그리워 어찌할 줄 모르지만, 고향 소식을 물을 수 있는 누구도 찾을 수 없었다. 이렇게 상심하며 밤을 보내는데, 늘어져 있는 휘장이 바람을 막지 못해 등불의 심지를 위태롭게 한다. 연행 도중 비 오는 밤을 만나 서글픈 심사에 괴로워하는 매산의 내면이 '촉신잔燭燼殘'이라는 세 글자 속에 잘 드러나 있다.

暮天歸鴈引征車　저녁하늘 되가는 기러기 가는 수레 이끌고
老樹秋光小雨餘　늙은 나무 가을빛은 가랑비 내린 뒤라네.
未到鴨江還一笑　압록강 닿기 전에 도리어 한 웃음 지으니
鳳城先得萬金書　봉성에는 나에 앞서 만금 같은 편지 와 있겠지.[52]

半簾淸露欲成霜　반쯤 걷힌 주렴에 아침 이슬 서리 되고
秋意侵床夢較涼　가을 뜻은 침상에 들어 꿈과 서늘함 다투네.
衰柳影牽官道遠　시든 버들 그림자 늘여 한양길 멀기만 하고
斷鴻聲入塞天長　길 잃은 기러기 소리 드니 변새 하늘 길기도 하네.
雲深別浦眠鷗靜　구름 깊은 別浦에는 갈매기 잠들어 고요하고
風掠前山過雨忙　바람 스친 앞산에는 스쳐 지나는 비도 바쁘네.
睡起旅窓迎曉色　잠에서 깬 나그네 창은 새벽빛을 맞이하고
蕭蕭落葉滿庭黃　쓸쓸한 낙엽은 노랗게 뜰을 채우고 있네.[53]

---

52) 李夏鎭,〈歸興〉,「北征錄」中,『六寓堂遺稿』卷 2.
53) 李夏鎭,〈歸興〉,「北征錄」下,『六寓堂遺稿』卷 2.

위에서 인용한 두 수의 시는 매산이 연경에서 귀국의 허락을 얻은 뒤 쓴 것이다. 기대와 흥분 속에서 시작한 연행이었지만 시간이 지날수록 못 견딜 시름 속에 괴로워하던 매산은 귀국의 허락을 얻은 뒤에 설레는 자신의 마음을 이렇게 시로 표현하였다.

첫 번째 시는 귀국의 허락을 받자마자 쓴 시이다. 고개를 들어 바라본 저녁 하늘의 되가는 기러기는 고국으로 돌아가는 자신의 수레를 인도하는 듯하고, 가을비를 맞아 다 시든 나무도 빛을 발하고 있는 듯하다. 이전까지 쓸쓸한 매산의 심사를 대변하던 사물들이 이제는 그에게 흥을 주는 것이 되었다. 아직 출발하지도 않았으니 압록강에 닿으려면 멀었지만, 매산은 돌아간다는 소식만으로도 혼자서 싱긋이 웃을 수 있었다. 압록강 가 봉성에서 그를 기다리고 있을 편지를 생각하면서 말이다.

두 번째 시는 귀국을 허락하는 문서를 받은 뒤 매산이 자신의 심경을 읊은 것이다. 아침 이슬이 서리로 변하고, 침상에서 느껴지는 서늘한 기운은 늦봄 고국을 떠난 그에게 벌써 두 번이나 계절이 바뀌었음을 알리고 있다. 계절의 변화를 통해 매산은 다시 고국을 떠나 멀리 와 있는 자신을 발견하였다. 시든 버들이 잎 하나 없는 긴 그림자를 늘여놓은 듯 자신의 귀국길은 멀기만 하고, 이 연경에서 듣는 기러기의 울음소리는 그가 멀리 떠나왔음을 시시각각 환기시킨다. 조용하지만 매산의 내면에는 고국을 떠나온 나그네의 시름이 자리 잡고 있다.

그런데 이때 마침 귀국을 허락받았기 때문에 매산의 심사는 더 이상 서글픔으로 나타나지 않는다. 갈매기도 잠들어 고요한 구름 낀 별포別浦와 지난 밤 앞산을 스치고 지나간 비는 이제 고국으로 돌아갈 매산의 앞길을 시원스럽게 해주고 있다. 주변의 모습과 함께 이제 고국으로 돌아간다는 생각에 매산은 지난 밤 쉽게 잠을 이루지 못했다. 내일을 기다리는 들뜬 마음이 그를 잠들지 못하게 하였고, 새벽에도 오랫동안 침상 안에 머물 수 없게 하였다. 이른 새벽 눈을 뜬 매산은 여명이 밝아오는 창가에서 낙엽으로 노랗게 물든 앞마당을 내려다보았다. 귀국을 앞둔 매산의 설렘이 이른 가을 아침의 노란 나뭇잎으로 물든 마당 속에 담담하게 잘 묘사되어 있다.

이렇게 매산은 연행 도중 느낀 자신의 심사를 시 속에 묘사하기도 하였지만, 연행기간 그가 접한 이국異國의 풍습風習과 인물人物에 대해서도 빠뜨리지 않고 시 속에 있는 그대로 곡진하게 묘사하고 있다. 매산은 자신에게 익숙지 않은 중국의 풍습과 인정에 대해 강한 흥미를 보이는데, 이 흥미는 매산에게 호기심어린 시선을 이끌어 세밀한 관찰을 유도한다.

鴉衣無帶頂絲紅　검은 옷에 띠도 없이 정수리에 붉은 끈 묶고
白馬依風語莫通　흰 말도 고향을 그리워해 말이 통하지 않네.
牛鼻不穿繩繫角　소는 코뚜레 뚫지 않아 줄을 뿔에 묶었고
車輪去飾木完縫　수레바퀴 꾸미지 않고 나무로 다 막았네.
立耘可見踈耕作　서서 김매니 농사일 드문 것을 볼 수 있고
行市方知競末功　시장 가보니 末業의 이익 다툼을 바로 알겠네.
鵝鴨猪羊俱足用　거위 오리 돼지 양 다 쓰기에 넉넉하니
百年生計亦云豐　한평생 생계가 또 풍족하다 하겠네.[54]

이 시는 매산이 연행 도중 접한 중국의 풍물을 묘사하고 있는 시이다.

---

54) 李夏鎭,〈途中記所見〉,「北征錄」上,『六寓堂遺稿』卷 1.

이 시를 통해 당시 중국의 풍습과 생활상에 대해 짐작해 볼 수 있을 정도로 그의 묘사는 사실적이다. 매산이 그가 접한 중국의 풍물에 대해 이렇게 시 속에서 사실적으로 그려내고 있는 것은 당시 중국의 낯선 풍물에서 기이함과 새로움을 느꼈기 때문이라 생각된다. 특히 이 시는 매산이 봉황성鳳凰城을 지나 통원보通遠堡와 송참松站을 거쳐 연산관連山關으로 가는 도중 접한 인정과 풍경을 묘사한 시이다. 허리띠 없는 검은 옷을 입고 붉은 머리띠를 두른 사람과 말이 통하지 않는 말들, 코뚜레를 뚫지 않고 뿔에 줄을 매단 소의 모습, 바퀴살이 하나도 없는 수레바퀴의 모습은 매산에게 기이함과 함께 낯선 경물에 대한 호기심을 자극했다. 이들의 생활상은 우리와 달라 농사를 주업으로 하지 않았다. 서서 김을 매는 모습에서 농사에 적극적이지 않은 그들의 모습을 발견할 수 있고, 말업末業에 힘쓰는 모습에서 당시 중국의 발달한 상업을 짐작할 수 있다. 거위, 오리, 돼지, 양이 모두 쓰기에 풍족하다고 한 것에서 넉넉한 물산에 풍족한 삶을 사는 중국인들을 떠올리게 된다.

名以多金著	명성은 돈 많음으로 드러나고
才因久賈高	재주는 오랜 장사로 높아졌네.
驅車忘遠近	수레 몰며 멀고 가까운 것 다 잊고
逐利競錐刀	이익 쫓아 작은 틈도 다투네.
慾浪漂民志	욕심의 물결이 백성의 마음에 떠도니
關西盡爾曹	관서가 온통 너희 같은 무리네.
初悲更長歎	슬퍼하다 다시금 길게 탄식하니
吏或潤脂膏	벼슬아치 혹시나 기름기에 절어있나.[55]

이 시는 「북정록」 중中 속에 실려 있는 〈고수賈竪〉라는 시이다. 이 시의 바로 뒤에 나오는 시가 〈칠월초일일七月初一日〉이고 앞의 시 중에 〈연도영회燕都詠懷〉, 〈연산야좌燕山夜坐〉라는 시가 있는 것으로 보아 이 시는 연경 체류기간 중에 지어진 것이라 보인다.

장사치라는 시의 제목과 같이 당대 중국에서 가장 활발한 활동을 하고 있었던 상인을 묘사한 시이다. 명성은 돈 많은 것으로 드러나고, 재주는 오랜 장사로 높아졌다는 매산의 언급에서 배금주의拜金主義에 물들어 있는 당대 중국의 인정과 세태를 엿볼 수 있다. 또 이익이라면 아무리 먼 곳도 마다 않고, 송곳이나 칼 끝 같은 작은 틈도 비집고 들어간다는 모습에서 발달된 상업 경제의 부정적 모습을 느낄 수 있다. 특히 이 시를 통해 만연한 배금주의·상업중시 풍조에 의해 산해관山海關 서쪽, 만리장성 안쪽에 있는 당대 중국인들의 가치관이 변모하여 너 나 할 것 없이 이익을 찾아 상업에 뛰어들고 있는 당대 중국의 상황을 짐작할 수 있다. 마지막 구절 '이혹윤지고吏或潤脂膏'는 매산의 관료의식을 보여주는 것으로 이런 인정과 세태에 의해 관료들의 의식세계 역시 변해버리지 않았을까 하는 걱정을 보여주는 것이다.

種秫綠畦百里皆	기장 심은 푸른 두둑 백 리 온통 이어 있고
門前列植柳兼槐	문 앞에는 버들과 홰 늘어 심어두었네.
赤頭男子元無帶	벗은 머리 남자는 원래 띠가 없었고
花髻佳人不用釵	곱게 쪽진 아낙네는 비녀를 쓰지 않네.
羶肉酪漿供俗好	누린내 나는 고기에 유즙 먹기를 좋아하고

---

55) 李夏鎭, 〈賈竪〉, 「北征錄」 中, 「六寓堂遺稿」 卷 2.

詩書禮樂與時乖	시서예악은 때에 다 어그러지네.
誰知天下冠裳厄	누가 알았으리, 천하 문명과 제도의 재앙은
未待華林有亂蛙	화림원 속의 시끄러운 개구리도 기다려주지 않는다는 것을.[56]

    이 시는 연경을 떠나 귀국하는 길에 삼하현三河縣으로 가면서 접한 모습을 묘사한 시이다. 연경을 떠나 통주通州, 연교진燕郊鎭 다음으로 닿는 곳이 삼하현이니, 연경에서 멀지 않은 곳으로 아직까지 장성長城과 관문關門을 벗어나지 않은 곳이다. 기장을 심은 푸른 두둑이 백 리 멀리까지 이어져 있고, 집 앞에는 버드나무와 홰나무가 쭉 늘어서 있다. 광활한 평야와 넓은 마을의 모습을 느낄 수 있다. 그런데 그곳에 사는 남정네들은 머리에 관을 쓰거나 띠를 두르지 않았다. 여인들은 머리를 뒤통수에 땋아 틀어 올려서 이마 위로 쪽을 진 뒤 곱게 꽃을 꽂았지만 비녀는 쓰지 않았다. 이들은 누린내 나는 양고기를 말린 육포와 유즙을 발효시켜 만든 음료를 주식으로 먹었고, 시서예악이라는 전통적 예의와는 멀어져 있었다. 1616년 청나라가 건국한 지 62년, 1662년 명나라가 멸망한 지 겨우 16년 되었지만 만리장성萬里長城과 산해관山海關 안에는 이미 오랑캐의 풍속이 가득하다. 그래서 매산은 마지막 구절에서 '수지천하관상액誰知天下冠裳厄 미대화림유난와未待華林有亂蛙'라고 했다.

    화림원華林園은 궁원宮苑의 이름으로 원래 방림원芳林園이라고 했는데, 위魏나라 정시正始년간 초에 제왕齊王의 휘 방芳을 피해 개명한 것이다. '화림유난와華林有亂蛙'는 진晉나라 혜제惠帝가 몹시 어리석어 화림원에서 개구리 울음 소리를 듣고 좌우左右에게 이 소리를 내는 사람은 관인인가

---

56) 李夏鎭,〈三河道中記實〉,「北征錄」下,『六寓堂遺稿』卷 2.

아니면 사인인가 하고 물었다는 고사에서 원용한 것으로 몹시 어리석고 아는 것이 적은 사람을 말한다. 이것은 중국 문명과 제도의 몰락이 순식간에 이루어진 것에 대해 매산이 느낀 진한 아쉬움의 표현이라 할 수 있다.

燕遼風已變	연경 요동 풍속 이미 변해버렸으니
夷夏俗相交	중국 오랑캐 습속 서로 바뀌었다네.
潼酪朝充食	동락으로 아침에는 끼니를 때우고
鷄猫夜共巢	닭과 고양이 밤이 되면 함께 잠자네.
張弓樂馳逐	활 당기고 말 달리며 사냥 즐기고
撫劒肆咆哮	칼 만지며 제 멋대로 소릴 지르네.
向夕鳴笳笛	저녁 되면 풀잎피리 불어대면서
猪羊恣意炮	돼지와 양 내키는 대로 통으로 굽네.[57]

이 시는 삼류하三流河를 건너 낭자산狼子山을 지나며 마주한 요동遼東의 풍속을 묘사한 시이다. 변해버린 중국의 인정과 풍속에 대해 그가 눈으로 접한 모든 것을 있는 그대로 시로 옮기고 있다. 연경과 요동지역의 풍속이 이미 다 변해버렸으니 제하諸夏나 이적夷狄의 구분이 없다. 오히려 중국인들이 동이東夷라고 우습게 보았던 조선에 문명이 남아 있다. 요동 지역의 사람들은 걸쭉한 유즙 한 사발로 아침 끼니를 때우고, 이곳에서는 닭과 고양이도 밤이 되면 같은 둥지에서 잠을 청한다. 활을 당기고 말을 달리며 사냥을 즐기고, 칼을 휘두르며 멋대로 괴성을 지른다.

---

57) 李夏鎭, 〈遼俗〉,「北征錄」下,『六寓堂遺稿』卷 2.

저녁이면 한 곳에 모여들어 풀피리를 불고, 돼지나 양을 통째로 잡아 구워 먹는다. 우리들이 흔히 생각하는 오랑캐·야만족의 삶 그대로이다. 이런 모습 때문에 매산은 첫 연에서 '연요풍이변燕遼風已變 이하속상교夷夏俗相交'라고 한 것이다.

就草驅來冀北群	풀 따라 몰고 온 좋은 말떼를
平郊無際散如雲	끝없이 너른 교외에 구름같이 흩어놓았네.
奔泉蔭樹誰非適	내닿는 샘, 그늘진 나무에 누가 오지 않으리
牧笛一聲西日曛	목동 피리 한 소리가 석양 아래 울리네.[58]

胡馬秋猶放	오랑캐 말 가을 돼도 풀어놓으니
荒郊萬匹來	황량한 교외에 만 필의 말 몰려드네.
高低山色裡	높고 낮은 산 빛 속에
紅白錦紋開	붉고 흰 비단 무늬 펼친 듯.
齕處青蕪盡	뜯는 곳마다 푸른 풀들 다해버리니
肥時赤縣災	살찔 때가 중원의 재앙이라네.
牧兒鞭數尺	목동은 몇 자 되는 채찍을 들고
吹笛夕陽廻	피리 불며 석양 아래 되돌아오네.[59]

이 두 편의 시는 모두 말을 기르는 모습을 기술한 시이다. 첫 번째 시는 중국에 들어가 봉황성鳳凰城을 지나자마자 쓴 시이니 중국에 들어

---

58) 李夏鎭,〈看牧馬〉,「北征錄」上,『六寓堂遺稿』卷 1.
59) 李夏鎭,〈觀牧馬〉,「北征錄」下,『六寓堂遺稿』卷 2.

가 거의 처음 접한 중국의 풍경이라 할 수 있고, 두 번째 시는 귀국 도중 연산관連山關을 지나자마자 쓴 시이니 연행을 거의 끝마칠 무렵 쓴 시라고 할 수 있다. 그런데 이 두 편의 시를 쓴 시기는 각각 연행의 처음과 끝 부분으로 전체 일정의 반대편에 있지만 창작한 위치는 모두 봉황성과 연산관의 사이에 있는 요동 평야 지역이다. 연행의 시작과 끝 부분, 동일한 지역에서 동일한 상황에 대해 두 편의 시를 지었다는 것은 그만큼 매산에게 중국인들의 목마牧馬 행위가 인상적으로 다가왔다고 할 수 있다.

첫 번째 시는 〈간목마看牧馬〉라는 시이다. 중국인들은 풀을 찾아 몰고 온 좋은 말 떼를 끝없이 너른 요동평야 전체에 하나씩 흩어놓고 먹였다. 흐르는 하천과 무성한 나무 그늘, 누가 보아도 더없이 말을 치기 좋은 곳이다. 이곳을 바라보며 매산은 감탄한다. 이런 곳에서 누군들 말을 치고 싶지 않을까 하고.

첫 번째 시가 연행의 시작점에서 급히 중국으로 가야 하는 사정 때문에 매산의 기술이 구체적이지 못했던 것에 비해, 두 번째 시에서 매산은 보다 상세하고 구체적으로 말을 치는 모습을 기술했다. 요동 사람들은 가을 단풍이 곱게 내려앉은 산 앞으로 넓게 펼쳐진 초지 위에 말을 풀어놓고 먹였다. 초지가 넓은 듯도 하지만 워낙 먹성이 좋아서 말들이 훑고 간 곳에는 남아나는 것이 없었기 때문에 말들이 살찌는 그때가 바로 중원에 재앙이 드는 때라고까지 했다. 이 시에서 매산은 말을 놓아 기르는 중국의 풍속을 소개하고 그 장면을 있는 그대로 묘사하여 현장감과 사실감을 확대하고 있다.

雪樣肌膚雲樣鬂	눈 같은 피부에 구름 같은 쪽진 머리
耳珠垂却兩三環	귀에는 두세 개 귀걸이 드리우고
對人無語瓠犀啓	사람 보고 말없이 고운 이만 내비치니
錯認燕支作漢山	연지가 한산에서 난다고 잘못 알았네.[60]

八字雙眉學遠山	여덟팔자 두 눈썹은 먼 산 닮았고
曉窓輕理綠雲鬂	새벽 창 아래서 가볍게 쪽진 머리 다듬는데
香衫不掩纖纖手	고운 적삼 여린 손을 가리지 않아
半露簾間玉指環	반쯤 열린 주렴 사이로 옥지환이 보이네.[61]

이 두 편의 시는 연산관連山關을 출발하여 고령산高嶺山을 넘은 뒤 낭자산狼子山이 바라보이는 마을에서 쓴 것으로, 모두 요동지역에서 마주한 여인의 모습을 기술한 것이다. 매산은 이 시에서 여인의 고운 자태와 외모에 대해 그가 접한 그대로 시 속에 그리면서 흥미를 나타내고 있다.

첫 번째 시는 여인의 얼굴에 관한 것이다. 눈같이 하얀 피부에 구름같이 풍성한 검은 머리. 이 여인은 전통적인 동양의 미인이 갖추어야 할 조건 가운데 두 가지를 갖추고 있다. 구름같이 높이 쪽진 무성한 머리에 가는 허리 흰 피부[운계무환雲髻霧鬟, 세요설부細腰雪膚]. 여기에 귀를 뚫어 귀걸이 두세 개를 걸고 있다. 당시 풍속에 중국의 여인들은 기혼이나 미혼을 가리지 않고 귀걸이를 많게는 네 개까지 걸었다고 한다. 이 여인은 매산과 마주하고 아무 말 없이 곱게 흰 이를 드러내는데, 붉은 입술과 조화된

---

60) 李夏鎭, 〈途中記所見〉 其 1, 「北征錄」 上, 『六寓堂遺稿』 卷 1.
61) 李夏鎭, 〈途中記所見〉 其 2 又, 「北征錄」 上, 『六寓堂遺稿』 卷 1.

흰 이를 보고 매산은 그간 연지가 우리나라에서 난다고 알고 있었던 자신의 잘못을 알게 되었다.

다음 시는 첫 번째 시와 달리 조금 떨어진 곳에서 바라본 여인의 자태를 그리고 있는 시이다. 멀리 보이는 산의 윤곽을 닮은 듯 가늘게 그려진 눈썹, 새벽 창 아래에서 머리를 매만지느라 가늘고 긴 손을 적삼으로 가리지도 않아 반쯤 열려 있는 주렴 사이로 언뜻언뜻 보이는 손과 그 손가락 사이의 옥지환은 그가 접한 그대로 여인의 모습이면서도 시 속에서 이 여인의 모습을 환상적으로 만들고 있다.

當夏猲兒最可嘗	여름 되면 개고기 제일 먹을 만한데
爛蒸爲膳號家獐	푹 삶아 만든 음식 家獐이라 하네.
功資釜鼎腥全化	가마솥 공 바탕으로 비린 성질 다 바뀌고
佐用椒薑味更香	산초 생강 도움 받아 맛 더욱 향기롭네.
買市何勞餠餌引	시장에서 사면 떡 강정보다 뭐 그리 어려운가
充腸不比鴨鷄常	장 채우기엔 늘 먹는 오리와 닭 비할 것 없네.
微誠戀主終遭禍	주인 그리는 작은 정성 끝내 화를 만나니
投著沈吟一惋傷	생각에 빠져 뇌까리며 일탄식 하네.[62]

靑春禮部郞	젊디 젊은 예부랑이
直入賈人房	곧장 장사치 가게로 가서
懷裡金多少	품 안에서 돈 약간 꺼내 놓고는
詢詢髢短長	길고 짧은 다래를 골똘히도 재보네.[63]

---

62) 李夏鎭,〈食家獐〉,「北征錄」中,『六寓堂遺稿』卷 1.

이 두 편의 시는 매산이 연경에서 접한 연경의 풍속에 관한 것이다. 첫 번째 시는 정확하게 언제 쓴 것인지 모르지만 〈유월초십일六月初十日〉이라는 시 뒤로 네 번째에 나오는 시이다. 「북정록」 속에 수록된 시에 부기되어 있는 매산의 자주自註에 의하면 그해 6월 1일이 초복이라고 했으니[64] 대략 초복初伏과 중복中伏 사이에 지은 것이 아닌가 생각된다. 이 시는 복날 개고기를 먹는 중국인의 풍속과 개에 대한 매산의 연민을 보여주고 있는 시이다. 중국인이 언제부터 개고기를 식용했는지는 정확하게 알 수 없으나 사마천의 『사기史記』에 이미 "복날 개를 잡아 고독蠱毒(열독熱毒)을 막았다."[65]고 하였으니 진秦나라 덕공德公 2년(B.C. 679)에 벌써 개고기를 제사에 사용했음을 알 수 있다.

이 시에서 여름철 가장 먹을 만한 고기로 개고기를 든 것을 보면 당대 중국인들이 개고기를 상당히 즐겼으며, 매산 역시 개고기에 익숙했다는 것을 보여준다. 또 가마솥에 푹 삶아 비린 맛을 없애고 산초와 생강을 사용하여 맛을 돋운다고 한 것으로 보아 개고기 조리방법 역시 일정한 유형으로 정착하여 발전하였음을 알 수 있다. 그런데 매산은 당대 중국인들이 자신들이 집 안에서 직접 키운 개를 잡아먹으며 노루고기라 하는 것을 보고 개에 대한 안나까움을 느꼈다. 시장에 가서 고기를 사와 조리해도 큰 어려움이 없을 것이건만 왜 집에서 키운 개를 잡아먹으며 노루고기라 하는가. 미천한 짐승이지만 그래도 주인을 위해 작은 정성을 다 바쳤는데, 어째서 이런 화를 당해야 하는가 하고

---

63) 李夏鎭, 〈所見〉, 「北征錄」 下, 『六寓堂遺稿』 卷 2.
64) 『六寓堂遺稿』 卷 1의 「北征錄」 中에 있는 시 〈六月一日〉에 '自註, 初一日, 適是初伏'이란 주가 부기되어 있다.
65) 司馬遷, 「史記」 卷 5, 「秦 本紀」, "二年, 初伏, 以狗禦蠱毒."

안타까움을 드러낸 것이다.

다음 시는 매산이 연경에서 접한 젊은 예부랑의 모습을 기술한 것이다. 예부랑이라면 각 사의 직무를 주관하는 실무 관리이니 젊디젊은 나이이다. 젊은 나이의 예부랑에게 값비싼 가체加髢는 부담스럽기도 하겠지만, 마음에 둔 여인에게 선물하여 그 여인의 환심을 사기 위해서는 어쩔 수 없을 것이다. 얼마 정도 돈을 모은 예부랑은 바로 가체를 사기 위해 가게에 들렀다. 긴 것을 사야 할지, 짧은 것을 사야 할지 골똘히 생각하며 재고 또 재어보지만 쉽사리 결정하지 못하고 주저하는 것이다. 이 시에서 매산은 당대 중국 여인들의 사치풍조와 그 여인의 환심을 사기 위해 애쓰는 젊은 관리의 모습을 묘사하여, 변화하는 중국인들의 의식과 행동을 선명하게 보여주고 있다.

腰橫赤絛劍	허리에는 적조검을 비껴 차고
手有白藤鞭	손에는 흰 등나무 채찍 들었네.
車小輪無飾	수레 작아 바퀴에는 장식이 없고
牛馴鼻不穿	소 길들여 코뚜레도 뚫지 않았네.
箱間籍草臥	상자 사이에서 풀을 깔고 눕고
露下枕靴眠	이슬 아래 신을 베고 잠을 자네.
倚醉吹笳過	취한 채 호적 불며 지나가는데,
風傳一陣羶	바람은 한 무리 노린내를 전해주네.[66]

---

66) 李夏鎭, 〈胡兒〉, 「北征錄」 下, 『六寓堂遺稿』 卷 2.

獵騎翩翩箭在腰	날듯이 말 타고 허리에는 살 꽂으니
接天秋草正蕭蕭	하늘 닿는 가을 풀도 정녕 쓸쓸하구나.
憑凌三窟方愁兎	세 굴을 우습게 보니 토끼 이제 근심스럽고
矰繳千尋已落鵰	주살 천 길 쏘아올리니 독수리 벌써 떨어졌네.
駭虎奔騰無眼底	놀란 범 달려들어도 안중에 두지 않고
霜蹄滅沒轉山椒	내닫는 말발굽은 산마루를 옮겨가네.
鴞音異日如懷我	부엉이 소리 그 언젠가 나를 그리는 듯하니
南越行看北闕梟	남월로 달려가며 북궐의 올빼미 바라보네.[67]

 이 두 편의 시는 매산이 귀국 길에 산해관山海關을 넘어 고령역高嶺驛, 전둔위前屯衛, 사하역沙河驛을 지나 요동반도로 들어가는 길에 마주한 인물에 대해 기술하고 있는 시이다. 첫 번째 시는 매산이 귀국 도중 만난 변방의 아이를 기술한 시이다. 이 시에 등장하는 아이는 흔히 말하는 오랑캐 아이의 전형적인 모습을 보여준다. 칼을 차고 채찍을 든 모습에서 유목민의 기질을 강하게 느낄 수 있다. 길들인 소가 끄는, 장식도 없는 바퀴를 단 작은 수레를 타고 다니는 아이는 아무 곳에서나 풀을 깔고 신을 베고 잠을 잔다. 숲에 취해 호석胡笛을 불어대며 특유의 노린내를 풍기는 아이의 모습에서 북방 유목민의 전형적인 모습을 그릴 수 있다. 매산의 시 속에 묘사된 이 아이의 모습을 통해 귀국 도중 매산이 만난 지역민의 모습을 그대로 느낄 수 있는 것이다.

 두 번째 시 역시 앞의 시를 쓴 바로 그곳에서 만난 사냥꾼의 모습을 기술하고 있는 시이다. 날듯이 가볍게 말을 타고 허리에는 화살을 가득

---

67) 李夏鎭, 〈遇獵者〉, 「北征錄」 下, 『六寓堂遺稿』 卷 2.

꽂은 모습에 눌려 하늘까지 닿는 가을 풀도 쓸쓸하고 황량하게 느껴진다. 토끼가 숨어 있는 굴을 우습게 여기고 하늘 높이 나는 독수리도 사냥감에 불과하다. 놀라 표호하며 으르렁거리는 범이 달려들어도 안중에 두지 않고 가볍게 말을 내달려 이 산 저 산을 옮겨 다녔다. 이렇게 매산은 별다른 수식 없이 외면 묘사만으로 전형적인 북방의 사냥꾼 모습을 실감나게 표현하고 있다. 사냥꾼의 모습에 눌려 있던 매산은 어디선가 들려오는 부엉이 소리에 지난날 자신의 모습을 되돌아보게 된다. 그 모습이 마치 예전 자신의 처지와 같다고 생각한 매산은 지금 이 부엉이도 남으로 날아가며 북궐의 올빼미를 바라볼 것이라 여긴 것이다.

이렇게 매산이 연행 도중 접한 중국의 인정人情과 풍물風物을 그려내고 있는 시들을 살펴보면 매산이 자신에게 익숙지 않은 중국의 인정과 풍물에 대해 강한 흥미를 느꼈고, 이 흥미가 매산의 호기심어린 시선을 이끌어 세밀한 관찰을 유도했다는 것을 알 수 있다. 이에 따라 매산이 이국異國의 풍물風物을 접하고 쓴 시는 매산의 시 중에서 매산과 대상 경물과의 거리가 상대적으로 가장 떨어져 있음을 알 수 있다. 이런 특징은 그가 이국의 풍물을 대하고 객관적 관찰자의 시선을 유지할 수 있었다는 것을 말해주는데, 이것은 그가 이국의 풍물에 대해 낯선 신비로움을 느끼고 있었다는 뜻이 된다. 따라서 그 결과 창작된 시들은, 시를 보며 당대 중국의 인정과 풍습 그리고 생활상을 그림으로 재현해낼 수 있을 정도로 당대 중국의 풍정을 사실적으로 표현하고 있다. 결국 매산이 시 속에서 그가 접한 중국의 인정과 풍물에 대해 이렇게 사실적으로 그려낼 수 있었던 것은 중국의 낯선 풍물에 대해 그가 느낀 기이함과 새로움 때문이라고 할 수 있다.

그런데 매산의 이와 같은 시들은 그 표현양상에서 몇 가지 특징적인 모습을 보여준다. 첫 번째로 찾아볼 수 있는 것이 형식적인 부분이다. 매산이 중국의 인정과 풍물에 대해 묘사한 시들은 대부분 율시律詩 중심의 근체시이다. 매산이 근체시를 중심으로 중국의 인정과 풍물을 그리고 있다는 것은 그에게 그만큼 시가 생활화된 것이었음을 말해준다. 그것은 근체시가 제약된 형식 속에서 다양한 의미와 이미지를 전달하기 위해서는 압축적이고 집약적인 표현을 요구하기 때문이다. 따라서 그가 낯선 풍물에 대한 기이함을 근체시를 통해 자연스럽게 표출할 수 있었다는 것은 그만큼 그에게 시가 익숙한 생활의 도구였음을 말해주는 것이다.

이와 함께 찾아볼 수 있는 표현양상의 또 다른 특징은 매산과 대상 경물과의 거리이다. 시란 기본적으로 시인이 가진 세계관의 구체화, 즉 시인의 의식에 반영된 세계의 구체화이다. 따라서 시는 대상을 통해 촉발된 감정의 내면세계를 묵시默示하는 동시에 시인의 마음에 반영된 외부세계를 구체화하는 것이다. 그런데 이 장에서 살펴본 매산의 시는 매산과 대상 경물과의 거리가 상당히 떨어져 있음을 알 수 있다.

앞에서 살펴보았듯이 매산이 일상의 경물을 접하고 쓴 시에서 그는 내상에 내해 관찰의 시선을 보내지만, 이 시선은 그가 가지고 있었던 대상에 대한 애정과 경험에 의해 관찰을 넘어서는 경험에 의해 전화轉化된 모습으로 대상을 시 속에 표현하게 만든다. 그것은 관찰자로서 매산이 지니고 있었던 대상과의 거리가 실재적인 물리적 거리가 아니라 심리적인 거리이고 경험의 거리이기 때문에 그의 반응은 자연스러운 것이다. 그러나 이와 달리 낯설고 새로운 이국異國의 풍경은 그에게 기이함과 신비한 호기심을 불러와 그가 완전한 관찰자의 역할을 유지할 수 있게 한다.

이렇게 낯설고 새로운 풍경이 주는 이질감은 매산에게 대상 경물에 대해 자세하고 구체적인 관찰을 유지할 수 있게 한다. 따라서 이국의 풍물을 묘사하고 있는 매산의 시는 대상이 가지고 있는 소리나 감각보다 장면과 이미지의 제시를 우선으로 하여, 관찰자로서 그가 바라보는 그대로의 경물을 조용하고 담담한 필치로 시 속에 그려내게 된다. 이런 특성에 의해 이국의 경물을 묘사한 매산의 시는 다른 어떤 감각보다 시각적 효과를 강조하며 회화성繪畵性을 중시하게 된다.

이런 점에서 매산이 접한 이국異國의 풍물이 보여주는 새롭고 기이함은 그에게 흥미를 유발하고 관심과 관찰을 이끌어 시작詩作의 계기가 되었지만 그가 대상 경물과 정서적으로 하나가 되지 못하게 한다. 이런 현상은 새롭고 기이한 대상에 대한 흥미와 그로 인한 관심과 관찰의 결과 이루어진 매산의 시에서는 당연한 것이라 할 수 있다. 그것은 새롭고 기이함이 매산에게 시작詩作의 계기가 되기도 하였지만, 이와 함께 대상과의 정서적 합일을 어렵게 만드는 요소로 작용하기도 하기 때문이다.

따라서 이 장에서 살펴본 매산의 시는 사실성과 객관성이 강화되는 반면 서정성은 약화될 수밖에 없다. 그러나 사실성과 객관성의 강화는 상투적 표현이라는 시가 범할 수 있는 표현상의 문제에서 벗어날 수 있게 한다. 그래서 눈앞에 살아 있는 대상을 있는 그대로 묘사한 매산 시의 사실적 표현은 그의 시가 진부함에서 벗어나 독자들에게 새롭게 다가올 수 있도록 만들어준다.

2) 방축放逐의 우수憂愁와 안분安分의 추구追求

　다양한 분야에 대한 관심을 바탕으로 박학博學을 추구했던 매산은 현실 정치 속에서도 박학을 바탕으로 한 실질적인 효용성을 추구하였고, 성현聖賢과 경전經傳에 대해 객관적인 태도를 지키며 '경敬'으로 자신을 수양하고자 했다. 그는 자신이 설정한 기준에 철저한 삶을 살고자 하였지만 당대의 어지러운 정치 상황은 그의 생각을 현실에서 그대로 실행할 수 없도록 하였다. 그러나 그는 정치 상황에 굴하지 않고 자신의 기준에 부합하지 않는 논의에 대해서는 직설적으로 배척하여 많은 정적政敵을 만들었고, 혐의와 비난을 받았다. 그는 자신을 향한 혐의와 비난이 닥칠 때마다 그에 대해 적극적으로 자신을 비호하며 사직을 청하는 상소문을 썼다. 그랬기 때문에 현재 남아 전하는 매산의 문장 111편 가운데 사직 상소문이 31편이나 된다.

　매산의 사직 상소문은 그가 진정으로 사직을 청해서 쓴 것이라고는 보이지 않는다. 그의 사직 상소문은 사직을 청하기 위해서가 아니라 자신이 받은 혐의와 비난에 대해서 스스로 결백함을 드러내 보이며 적극적으로 자신을 변명하는 행위였다고 생각된다. 이런 태도는 매산이 그만큼 자신에게 당당한 삶을 살았고, 그 삶의 태도를 그대로 현실 정치 속에 적용하려고 하였음을 보여주는 것이다. 그렇기 때문에 그는 당대의 복잡한 정치 상황 속에서도 자신의 이상理想에 충실하며 스스로의 기준을 강하게 지키는 완고한 원칙론자로 살아갈 수 있었다.

　매산의 이런 태도에 대해 그와 정치적으로 반대편에 서 있었던 서인들의 평가는 가혹할 정도로 신랄하지만, 구체적으로 매산의 정치적 실책이나 과오에 대해 거론하지는 못했다.[68] 그는 당시 그에게 제기되었던 비판과 혐의에 굴하지 않았다. 오히려 비난에 대해 정면으로 부딪히며 자신의 신념을 현실 속에서 이루고자 했다.

혼란한 정치 현실 속에서 고뇌하던 매산은 미수眉叟의 해직과 남파南坡 홍우원洪宇遠의 찬축竄逐이 이어지던 불리한 정치 상황에서도 자신의 지조를 굽히지 않고 임금을 향해 글을 올렸다. 미수의 해직에 대해서는 이전에도 사직소를 올리며 임금에게 그 해직의 부당함을 이야기했지만 임금에게서 어떤 비답批答도 받지 못하자 재차 상소를 올리게 된 것이다.

매산의 진주목사晉州牧使 좌천과 운산雲山 유배에 결정적인 계기가 된 경신년庚申年 2월의 대사간 사직 상소문은 이미 되돌릴 수 없게 변해버린 당대의 정치적 상황 아래에서 나온 것이다. 매산은 이 사직 상소문에서 그간 정치적 쟁점 사항에 대해 조목조목 밝히며 자신의 견해를 주저 없이 피력했다. 이 상소의 첫머리에서 매산은 인조仁祖와 효종孝宗의 사당에 최명길崔鳴吉과 김육金堉의 추배追配를 강행하고자 하는 숙종肅宗의 태도를 비판하고, 대흥산성大興山城의 축조築造와 강화도江華島 돈대墩臺공사의 잘못을 지적했다. 이어 백호白湖 윤휴尹鑴의 사직辭職과 미수의 해직解職, 남파의 원찬遠竄에 대해 그 부당함을 하나하나 거론했다.

이 상소는 당시 숙종과 서인 계열의 강한 반발을 불러와 매산은 당일로 진주목사로 좌천되었다. 그러나 매산의 상소는 그가 당시의 정치 상황을 접하면서 스스로 느낀 절박한 심정을 임금에게 표출한 것이었다. 그렇기 때문에 그는 상소의 첫머리에서 자신의 초지初志에 대해 강

---

68) 庚申大黜陟 이후 구성된 西人 위주의 三司에서 그간 있었던 南人 관료들의 失政에 대해 일일이 그 이름을 거론하며 탄핵을 奏請하지만, 당시 南人 계열의 중진으로 활동했던 梅山에 대해서는 이 당시 어떤 탄핵의 논의도 제기되지 않았다. 이후 제기된 梅山에 대한 탄핵은 梅山이 許堅의 獄事에 참여했다는 것과 金錫冑의 告廟文 수정에 참여했다는 것만을 명분으로 내세우고 있다.

조하며, 기탄없이 현실의 문제에 대해 언급했다. 그에게 초지는 삶의 기준이었고 가치의 척도였기 때문에 반드시 지켜야 할 버릴 수 없는 것이었다.

다만 총애와 은총을 갚지 못하여 나아가고 물러서는 데 장애가 있으니 우선 힘껏 직분을 수행하여 미약한 보탬이라도 조금 드려서 신의 직책을 조금 막고자 하니 끝내는 신의 처음 뜻을 되찾는 것입니다. 이것은 신이 평소 쌓아온 것으로 또 남에게 말할 수 없는 것입니다. …… 무릇 이 몇 조목은 모두 전하께서 듣기를 싫어하는 바이요, 아첨하고 간교한 행동을 하는 자가 남몰래 비웃고 멀리 피하는 것입니다. 그러나 신은 밝은 주상을 만나 받은 은혜가 너무나 깊어 감히 한 몸의 사사로운 계책을 위해 우리 전하를 저버릴 수 없습니다. 신마저 말하지 않는다면 누가 전하를 위하여 말하는 자가 되겠습니까? 아! 사나운 범은 산에 있으면서 명아주잎과 콩잎을 따먹지 아니하고, 용이 없는 큰 못에는 미꾸라지와 두렁허리[鱔]가 춤을 춥니다. 이제 충성스럽고 어진 사람이 다 가버려 나라가 텅 비게 된다면, 전하께서는 누구와 정치를 하시겠습니까. 마땅히 이 변괴가 겹쳐 나타나는 날이 바로 전하께서 생각을 바꾸실 때입니다. 어리석은 신의 충은 격렬한 말이 되었고 절제할 줄 모르니 곧 그 마음은 나라를 위하는 것이지 신을 위한 계책이 아닙니다. 천지귀신이 실로 신의 충정을 살펴보리니 엎드려 원하옵건대 전하께서는 공평한 마음으로 너그럽게 살펴주시기 바랍니다.[69]

---

69) 李夏鎭, 「庚申辭大諫疏」, 『六寓堂遺稿』 卷 4, "唯是寵恩未報, 進退有碍, 姑欲黽勉隨行, 少獻微盎, 以稍塞臣職, 而畢竟尋臣初志, 是臣之素所蓄積, 而亦不以語人者也. …… 凡此數條, 皆殿下所厭聞, 而容悅巧進者之, 所竊笑而遠避也. 然臣遭遇聖明受恩最深, 不敢以一身之私計, 而辜負我殿下. 臣惟不言, 誰當爲殿下言者. 嗚呼. 猛虎在山, 藜藿不採, 龍亡大澤, 鰌鱔是舞. 今忠賢盡去, 國爲空虛, 則 殿下誰與爲治哉, 當此變怪, 層出之日, 正殿下易慮改圖之時也. 臣愚忠所激語, 不知裁, 乃若其情, 則爲國而非爲身謀. 天地鬼神, 實鑑臣衷, 伏願殿下, 平心恕察焉."

당대의 정치 상황에 대해 그가 느낀 절박한 심정 때문에 쓴 상소문이지만 그의 절박한 심정은 외면당하고, 매산은 이 상소로 인해 관직생활을 마감하게 되었다. 이 상소가 올라가자 숙종은 상소문 안의 '아첨·간교한 행동·맹호·명아주·콩·용·범·미꾸라지·두렁허리'라는 말이 당론黨論을 옹호하고 조정의 신하를 능멸하는 뜻에서 나왔다고 하여 그를 진주목사晉州牧使로 강등 전보하고, 말을 주어 당일로 떠나보내게 하였다. 당시 사헌부司憲府에서는 숙종의 처우에 대해 지나치다고 반대하였으나 숙종은 자신의 뜻을 굽히지 않았다.[70]

이 장에서 살펴볼 매산의 시세계는 경신년의 상소로 인해 매산이 좌천되어 진주목사로 내려가면서부터 시작하여 유배지인 운산雲山에서 운명하기까지 쓴 시들을 대상으로 한다. 숙종 6년(1680) 2월 25일 좌천되어 숙종 8년(1682) 6월 14일 유배지에서 운명했으니 이 기간은 매산의 55년 일생 중 불과 2년을 조금 넘는 시간에 불과하다. 그러나 이 시기 매산이 쓴 시가 모두 560여 수로, 현재 전하는 그의 시 1,900여 수의 25%를 넘을 정도로 적지 않은 양이다.

보다 자세하게 살펴보면 2월 25일 진주목사로 좌천되어 임지로 내려가면서부터 5월 삭탈관직削奪官職을 당한 뒤 문외출송門外出送되기까지 쓴 63제 69수의 시가 문집 2권의 「진양록晉陽錄」에 실려 있고, 이후 그 해 5월 문외출송된 뒤 10월 평안북도平安北道 운산雲山으로 유배되기 전까지 마포의 상수동에 있는 서호西湖 주변에서 생활하며 쓴 158제 164수의 시가 문집 2권과 3권의 「서호록西湖錄」 속에 실려 있으며, 이후 운산雲山

---

70) 『朝鮮王朝實錄』肅宗 6년 2월 25일(乙酉) 1번째 기사. "疏上, 上特遞其職. 又以疏中, 容悅巧進, 猛虎藜藋, 龍虎鰌鱓等語, 謂出於私護黨論, 凌蔑廷臣之意, 黜補晉州牧使, 使之給馬發送, 政院繳還, 憲府爭論, 竝不聽."

으로 유배된 뒤 쓴 260제 374수의 시가 문집 3권의 「운양록雲陽錄」 속에 실려 있다.

이 시기 매산의 시세계는 이상과 현실의 괴리에서 느끼는 매산의 우울한 심사를 배경으로 하고 있다. 자신의 이상을 실현할 수 없는 현실은 그를 자신과 자신의 삶에 대해 고뇌하게 만들었다. 이 고뇌는 그가 살아가는 이유와 삶의 목표에 대한 고뇌였기 때문에 그에게는 무엇보다 절실한 것이었다. 이 고뇌 속에서 느끼는 갈등은 그의 정서를 내면화하여 우수에 젖게 한다. 따라서 방축기放逐期 매산의 시세계가 보여주는 첫 번째 특징은 방축放逐이라는 현실적 상황에서 느끼는 매산의 우수憂愁와 내면內面 갈등葛藤이다.

그러나 인간이라는 존재의 가능성을 믿었고, 현실에 대해 긍정하는 그의 적극적인 사고는 자신을 둘러싸고 있는 막혀버린 현실 속에서 그가 계속 갈등만 하도록 내버려두지 않았다. 그의 의식은 스스로를 되돌아보며 끊임없이 수양하고 이를 통해 미래를 준비하도록 하였다. 이에 따라 방축기 매산의 시세계가 보여주는 두 번째 특징은 자적自適과 안분安分의 지향이 된다.

방축기 매산의 시세계를 대변하는 우수와 갈등, 자적과 안분은 동진의 양면과도 같은 것이다. 우수와 갈등을 가져다준 현실이 바로 그가 지켜야 할 이상의 근원이었고 삶의 터전이었기 때문에 그는 자신을 방축시킨 현실에 대해 끝없이 고뇌하거나 그 현실 속에서 갈등만 할 수 없었다. 오히려 현실에서 느끼는 갈등이 깊어질수록 그에 반하여 현실을 긍정하고 그 속에서 자신을 수양하며 자적하고 안분하려는 그의 의식은 강렬해졌다. 그렇지만 이와 마찬가지로 자적과 안분을 추구하는 그의 의식이 강렬해지면 강렬해질수록 그를 자유롭게 놓아주지 않는 현실은 그를 우수와 갈등 속으로 몰고 가는 것이다. 결국 방축기 매산의 시세계를 대변하는 우수와 갈등, 자적과 안분의 추구는 끝내 현실을 떠날 수 없었던 매산이 자신이 처한 현실에 대해 나타내는 상이한 반응으로, 끝없이 순환하는 인과관계의 고리를 형성하며 반복되는 정서였다.

(1) 우수憂愁와 내면內面 갈등葛藤

시를 대상에 의해 촉발된 진실한 감정의 표현이라 여겼던 매산은 방축된 자신을 되돌아보며 그 자신이 느끼는 좌절감을 시 속에서 감추지 않았다. 그는 수사적 표현을 통해 완곡하게 자신의 울분을 암시하거나 애써 태연함을 가장하기보다 직접적으로 시의 표면에 그 울분을 노출시켰다. 따라서 방축된 이후 그가 느낀 울분은 시어詩語의 뒤에 숨거나 과장되지 않고 있는 그대로 시의 표면에 노출되었다.

방축된 이후 느낀 매산의 좌절감과 울분은 약산藥山이 매산의 문집 서문序文에서 밝힌 것과 같이 세상에 대한 것과 심사心事에 대한 것[71]으로 나누어 살펴볼 수 있다. 심사에 대한 것은 그 자신에 관한 것이고, 세상에 대한 것은 나라와 백성에 관한 것이다. 이 가운데 그 자신의 심사를 드러낸 좌절감과 울분은 좌천과 유배라는 정치적 시련에 대해 개인적으로 느끼는 불편한 심경을 나타낸 것이지만, 이와 달리 세상에 대한 것은 좌절감이나 울분의 표출이 아니라 그가 가지고 있었던 국가와 백성의 미래에 대한 우환의식憂患意識을 보여준다. 이 우환의식은 그가 비록 방

---

71) 吳光運,「遺稿 序文」,『六寓堂遺稿』卷 1, "不佞窃嘗謂評騭, 文章有二科, 一則以其世, 一則以其心. 以世者, 如季札觀樂, 自鄶以下, 無譏也, 以心者, 如唐宗論弓, 要察其木理之曲直也."

축되어 있지만 여전히 국가와 백성의 현실에 대한 책임의식을 버리지 못하고 있었음을 보여주는 것이다.

　방축기 그의 우환의식을 담고 있는 시는 대부분 운산 유배기에 창작되었지만, 그가 느낀 개인적인 울분을 형상화한 시는 좌천되어 진주로 떠나면서부터 유배지인 운산에서 운명할 때까지 그가 처해 있는 위치에 따라 울분의 정도를 달리하면서 시 속에 표출되었다. 방축기 매산의 시세계가 진주목사로 좌천된 시기, 삭탈관직 후 문외출송된 퇴거시기退去時期, 운산 유배시기에 따라 다른 모습을 보이는 것은 매산의 좌절감과 울분이 방축된 자신의 처지에 대해 느끼는 실질적이고 정직한 내면의 반응이었음을 말해준다. 이에 따라 매산은 자신의 현실적 상황이 악화되어갈수록 시 속에 보다 강한 울분을 표출한다. 따라서 이 장에서는 매산의 방축기를 진주 좌천기, 서호 퇴거기, 운산 유배기의 세 시기로 나누고 이에 따라 그의 시세계를 살펴보도록 하겠다.

　우선 진주목사 좌천기부터 살펴보기로 한다. 좌천되어 진주로 내려가면서부터 매산은 복잡한 자신의 심경을 다양하게 읊었다. 이 시기 매산은 좌천이라는 정치적 역경과 함께 몰락한 자신을 바라보는 주변의 따가운 시선을 동시에 견뎌야 했다.

歷盡千盤鳥路長	천 굽이 기나긴 조령 다 지났는데
晋城何在卽吾鄕	진성은 어디 있나 내 다스릴 곳이네.
病兒消息三宵隔	병든 아이 소식은 사흘 밤이나 막혀 있고
遷客行裝匹馬忙	나그네의 행장은 한 마리 말에 정신없네.
漫擬匡衡扶漢室	제멋대로 광형의 한나라 부지를 본떴으니
非關長孺薄淮陽	장유가 회양땅 박하게 여긴 것과 관계없네.

| 回瞻北極楓宸遠 | 고개 돌려 바라본 북극 님 계신 궁 아득한데 |
| 白髮孤臣淚萬行 | 흰 머리 외로운 신하 눈물 만 갈래로 흐르네.[72] |

夜宿扶桑驛	밤들어 부상역에 머물고 보니
主人無好顔	주인은 반기는 낯빛이 없네.
多言過瀧吏	나루관리 꾸짖고 잔소리하며
催我走星山	성산으로 가라고 나 재촉하네.
末路人情薄	말로에 인정은 야박해지고
荒陬風俗頑	외진 곳 풍습은 사납기만 해.
自憐時命謬	시대 운수 어긋나 가슴 저리니
殘夢汨羅還	다된 꿈에도 멱라강에 되가고 싶네.[73]

이 시는 매산이 좌천되어 임지인 진주로 가는 길에 쓴 시이다. 아직 진주에 도착하지 않았기 때문에 좌천된 임지의 생활이나 고뇌보다 그 여정旅程과 여정 중 접한 인정人情에서 느끼는 자신의 심사를 읊고 있다.

첫 번째 시는 경상북도 문경과 충청북도 괴산의 경계에 있는 조령鳥嶺을 넘으면서 쓴 시이다. 대사간을 사직하는 상소를 올린 그날 진주목사로 좌천된 매산은 황망히 길을 떠나게 되었다. 외직으로 나가는 것이 처음은 아니었지만 상소문을 올려 좌천된 부임길이니 마음 편할 리 없다. 그런데 문경새재 험한 길은 끝이 보이지 않고, 집을 떠나올 때 병석에 누워 있던 아이의 소식은 궁금하기만 하다.

---

72) 李夏鎭, 〈過鳥嶺〉, 「晉陽錄」, 『六寓堂遺稿』 卷 2.
73) 李夏鎭, 〈扶桑驛〉, 「晉陽錄」, 『六寓堂遺稿』 卷 2.

스스로 옳다 여겨 한 일이었기 때문에 그는 자신의 행동을 한漢나라의 광형匡衡에게 비겨보았지만 아무에게도 인정받지 못하는 바보 같은 행동이었다. 그렇기 때문에 승상丞相 장탕張湯과 어사대부御史大夫 공손홍公孫弘의 잘못을 간하다 회양태수淮陽太守로 쫓겨난 급암汲黯과 자신의 처지는 아무런 관계가 없는 것이라고 여겼다. 이런 서러운 생각에 고개 돌려 저 멀리 님 계신 북극을 바라보지만 아득하여 아무것도 보이지 않고, 흰 머리에 쫓겨난 신하가 된 그의 눈에서는 만 갈래 눈물만 쏟아지는 것이다.

다음 시는 좌천 도중 부상역扶桑驛(김천시 남면 부상리 부상마을)에서 하루를 머물며 그곳에서 마주한 인정과 심사를 읊고 있는 시이다. 하루 종일 힘든 일정을 계속해온 매산은 역에서 하루를 묵어가는 것도 마음이 편치 않았다. 귀양 가는 것도 아닌데, 역장驛長이 일행을 박대하는 것이었다. 여기서 머물지 말고 빨리 성산으로 가라고 보채는 역장의 모습을 보고 그는 인정의 야박함을 실감했다.

서울에서 멀리 떨어진 외진 곳이어서 풍습이 서울과 다를 수 있다고는 생각했었지만 막상 이런 풍습과 인정을 접해보니 그의 마음은 더욱 상했다. 이런 풍습과 자신의 처지를 되돌아보면서 매산은 점차 자신에게 회의하게 되었고 현실에 대한 절망감을 느꼈다. 그래서 이제 다 깨어가는 꿈에서조차 굴원屈原이 빠져죽었던 멱라강汨羅江으로 되돌아가고 싶은 마음을 느낀 것이다.

진주로 부임해가는 동안 매산의 눈에 접한 것들은 모두 그를 번민에 휩싸이게 하기에 충분한 것이었다. 그가 느끼는 내면의 갈등은 임지까지 가는 동안만 그를 사로잡은 것이 아니었다. 임지인 진주에 도착해서도 그의 갈등은 가라앉지 않았다. 그의 내면은 여전히 지금 자신이 처한 현실과 그가 지니고 있었던 이상 사이에서 갈등했다. 그것은 그를 좌천이라는 곤경 속으로 몰아넣는 계기가 되었던 상소에 대해 그 스스로가 자신의 직분을 다한, 당연히 해야 할 일을 한 것이라고 생각했기 때문이다. 이런 생각은 매산에게 좌천된 자신의 현실에 대해 갈등하고 고뇌하게도 만들었지만 이와 함께 그에게 자신의 현실을 받아들이게 했다.

이런 태도는 매산이 좌천이라는 곤경을 관인이 언제나 겪을 수 있는 한때의 시련이라 생각했음을 보여준다. 좌천이 그의 관직생활을 힘들게 한 것은 사실이나 관직생활을 가로막는 결정적인 난관이 될 수 없다고 생각했기 때문에 그는 현실에 대해 갈등했지만, 이 현실을 언젠가는 극복될 한순간의 시련이라 여기고 받아들였다.

落月細如眉	지는 달은 가늘기가 눈썹 같은데
餘輝閃樹枝	남은 광채 나뭇가지에 번쩍이네.
遠遊芳草晚	먼 곳이어선지 고운 풀들 더디 지는데
歸意子規知	돌아가려는 내 마음 자규가 아는 구나.
雨過山光潤	비 지나간 산 빛은 윤기를 띠고
天長鴈影遲	하늘 멀어 기러기 그림자도 더디 나네.
怕逢漁父問	어부의 물음을 마주할까 두려우니
愧我獨醒時	나 혼자 깨어 있는 이때가 부끄러워서지.[74]
澤畔班荊坐	못 두둑 위에다 싸리 자리 펴고 앉아
窪樽不用杯	한 동이의 술에 잔도 쓰지 않네.

---

74) 李夏鎭,〈獨醒〉,「晉陽錄」,『六寓堂遺稿』卷 2.

| 片時無限意 | 잠시라도 끝없이 일어나는 뜻있으니 |
| 誰識楚臣哀 | 그 누가 초나라 신하 서글픔을 알런가.[75] |

이 두 수의 시는 모두 임지인 진주에서 쓴 시이다. 이 시에서 좌천된 자신의 처지에 대해 번민하는 매산의 모습이 굴원屈原과의 비유를 통해 잘 드러나 있다. 굴원은 당대의 간신諫臣으로 자신의 직분에 충실하다 관직에서 밀려나 죽음을 맞이한 인물이다. 매산의 시에 굴원이 자주 등장하는 것은 그가 스스로 상소를 올려 좌천된 자신의 처지를 굴원과 같다고 여겼기 때문이다.

첫 번째 시에서 매산은 자신의 처지를 굴원의 「어부사漁父辭」에 빗대어 읊고 있다. 눈썹같이 가는 달은 서쪽으로 지면서 나뭇가지에 광채를 남겨 두었고, 남쪽으로 멀리 떠나왔기에 봄풀은 늦게까지 피어 있었다. 이렇게 좋은 곳이지만 이곳에서 돌아가고자 하는 그의 마음을 아는지 봄 맞은 자규子規는 구슬피도 울어대고 있다.

이 속에서 바라본 산의 모습은 봄비를 맞아서 윤기를 띠고 있고, 하늘을 나는 기러기는 돌아가지 못하는 자신을 대변하듯 먼 하늘 위에서 더디게도 지나간다. 진주 임지에서 주변을 바라보다 매산은 문득 자신이 왜 여기 와 있는지 생각하게 되었다. 그러자 그는 굴원이 만난 어부를 자신도 만날까 걱정스러워졌다. 굴원이 어부에게 말했듯 자신도 홀로 깨어 있어서 이런 곤액을 당하게 되었기 때문이다. 어부의 말대로 세상과 함께 움직이지 못했던 자신의 모습이 지금 이 순간 안타깝게 다가온 것이다.

---

75) 李夏鎭, 〈次鄭卿韻〉, 「晉陽錄」, 『六寓堂遺稿』 卷 2.

다음 시는 매산이 곽위경郭衛卿의 시운詩韻을 차운하여 쓴 시이다. 매산은 진주의 임지 근처에 있는 못가의 두둑 위에 풀로 만든 허름한 자리를 깔고, 술잔도 없이 술 단지 하나 옆에 두고 앉았다. 잘 차려 꾸미거나 격식을 갖출 필요도 없었다. 누가 옆에 있는 것도 아니니 마음 내키는 대로 편안하게 행동할 뿐이다. 그러나 편안하고 자유롭게 생활하고 있는 듯하지만, 그에게는 단 한순간도 자신과 국가의 미래에 대한 근심이 떠나지 않았다. 생각이 여기에 미치자 매산은 이런 자신의 마음을 알아줄 사람이 누가 있을까 생각해보다가 갑자기 굴원이 생각나 서글퍼졌다. 죽어서 이 세상의 모범이 되기 위해 죽음으로써 간諫하겠다며 장사長沙의 멱라수汨羅水에 뛰어든 굴원의 뜻을 누가 알아주었나 하고 생각한 것이다.

매산은 진주목사로 좌천되어 있으면서 자신을 돌아보고 수많은 갈등을 느꼈다. 아무도 알아주지 않는 자신의 행동이 과연 세상에 어떤 도움이 될 수 있을까 고민하기도 했고, 세상과 합하지 못하는 자신의 모습을 바라보며 스스로 갈등을 느끼기도 했다. 그러나 매산은 그가 느낀 번뇌와 갈등이 관인官人에게는 언제나 있을 수 있는 것이라 여겼다. 그래서 갈등하고 번민하면서도 임지에서 자신이 맡은 책무를 다하기 위해 노력했다.

매산의 이런 노력은 그가 진주목사로 부임한지 채 3개월이 지나지 않아 물거품이 되어버렸다. 숙종 6년(1680) 2월 25일 상소로 인해 당일 진주목사로 전보된 매산은 변해버린 정국의 상황에 따라 그 해 5월 5일 파직되어 서울로 돌아왔다. 파직 이후 매산은 잠시 자신의 집에 머물렀지만 6일 뒤인 5월 11일 삭탈관직되어 문외출송되었다. 당시 관직을 잃고 도성 밖으로 쫓겨나게 된 매산은 마포의 상수 주변 서호西湖

근처에 임시로 거처할 곳을 만들었다. 이 서호 퇴거기退去期는 진주晉州 좌천기左遷期보다 그에게 더 많은 것을 생각하게 한 시간이었다.

邇來公議苦無權　근래에 公義는 괴롭게도 힘없으니
珠去驪龍正睡眠　여의주 버린 검은 용은 바로 잠이 드네.
宛是西山逾嶺日　뚜렷하게 서산으로 고개 넘는 해 보이니
眞同吏部貶潮年　참으로 한이부 조주로 귀양가던 해와 같네.
三秋客意楓林下　늦가을 나그네 뜻은 단풍 숲 아래 서려있고
千里情書鴈影邊　천리 정든 편지는 기러기 그림자 곁에 드네.
一念朝宗應未懈　님 뵈려는 한 마음 아직 게을러지지 않았으니
明川遙接漢陽川　명천은 저 멀리서 한양 물과 이어 있네.[76]

風欺庭樹客心知　바람이 뜰 나무에 살며시 불어 나그네 마음 알겠고
江上秋生有所思　강 위에 가을 드니 그리워하는 것 있네.
逐浪孤舟元不繫　물결에 쫓기는 한 척 배는 원래 얽매이지 않는데
橫天黃鵠孰能縻　하늘 가르는 누런 고니를 누가 묶어둘 수 있나.
霜毛儘爲傷時短　세어버린 털 모두 다 시절 근심해 짧아지고
直性終難與世移　곧은 성품 끝내는 세상과 맞추기 어렵네.
入望雲山愁裏碧　멀리 보이는 구름 낀 산 근심 속에 푸르니
竹節無恙鶡冠宜　대나무 지팡이 탈 없는 갈관이 마땅하네.[77]

---

76) 李夏鎭, 〈次洪尙書謝權評事韻〉, 「西湖錄」, 『六寓堂遺稿』 卷 2.
77) 李夏鎭, 〈有所思〉, 「西湖錄」, 『六寓堂遺稿』 卷 3.

이 시는 매산이 서호에 머물며 쓴 시이다. 진주 좌천기의 시와 비교해 봤을 때 이 시기의 시에서는 그가 느끼는 내면 갈등이 보다 강한 울분으로 전이轉移되고 있음을 느낄 수 있다. 외직으로의 좌천은 관인에게 언제나 있을 수 있는 일이었기 때문에 비록 마음속으로 고뇌하고 번민하기는 하였지만 자신을 소외시킨 현실에 대해 울분을 느끼고 좌절할 필요까지는 없었다. 그러나 관작官爵을 삭탈削奪당하고 도성都城 밖으로 쫓겨난 상황은 그것과는 다른 것이었다. 현직現職에서 완전히 배제된 상태로 살아가야 하는 것이었기 때문에 좌천左遷에서와 같이 현직으로의 복귀에 대해 막연한 기대를 가지기도 어려운 상황이었다.

첫 번째 시에서 매산은 잘못된 현실의 모습을 거론하면서 시를 시작했다. 매산은 변해버린 조정과 임금의 모습을 시 속에서 직접 거론했다. 근래 조정의 움직임을 살펴보면 공의公議가 아무런 힘을 쓰지 못한다고 했다. 경신대출척庚申大黜陟 이후 변해버린 조정의 상황을 말하는 것이다. 미수眉叟·백호白湖가 사사되고, 우암尤庵이 해배된 후 조정은 서인西人들의 손아귀에 들어가게 되었다. 임금도 여의주같이 아끼며 가까이할 신하를 잃어 힘없이 잠들어버렸다. 아무리 보아도 어떤 기대도 가질 수 없는 상황이었다. 이런 정치 상황은 고개 들어 바라보면 눈에 드는 서산의 지는 해와 같았고, 이 시기는 한유韓愈가 헌종황제憲宗皇帝에게 간諫하다가 조주자사潮州刺史로 좌천된 그 시기의 상황과 같았다.

늦가을 다 시들어버린 나그네의 마음은 단풍 든 숲 아래에 어리어 있고, 천리 저 멀리까지 자신의 마음을 전해줄 편지는 날아가는 기러기의 그림자 주변을 맴돌았다. 변해버린 정치 상황과 쓸쓸한 계절이 합하여 그에게 더 큰 시름으로 다가오는 것이다. 이런 상황에서도 그는 결코 자신이 가지고 있었던 현실에 대한 뜻을 버릴 수 없었고, 현실에 등을 돌릴 수도 없었다. 임금을 만나고자, 그의 곁에 가고자 하는 그의 마음은 결코 게을러지지 않았다. 이런 마음을 아는지 명천明川도 저 멀리서 한 강물과 만나는 것이다. 이 마지막 연聯은 기대할 수 없는 상황임에도 불구하고 마지막까지 희망을 잃지 않으려는 매산의 의식을 보여주는 것이다.

두 번째 시는 매산에게 갑자기 떠오르는 생각이 있어 쓴 것이다. 정원의 나무에는 쓸쓸한 나그네의 마음 같은 가을 바람이 불어들고, 저 멀리 보이는 강 위에는 가을 풍경들이 내려앉았다. 갑자기 찾아온 가을은 매산에게 괴로움에 가득한 시름을 불러왔다. 자신의 처지를 강 위를 떠도는 배와, 하늘 저 멀리를 나는 고니와 같다고 생각한 매산은 스스로 원래 묶일 수 없는 처지였기 때문에 지금 이렇게 떠도는 것이 천성에 부합하는 것이라고 자위해보았다.

그러나 그의 위로는 스스로를 돌아보는 순간 여지없이 무너졌다. 허옇게 세어버린 머리는 변해버린 시절을 근심하느라 다 빠져 점점 줄어들었다. 이런 모습은 자신의 성정과 관계 있는 것이다. 그는 어지러운 정치 현실 속에서도 스스로 자신이 지닌 지조를 굽힐 수 없었기 때문에 세상과 합하지 못하고 세상에서 소외되어 버려진 것이다. 이런 사신을 잘 알고 있기 때문에 매산은 저 멀리 구름 속에서도 푸른빛을 잃지 않고 있는 산을 본받고자 했다. 그 산속에서 근심 없이 지팡이 짚고 살아가는 늙은이로 남고 싶은 것이었다. 미련尾聯의 구름 낀 산은 앞날을 분간할 수 없는 현실을 상징하는 것이기도 하고, 이 산 속에서 '갈관鶡冠'으로 살고자 하는 것은 현실에 대한 기대를 버리고 싶다는 의미이기도 하다. 그러나 그는 자신의 모습이 '갈관'이 아니라 '고주孤舟'이고 '황곡黃鵠'이라는 것을 너무나 잘 알았다. 그렇기 때문에 그의 갈등과 울분은 시간이 지나도 줄어들지 않고 점점 더 깊어가는 것이다.

매산의 서호생활은 채 5개월이 지나지 않아 끝나게 되었다. 이 시기는 그가 삭탈관직과 문외출송이라는 정치적 시련을 겪으며 현실 정치에서 소외된 시기이기도 했지만, 연이어 귀양 가고 사사당하는 그의 정치적 동료들에 비해 상대적으로 여유 있는 삶을 누릴 수 있는 시기였다. 그는 당시 소외된 현실에서 좌절과 울분을 느끼며 번민하기도 했지만, 그 속에서 나름대로 안정을 찾고 자신을 돌아보기 위해 노력했었다. 하지만 이런 서호생활도 10월 2일 김석주金錫冑의 상소로 인해 운산으로 귀양 가면서 끝나게 되었다.

경신대출척 이후 집요하게 계속된 매산의 유배를 청하는 상소에 대해 지나치다거나 실정과 부합하는 것은 아니라고 하며 거부하던 숙종도 이때 와서는 마침내 허락하고 말았다.[78] 이 유배는 그에게 현실에 대한 희망을 버리게 만들었다. 좌천시기 자신을 적객謫客에 비유하며 스스로를 달랬고, 서호 퇴거기 동안 자신을 '고주'와 '황곡'에 비유하며 울분을 삭혔던 매산이었지만 이 기간 동안 현실에 대한 기대와 희망을 버리지 않았다. 만약 임금이 그의 진정을 이해한다면 언제든지 다시 불러줄 것이라는 기대 속에 매산은 현실에 대한 울분을 시로 토로하며 자신을 달래기 위해 노력했었다.

이런 매산에게 운산 유배는 지금까지 자신을 다독여왔던 행동이 의

---

[78] 『朝鮮王朝實錄』肅宗 6년 10월 2일(丁亥) 3번째 기사. "李夏鎭則今之言者或以爲, 當敎文竄改之時, 雖爲提學, 而至於下語作句, 則全是挺昌與權瑎所爲云, 而至於乙卯掌試時, 首開私逕之罪, 國言藉藉, 姜碩賓則久爲體府從事, 專管錢穀, 多有脅勒作弊於外方之事, 俱不無罪, 撮而言之, 夏鎭·碩賓之罪, 次於李袤, 命賢·始復·夏益等, 又爲其次, 若瑞雨·馥則本非名顯之人, 不宜施以竄黜之罪, 直爲遠配似宜, 上曰; 李袤·李夏鎭·柳命天遠竄, 姜碩賓中道付處, 李馥·李瑞雨邊遠定配, 兪夏益·吳始復·柳命賢門外黜送, 李宇鼎事, 從之."
肅宗 6년 條를 살펴보면 南人들의 유배를 청하는 西人들의 상소가 5월 21일부터 유배가 결정된 10월 2일까지 계속되었고, 이에 대해 肅宗은 10월 2일 이전까지 계속 거부하였음을 알 수 있다.

미 없는 것이었음을 분명하게 보여주는 것이었다. 변해버린 정치 상황은 그에게 더 이상 뛰어들 여지가 없음을 분명히 보여주었고, 그 속에서 매산은 좌절을 거듭하게 되었다. 이런 상황의 변화에 따라 매산의 운산 유배기 시에서 볼 수 있는 내면 갈등은 이전 시기보다 훨씬 강화되어 현실에 대한 울분으로 시 속에 드러났다.

 현실에 대한 울분은 그가 현실에 뛰어들 수 없었기 때문에 일어나는 것이었다. 바라볼 수밖에 없는 현실은 그를 현실에 대한 방관자傍觀者, 방외인方外人으로 만들어 강한 자기 울분을 유도하였지만 이와 함께 현실에 대한 우환의식을 이끌어 내었다. 뛰어들어 함께하지 못하고 바라보고만 있어야 하는 그의 상황에서 현실은 갈등과 울분의 근원이었지만, 동시에 여전히 책임의 소재, 삶의 목표이자 의미로 존재했다. 그에게 현실은 갈등과 울분의 근원이었지만, 이와 동시에 자신의 존재 의미가 담겨있는 삶의 근원이었기 때문에 매산은 현실 속에서 갈등하고 울분을 느꼈음에도 불구하고 현실을 바라보며 우환의식을 느끼는 것이다.

 이와 함께 강화된 내면의 갈등은 그의 의식을 점차 내면화했다. 기대를 가질 수 없는 현실은 그에게 강한 울분으로 드러나기도 하지만 반면에 현실에서 벗어나고자하는 이탈 욕구로 형상화되기도 하는 것이나. 이 이탈 욕구는 현실에서 고뇌하지만 현실 속에서 그 고뇌를 해결할 수 있는 어떤 방법도 찾을 수 없었던 매산으로 하여금 스스로를 현실 속에서 소외시켜 과거와 고향을 그리워하는 애상哀傷 속에 빠져들게 만들었다. 이런 시들은 그가 이전까지 보여주었던 현실 참여에의 강한 욕구에 비추어볼 때 그의 울분과 좌절감이 스스로의 제어망制御網을 넘어서서 극대화된 표현이라 할 수 있다.

 결국 운산 유배기 매산의 시는 개선의 희망이 보이시 않는 현실에 대한 강한 울분과 그 울분의 전화轉化로 드러난 우환의식, 그리고 울분과 우환의식이 극대화되면서 이끌어 낸 좌절감을 특징으로 한다.

楚狂應是我前身　초나라 광객 틀림없이 내 전신이었으리니
歌鳳逍遙浿水濱　봉황곡 부르며 이리저리 패수가를 떠돌았겠지.
雪後西門風色改　눈 온 뒤의 서쪽 관문 바람빛이 바뀌니
翩然披髮駕猉獜　펄럭이는 머리털 나부끼며 기린을 타고 싶네.[79]

自笑前身是楚狂　내 전신 초나라 광객이라 스스로 비웃으니
十年歌鳳意何長　십 년 동안 봉황가 부른 그 뜻 얼마나 오랜가.
尙方猶有朱雲劒　상방에는 아직도 주운검이 남았으니
今日廷臣孰姓張　오늘 조정 신하 중에 어떤 성씨 힘 떨치나.[80]

이 시는 매산이 유배지에서 느끼는 자신의 울분을 읊고 있는 시이다. 이 두 편의 시에서 그는 스스로를 초광楚狂에 비유하는데, 초광은 「봉황가鳳凰歌」를 부르며 공자의 수레 앞을 지나간 인물이다. 그는 미친 척하며 세상을 피해 사는 인물로 공자에게 벼슬에 대한 욕심을 버리고 은거하기를 권했던 사람이다.[81] 매산이 스스로를 초광에 비유한 것은 현재 자신이 처한 상황이 관직생활의 결과 필연적으로 다가올 수밖에 없는 것이었다는 자각과 함께 이런 상황을 가져다 준 세상에 대한 강한 울분

---

79) 李夏鎭, 〈偶吟〉, 「雲陽錄」, 『六寓堂遺稿』 卷 3.
80) 李夏鎭, 〈醉題〉, 「雲陽錄」, 『六寓堂遺稿』 卷 3.
81) 「微子」 5章, 「論語」 18篇, "楚狂接輿, 歌而過孔子曰: 鳳兮鳳兮, 何德之衰, 往者不可諫, 來者猶可追, 已而已而, 今之從政者, 殆而. 孔子下, 欲與之言, 趨而辟之, 不得與之言."

을 토로하고 있는 것이다.

봉황이란 새는 덕德이 성盛하면 나오고 쇠衰하면 숨는 새인데, 십 년 동안「봉황가」를 부르며 패수浿水가를 떠돌았다는 것은 그만큼 세상의 도道가 땅에 떨어졌기 때문에 모든 것을 버리고 세상을 등져야 한다는 것을 의미한다. 그렇지만 이와 같은 맥락에서 매산은 그만큼 현실에 대한 강한 욕구를 가지고 있었다는 뜻이기도 하다. 십 년을 떠돌았지만 결국 세상을 떠나지 못했다는 것은 그의 미련이 그만큼 컸었다는 뜻이기도 하기 때문이다.

이런 상반된 의식을 갖고 있었던 매산이 진정으로 바랐던 것은 세상을 등지는 은사隱士가 되는 것이 아니었다. 그는 첫 번째 시에서 눈 온 뒤, 바람빛이 바뀐 서쪽 관문에서 기린麒麟을 올라타고 머리털을 날리며 달려보고 싶다고 했다. 그가 진정으로 바란 것은 도 있는 세상, 덕이 성한 세상에서 마음껏 자신의 재능을 펼쳐보는 것이었다. 이 마지막 구는 때를 얻지 못하고 세상에 나온 자신에 대한 강한 회한과 울분을 담고 있다.

두 번째 시에서 매산은 상방尙方의 주운검朱雲劒이 아직 남아 있다고 했는데, 이 상방검尙方劒은 임금이 신하에게 전권을 위임하며 주는 칼이다. 그런데, 아직도 주운검이 남아 있다는 것은 그에게도 기회가 남아 있다는 것을 의미한다. 비록 서인 계열이 오늘 임금의 은총을 받아 조정에서 힘을 떨치지만, 만약 사정이 바뀐다면 그 칼을 그가 쥘 수 있다는 것이다. 만약 그가 이 주운검을 쥔다면 그는 더 이상「봉황가」를 부르지 않고 봉황이 찾아오는 세상을 만들겠다는 것이다. '금일정신숙성장今日廷臣孰姓張'이라는 마지막 구는 현재 조정에서 정사政事를 돌보는 신하들의 행동이 보잘것없는, 변변치 않은 것이라는 매산의 강한 울분이 전제된 표현이다.

邯鄲猶是夢中人	邯鄲 이게 바로 꿈속의 사람인데
天地無家一逐臣	천지 사이 머물 곳 없는 쫓겨난 신하 되었네.
潦倒百年生亦寄	처량하고 초라한 인생에 내 삶을 붙여보니
飄零千里死於濱	정처없이 떠돈 천 리 물가에서 죽음 맞네.
魂迷故國時彈劍	넋은 고향을 헤매고 다녀 때로 칼을 두드리고
淚盡危樓獨望辰	눈물 다한 위태로운 누각에서 북극성 바라보네.
尙幸樽前詩有料	다행히도 술잔 앞에서 시 쓸 거리 있으니
山容得雪倍精神	산 모습 눈을 맞아 정신 배나 맑아지네.[82]

揷笏明庭更幾人	笏을 꽂고 밝은 조정에 몇 사람이나 있는가
楓宸回首泣孤臣	님 계신 곳 머리 돌리니 외로운 신하 눈물만 흐르네.
夢魂中夜鵷行末	꿈꾸는 혼은 한밤중에 朝臣의 반열 끝에 서지만
氷雪三冬鴨水濱	얼음 눈 쌓인 한겨울에 압록강가에 있네.
北極猶思星拱日	北極星 보며 오히려 별들이 조아리던 날 생각하고
南箕空惜我生辰	南箕星 보며 부질없이 나 태어난 날 안타까워하네.
忽驚新句醒愁眼	갑자기 놀라운 새 시 구절에 근심 어린 눈 떠보니
千里心交覺有神	千里心交는 정신을 깨우친다.[83]

이 시 속에서 매산은 유배된 자신의 울분을 거침없이 토로하고 있다. 첫 번째 시는 유배된 뒤 느끼는 자신의 심사를 있는 그대로 보여주는 것이다. 위衛나라 노생盧生이 한단邯鄲의 여관에서 여옹呂翁의 베개를 빌

---

82) 李夏鎭, 〈次康生韻〉, 『雲陽錄』, 『六寓堂遺稿』 卷 3.
83) 李夏鎭, 〈復用前韻〉, 『雲陽錄』, 『六寓堂遺稿』 卷 3.

려 자면서 꾼 꿈을 통해 인생을 배워야 했는데 매산은 그렇게 하지 못했다. 그래서 그는 넓은 천지 가운데 작은 몸 하나 둘 곳이 없는 쫓겨난 신하가 된 것이다. 기구하고 처량한 인생에 자신의 삶을 맡겨보니 남으로 북으로 천리를 정처 없이 떠돌다가 이제 압록강가에서 죽음을 맞을 처지가 된 것이다.

이곳에서도 매산의 넋은 자리를 잡지 못하여 고향을 떠돌고, 비분한 마음에 때때로 칼을 잡아보기도 하고, 위태로운 누각에 올라서서 북극성을 바라보며 눈물을 흘리기도 했다. 이렇게 마음 붙일 곳이 없는 매산이었지만 그나마 다행히 술과 시가 있어 어느 정도 마음을 다독일 수 있다고 했다. 유배지에서 느끼는 처절한 울분의 표현이다.

다음 시에서 매산은 자신의 현재 모습과 과거를 대비시키는 방법으로 그가 느끼는 울분을 표현하고 있다. 예나 지금이나 밝은 조정에 걸맞은 신하는 몇 사람이나 되었는가. 그리고 지금 홀을 꽂고 조정에서 신하다운 신하 노릇을 하는 사람은 몇 사람이나 있을까 생각해보지만 그는 님 계신 궁을 바라보며 눈물을 흘리는 쫓겨난 신하에 불과했다. 꿈 속에서 이전에 그가 자리 잡고 있었던 조신朝臣의 반열을 헤매보지만 지금 그의 모습은 얼음과 눈이 쌓인 한겨울 압록강가에 서 있는 초라한 신세에 불과했다. 북극성을 바라보며 뭇 별들이 북극성을 향해 읍을 올리던 때를 생각해보기도 하지만, 지금 그는 남쪽으로 남기성南箕星을 바라보며 부질없는 자신의 생을 후회하는 처량한 몸일 뿐이다. 과거 자신의 모습에 대한 그리움은 이와 대비되는 현재의 모습으로 인해 그를 더욱 깊은 울분 속으로 끌고 들어가는 것이다. 그나마 매산이 현실의 삶을 살아갈 수 있었던 것은 그의 마음을 알아주는 벗이 있고, 그와 주고받을 수 있는 시가 있기 때문이었다.

天垂妖篲掃天衢　하늘이 요망한 혜성을 드리워 하늘거리 쓸어내니
倘許偏容海一隅　혹시라도 바다 한모퉁이에 그를 용납한 것인가.
八路生靈生意息　팔도의 백성들 살려는 뜻 멈추었으니
刳肝無路訴淸都　간을 도려내려 해도 길 없어 上帝宮에 하소연하네.[84]

天時人事果何如　하늘의 때와 사람의 일은 과연 어떠한가
聞道妖星篲太虛　요망한 별 太虛星을 쓸었다는 말 들었네.
白髮孤臣憂畏切　흰 머리의 외로운 신하 근심 걱정 간절하니
獨依西極暗沾裾　홀로 서쪽 하늘 의지하여 남몰래 옷자락 적시네.[85]

天意如今問若何　하늘의 뜻 지금 묻노니 어떠한가
妖星前夜篲明河　요망한 별 지난밤에 밝은 은하 쓸고 갔네.
不須強爲淸時慮　억지로 맑은 때를 근심할 필요는 없지만
聞道瑤衢滓穢多　고운 거리에 더러운 것 많이도 널렸단 말 들었네.[86]

　이 세 수의 시는 모두 매산이 하늘의 별을 보고 근심에 잠겨 쓴 시이다. 앞의 두 수는 새벽에 남쪽 하늘을 바라보다 진성軫星과 익성翼星 사이로 혜성이 지나가는 것을 보고 근심이 일어 쓴 시이고, 마지막 시도 언제인지는 모르나 앞의 시와 같이 별을 보고 쓴 시이다. 북쪽 멀리 귀양 온 처지이기 때문에 남쪽 하늘을 바라보는 일은 그에게 습관적인 행동이었다고 생각된다. 또 별을 보고 길흉吉凶을 점치는 것도 당시 보편적인

---

84) 李夏鎭, 〈曉見軫翼間蒼彗不勝憂畏書以記誌〉 其 1, 「雲陽錄」, 『六寓堂遺稿』 卷 3.
85) 李夏鎭, 〈曉見軫翼間蒼彗不勝憂畏書以記誌〉 其 2, 「雲陽錄」, 『六寓堂遺稿』 卷 3.
86) 李夏鎭, 〈祈祥有感〉, 「雲陽錄」, 『六寓堂遺稿』 卷 3.

행동이었다고 할 수 있다. 그런데 이런 별의 움직임을 보고 근심에 빠져드는 매산의 태도는 일상적인 관습적 행동과는 다른 것이다.

앞의 두 시에서 매산은 진성과 익성 사이를 스쳐가는 혜성을 바라보며 걱정에 잠겼다. 혹시라도 하늘이 이 나라를 버린 것이 아닌가 하는 생각 때문이다. 그리고는 태허성太虛星을 침범한 혜성을 보면서 천시天時의 변화가 인사人事에 어떤 영향을 미치는지 생각해 보았다. 그가 혜성의 움직임에 이렇게 민감하게 반응하는 것은 팔도의 백성들이 살고자 하는 의욕을 잃고 있었기 때문이었다. 혜성의 움직임이 있기도 전에 이미 백성들은 살 뜻을 버리고 도탄 속에서 헤매고 있는데 혜성까지 떨어졌으니 매산에게는 백성과 나라의 미래가 걱정스러운 것이다.

근심 속에 그는 무엇을 할 수 있나 생각해보았지만 그가 할 수 있는 것은 아무것도 없었다. 간을 도려내서 자신의 마음을 보이고 싶지만 그것도 할 수 없어, 매산은 안타까운 자신의 마음을 하늘의 상제에게 하소연하였다. 허옇게 센 머리로 북쪽 저 멀리 유배된 신하가 느끼는 절실한 근심과 걱정을 전할 수 있는 방법은 그저 하늘을 바라보고 기원하며 눈물을 흘리는 것뿐이다.

마지막 시에서 매산은 하늘의 별을 바라보고 근심에 빠져들었다. 혜성이 지나기도 전에 벌써 나라의 모습이 잘못되어 있었기 때문이다. 그가 세 번째 구에서 '불수강위청시려不須强爲淸時慮'라고 한 것은 맑은 때라면 굳이 근심할 필요가 없다는 말이다. 그런 매산이 하늘의 혜성을 보고 근심에 빠져드는 것은 지금이 맑은 때가 아니란 것을 말해준다. 마지막 구절의 '요구瑤衢'는 하늘의 별자리를 의미하는 것일 수도 있겠지만 그것보다는 당대의 서울, 더 정확하게는 관료들을 의미한다고 생각된다. 또 '재예滓穢'는 백성들의 삶을 힘들게 하고 나라를 어지럽히는 잘못된 관료들을 지적하는 것이라고 보인다. 이들이 많다는 것은 지금 나라의 움직임, 정책의 결정이 올바르게 되지 못하고 있다는 것이다.

첫 번째 시의 세 번째 구에서 '팔로생령생의식八路生靈生意息'이라 한 것은 이미 백성들의 삶이 어찌해 볼 수 없는 상황에 빠져 있다는 것이다. 그렇지만 그의 처지는 그가 시 속에도 표현했듯이 '고간무로刳肝無路'한 상황이었다. 그래서 매산은 상제에게 하소연도 해보고 혼자 눈물을 흘리기도 하는 것이다. 이 시들은 그가 가지고 있었던 백성과 국가에 대한 책임감과 국가의 미래에 대한 근심과 염려를 드러내며 그가 가진 우환의식을 잘 보여준다.

霜落西門客意忙	서리 내리는 서쪽 관문 나그네 뜻 황급한데
路逢歸鴈向南翔	길에서 만난 기러기 남으로 향해 돌아가네.
微禽亦有隨陽智	하잘것없는 날짐승도 양기 따르는 지혜 있는데
恨不相將作一行	함께 한줄지어 가지 못하는 게 한스럽네.[87]

意逐南鴻遠	내 마음은 남으로 가는 기러기 따라 멀어지고
身隨塞馬來	내 몸은 변새의 말을 따라 이곳에 왔네.
客懷詩作案	나그네 회포는 시가 書案을 만들고
鄕夢枕爲媒	고향 그리는 꿈은 베개가 매파 되네.
萬事蕭蕭髮	세상일들은 성기고 세어버린 머리털 같고
孤村滿滿盃	시골마을 생활은 가득 찬 술잔 속에 있네.
擧頭天不隔	머리 들어보니 하늘 멀지 않아

---

87) 李夏鎭,〈自笑〉,「雲陽錄」,『六寓堂遺稿』 卷 3.

| 獨夜望璇魁 | 홀로 한밤에 북극성을 바라보네.[88] |

異鄕樽俎悄無歡	낯선 고장 술 단지는 근심만 주지 기쁨 없으니
匣裡龍泉醉後看	갑 속에 든 용천검을 취한 뒤에 바라보네.
三角雲烟歸夢遠	구름에 덮인 삼각산은 꿈처럼 멀리 아득하고
八溪鷗鷺舊盟寒	팔계의 갈매기 왜가리는 옛 약속만 얼어붙네.
吟成久已憐莊舃	시 다 지으니 오래 전에 장석 가여워함을 그만두었고
歌罷誰知和伯鸞	노래 마치니 그 누가 백란에 화답한 줄 알겠나.
避世避人何所擇	세상과 사람을 피하는 것 중 가릴 것이 무엇인가
架頭霜翮解絛難	시렁 위의 새하얀 깃은 벼슬 버리기 어렵네.[89]

　여기에서 살펴본 세 수의 시는 매산의 운산 유배기 시에서 가장 많이 볼 수 있는 성격의 시이다. 앞서 간략하게 언급했지만 이 시들은 고향에 대한 그리움과 현실을 벗어나고자 하는 욕구를 드러내면서 은연중에 그가 느끼는 울분을 암시하고 있다. 현실에 대해 강한 책임감을 가졌던 매산이 이 시에서 볼 수 있듯이 현실을 피하고 벗어나려 했다는 것은 현실 속에서 느꼈던 그의 좌절감이 극복될 수 없는 단계에 이르렀음을 말해준다. 따라서 이런 경향의 시들은 다음 장에서 살펴볼 자적自適이나 안분安分을 지향하는 시와는 다른 의식에서 출발한 것이고, 방축의 세 시기 가운데 운산 유배기의 시에서만 볼 수 있는 것이다.
　첫 번째 시는 고향을 그리워하는 매산의 심경을 읊고 있다. 서리 내리

---

88) 李夏鎭, 〈病裏示兒輩〉, 「雲陽錄」, 『六寓堂遺稿』 卷 3.
89) 李夏鎭, 〈蘚次饒仲文韻贈康生八垓〉, 「雲陽錄」, 『六寓堂遺稿』 卷 3.

는 서쪽 관문에서 돌아가고자 하는 마음은 급하지만 유배된 처지이기 때문에 자신의 마음을 실행에 옮길 수 없었다. 마음만 급하고 몸은 움직일 수 없는 답답한 상황에서 매산은 기러기를 마주했다. 한낱 미물도 양기를 따라 남으로 날아가는데, 사람이 되어서 나는 왜 이곳에 머물러 있는가 하는 자괴감을 느낀 그는 기러기와 함께 갈 수 없는 상황을 안타깝게 여겼다. 이 시에서 매산은 그저 현실을 벗어나고만 싶어한다. 그만큼 당시 그를 둘러싸고 있던 상황은 그에게 좌절감 이외에는 어떤 것도 주지 못했다.

두 번째 시에서 느낄 수 있는 분위기도 첫 번째 시와 흡사하다. 병중에 아들에게 써 보낸 시에서 매산은 자신의 몸이 비록 변새의 말을 따라 이곳에 와 있지만 마음은 남으로 가는 기러기를 따라 멀리 가버렸다고 했다. 이와 같은 표현은 그의 의식이 이곳을 떠나 있음을 말해준다. 이곳에서 자신의 의식을 떠나보냈기 때문에 이곳은 그가 진정으로 거처할 수 있는 곳이 아니었다. 그렇기 때문에 매산은 자신의 마음을 시로 쓰며 하루하루를 보내고, 베개를 매개로 고향 꿈을 꾸는 것이다.

매산은 자신이 이런 태도를 취하게 된 이유를 세상의 모든 일들이 성기고 세어버린 흰 머리털과 같기 때문이라고 했다. 이것은 아쉬움과 미련 이외에는 어떤 것도 구할 수 없는 그의 현실적 상황을 말해주는 것이다. 그래서 그는 시골 마을에서 하루하루의 생활을 술로 보낸다고 했다. 철저히 현실을 외면하고자 하는 태도이다. 그러나 그는 끝까지 자신을 현실 속에서 소외시키지 못했다. 그렇게 하기에는 그동안 지켜왔던 자신의 삶이 너무나 안타까운 것이다. 그래서 그는 홀로 한밤에 뜰로 나와 북극성北極星을 바라보았다. 아직까지 현실에 대한 자신의 마음을 완전히 버리지 못한 것이다.

세 번째 시에서 매산은 조금 더 구체적으로 자신이 돌아가고자 하는, 현실을 벗어나고자 하는 이유를 밝히고 있다. 첫 번째 구에서 그는 낯선 고장에서는 술도 어떤 기쁨을 주지 못한다고 했다. 그가 낯선 고장에서 술로도 기쁨을 느끼지 못하는 이유는 다음 구에서 알 수 있듯이 갑 속의 용천검龍泉劍을 바라보기만 해야 하기 때문이었다. 휘둘러 무엇을 하는 것이 아니라 갑 속에 넣어둔 채로 물끄러미 바라볼 수밖에 없었기 때문에 그는 어떤 기쁨도 이곳에서 느낄 수 없었다.

그는 자신이 무엇인가 할 수 있었던 때, 할 수 있었던 곳을 그려보았다. 그렇지만 그곳은 그려보기에도 멀리 떨어져 있는 곳이었다. 구름에 덮여 있었던 삼각산三角山의 모습은 꿈마냥 아스라이 기억 속에서 가물가물하고, 다시 찾겠다고 팔계八溪의 갈매기・왜가리와 한 약속은 부질없이 추위 속에 얼어붙어버렸다. 유배된 이곳에서 지은 자신의 시는 월越나라 사람으로 초楚나라에서 벼슬을 했지만 끝내 고향을 잊지 못했던 장석莊舃의 처지를 생각나게 했고, 아내와 함께 산속에 숨어들어가 농사를 짓고 살았던 한漢나라의 양홍梁鴻을 기억하게 한다고 했다.

매산의 이런 태도는 그 자신의 어떤 노력으로도 자신을 둘러싼 현실의 벽을 극복할 수 없다는 좌절감의 표시이기도 하다. 그래서 그는 현실을 버리고 싶은 것이다. 매산의 이런 의식은 미련尾聯에 잘 드러나 있다. 세상을 피하고 사람을 피하는 것 가운데 선택할 것이 뭐가 있느냐는 이야기는 다 버리고 싶다는 뜻이다. 하지만 그는 다음 구절에서 언급한 것처럼 그렇게 하지 못한다. 끝까지 세상에 대한 일말의 기대를 버릴 수 없었기 때문이다.

방축기 매산의 울분과 내면 갈등을 드러내고 있는 시는 그의 처지에 따라 조금씩 다른 모습으로 나타난다. 그가 현실 속에서 무엇을 할 수 있느냐 하는 것은 그의 삶과 존재가 의미를 가질 수 있는가 하는 본질적인 문제와 관계되는 것이다. 매산에게 현실 속에서 스스로 행동할 수 없는 삶은 가치 없고 의미 없는 것이었다. 그러나 당대의 정치적 상황은 그를 현실에서 소외시켜 어떤 행동도 할 수 없게 만들었다. 이 과정에서 매산은 그 자신을 둘러싼 현실의 제약 앞에 좌절했다.

방축기 매산의 시에서 볼 수 있는 울분과 내면 갈등은 이러한 현실적 상황을 배경으로 이루어진 것이다. 그런데 시간이 지나갈수록 점점 그를 움직일 수 없게 죄어드는 현실은 그의 내면에서 더 큰 갈등을 이끌고 급기야 갈등을 넘어서는 울분으로 표출되었다. 그러나 이 울분도 더 이상 어찌할 수 없는 현실의 벽 앞에서는 좌절감으로 변모되었다. 이 좌절감은 그를 과거와 고향에 대한 그리움 속으로 이끌어 시 속에서 현실적 좌절감을 바탕으로 한 벗어날 수 없는 우수로 묘사되었다. 이렇게 방축기 매산의 시는 방축이라는 현실적 시련에서 그가 느꼈던 갈등과 번민, 울분과 좌절감을 있는 그대로 시의 표면에 노출하여 그의 불편한 심사를 보여준다.

(2) 자적自適과 안분安分의 지향指向

좌천과 삭탈관직·문외출송 그리고 유배라는 정치적 시련은 매산을 좌절과 번민 속에 빠뜨리기에 충분한 것이었다. 어찌할 수 없는 현실적 상황은 그에게 현실 속에 뛰어들 수 있는 길을 닫아버렸다. 그의 눈앞에서 닫혀버린 현실의 문은 그를 번민에 휩싸이게 하였고, 이런 상황에서 느끼는 좌절감은 그가 운산에서 생을 마감할 때까지 계속되었다. 하지만 이와 함께 좌천이나 유배시기가 계속될수록 그는 자신의 처지를 받아들이고 스스로를 다잡기도 하였다.

　매산이 자신의 처지를 받아들이고 스스로를 다잡은 것은 그가 자신의 이상을 접었다거나 현실에 대한 책임감을 버린 것이 아니다. 오히려 자신에게 닥친 시련을 매산은 하늘이 자신을 키우고 더 큰 임무를 부여하기 위해 준 수양의 과정으로 인식하였다.

　　　공자께서 말씀하신 "노나라가 작아 보이고 천하가 작아 보인다."라는 것과 흡사하니 여기에서 증명할 수 있다. 아아! 어찌 그리 가슴 시원한가. 내 또한 스스로 살펴볼 것이 있다. 산의 몸체가 진실로 높고 우뚝한 것을 귀하게 여기지만 또한 여기에는 병통이 있다. 높으면 매서운 바람이 많고, 우뚝하면 이웃이 없다. 하늘이 이곳에서 후려치고 움켜쥔 것이 어찌 또한 뜻이 있는 것이겠는가, 아무런 뜻이 없는 것이겠는가. 무엇을 가슴 아파하는가. 각각 부여받은 것에 따라 스스로를 잘 지켜나갈 뿐이다. 이에 기를 쓴다.[90]

　이 글은 매산이 유배지 운산의 주산主山인 백벽산白碧山을 오른 뒤 쓴 기문記文의 마지막 부분이다. 이 글의 앞부분에서 백벽산을 오르게 된 연유와 등정의 과정을 기술한 뒤 마지막으로 이 부분에서 백벽산의 정상에서 느낀 자신의 심회를 밝히고 있다.

　백벽산에 올라온 뒤 사방으로 우뚝 솟은 백벽산의 모습을 보면서 매산은 그 모습을 자신의 현재 처지와 견주어 보았다. "산의 몸체가 진실로 높고 우뚝한 것을 귀하게 여긴다."고 한 것은 인간의 삶과 산의

---

[90] 李夏鎭, 「白碧山記」, 『六寓堂遺稿』 卷 4, "孔子所以小魯小天下者, 騺驁而驗於是焉, 噫何其快哉, 余又以有所自省矣. 山之爲體, 固貴於高且孤, 而亦有以病於是者, 其高也多烈風, 而其孤也無與隣焉, 天之搏攫乎是也, 豈亦有意耶, 其無意耶, 何傷乎, 各因其所賦而善自保持焉耳, 遂爲之記."

모습을 비교한 것이다. 인간이 높은 절개와 지조를 귀하게 여기는 것이 산 중에서는 높고 우뚝한 산이 귀한 것과 같다고 생각한 것이다.

그렇지만 이 산은 귀한 만큼 많은 난관을 가진다. 높으면 매서운 바람이 많고, 우뚝하면 주위에 같이 할 만한 산이 없는 것이다. 이런 산의 모습은 높은 지조와 절개를 가진 사람이 남의 비방과 험담을 많이 받게 되고, 함께 할만한 동지를 찾지 못해 외로운 것과 같다고 생각했다. 그는 지금 자신의 모습이 바로 이런 산의 모습과 같다고 생각한 것이다. 이런 생각을 한 매산은 현재 자신이 처한 처지에 가슴아파하기보다는 하늘이 자신에게 부여해 준 자신의 본성을 잘 지키기 위해 노력하겠다고 스스로를 다잡았다. 이런 태도는 수양의 과정 동안 자신이 느낀 시련을 하늘이 자신을 증익增益시켜 자신의 옥玉을 이루게 하기 위한 것이라고 생각했던 것[91]과 같은 것이다.

좌천과 유배라는 시련기에 때때로 일어나는 마음속의 울분은 어쩔 수 없는 것이었지만, 그는 좌천과 유배의 시간이 지속되면서 점차 자신을 안정시키기 위해 노력한다.

地勢淸涼臥不妨	지세는 청량하여 누워 지내기 좋은데
汲君何事薄淮陽	汲黯은 무슨 일로 회양 박하다 하나.
極知禁闥留難得	궁궐에 머물기 어려운 줄 잘 아니
深愧靈龜六用藏	靈龜가 六用 감춘 것에 몹시 부끄럽네.[92]

---

91) 李夏鎭, 「省躬篇」, 『六寓堂遺稿』 卷 4, "安知天意不欲吾增益, 而使吾玉成耶."
92) 李夏鎭, 〈自嘲〉, 『晉陽錄』, 『六寓堂遺稿』 卷 2.

排雲一疏恃明時	구름 밀치려는 상소 한 장 밝은 때 믿어선데
暫趁雙鳧遠赤墀	잠시 한 쌍의 오리 좇아 궁궐 멀리 떠났네.
楚澤行吟眞得所	초나라 못가 거닐던 노래 참으로 그 곳 얻었으니
淮陽高臥敢言卑	회양땅에 높이 누워서 감히 낮다고 말을 하나.
寸丹未白天威遽	하늘 위엄 황급하니 丹忠을 아뢸 길이 없고
尺素無憑鴈使遲	기러기 더디 나니 편지 부칠 방도가 없네.
忽覺淸風醒午夢	갑자기 맑은 바람 맞으면서 한낮의 꿈을 깨고 보니
手中珍重故人詩	손 안에 진중하게 고인의 시 쥐고 있네.[93]

一麾千里晉陽來	깃발 하나로 천리 길 달려 진주에 내려오니
天意丁寧保障哉	임금님 뜻 간절하게 보루와 장벽 되라는 게지.
矗石樓高雲外直	촉석루 높이 솟아 구름 밖으로 우뚝하고
御風亭古畵中開	어풍정은 예스러워 그림 속에 열려 있네.
殘春對鏡蕭蕭髮	봄 다 갈 때 거울 대하니 센 머리만 가득하고
暇日消憂滿滿杯	한가한 날 근심 삭히려 넘치도록 잔 따르네.
漁子隔江吹短笛	강 건너 어부가 작은 피리 불어오니
新詩容易被渠催	새로운 시 너무 쉽게 큰 재촉 받네.[94]

이 세 편의 시는 진주목사로 좌천된 뒤 쓴 시이다. 시 속에서 매산은 좌천된 자신의 처지에 대해 안타까워하는 마음과 함께 자신이 마주한 정치적 시련을 애써 태연하게 받아들이고자 하는 의식을 드러내고 있다.

---

93) 李夏鎭, 〈次韻答禹秀才〉, 「晉陽錄」, 『六寓堂遺稿』 卷 2.
94) 李夏鎭, 〈晉城書懷〉, 「晉陽錄」, 『六寓堂遺稿』 卷 2.

첫 번째 시에서 매산은 자신을 급암汲黯에 비기고 있다. 그는 강직한 성품을 이기지 못하여 천자에게 직간하다 회양태수淮陽太守로 좌천된 급암의 모습이 지금의 자신과 같다고 생각한 것이다. 그러나 좌천된 상황을 받아들이는 태도에서 그는 급암과 대조를 이룬다. 급암은 자신의 좌천을 받아들이지 못해 울분 속에서 여생을 보냈지만 그는 좌천된 임지인 진주가 맑고 시원한 곳으로 누워 지내기 좋다고 하였다. 좌천이라는 상황을 받아들이고 그 속에서 스스로 여유를 찾으려는 마음을 엿볼 수 있다.

이런 마음 자세를 가졌다고 하더라도 그가 자신의 좌천에 대해 갈등하거나 번민하지 않았던 것은 아니었다. 그래서 매산은 자신의 행동에 대해 돌이켜보고 반성했다. 지금의 정치적 상황이 무엇인가를 할 만한 때가 못 된다는 것을 누구보다 잘 알고 있었으면서도 참지 못하고 상소를 올렸던 자신의 모습을, 도道를 펼칠 수 없는 때를 만나 안眼·이耳·비鼻·설舌·신身·의意 육근六根의 공능功能을 감추고 숨어버린 영귀靈龜의 모습에 비추어보고는 심한 부끄러움을 느꼈다. 스스로 자신을 감추고 숨어버리지 못한 것을 후회하고 있는 것이다. 이 시에서 매산은 자신의 내면에서 일어나는 회한의 정서 때문에 갈등하고 번민하기는 하지만 스스로 자신이 현재 처해 있는 상황에 자족自足하고자 노력하는 모습을 보였다.

두 번째 시는 우수재禹秀才에게 답하는 시이다. 두련頭聯에서는 자신의 상소가 어진 임금을 믿어서 한 행동이었고 좌천은 일시적인 것임을 밝히고 있다. 어진 임금께서 현명한 판단을 하시리라 믿었기 때문에 구름을 밀쳐내고 임금에게 직접 자신의 뜻을 전하고 싶었다는 것이다. 그래서 비록 자신이 오리를 따라 섭葉 땅의 현령縣令으로 내려간 왕교王喬

와 같은 처지가 되었다 하더라도 그것은 일시적인 것이라고 했다.

함련頷聯에서는 자신의 상소가 굴원屈原의 노래와 같은 것이지만 굴원과 달리 해야 할 자리를 얻은 것이었기 때문에 적절한 것이었다고 했다. 또 자신의 처지가 좌천이라는 점에서 본다면 급암과 같은 것이지만, 진주는 회양과 달리 편안히 누워서 다스릴 수 있는 곳이기 때문에 이곳은 낮은 곳이라 할 수 없다고 했다. 이어 경련頸聯에서는 자신이 가지고 있는 충성은 변함이 없지만, 진노한 임금에게 달리 알릴 수 있는 방법이 없고 진주 먼 지역에서는 기러기도 더디 날기 때문에 자신의 소식을 전할 방법이 없다고 했다.

미련尾聯은 진주 임지에서 여유를 찾고 있는 자신의 모습을 보여주고 있다. 한가하고 느긋한 생활 속에서 여유를 부리다 깜박 잠이 든 매산은 살며시 불어오는 봄바람에 잠을 깨어 손에 쥐고 있는 고인故人의 시를 발견했다. 이 시에서는 좌천이라는 자신의 현재 처지를 받아들이고 그 속에서 여유를 찾으려고 하는 매산의 모습을 볼 수 있다.

세 번째 시에서 매산은 진주 임지의 풍경과 자신의 생활을 읊으며 그 속에서 점차 여유를 찾아가는 자신의 모습을 보이고 있다. 그가 진주까지 천리 먼 길을 한걸음에 달려온 것은 이곳 백성들의 보루와 장벽이 되어달라는 간절한 임금의 뜻 때문이라고 했다. 그렇게 임금의 간절한 뜻을 받들어 내려온 곳이기 때문에 촉석루矗石樓와 어풍정御風亭은 우아하고 고고한 자태로 그를 반갑게 맞아주었다.

이곳에서는 해야 할 일이 별로 없었다. 그가 할 일이라고는 한가하고 여유 있는 시간을 무료하지 않게 잘 보내는 것뿐이었다. 늦봄 거울 앞에서 흰 머리나 세고, 한가한 시름을 달래기 위해 술을 들이켰다. 그러다 어부의 짧은 피리 소리가 들리면 그 소리에 맞춰 급히 한 편의 시를 짓는다. 이 시에서 매산은 좌천된 사람이라고는 보기 어려울 정도로 여유 있고 안정된 내면 정서를 보여주고 있다.

좌천된 임지에서 일어나는 내면의 번민과 갈등을 극복한 매산은 임지의 생활에 보다 적극적으로 다가섰다. 이 시기의 시에서는 자신의 직분에 충실하고 농가農家의 생활에 애정을 보이는 매산의 모습을 발견할 수 있다.

曉起空林布穀聲　새벽녘 텅 빈 숲에 뻐꾸기 소리 요란한데
農人相勸及春耕　농부들 봄 농사철 되었다고 서로 권면하네.
請看老倅憂民意　청하노니 늙은 원님 백성 근심하는 뜻 보시오
鬢上霜毛幾許莖　귀밑머리 센 머리털 몇 줄기나 되는지.[95]

晉城東去二長亭　진주성 동쪽에 두 개의 큰 정자 있는데
夾路猗猗萬竹靑　그 사이 길 곱디고 온갖 대가 푸르네.
麥浪浮天看欲熟　보리물결 하늘에 떠 있듯 보니 익으려 하고
農歌聲樂正堪聽　농가 소리 흥겨우니 정말 듣기 좋구나.[96]

첫 번째 시는 늦봄 이른 새벽에 일어나 뻐꾸기 소리와 농부들의 말소리를 들으면서 시작된다. 이른 새벽 홀로 일어나 텅 빈 숲에 나가보니 봄 맞아 찾아든 뻐꾸기의 울음소리가 시끄럽게 들리고, 그 소리에 잠을 깼는지 두런두런 농부들의 말소리가 들려온다. 서로들 농사일에 대해

---

95) 李夏鎭, 〈春行〉, 「晉陽錄」, 「六寓堂遺稿」 卷 2.
96) 李夏鎭, 〈路中記所見〉, 「晉陽錄」, 「六寓堂遺稿」 卷 2.

이런저런 이야기를 나누는 말소리를 듣고 매산은 이제 봄 밭갈이때가 다 되었다는 것을 깨달았다. 이른 새벽 홀로 일어나 농민들의 생활을 살피던 그는 시간이 지나가면서 하나씩 세어가는 자신의 귀밑머리를 깨닫게 되었다. 이 순간 허옇게 세어버린 귀밑머리는 안타까운 것이 아니라 자신의 직분에 충실하고자 하는 매산을 대변해주는 것이다. 이 귀밑머리는 관리로서 매산의 연륜年輪과 성심誠心을 보여주는 것이기 때문에 안타까움보다는 자부로 다가온다.

다음 시는 진주성 동쪽에 있는 두 개의 큰 정자까지 가는 길에서 접한 풍경을 읊고 있는 시이다. 진주성 동쪽으로 쭉 뻗어있는 길을 따라 두 정자를 찾아가는 도중 길 옆에 심어져 있는 푸른 대나무를 만났다. 늦봄 잎새마다 푸른빛을 띠는 대나무는 작은 길과 함께 아름다운 자태를 뽐내고 있다. 이 길을 따라가다 마주한 하늘까지 닿을 듯 누렇게 익은 보리밭의 모습은 자연스럽게 매산에게 풍족감과 여유를 준다.

누런 보리물결을 보면서 풍족과 여유를 느낀 매산은 다시 보리를 베기 위해 땀 흘리는 농민들의 농가農歌 소리를 들었다. 수확의 기쁨을 누리는 농민들의 목소리는 흥에 겹고, 이 소리를 듣는 매산도 자연스럽게 흥 속으로 빠져드는 것이다.

이 두 편의 시에서 볼 수 있는 매산의 모습은 번민이나 갈등보다 여유와 한적으로 설명할 수 있다. 그는 좌천된 처지에 있으면서도 자신의 좌천이 언제까지 계속될, 벗어날 수 없는 괴로움이라 여기지 않았다. 따라서 그는 좌천된 속에서도 스스로 여유를 찾고 자신의 직분에 충실하고자 노력할 수 있었다. 비록 자신의 좌천에 갈등하고 번민하기도 하고, 자신을 알아주지 못하는 세상에 대해 안타까움을 느끼기도 했지만 그는 이 갈등을 스스로 삭이기 위해 노력했다. 그는 세상과 부합하지 못하는 자신의 모습을 돌아보면서 깨어 있는 관료로서 느끼는 진한 고독감과 자기연민에 빠지기도 했지만, 이런 갈등은 그가 스스로 여유를 찾아가는 과정에서 점차 해소되었다.

그러나 이런 여유는 그리 오래가지 못했다. 진주목사 생활을 3개월도 채 다하지 못하고 파직되어 서울로 되돌아왔기 때문이다. 2월 25일 진주목사로 전보되었다가 5월 5일 파직되었으니 그의 진주목사 임기는 2개월 10일에 불과했다. 이후 매산은 6일간의 대기 기간을 거쳐 5월 11일 삭탈관직·문외출송 되어 서호에서 거주하게 되었다.

매산은 서호 퇴거기 동안 내면의 갈등이 울분으로 전이되는 괴로움을 맞이했다. 한때의 시련이라고 생각했던 좌천이 그 자리에서 멈추지 않고 삭탈관직과 문외출송이라는 더 큰 곤경을 몰고 왔기 때문에 그의 내면 갈등은 새로운 영역으로 진폭을 확장한 것이다. 이렇게 확대된 시련은 그의 내면 갈등을 강화하여 시 속에 울분으로 나타나게 되었다.

그러나 이런 울분과 함께 매산은 서호 퇴거기 동안 이전의 관직생활에서는 가져보지 못했던 여유를 찾게 되었다. 관직생활 내내 그를 따라다니던 책임감에서 벗어나 스스로를 돌아볼 수 있는 시간을 가지게 되었기 때문이다. 이 여유는 관직에서 물러난 매산에게 새로운 삶의 의미를 부여해주었다. 비록 스스로 원해서 가지게 된 여유도 아니었고, 그 여유 속에 머물며 자신을 정리하려고 한 것도 아니었지만 퇴거생활이 계속될수록 자연스러운 흥을 느끼게 되었다.

일상에서 느끼던 흥을 되찾은 그의 시세계는 그가 서호생활에 익숙해지면 익숙해질수록 점차 퇴거생활에 잠겨있는 자신에게 만족하는 경향을 보인다. 과거를 회고하며 부질없는 행동이었고 삶이었다는 자탄自歎은, 어떻게 할 수 없는 현실적 고난 앞에서 스스로를 부지하기 위한 의례적인 표현이기도 하지만 그에게 퇴거생활이 점차 익숙해지고 있었음을 보여주는 것이기도 하다.

天外炎風捲海山　하늘 바깥 더운 바람 바다와 산 감싸니
故園歸夢隔長安　고향으로 되가는 꿈은 장안에서 멀어지네.
狂來中夜頻彈劍　狂症 닥치는 깊은 밤에 자주 칼을 튕기고
愁劇長時獨掩關　시름 깊어 긴 시간 홀로 빗장 닫아거네.
吟澤肯從詹尹卜　못가에서 시 읊으며 점쟁이 점괘 즐겨 따르고
考槃空憶碩人寬　숨어 살며 부질없이 碩人의 관대함 그려보네.
暮年猶可償前債　저무는 해에도 오히려 지나간 빚 갚을 수 있으니
興在蓬萊方丈間　흥은 蓬萊山과 方丈山 사이에 있다네.[97]

憂時不必語分明　근심스러운 때 말 분명할 필요 없으니
尙幸餘生返洛城　다행히도 남은 인생 洛城으로 되돌아왔네.
意內朋親爭問訊　마음 안에 둔 친우들은 다투어 안부를 묻고
門前僮僕自歡迎　문 앞의 어린 종은 절로 반가이 맞이하네.
溪山舊興來如約　시내와 산 오랜 흥취 약속한 듯 다가오지만
經濟初心百不成　經世濟民 첫 마음은 백의 하나 이룬 것 없네.
他日出關隨紫氣　다음날 관문 나가 자줏빛 瑞氣를 따른다면
靑牛可使服春耕　푸른 소도 봄 밭갈이 부릴 수가 있겠네.[98]

---

[97] 李夏鎭, 〈次汝明〉, 「西湖錄」, 『六寓堂遺稿』卷 2.
[98] 李夏鎭, 〈歸洛次汝明韻〉, 「西湖錄」, 『六寓堂遺稿』卷 2.

이 두 수의 시는 서호에 머문 지 얼마 되지 않아서 쓴 시이다. 이 시 속에서 매산은 관직을 떠나 물러난 생활에 대해 만족하고는 있지만 여전히 현실에 대한 강한 집착과 욕구를 보여주고 있다. 자신의 처지를 받아들이기는 하지만 여전히 처지를 완전히 인정하지 못하는 것이다.

첫 번째 시는 물러난 자신의 처지에 대한 안타까운 마음을 드러낸 시이다. 하늘 저 바깥에서 불어오는 더운 바람은 천지를 감싸고 있는데 고향으로 되돌아가고자 하는 자신의 꿈은 서울을 벗어났다. 그가 서울을 떠난 것은 스스로 원해서가 아니라 하늘 바깥의 더운 바람 때문이었다. 원하지 않게 서울을 떠나게 된 처지는 그에게 갈등을 넘어서는 울분을 가져다주어 매산은 편안하게 하루하루를 보낼 수 없었다. 밤만 되면 미친 듯이 칼을 퉁기며 그동안 지키고 가꾸어왔던 자신의 삶과 이상을 되돌아보았고, 세상과의 인연이 괴롭게 느껴져 빗장을 닫아걸고 혼자 시간을 보냈다.

이런 태도는 현실로의 복귀를 바라는 마음을 드러내는 것이다. 그는 자신의 운명을 점쳐준 점쟁이의 점괘에 기대어 자신의 지나온 일생과 남은 생을 돌이켜보기도 하고, 현명한 임금과 석인碩人의 관대함을 기대하기도 한다. 석인이 너그러운 마음으로 자신의 허물을 덮어준다면 다시 현실 속에 뛰어들 수 있기 때문이다. 매산의 이런 모습은 그가 아직 물러난 생활을 완전히 인정하지 못하고 있음을 보여준다. 그러나 곧이어 찾아온 과거에 대한 회고와 반성은 지나간 시간들이 자기 자신에게 부채를 짊어지고 있는 시간이라 생각하게 하였다. 그는 이 부채를 갚기 위해 남은 시간 더 여유로움과 한적함을 느끼며 살고자 했다. 그래서 세상에서 물러난 자신의 바로 옆에 있는 산을 봉래산蓬萊山과 방장산方丈山이라 여기고 그 속에서 흥을 찾는 것이다.

다음 시에서 매산은 자신을 반기는 주변의 풍경과 내면의 갈등을 묘사하여 방축된 자신의 처지가 때를 만나지 못한 것이라는 안타까운 마음을 드러내고 있다. 첫 구절은 자신의 분명하고 과단한 언행言行이 시절에 걸맞지 않는 행동이었음을 자책하는 것이다. 어지러운 시대에 분명하게 자신의 소신을 밝히는 것은 어리석은 행동인데, 그런 행동을 했으니 이렇게 서호에 물러나 있을 수 있는 것만으로도 다행이라고 스스로를 위안하는 것이다. 비록 멀리 진주로 좌천되었다가 삭탈관직 당하고 문외출송된 것이기는 하지만 친지들이 가까이 있는 서울 근처에서 생활하게 되었다는 것에서 한 가닥 위안을 찾는 마음을 읽을 수 있다.

이 속에서 매산은 그간 느끼지 못했던 인정을 느끼게 되었다. 그가 그리워했던 친구들, 친지들이 다투어 찾아와 그간 어떻게 지냈는지 앞으로 어떻게 살 것인지 시끄럽게 물어대고, 문 앞에서 그를 맞이하는 어린 종의 모습에서 마냥 정겨움을 느꼈다. 사람들에게서 인정을 느낀 그는 자연스럽게 주변의 산천을 돌아보며 과거를 회고하게 되었다. 사람들만큼이나 정겹게 다가서는 산천의 모습은 이전부터 약속이나 했던 듯 반갑고 푸근하다. 이런 산천의 모습을 바라보면서 그는 자신의 관직 생활을 회한하게 되었다. 세상을 경영하고 백성을 구제하겠다는 큰 뜻을 품고 나가, 관직생활의 풍파를 견디며 그 속에서 부침을 거듭했지만 백에 하나 아무것도 이루지 못하고 쫓겨난 자신을 발견했기 때문이다.

매산의 자책은 스스로의 출사出仕가 때에 맞지 않은 것이었다는 시대 자각에서 시작되었다. 이러한 의식은 그에게 성인의 세상, 성군의 다스림을 그리워하게 만들었고, 그 속에서 살고 싶다는 강한 욕망을 이끌어 냈다. 그는 조금 더 있다가 세상에 제왕帝王이나 성군聖君의 출현을 알리는 자줏빛 서기瑞氣가 가득하게 되면 그때 나가서 그 서기를 따르고 싶다고 했다. 만약 그렇다면 노자가 타던 푸른 소로도 밭갈이를 시킬 수 있을 것이라고 한 것이다. 그때가 되면 비록 물러나 있는 자신이지만 분명히 세상에서 큰일을 위해 쓰일 수 있을 것이라고 생각한 것이다.

세상에 대한 매산의 애착은 줄어들지 않았지만, 그를 둘러싼 현실에 대한 매산의 대응은 변해갔다. 그는 서호의 퇴거생활이 깊어질수록 점차 자신의 삶을 되돌아보고 그 속에서 자족하려 하는 모습을 보였다. 이런 태도는 현재 그가 처한 소외된 삶이 때를 만나지 못한 지사志士가 겪는 당연한 설움이라고 여겼기 때문이라 생각된다. 이것은 그가 지나온 시간을 되돌아보면서 자신의 삶이 부질없는 것이었고 허망한 것이었다고 회한하고, 앞으로 다가올 보다 나은 세상을 그리워하는 태도에서도 확인할 수 있다.

현재 겪고 있는 자신의 소외를 당연한 것이라고 인식한 매산은 그 속에서 번민하고 울분을 느끼지만 점차 그 울분을 극복하고 자기 스스로에게 여유를 부여했다. 피할 수도 벗어날 수도 없는 현실에 대립하면서 울분을 표출하거나 단절된 삶을 유지하며 그 울분을 삭히기도 하지만, 이와 함께 현실을 인정하고 그 속에 뛰어들어 자적自適과 안분安分을 추구하기도 하는 것이다.

晚向烟波作釣徒　저물녘 안개 낀 강에서 낚시꾼 되어
回思疇昔我非吾　옛날 돌이켜 생각해보니 내가 나 아니었네.
迷途忽悟心如洗　헤매던 길에서 갑자기 깨달으니 마음은 씻은 듯하고
勝處相携興不孤　경치 좋은 곳 함께 가보니 흥은 외롭지 않네.
秋入鷗沙明水國　가을 들어 갈매기 앉은 모래밭 물가 마을이 밝아지니

天將鴈字抹雲衢	하늘은 앞으로 기러기 떼로 구름 사이 길 바르겠지.
釣舡載酒同君醉	낚싯배에 술을 싣고 그대와 함께 취하고서
醉後狂歌擊玉壺	취한 뒤에 미친 듯 노래하며 술병이나 두드리세.[99]

江上秋風獨閉門	강 위의 가을 바람 홀로 문 닫고서
蚕頭暮色對開樽	잠두봉 저녁빛에 열린 술통 마주하네.
浮雲過水難尋迹	뜬 구름 물 건너니 자취 찾기 어렵고
驚浪翻沙乍有痕	놀란 물결 모래 흩날려 잠시 자취 남기네.
不受人覊緣慾淨	사람의 굴레 받지 않아 인연과 욕심 깨끗하고
無爲形役覺心存	형체의 부림 되지 않아 깨달은 마음 보존되네.
生來過去眞如夢	살아왔던 과거가 참으로 꿈과 같으니
迴視乾坤孰怨恩	천지를 둘러보지만 누구에게 恩怨 있겠나.[100]

沙磯濯足弄烟波	모래밭 바위에서 발 씻으며 안개물결 희롱하니
好雨知時昨夜多	좋은 비는 때를 알아 어젯밤 넉넉히 내렸네.
小醉未醒詩興湧	조금 취한 술 깨지 않아 시흥이 솟아나는데
忽聞漁父扣舷歌	갑자기 어부의 배 두드리며 부르는 노래 소리 들리네.[101]

이 세 수의 시는 서호 퇴거 후반기에 볼 수 있는 시이다. 이 시에서 매산은 현재 자신이 누리는 삶에 만족하고자 하는 내면의식을 드러내고 있다. 과거의 자신을 되돌아보며 이를 극복하고자 하는 태도는 비록

---

99) 李夏鎭,〈酬舍弟〉,「西湖錄」,『六寓堂遺稿』卷 3.
100) 李夏鎭,〈江上〉,「西湖錄」,『六寓堂遺稿』卷 3.
101) 李夏鎭,〈濯足〉,「西湖錄」,『六寓堂遺稿』卷 3.

현재의 삶이 과거에서 완전히 벗어날 수는 없는 것이지만 더 이상 과거에 연연하며 현재의 삶을 울분 속으로 몰아넣지 않겠다는 의식의 표출이기도 하다.

첫 번째 시는 매산이 퇴거생활을 하며 집안 동생과 함께 서호에서 낚시를 하고 싶다는 자신의 흥을 읊은 것이다. 저물어가는 서호에서 낚싯배를 타고 있으면서 매산은 예전 자신의 모습이 자신이 아니었다는 것을 깨닫게 되었다. 세상에 대한 욕구에 사로잡혀 동분서주하던 지나간 자신의 모습에 안타까운 마음이 일었던 것이다. 그는 세상의 먼지를 뒤집어쓰고 세상 속에서 고뇌하던 마음이 현실과 격리된 서호생활 속에서 자연스럽게 평온을 찾았다고 했다. 비록 서호생활이 그를 현실과 격리시킨 것이기는 하였지만 그 속에서 얼마든지 흥을 느낄 수 있다고 했다.

이 흥은 가을을 맞은 서호의 풍경과 함께 점점 더 깊어갔다. 가을 들어 밝아진 어촌의 풍경과 하늘을 가득 메우며 날아가는 기러기의 모습은 그에게 새로운 흥으로 다가왔다. 이 흥 속에서 매산은 술에 취해 미친 듯 노래 부르고 싶은 것이다. 이런 욕구가 아직 완전히 현실의 굴레에서 벗어나지 못한 매산을 보여주는 것이라 볼 수도 있지만, 현실의 굴레나 속박을 벗어버리고 싶은 매산의 자연스럽고 분방한 의식의 표출이라 볼 수 있기도 하다. 매산은 이 흥을 현실에 분주한 그의 동생과 함께 나누고 싶어한 것이다.

다음 시는 서호의 강가에서 느낀 자신의 심사를 읊고 있는 시이다. 가을 든 강가를 바라보며 혼자 문 닫고 있으면서 매산은 지나온 자신의 삶을 되새기고 회한에 잠겼다. 스스로 현실 속에 뛰어든 것이기 때문에 세상의 영욕은 자기 스스로가 부른 것이다. 그러니 누구를 원망할 필요도, 누구에게 감사함을 느낄 필요도 없다는 그의 태도에서 속세의 굴레를 벗어버리고자 하는 마음을 느낄 수 있다.

이 시는 첫 구절부터 속세를 벗어난 모습을 보여주고 있다. 가을 바람이 불어오는 강가를 바라보며 홀로 문을 닫고 있다는 것은 현실세계에서 한 걸음 떨어져 있음을 말해준다. 그가 잠두봉의 저녁빛 속에 홀로 술 단지를 마주하고 있다는 것도 남과 섞여 세상의 풍파를 맞이하고 싶지 않다는 마음을 보여주는 것이다. 그는 지나온 자신의 삶을 뜬 구름과 모래 위에 그려진 물 자국에 비유했다. 잠시 자취를 남기지만 아무런 의미 없는, 되찾기 어려운 그 모습이 지나온 허무한 삶의 모습과 일치하기 때문이다.

매산은 서호의 생활을 통해 그 동안 현실에 빠져있던 자신을 되돌아본다. 광주廣州의 매산별업梅山別業에서 자신을 수양하며 가졌던 그 마음이 현실의 풍파 속에서 많이 쇠퇴했음을 발견했다. 하지만 곧 그는 서호의 퇴거생활 속에서 자신의 초심初心을 되찾았다. 그는 이곳에 물러나 있으면서 사람이라면 누구나 가지는 굴레, 또 남이 만들어준 굴레를 쓰지 않아도 되었기 때문에 인연이나 욕망에서 자유로울 수 있다고 했다. 이곳에서는 형체의 부림을 받지 않아 깨끗한 마음을 유지할 수 있는 것이다. 이런 생각으로 바라본 그동안의 삶은 참으로 꿈과 같은 것이었다. 그런 삶에서 벗어난 것은 꿈을 깨어난 것과 같으니 그는 어느 누구에게도 은혜나 원망을 가지지 않는 담담한 마음을 유지하게 되었다는 것이다.

이 시에서 볼 수 있는 매산의 태도는 그가 지금까지 지녀왔던 삶의 자세와 유리된 것이다. 이러한 삶을 그가 진정으로 원했다고 생각하기는 어렵다. 그보다는 현실의 울분을 스스로 삭히기 위한 심리적 반발작용의 하나라고 보인다. 그러나 이러한 반발작용을 지닐 수 있었다는 것도 그가 자신이 처한 현실을 부정하거나 회피하지 않고 그 속에서 스스로를 위해 할 수 있는 것을 찾았음을 의미한다. 매산은 때때로 과거에 연연하며 자신의 삶을 울분 속으로 끌고 가기도 하였지만, 스스로의 자각과 노력을 통해 현재의 삶 속에서 자적自適과 안분安分을 추구한 것이다.

마지막 시는 강가의 돌 위에 앉아 발을 씻으며 일어나는 그의 흥을 읊은 것이다. 이 시에서는 서호의 생활에 완전히 동화되어 그 속에서 잔잔한 흥취를 느끼는 매산의 모습을 볼 수 있다. 매산은 강가의 모래밭 위에 있는 작은 돌에 앉아 물안개 피어오르는 강을 보며 발을 씻었다. 오늘 이곳에 와서 발을 씻으리라는 것을 알았는지 지난 밤 비도 넉넉하게 내렸다. 여유를 가지고 주변을 바라보는 매산에게 그를 둘러싼 경물도 넉넉한 흥의 대상으로 다가오는 것이다. 한적하지만 여유로운 삶은 그에게 잔잔한 흥을 가져다주는데 남아 있는 취기는 그에게 시를 지으라고 자극했다. 넘치는 시흥을 주체하지 못하는 매산의 마음을 알아서인지 뱃전을 두드리며 부르는 어부의 노랫소리도 귓속으로 파고들었다.

전체적으로 조용한 가운데 느끼는 흥을 보여주는 시이다. 이 시 속에서 매산은 더 이상 현실의 소외에 울분을 느끼는 방외인이 아니었고, 서호에 물러나와 좌절하고 서러워하는 방축인放逐人이 아니었다. 그는 자연 속에서 자신의 삶을 편안히 맞이하는 자연인이었다. 특히 이 시의 마지막 구는 굴원屈原의 「어부사漁父辭」에서 '여세추이與世推移'라 했던 어부의 말에 대한 그의 화답을 보여주는 것이라고도 볼 수 있다.

매산에게 지나온 자신의 삶을 되돌아보고 스스로를 다잡도록 했던 서호 퇴거기도 그리 오래지 않아 끝나고 말았다. 계속된 원찬遠竄, 원배遠

配의 상소를 이기지 못하고 마침내 그 해 10월 2일 숙종이 매산의 원찬을 허락하였기 때문이다.

그가 서호에서 가졌던 여유는 유배와 함께 끝이 나고 그는 지금까지 겪지 못했던 새로운 시련 속에 들어가게 되었다. 이 시련은 그에게 현실에서는 어떤 희망도 찾을 수 없다는 극도의 절망감을 안겨다 주었다. 그래서인지 유배 가는 도중 매산의 눈에 들어온 풍경은 무엇이든 상심을 안겨줄 뿐이었다. 하늘과 땅, 산과 강, 어디를 보아도 그는 울분과 좌절을 느꼈다. 매산의 울분과 좌절은 그의 운산 유배기에 가장 강화된 모습으로 드러나는데, 그것은 이 시기 매산이 느낀 절망감과 비례한다.

서호 퇴거기 동안 순간순간 그를 덮쳐왔던 현실에 대한 울분은 어쩔 수 없는 것이었지만 자연에 동화되어 그 속에서 흥을 느끼며 살고자 했었고, 지나간 자신의 삶에 대해 부질없었다는 안타까움을 보냈다. 하지만 운산의 유배는 이런 자적과 안분을 생각할 수 없는 새로운 절망으로 다가왔다. 현실은 그에게 더 이상 다가갈 수 없는 먼 곳이 되었기 때문이다. 그가 닦아온 수양은 아무런 가치를 가지지 못하는 것이 되어 버렸고, 학문은 펼쳐볼 대상을 잃었다. 이런 극도의 좌절감은 그를 울분에 빠지게 만들었다.

매산의 울분은 그가 운산에 완전히 정착한 이후에도 계속되었다. 북쪽 먼 변방의 삶은 그의 육체를 힘들게 하였을 뿐만 아니라 자신에 대한 스스로의 자각과 자부를 송두리째 흔들어놓는 것이었다. 이런 울분은 그가 운산에서 생을 마감할 때까지 그치지 않고 계속되었다.

하지만 이런 울분과 함께 매산의 내면에는 어찌할 수 없는 현실을 받아들이고 그 속에서 자신을 되돌아보고자 하는 자각의식이 다시 싹트게 되었다. 이 자각의식은 그가 기지고 있었던 스스로에 대한 자각과 자부에 의해 일어난 것이다. 하늘이 나에게 어려움을 내려주는 것은 나를 증익增益시키고자 하는 것이라는 매산의 태도는 유배기간이 길어질수록 흔들리는 자신을 부지하는 하나의 믿음이 되었다.

이 자각의식은 그 스스로 자신의 삶을 울분과 좌절로만 바라보지 않게 했다. 매산이 현재 겪고 있는 자신의 시련에 대해 스스로를 만들어 가는 성장의 과정 중 하나라고 인식하면서부터 그는 자신의 현실에 대해 여유를 보이게 되고 현실에 동화하려는 모습을 보였다. 이 시기 매산은 자신의 분수를 찾아 그 분수에 따라 편안함을 느끼고자 했고, 자신의 뜻에 따라 자적의 여유를 찾으려 했다. 자신을 둘러싼 현실 속에서 자적과 안분을 지향하는 것이었다.

千里行裝一弊喪　천 리 먼 길 행장은 다 낡았고
夢和風雪落延州　꿈은 눈바람과 연주에 떨어지네.
不須攬鏡憐霜髮　거울 쥐고 센 머리를 근심할 필요 없으니
江上胡山亦白頭　강가의 오랑캐산도 흰 머리라네.[102]

閑中心事短筇知　한가한 속 심사는 짧은 지팡이가 알고
詩興居然欲上眉　시흥은 어느덧 눈썹 위로 오르려 하네.
至後陽生春意始　동지 뒤로 양기 생겨 봄 뜻이 시작되니
小梅消息透南枝　작은 매화 소식이 남쪽 가지를 뚫고 드네.[103]

---

102) 李夏鎭, 〈到雲陽望白頭山〉, 『雲陽錄』, 『六寓堂遺稿』 卷 3.
103) 李夏鎭, 〈卽事〉, 『雲陽錄』, 『六寓堂遺稿』 卷 3.

이 두 편의 시는 유배지에서 느끼는 울적한 심사와 그 울적함을 극복해가는 모습을 보여주는 것이다. 첫 수에서 매산은 천 리 멀리 유배 온 몸이기 때문에 행장은 하나같이 낡아 해졌고, 여기서 꾸는 꿈조차 눈과 바람 속에 연주延州의 한 모퉁이에 떨어진다고 했다. 고향을 멀리 떠나온 몸이기 때문에 고향은 꿈꿔봐도 닿을 수 없는 먼 곳이라는 이야기 속에 그가 느끼는 울적함이 진하게 드러난다. 그러나 다음 구절에서 매산은 이런 곳에 있으니 거울을 쥐고 흰 머리를 걱정할 필요가 없다고 했다. 강 주변에 널려 있는 산들이 모두 눈을 맞아 흰 머리이기 때문이다. 이 두 구절은 벗어날 수 없는 상황에 처해 그 속에서 고민하고 서글퍼하기보다는 그 상황을 편안히 받아들이고 자신을 가다듬고자 하는 그의 의식을 잘 보여주고 있다.

다음 시에서 매산은 유배생활에 적응해가고 있는 자신의 모습을 보여주고 있다. 변방 멀리 유배 왔기 때문에 해야 할 특별한 것이 있을 리 없다. 한가하기 때문에 그의 마음은 자신의 처지에 대해 더 많이 고민하고 울분을 느꼈지만 그는 이 울분 속에서도 자신을 달래는 방법을 찾았다. 그래서 지팡이를 짚고 다니며 울적한 심사를 풀어보는 것이다. 짧은 지팡이를 짚고 집 앞으로 나서서 비라본 낯선 풍경은 그에게 시흥詩興의 원천이 되었다. 조용하게 눈가로 스며드는 시흥은 그의 울분을 여유와 자적으로 바꾸는 것이었다. 그래서 매산은 작은 매화를 보면서 동지 뒤 힘들게 일어나는 북쪽 변방의 봄기운을 알아차리고 흥을 느끼는 것이다.

塞天霜重凍燕弓　　변새 하늘 서리 무거워 燕弓이 어니
已覺寒鵰在殼中　　그제야 알겠네 겨울 독수리 활 낳는 곳에 있다는 걸.

萬里客心當落日	만 리 떠난 나그네 마음 지는 해와 같고
一時山木亞西風	한때 산의 나무는 서녘 바람에 엎드리네.
遊神華胥諸緣靜	신이 노닐던 화서국에선 온갖 인연이 고요한데
回首唐虞片夢空	머리 돌려본 당우 때는 조각 꿈처럼 부질없네.
黙算平生還獨笑	조용히 한평생 헤아려보고 되돌아 홀로 웃으니
仲尼浮海未忘東	공자께서 바다 떠돌 때 동쪽을 잊지 않으셨지.[104]

峽民游戲只桑弓	골짜기 백성들 장난거리 뽕나무활뿐이고
身世尋常積雪中	몸 둔 세상은 언제나 쌓인 눈 속에 있네.
逐兎呼鷹方取樂	토끼 쫓고 매 부르며 즐거움을 가지니
駕熊馴虎自爲風	곰을 타고 범 길들임 절로 풍습 되었네.
平明獨去心無繫	해 뜰 무렵 홀로 가니 마음에 얽매임 없고
薄暮歸來手不空	옅은 저녁 돌아올 때 손은 비지 않네.
走入前村沽一醉	앞마을로 달려가 술을 사서 취했다가
草間荒逕失西東	풀 사이 황량한 길에서 東西를 잃었네.[105]

이 두 수의 시는 활에 익숙한 변방의 풍습을 보고 쓴 시이다. 이 시속에서 매산은 아직까지 변방의 삶에 완전히 일치하지는 못하고 있지만 그 속에서 애정을 느끼며 서서히 동화되어가는 자신을 보여주고 있다.

첫 번째 시에서 매산은 운산에서 돌이켜본 자신의 과거를 담담한 어조로 이야기하고 있다. 첫 연에서 변방에서의 활쏘기는 누구에게나

---

104) 李夏鎭, 〈賦得弓字〉, 「雲陽錄」, 『六寓堂遺稿』 卷 3.
105) 李夏鎭, 〈又〉, 「雲陽錄」, 『六寓堂遺稿』 卷 3.

익숙한 일임을 표현하기 위해 독수리가 하늘 높이 날고 있는 것을 보고 활이 얼었음을 알게 되었다고 했다. 활이 얼어 쏠 수 없었기 때문에 독수리가 하늘을 날아다닐 수 있다는 말이다. 변새의 이런 황량한 모습을 보면서 그는 자신을 되돌아보았다. 북쪽 저 멀리 떠나온 유배객이기 때문에 자신의 마음은 지는 해와 같이 쓸쓸할 뿐이고, 자신을 닮아서인지 한때 산 속에서 꼿꼿하게 서 있던 나무들도 바람 속에 고개를 숙였다. 지는 해와 바람 속에 고개를 숙인 나무를 보고 그는 자신의 모습을 느꼈다.

다음 연의 화서華胥와 당우唐虞는 매산의 심경을 잘 보여주고 있는 시어詩語이다. 황제黃帝가 꿈속에서 보았다는 안락하고 평화로운 화서국과 요순堯舜이 다스리던 당우唐虞의 시대는 그가 자신의 이상을 실현시켜 만들고 싶었던 현실로, 조정을 의미한다. 이곳에서 모든 인연이 고요하고 조각 꿈처럼 부질없다는 것은 더 이상 현실 정치에 다가설 수 없음을 말한다. 좌절된 꿈을 되새기면서 지나온 시간들을 하나하나 되짚어본 매산은 쓴웃음을 지었다. 그러나 공자께서 부해지탄浮海之歎을 하시면서 이 동쪽 땅을 버리시지 않으셨다는 생각을 하게 된 뒤로 매산은 자신의 부족함을 떠올리게 된 것이다. 아직까지 변방에서 느끼는 울적한 심사를 완전히 달래지 못하고 있는 매산의 모습을 확인할 수 있다.

다음 시의 매산은 변새의 풍습에 보다 더 가까이 가 있다. 이 시에서 매산은 변새의 풍습이 경한勁悍하다거나 비루鄙陋하다고 폄하하지 않았다. 그들의 풍습을 바라보면서 애정을 느끼고 있다. 첫 연에서 변새 사람들의 오락거리는 뽕나무로 만든 강궁强弓 뿐이고, 그들이 사는 곳은 언제나 눈 덮인 곳이라고 했다. 이들의 삶이 자연 척박할 수밖에 없음을 밝힌 것이다. 이 속에서 살아갈 방법은 수렵밖에는 없었다. 하지만 이곳 사람들은 토끼를 쫓고 사냥에 쓸 매를 부르면서도 나름대로 즐거움을 가지고 살아갔다. 이런 삶의 방식 때문에 이들은 곰을 타고 범도 두려워하지 않는 풍습을 가지게 되었다는 것이다. 이 시는 변새 주민들의 삶을 이해하고 그들의 생활상을 인정하고 있는 매산의 모습을 보여주는 것이다.

    다음 연에서는 이들의 하루를 묘사하고 있다. 해 뜰 무렵 일찍 사냥을 나가기 때문에 이들의 마음에는 얽매인 것이 없었고, 저녁에 돌아올 때는 빈손으로 오지 않았다. 하루하루를 사냥으로 근근이 살아가니 풍족한 삶은 아닐지 모르지만 이들의 삶에서 세속에 대한 욕심을 발견할 수 없었다. 이들과 함께 생활하는 매산도 점차 이들과 동화되어 갔다. 앞마을로 달려가 술을 사 마셔 취한 뒤 돌아오는 황량한 길에서 가야 할 방향을 잃은 것이다.

    이 시에서 볼 수 있듯이 운산의 유배생활이 지속되면서 매산은 변새 주민들의 삶을 이해하고 점차 이들에게 가까이 다가갔다. 매산의 이와 같은 의식 전환은 다음 두 편의 시에서 보다 잘 드러난다.

身計茫茫獨自傷	몸 위한 계책 막막하여 홀로 상심하는데
閉門窮巷醉爲鄕	문을 닫은 누추한 거리 취하니 고향 되네.
沙頭宿鷺多時靜	모래톱 머리 묵은 해오라기 온 종일 조용한데
天外歸雲底事忙	하늘 위 되가는 구름 무슨 일로 황급한가.
愁劇撚髭詩欲就	근심 깊어 수염 비틀며 시 이루고자 하지만
慵來枕臂夢何長	게으름 들어 팔뚝 베니 꿈은 어찌나 긴가.
隣家煮豆煩相餽	이웃집에서 팥죽 쑤어 번거롭게도 보내주니
玉管今朝又一陽	玉管에는 오늘 아침 또 동지 드네.[106]

空林鳴朔吹	텅 빈 숲에 변새 바람 울려드니
千里客心驚	천 리 떠난 나그네 마음 놀라네.
路斷雲罨壑	길 끊어져 구름은 골짜기 메우고
溪廻峽擁城	개울 휘감아 산골짜기 성 안고 있네.
醉多緣徇俗	늘 취한 건 풍속을 좇아서이고
詩癈爲臧名	시 폐한 건 이름을 감추는 거지.
且買山頭地	또 산어귀 땅을 좀 사서
春來學火耕	봄이 들면 화전이나 배워야겠네.[107]

　이 두 편의 시는 매산이 변새의 생활에 완전히 적응하고 있음을 보여주고 있는 시이다. 이 시 속에서 매산은 변새 유배지의 인정에 고마움을 느끼고 그들과 같이 살아가고자 하는 자세를 보여주어, 그가 느끼는 세상에 대한 울분이나 좌절감은 찾아보기 어렵다.

　첫 번째 시는 옆집에서 보내준 동짓날의 팥죽을 두고 읊은 시이다. 첫 연에서 매산은 변새에 유배 온 자신의 처지와 이미 그곳의 삶에 동화되어 있는 자신의 모습을 보여주고 있다. 북변으로 멀리 귀양 온 몸이어서 몸을 위해 어떤 계책을 둘 수도 없었다. 삶을 영위할 특별한 방편이 없기 때문에 그의 삶은 그 자체로 고단한 것이고 괴로울 수밖에 없는 것이었다. 그래서 상심하지만 그의 상심은 계속되지 않았다. 비록 누추한 곳이고 살아갈 별다른 방편을 찾을 수도 없었지만, 이곳에서도 술에 취해 누워 있으니 편안한 마음에 고향이나 다름없다는 생각을

---

106) 李夏鎭, 〈次韻至日〉, 『雲陽錄』, 『六寓堂遺稿』 卷 3.
107) 李夏鎭, 〈冬日〉, 『雲陽錄』, 『六寓堂遺稿』 卷 3.

갖게 된 것이다. 술 취해 느긋하게 누워 있으며 고향에 와 있는 듯한 기분을 느낀 매산은 저 멀리 하늘 바깥에서 황급히 움직이는 구름의 움직임을 보고 궁금함을 느꼈다. 물가에서 자는 해오라기는 조용하기만 한데 무슨 일이 있는가 하고 말이다. 이 부분은 변새에서 느끼는 한적함과 여유의 극치를 보여준다.

이런 삶을 살기 때문에 그의 삶은 분주하지도 바쁘지도 않은 것이었다. 시름이 다가와 시를 써보고 싶지만 이미 변방생활의 게으름에 물들어 한 편의 시도 이루기 어려웠다. 생각에 잠겨 벤 팔뚝이 그를 바로 긴 잠 속으로 끌고 가기 때문이다. 이런 매산에게 옆집에서 번거로움을 무릅쓰고 동지 팥죽을 쑤어 전해주었다. 이 팥죽은 그에게 이 변방에도 동지가 찾아왔음을 느끼게 해주었고, 그의 귀양생활이 해를 넘기게 되었음을 깨닫게 하였다. 그러나 이런 생활 속에서 매산은 어떤 불평도 드러내지 않았다. 이미 변새의 삶을 이해하고 그 속에서 자족自足하고 있었기 때문이다.

다음 시에서는 변새의 삶에 완전히 동화되어 있는 매산을 발견할 수 있다. 이 시에서 매산은 스스로 변새의 삶 속에 뛰어들어 그들과 함께하려는 모습을 보인다. 비록 앞의 두 연聯에서 여전히 그의 마음속에 남아 있는 유배객이라는 자기 인식과 변새의 험난한 지형을 묘사하고는 있지만, 다음 두 연聯에서는 그들과 하나가 되어 있고, 그들 속에서 삶을 영위하고자 하는 매산의 모습을 보여준다.

변새의 황량한 숲으로 바람이 불어오자 매산은 그 바람 소리에 놀란 가슴을 쓸어내렸다. 이런 태도는 매산이 유배객이라는 자신의 처지에서 아직도 완전히 벗어나지 못했음을 보여주는 것이다. 바람이 불어온 숲을 보니 구름 가득한 골짜기와 개울에 휘감겨 있는 성의 모습이 보였다. 영락없는 변새의 모습 그대로이지만 매산은 이 속에서도 이전과 같은 척박함이나 황량함을 느끼지 않았다. 매산의 삶은 어느새 변새의 풍속에 익숙해져 있었고, 그가 이 생활을 자연스럽게 받아들였기 때문이다. 사냥을 업으로 삼아 매일 술을 마시는 사람들 틈에서 그들과 함께 술을 마시고, 글을 하는 사람이 드문 풍속에 따라 시 짓는 일도 접었다. 그래도 매산은 별다른 불편을 느끼지 않았다. 그래서 봄이 오면 산어귀 빈 땅이나 좀 사서 화전을 일궈볼까 하는 생각을 하는 것이다.

좌천과 유배라는 정치적 곤경 속에서 자적과 안분을 지양한 매산의 태도는 그가 일생 동안 지속했던 수양을 통해 얻게 된 자각의 결과라고 생각된다. 언제나 자신의 가치에 주목했던 매산은 현재 자신에게 닥친 시련이 그의 삶을 결정하는 마지막 과정이라 생각하지 않았다. 오히려 시련의 크기가 커질수록 앞으로 자신에게 맡겨질 일이 더 클 것이라 생각하며 스스로를 단련했다. 매산의 이런 태도는 비록 그가 현실적인 곤경을 벗어날 수 없었기 때문에 어쩔 수 없이 선택할 수밖에 없는 것이었다고 할 수도 있겠지만, 그것보다는 자신을 둘러싼 현실적인 난관에 굴복하지 않고 자기 자신을 다듬어나가고자 하는 매산의 삶과 정신자세를 보여주는 것이라고 보는 것이 보다 타당할 것이라 생각된다.

제2부 매산梅山 이하진李夏鎭의 문학세계文學世界

2. 문文으로 풀어낸 정신적精神的 지향指向

매산의 문집은 시를 중심으로 편집되어 있다. 시를 중심으로 하는 문학 창작 경향은 매산 뿐 만 아니라 그 가문에서 찾을 수 있는 공통적인 창작 경향이다. 따라서 매산의 문학적 역량을 확인하기 위해서는 시를 중심으로 살펴보는 것이 타당하다고 할 수 있다. 그러나 시가 중심이 된다는 매산 문집의 특성과 가문의 공통적인 문학 경향이 바로 매산 문장의 가치를 부정한다는 의미가 되어서는 곤란하다.

　　1,900여 수가 남아 전하는 시와 비교해 상대적으로 빈약한 111편篇의 문장文章이 문집 속에 수록되어 있을 뿐이지만, 이 111편의 문장에는 다양한 양식의 글들이 모두 포함되어 있다. 문장을 중심으로 하는 매산의 문집 4권을 살펴보면 서序 6편, 기記 2편, 잠箴 1편, 사辭 1편·명銘 8편·제문祭文 32편·표전表箋 10편·교서敎書 5편·계사啓辭 6편·청소請疏 2편·유문諭文 2편·조서詔書 1편·계문啓聞 1편·행장行狀 1편·사직소辭職疏 31편과 〈성궁편省躬篇〉·〈변힐辨詰〉이라는 제목으로 글이 1편씩 있다. 사직소 가운데 8편은 〈피혐避嫌〉이라는 제목의 연작 상소문

이다.

　이렇게 본다면 매산 문학의 중심이 시에 있다는 것은 분명하지만, 문에 대한 관심 역시 적지 않아 다양한 양식의 글을 창작하기 위해 노력했다고 할 수 있다. 물론 매산의 글 중 서序 6편, 기記 2편, 잠箴 1편, 사辭 1편과 「성궁편省躬篇」·「변힐辨詰」의 12편이 문학성을 위주로 창작된 글의 전부이지만, 이외에도 여러 양식의 글을 통해 매산은 시로 그려내기 어려웠던 자신의 내면을 기술했다.

　따라서 매산의 문학세계를 평가하며 매산의 문학적 역량이 오로지 시 속에 온축되어 있어 그의 문장은 그다지 가치를 가지지 못한다고 보아서는 곤란하다. 그것보다는 매산의 문학 활동이 시를 중심으로 이루어졌지만, 매산은 시로 읊어내기 어려웠던 자신의 정신적 지향세계를 문장으로 풀어내고자 노력했었다고 보아야 할 것이다. 이 장에서는 매산의 문학세계에 대한 이와 같은 평가를 기문記文과 상소문上疏文이라는 두 양식의 문장을 통해 확인해 보고 매산 문장의 가치와 의미를 살펴보고자 한다.

　이 장에서 살펴보고자 하는 두 편의 기문은 『육우당유고』 권 4에 수록되어 있는 「복거매산기卜居梅山記」와 「백벽신기白檗山記」이다. 이 장에서 두 편의 기문記文을 대상으로 매산의 의식 지향과 그 문학적 형상화를 살펴보고자 한 것은, 문학적 의도성을 확인할 수 있는 매산의 산문 8편 중 이 두 편의 글에만 자연 경물과 작자의 심경心境, 그리고 의론議論이 모두 나타나 있어 매산의 문학세계와 의식세계를 한눈에 살펴볼 수 있는 가장 좋은 자료가 된다고 생각해서이다.

1) 기문記文에 드러난 정신세계精神世界

(1) 고절孤節의 지향指向 세계世界;「복거매산기卜居梅山記」

매산의「복거매산기卜居梅山記」는 효종 5년(1654) 그의 나이 27세 때 지은 것이다. 2년 전 두 동생 주진周鑌과 국진國鑌을 잃은 매산은, 이 해 정월 광주의 매산(수원시 권선구 매산)에 작은 집을 얽어 거주하면서 학업을 계속하였다. 그 결과였는지는 모르지만 매산은 이 해 진사시에 합격하여 성균관에 입학했다.

이 글은 그가 매산에 작은 집을 얽은 뒤 매산별업梅山別業이라고 편액하고, 그 이유를 밝힌 것이다. 따라서 기문記文의 내용 분류상 제명기題名記의 일종이라 할 수 있다. 이 글은 내용상 크게 두 부분으로 나누어지는데, 첫 번째 부분은 매산별업의 주변의 풍경을 묘사한 경물 묘사 부분이고, 다음은 매산별업이라 편액한 이유를 밝히며 자신의 소회를 드러낸 부분이다. 이런 점에서「복거매산기」는 기본적으로 '선경후정先景後情'의 서술 방식을 취하고 있다.

선경후정이란 정황이나 배경을 먼저 제시하여 독자의 주의를 환기시킨 뒤 서정과 인식을 펼쳐나가는 서술방법으로 한시문漢詩文의 일반적인 서술방법이다. 선경후정의 서술 기법이 한시문의 일반적 서술방법으로 애용되었던 것은 이 기법이 배경의 묘사나 진술을 통해 독자의 주의를 환기시키고 이를 통해 다음 부분에 놓이게 되는 자신의 정서나 인식체계에 대해 독자들이 주목할 수 있도록 하기 때문이다.

우선 경물을 묘사한 첫 번째 부분부터 살펴보기로 한다.

(1) ①광교산은 廣州의 서쪽으로 뻗어있다. 그 가운데 깊은 골짜기와 험난한 산세로 눈을 번쩍 뜨게 하고 정신을 상쾌하게 하는 산이 ②수리산이다. 수리산 서남쪽 방향으로 십 리 정도 펼쳐져, 꾸불꾸불하면서도 넓고 멀리 뻗어 있는 것이 ③광주의 여덟 골짜기이다. 이 ④여덟 골짜기의 안은 토양이 비옥하지만 숲이 무성하며 인적이 끊어져 있어 귀신이 지켜주는 곳이다. 그 들판 가운데 우뚝 솟은 ⑤언덕이 넷이니, 넓고 텅 빈 들판에 흩어져 있다. 그 중 ⑥가장 높은 언덕은 형세가 빼어나 참으로 마음에 둘 만하니, 거만하게 앉아서 여러 봉우리들의 읍을 받는 형상이다. 그 ⑦정상은 평탄하여 30-50호 정도의 인가는 충분히 수용할 수 있을 듯하며, 늘어선 언덕이 담장처럼 서 있고 푸른 산과 흰 하천이 두르고 있다.

(2) 앞에 있는 작은 언덕은 길이가 백 척 정도 되는데 유독 이 언덕만 사방의 산들과 이어져 있지 않아 띠처럼 가로지르고 있다. 작은 언덕 아래로 바닷물 한 줄기가 시내를 거슬러 올라오는데, 구불구불 굽이져 큰 언덕 왼쪽으로 올라왔다가 돌아간다. 바람이 불고 물결이 불어날 때마다 몇 척의 범선이 푸릇푸릇한 바다어귀에서 모습을 감추고, 거울 같은 수면 위를 순식간에 떠다니며 물결을 따라 오고가 아득히 종적을 찾을 수 없다. ①물결을 거슬러 동쪽으로 절경을 찾아보면 숲과 언덕이 차츰 깊고 오묘한 모습을 드러내어 ②바위는 더욱 파리해보이고 모래는 더욱 밝게 보이며 ③부들은 싹을 틔우고 물새는 곱게 운다. ④시내 왼쪽의 석죽 천 줄기와 시내 오른쪽에 고목 몇 그루가 ⑤붉은 여뀌 꽃과 뒤섞여 있고 해당화 떨기에 둘러싸여 있으니 ⑥백로는 그 고운 모습을 단장하고 푸른 새는 그윽한 자태를 자랑한다.

(3) 때때로 고기 잡는 노인네가 짧은 삿갓에 긴 낚싯대를 들고 물가를 따라 내려가며 낚싯줄을 드리우고, 맨머리 맨발로 어량에 기대어 그물을 들어올리는데, 지팡이에는 술병을 걸어두고 술병에는 술을 가득 채워 바가지로 들어 마시

니, 마시면 곧 취하고 취하면 일어서고 일어서면 돌아가, 땀으로 범벅이 되어 어지러운 모습이 괴로움과 즐거움을 다 잊은 듯하여 그 아득하고 자득한 정취는 사람의 정신이 나가고 마음을 내던지게 하지만 스스로 금할 수 없다.[1]

「복거매산기」의 전반부 전문이다. 전체적인 내용으로 보아 이 부분에서 작자는 매산의 풍경묘사에 주력하고 있음을 알 수 있다. 이 글에서 풍경 묘사를 글의 전반부에 놓은 것은 묘사한 내용을 통해 독자의 호기심을 유도하기 위해서이다. 따라서 경물 묘사에 주력한 전반부도 나름의 서술 전략에 따라 기술되어 있다.

경물을 묘사하고 있는 전반부에서 사용한 서술 전략의 첫 번째는 원근법의 이용이다. 윗 글의 (1)에 해당하는 부분은 전체적으로 원경遠景에서 근경近景으로 움직이는 기술 방법에 따라 서술되어 있다. "①광교산→②수리산→③광주의 여덟 골짜기→④여덟 골짜기의 안→⑤네 언덕→⑥가장 높은 언덕→⑦정상"의 순서로 경관을 서술하고 있는데, 서술의 과정에서 매산은 가능한 한 개인 감정의 개입을 자제하고 자신의 눈에 비치는 모습 그대로 글 속에 묘사하고 있다.

원근법은 공간과 입체를 특정한순간, 특정한 위치에서 보이는 대로 묘사하는 지각적 표현법으로 개념이나 서정 중심의 표현법과 대조를

---

1) 李夏鎭, 「居梅山記」, 「六寓堂遺稿」 卷 4, "光敎之山, 蹇走廣西, 其穹谷嵯巖, 駃目而爽神者, 爲脩理山. 山西南而望, 十里寬展, 紆餘濶遠而暢者, 爲廣之八谷. 八谷之中, 壤沃而林茂, 人烟敻絶, 鬼神呵護, 中乎野而堆阜突怒者衆四, 散點於平洋廣漠之墟, 其最大者一阜, 勢高而實當心, 踞然有坐受諸峯拱揖之狀, 其頂平甚, 足容三十五家, 列岸增立, 綠白榮靑, 前有小丘, 長可百尺餘, 獨不與四畔山相連, 而橫繞之若帶焉. 小丘下海潮一線, 逆溪而上, 逶迤曲折, 上到大阜左畔而回, 每風驅潮漲, 數幅蒲帆, 隱映於海口莽蒼之間, 浮游焂忽於鏡面之上, 隨波來往, 杳無蹤跡, 沂流而東, 窮乎絶境, 則林壑漸覺窈窅, 石益瘦沙益明, 蒲生茁然, 水鳴鏘然, 溪之左石竹千莖, 溪之右古木數株, 雜以紅蓼之花, 被以海棠之叢, 白鷺桩其麗, 翠禽誇其幽, 時有漁翁的曳短笠長竿, 沿渚垂絲, 露頂赤足, 依梁擧網, 杖掛壺, 壺盈酒, 擧瓢相屬, 飮輒至醉, 醉而起, 起而歸, 淋漓顚倒, 苦樂兩忘, 其曠然自得之趣, 殆令人神往意投而不自禁也."

이루는 기술 방법이다. 이는 대상과 환경을 독립적으로 인식하여 한 시점이나 공간에서, 보이는 그대로의 모습보다 작가가 인식하고 알고 있는 모습대로 그려내는 개념적 표현법과 달리 사실의 실제적 관찰에 바탕을 두고 기술하는 서술 기법이다. 따라서 원근법에 의한 서술은 기본적으로 관찰의 결과를 바탕으로 한 객관적 기술을 전제하게 된다. 결국 위의 글 (1)은 원근법에 따른 객관적 경물묘사라는 서술 기법을 사용하게 된다. 특히 이 글에서 사용하고 있는 평행원근법은 위에서 내려다보는 3인칭 관찰자 시점을 이용하고 있는 것으로, 동양화의 전통적 기법과 같은 것이다. 이를 통해 작자인 매산은 매산별업이 자리잡게 될 곳의 모습을 독자들이 머릿속에서 그려낼 수 있게 하였다. 이에 따라 이 부분을 통해 비옥한 토양과 무성한 숲, 인적 없는 들판 가운데 우뚝 솟은 언덕과 주변을 감싸고 있는 푸른 산·흰 하천의 모습이 독자들의 눈에 선하게 되고, 독자들은 이 언덕 위에 자리잡게 될 매산별업에 대한 기대를 가지게 된다.

  (2)는 매산별업이 위치하게 될 곳에 대한 세부묘사이다. 이 부분은 매산별업이 자리 잡고 있는 언덕에서 바라본 주변을 묘사한 것으로, 서술 기법이 앞의 (1)과 다른 양상을 보인다. (1) 단락은 원근법을 바탕으로 한 3인칭 관찰자 시점의 객관적 경물묘사가 중심이 된다면, (2) 단락은 전지적 관찰자 시점을 바탕으로 이경사흥以景寫興의 개념적 표현 방법을 사용하고 있다. 이와 같은 표현방법의 전환은 (1)에 의해 주목된 독자의 관심과 흥미를 확장시키기 위한 것이다. 특히 매산은 (2)에서 독자들의 흥미를 확장시키고 흥취興趣의 근거를 제시하기 위해 두 가지 서술방법을 사용하고 있다. 첫 번째가 대구법對句法의 사용이고, 다음이 대비·대조를 통한 선명성이 강조이다.

밑줄 친 ①의 원문을 확인해 보면 자대字對를 이용한 대구법이 사용되었음을 확인할 수 있다. 대구법은 문장 구성방법 중, 한 요소를 동등한 중요성과 비슷한 표현법을 가진 다른 요소와 균형을 이루도록 대등한 개념들을 구·문장·문단에 배열하는 것이다. 이는 비슷한 발음·의미·문장구조를 되풀이하여 대등하게 서술하는 것으로, 내용의 강조와 독자의 주목을 이끄는 데 도움이 된다. 특히 문장 구조가 같거나 비슷한 두 문장을 나란히 배열함으로써 의미의 조응과 보완을 이끌고, 두 구절 구문상構文上의 묘미나 운율상韻律上의 가락을 조화 있게 나타내는 표현방법이다. 이를 통해 작가는 리듬감을 확보하여 흥취를 돋우면서 의미를 강조할 수 있다.

두 번째는 대비·대조를 통한 선명성의 강조이다. 밑줄 친 ②의 석수石瘦와 사명沙明, ③의 포생蒲生과 수명水鳴, ④의 석죽천경石竹千莖과 고목수주古木數株, ⑤의 홍료화紅蓼花와 해당총海棠叢, ⑥의 백로白鷺와 취금翠禽이 그것이라 할 수 있다. 이 6가지의 대비와 대조는 형태와 색감의 대조를 포함하고 있는 것으로, 대상 사물을 직접적으로 묘사하기보다는 그와 반대되는 것이나 주변의 것을 묘사함으로써 상대적으로 묘사 대상을 돋보이게 하는 서술방법이다.

(3)은 전지적 관찰자 시점에 따른 흥취의 직접적 서술로, 매산별업에서 느끼는 작자의 심경을 낚시하는 노인에 가탁하여 그대로 표현한 것이다. 이 (3)의 단계는 앞 두 단계를 거친 결과물로 주변 경관의 의미를 어옹漁翁을 통해 정리한 부분이다.

이와 같은 전반부의 경물 묘사는 후반부를 유도하기 위해 의도된 것이다. 다음 단락은 매산이 자신의 거처에 매산별업이라는 편액을 걸게 된 이유와 자신이 매화에 심취하는 이유를 밝힌 부분이다. 구체적으로 살펴보도록 한다.

(1) 어떤 기인이 이 이야기를 듣고 즐거워하여 그 가운데를 차지하고 집을 지었다. 띠 풀과 서까래 몇 개로 황폐하고 허물어져 깎긴 언덕 꼭대기에 겨우 집을 엮으니 바다와 산 천리의 빼어난 경치가 처마와 기둥에 뛰어난 기예를 바치지 않는 것이 없었다. 집이 완성되는 날까지 이름을 짓지 못하고 있었는데, 어떤 나그네가 "이 언덕은 너른 들판 가운데 우뚝하게 늘어서 펼쳐져 있습니다. 옛날 羽衣道人이 '땅에 떨어진 것이 매화와 같다'고 하였으니 그 말이 본받을 만합니다. 또 이 위에 예부터 매화나무가 많았고 지금도 그 나무가 아직까지 있으니 그대는 어찌 여기에서 이름을 짓지 않으십니까?" 하니 주인이 멍하니 웃으며 "이것이 진실로 내 뜻입니다." 하고 이에 좋은 곳을 골라 매화를 더 심게 하고는 '매산별업'이라고 편액을 하였다. 편액을 단 뒤 광주 사람들이 모두 이 언덕이 적당한 사람을 만난 것을 축하하였고 또 내가 그 이름을 얻은 것을 칭찬하였다.

(2) 나그네가 또 "매산이라고 이 집에 편액을 건 것은 진실로 아름다운 것입니다. 그러나 주인께서 매화에서 뜻을 취한 것이 이것뿐이겠습니까? 그 사이에 간직한 깊은 뜻이 없겠습니까? 만약 그렇지 않다면 어찌 그리 쉽게 그 이름을 정하십니까?" 하니 주인이 이에 옷깃을 펴고 용모를 단정히 한 뒤에 "좋습니다. 그대의 질문이여. 나를 흥기시키는 사람은 객이십니다. 이제 함께 매화의 참모습을 논하고 내 마음속에 감추어둔 것을 말할 만합니다.

내가 이 세상에 태어난 지 거의 삼십 년이 되었습니다. 내 눈에 닿는 사물을 따라 내 마음에 감동이 일어난 것이 또 이미 많습니다만, 유독 매화에 대해서만은 고산에서 편안히 여기는 병이 있으니 어째서이겠습니까. ① <u>매화의 꽃은 바짝 마른 야윈 사람의 모습과 같고, 매화의 맑은 향기는 소용하고 깨끗한 사람의</u>

모습과 짝을 이루니 그 흰 빛은 바로 희고 깨끗하여 물들지 않은 사람이고, 그 뜻이 괴로운 것은 바로 행실을 닦아 이름을 세우는 사람입니다. ② 봄에 앞서 얼음 서리와 싸우는 것은 일찍이 험난한 괴로움을 접한 사람을 증명하는 것이고, 열매를 맺어 솥에 들어가는 것은 나라를 경영하고 세상을 바로잡을 뜻을 품는 사람을 감동시키는 것입니다. 겉모습은 평범한 풀과 나무를 벗어나지 않으나 군자가 중하게 여기는 것은 다른 것이 아니라 바로 매화에 있습니다. 매화가 매화다운 것은 매화라고 불리는 것을 저버리지 않았기 때문입니다.

(3) 나를 돌이켜보건대 재주는 성기고 자질은 탁하여 비록 감히 매화에 덕을 견줄 수는 없으나, 그러나 마음속 깊이 기뻐하는 것이 있습니다. 뜰 가운데에서 마주하여 북돋우어 심고, 쓸고 물주는 것은 그 사모하는 마음을 밝히는 것입니다. 아! 사람들이 다 같이 좋아하는 것을 나는 알고 있으니 ①모란의 부귀와 작약의 영화에서 길가의 복숭아와 오얏, 담장 아래의 살구와 둑 위의 배나무까지 진실로 하나로 모을 수 없습니다. 그러나 내가 좋아하는 것은 확연히 남들과 달라 마치 변화하고 요염한 것을 즐거워하나 외로운 향기에 번민하는 것 같습니다. 내가 어찌 남과 달라서이겠습니까. 뜻에 합하는 것이 있어서 좋아하는 것도 그것을 따라서 그런 것이 아니겠습니까? 또 사물은 사람에게 의탁하여 이름을 삼는 것이 있습니다. ②국화가 비록 고우나 도연명을 만난 뒤에야 향기가 더욱 퍼졌고, 연꽃이 비록 군자다우나 주무숙과 짝한 뒤에야 덕이 더욱 드러났습니다. 사람이 사물에 있어서 진실로 좋아하고 싫어하는 다름이 있고, 사물이 사람에 있어서도 적당한 사람을 만나 의지하는 것을 귀하게 여깁니다. 지금 이 매화는 구구하게 후미진 바다 왼쪽에 있어 일찍이 환하게 속세에서 빼어난 사람과 만난 적이 없었다가 나에게 취해졌으니, 그렇다면 이 매화로 하여금 도연명의 국화, 주무숙의 연꽃처럼 아름다운 짝을 얻게 한 것이 아니겠습니까! 나에게 이 매화를 초란과 같게 한다면 취할 만한 실상이 없겠습니까. 이전 빈 산에 있을

때의 향기는 그에게 있었지만 이제 나의 뜰에 있으니 향기는 나에게 속합니다. ③혹 소홀하여 매화에게 거듭 누가 되지 않을까 하는 한 가지 생각이 걱정스러우나, 하나라도 누가 된다면 곧 그것은 매화의 불행이나, 조심할 줄 알아서 반성한다면 나에게 다행일 것입니다. 다음에 불행이 없도록 하고 행복이 있도록 한다면 그것도 괜찮을 것입니다."하니 나그네가 탄복하고 기뻐하였다. 나와 함께 환하게 웃은 뒤, 나그네에게 말한 것을 글로 써서 기문으로 삼았다.

해는 갑오년(1654) 정월 16일이다.[2]

이 부분은「복거매산기」의 후반부로 전술한 것과 같이 자신이 얽은 집에 매산별업이라 편액한 이유를 밝힌 것이다. 이 후반부의 서술 내용이나 방법은 전반부와 다른 양상을 보여준다. 그것은「복거매산기」의 전반부가 유기체遊記體 서사물이라면, 후반부는 논변체論辨體 서사물의 기능을 하고 있기 때문이다.

논변체 서사물의 기능을 하고 있는 윗글은 기본적으로 대화체對話體 서술 기법을 사용하고 있다. 대화체는 작자의 의도 전달이나 행위의

---

2) 李夏鎭,「卜居梅山記」,「六寓堂遺稿」卷 4, "有一畸人, 聞而樂之, 于以占其中央而築之室焉, 茅茨數椽, 縈結於荒坡斷丘之頭, 而海山千里之秀, 莫不效技於簷楹矣, 酒堂成之日, 未有以命名, 客有言者曰, 斯丘在原野中, 埈埠羅布, 始羽衣道人來診之, 謂之落地梅花, 其言實可準, 又其上古多梅樹, 今其槎尙存存者, 君獨不取於此耶, 主人口屎然而笑曰, 此眞吾意也. 爰命樵倩, 盆樹以梅而扁之曰, 梅山別業, 扁旣已, 廣之人咸賀斯丘之遇, 而且賞余得其名也. 客又曰, 梅山之扁, 此堂者固美矣, 抑若取義於梅者, 止於此而已乎, 亡其有深旨存乎其間也, 不然何其命名之易然也. 主人於是, 斂其袵整其容, 作而言曰, 善, 如客之問也, 起余者客也, 是足與論梅之實而語余奧也. 自余之生乎斯世, 將三十春秋矣, 隨物之觸于目而槪之于余心者, 亦旣多矣, 而獨於梅也, 有和淸孤山之癖焉何者. 梅之花瘦, 人之形容枯槁者以之, 梅之香淸, 人之恬靜淡泊者論之, 其色素, 卽人之皎潔不緇也, 其意苦, 卽人之修行立名也, 先春戰冰霜, 而夙興險艱者徵焉, 結實和鼎鼐, 而志懷經濟者感焉, 外貌不離乎尋常卉木之中, 而君子之所重, 不于他而于梅, 梅乎梅其不負所稱矣. 顧余才疏質濁, 雖不敢以比德於梅, 而然其心有竊喜焉者, 對之于中庭, 而培植之掃漑之, 昭其慕也. 噫, 人之所同好者, 我知之矣, 牡丹之富貴, 芍藥之繁華, 以至於桃蹊李徑, 杏壇梨塢, 固不一其彙, 而余之好, 較然不與衆人似樂繁艶而悶孤芳, 我豈異於人哉, 將志有所合而愛亦隨之者歟. 且物之與人, 所託以爲名者也, 菊英雖芳, 得淵明而香益播, 蓮花雖非子, 配茂叔而德益著, 人於物, 固有愛惡之異, 而物於人, 亦貴乎得其人而爲之依也. 今是梅也, 顚頓焉僻處左海, 曾不能皎厲拔俗者與遇, 而見取於余, 然則使是梅得以媲美於陶菊周蓮也歟. 在余使是梅同乎楚蘭而無實可取也歟. 在余向之在空山香在渠, 今而在余庭香, 係乎余矣, 將恐一念或忽而重累於梅, 一爲所累, 便爲梅之不幸, 而知惧而反省, 則幸於余者多矣. 他日無俾有不幸者而伻有幸焉者其可也. 客歎而悅, 共我一粲, 旣已言於客, 書以爲之記, 時 甲午春之孟上元後一日也."

묘사에 유용한 서술 기법이다. 특히 상황 묘사에 뛰어나, 소설에서는 대화체를 '인물 성격의 제시방법'으로 많이 사용한다. 이 부분에서 매산이 대화체를 사용한 것은 자신의 의도를 구체적이고 선명하게 독자들에게 보여주기 위해서이다.

대화의 주체는 주인主人인 기인畸人과 객客이다. 이 두 사람이 모두 매산 자신이라는 점에서 이 글은 탁전托傳 중 자탁전自托傳의 서술방법을 차용하고 있다고도 할 수 있다. 자탁전은 어떠한 사상의 인물에 작자 자신을 은유한 자전적인 것으로, 작자 자신의 행적보다는 자신을 객관화하여 그 심회를 조명하는 것을 위주로 한다. 자탁전 형식을 빌어 대화체 서술방법을 이용하고 있다는 것은 이 부분에서 매산이 자신의 주장을 강하게 나타내고자 했다는 것을 암시하는 것이기도 하다.

객의 물음에 주인이 답하는 형식으로 이루어진 후반부는 다시 세 부분으로 나눌 수 있다. 첫 번째 단락인 (1)은 매산별업이라는 편액을 달게 된 이유를 설명하고 있는 부분으로 단순 서술형으로 이루어져 있다. 거처를 정하고 집을 지었으나 집의 이름을 무엇으로 해야 할지 몰라 이름을 짓지 못하다가 객의 이야기를 듣고 매산별업이라 이름을 정하게 되었다는 사실 나열이 중심이 된다.

두 번째 단락인 (2)는 객의 질문에 대한 주인의 답이 중심이 된다. 이 부분에서 주인은 자신의 개인적 정서를 표출하기보다는 매화의 성질 묘사에 주력하고 있다. 매화의 성질을 설명하기 위해 다시 매산은 ①에서 비교의 수사법을 사용하고 있다. 매화의 꽃과 야위어 바짝 마른 사람의 모습, 매화의 향기와 조용하고 깨끗한 맑은 사람의 모습, 흰 빛과 속세에 물들지 않음, 괴로운 뜻과 행실을 닦아 이름을 세우는 것을 대비시키고 있다. 이는 매화의 모습과 비슷한 성격의 대상을 대비시킴으로

써 매화의 가치를 강조하는 전형적 수사법이다.

②는 위와 같은 성격을 지닌 매화이기 때문에 필연적으로 겪을 수밖에 없는 어려움을 묘사한 것으로, 이 부분에 와서 매산은 그 스스로 매화와 완전히 일치된 모습을 보여준다. 그것은 이 부분이 표면적으로는 매화가 매화다울 수 있는 것은 매화의 본성을 저버리지 않았기 때문이라고 한 것이지만, 그 이면에는 내가 나일 수 있는 이유 역시 나 자신의 본성을 저버리지 않았기 때문이라는 것을 강조하는 것이기도 하기 때문이다.

이 부분에서 주인에 가탁한 매산은 자신의 뜻을 직접 나타내기 전 매화가 가지고 있는 매화의 성질에 대해 설명하고 있다. 매화의 꽃과 바짝 마른 사람의 모습, 매화의 향기와 조용하고 깨끗한 사람을 대비시킨 뒤 매화의 흰 빛, 눈·서리와 싸우는 매화의 모습을 깨끗하여 속세에 물들지 않은 사람, 행동을 닦아 이름을 세우려는 사람의 모습과 일치시키고 있다. 이어서 매산은 매화가 매화다울 수 있는 것은 매화라고 불리는 매화의 본성을 저버리지 않았기 때문이라고 했다.

세 번째 단락인 (3)에서는 주인이 자신과 매화를 직접 대비시키며 이야기를 이끌고 있다. 특히 이 부분은 이중 대비가 이루어지고 있는 부분인데, 주인과 매화가 대비되면서 동일시되는 순간 매화는 다시 ①의 모란, 작약, 복숭아나무, 오얏나무, 살구나무, 배나무 등과 대비되고 있다. 이렇게 매화가 다른 꽃들과 비교되는 순간은 매화와 이들 꽃들이 대비되는 것에서 그치는 것이 아니라 주인의 정신적 지향세계와 ①의 부귀, 영화, 미색, 명예가 동시에 대비되고 있는 것이기도 하다. 따라서 주인은 ②에서 국화와 도연명, 연꽃과 주무숙周茂叔같이 매화는 자신과 짝할 수밖에 없다고 한 것이다. 이렇게 주인이 느낀 매화와의 일체감은 곧 ③에서와 같이 그 자신의 단속 의지로 나타나게 된다.

이 단락에서 매산은 스스로 자신의 자질이 감히 매화와 견줄 수는 없지만 그래도 매화를 좋아하는 마음을 버릴 수 없다고 했다. 그것은 그의 뜻과 매화가 합하는 것이 있어서 그렇다는 것이다. 이어서 다시 도연명의 국화, 주무숙의 연꽃같이 자신과 매화도 좋은 짝이 될 것이라고 하였다. 자신과 매화의 관계 속에서 자신의 행동 때문에 매화에게 어떤 누가 되지 않을까 걱정스럽기는 하지만 자신이 매화를 보고 스스로의 행동을 돌이켜볼 수 있다면 이것은 자신에게 행운이라고 했다. 그리고 지금 비록 자신의 행동 때문에 매화가 불행할지도 모르지만 앞으로 매화에게 어떤 불행도 없도록 한다면 괜찮지 않겠느냐고 하며 답을 맺었다.

결국 「복거매산기」에서 매산이 말하고자 한 것, 혹은 「복거매산기」의 창작 이유는 후반부의 마지막 단락 (3)에서 찾을 수 있는데, 정리하자면 스스로를 지키기 위해 매화를 거울로 삼겠다는 것이다.

모란의 부귀나 작약의 번화함과는 다른 매화의 모습에서 매산은 동질감을 느꼈는데, 이 동질감은 매화의 모습과 매산의 정신세계가 지향하는 곳의 동질성 때문에 생기는 것이다. 그래서 매산은 자신의 거처를 매산별업이라 하고 뜰 가운데 매화를 심어, 매화를 통해 스스로를 다잡겠다고 한 것이다.

이제 작품 외적인 상황과 「복거매산기」를 이어보도록 하겠다. 이 글은 효종 5년(1654, 갑오甲午) 정월 16일 지은 글이다. 그의 나이 27세가 되던 해인데, 성호星湖의 「선고사헌부대사헌부군행장先考司憲府大司憲府君行狀」을 보면 이 해는 매산이 성균관成均館에 입학한 때였다. 따라서 이 글을 지었을 때는 매산이 성균관에 입학하기 얼마 전으로, 자신의 거처를 정동貞洞 구저舊邸인 경제京第에서 광주廣州에 있는 선영 근처로 옮겨 과거 준비에 열중하였던 시기라 보인다. 이 글 속의 광교산光敎山은 용인현龍仁縣 서쪽 20리에 있고, 수리산修理山은 광주목廣州牧의 서쪽 60리 과천현果川縣의 남쪽 25리 안산군安山郡의 동쪽 1리 정도 되는 곳에 있는 산으로 견불산見佛山이라고도 한다. 후에 성호가 은거한 첨성리瞻星里가 이 글에서 매산이 우거한 매산별업이거나 최소한 아주 핍근한 지역이 아니었을까 생각된다.

매산의 가문인 여주이씨 집안은 선조 23년부터 광해군 3년까지 문·무과에 합격한 일족이 모두 26명에 이를 정도로 번성했었다. 인조반정 이후 매산의 조부였던 소릉공少陵公 이상의李尙毅의 관직이 강등되었지만 가세家勢에 그다지 큰 영향을 미치지 않았다. 특히 무신정변戊申政變 이후 대가 명족大家名族·문인 현사聞人顯士·달관 비위達官卑位를 가릴 것 없이 몰살이 계속되었지만, 매산의 집안에서는 단 한사람도 형옥안刑獄案에 끼어든 사람이 없을 정도였다. 매산은 이렇게 번성한 가문의 일원으로 정동貞洞의 경저京邸에서 태어났다. 번성한 가문의 일원이었기 때문에 매산의 삶은 상당히 순탄했을 것이지만, 그와 반대로 가문과 현실에 대한 부담이 상당했으리라고도 짐작할 수 있다.

번성한 가문의 일족으로 촉망받는 후예였던 매산의 현실에 대한 시각은 긍정적이고 낙관적인 것이었을 것이다. 다만 매산은 이러한 상황을 이어가야 할 인물이기 때문에 그에 따른 부담을 가질 수밖에 없었고, 이에 따라 매산별업으로의 우거는 과거科擧를 위한 행동이었다고 생각할 수 있다.

하지만 이 글 속에 나와 있는 매산의 의식은 이와 같은 현실에 대한 고려보다 자기 삶의 방식과 정신적 지향점, 즉 세계관과 인생관에 관한 것뿐이다. 미래에 대한 포부와 희망, 가문에 대한 자부나 자랑, 또는 현실에 대한 낙관적 인식보다 현실의 욕구에 물들지 않으려고 하는, 현실 속에서 스스로의 지조를 지키고자 하는 강렬한 정신적 지향세계를 찾아볼 수 있을 뿐이다.

이와 같은 의식이 혹 인조반정 이후 위축되기 시작한 가문의 현실 때문이었을지도 모른다. 그러나 인조반정 이후 진행된 정치적 상황들이 아직까지 현실 정치를 전혀 겪어보지 못한 매산의 의식세계를 흔들어버린 결정적인 사건이었다고 보기에는 무리가 있다.[3] 그것보다 이 글 속에 드러난 매산의 의식은 이전부터 그의 심중에 자리 잡고 있었던, 추구하고자 했던 삶의 기본 원칙이었다고 보는 것이 더 타당할 것이다.

이렇게 보았을 때 「복거매산기」에 나타난 매산의 의식세계는 속세에 물들지 않는 '자수自守의 고절孤節'과 현실문제에 적극적으로 다가서는 '광시제중廣施濟衆의 지향'이라 정리할 수 있을 것이다.

(2) 자수自守·자존自尊의 자아自我 인식認識; 「백벽산기白碧山記」

「백벽산기」는 매산이 숙종 6년(1680) 평안도 운산으로 유배된 뒤 숙종 8년(1682) 6월 14일 유배지에서 운명하기 전까지 유배기간의 어느 시기에 창작한 것이라 보인다. 전술한 것과 같이 숙종 6년은 매산을 비롯하여 당시 정국의 주도권을 쥐고 있었던 남인들에게는 참혹한 시련의

---

3) 李瑞雨의 梅山公 墓碣銘을 보면 "15세가 되기도 전에 이미 충분히 과거를 볼 만한 성가가 있었으나 세력을 잃고 험난하여 이롭지 않았다, 갑오년에 겨우 성균관에 올랐다[未成童, 已斐然有場屋聲, 然蹭蹬不利, 甲午始陞太學上舍](李瑞雨, 「梅山公 墓碣銘」, 『近畿實學淵源諸賢集』 6)."라는 기록이 있는 것으로 보아 당대 매산의 집안은 명확하지는 않지만 어떤 정치적 위기를 맞고 있었던 것이 아닌가 짐작되기도 한다.

시기였다. 매산은 숙종 6년 2월 올린 한 장의 상소로 인해 진주목사晉州牧使로 좌천되었으며 이어 5월 파직되었다가 10월 평안도 운산으로 유배되었다. 매산의 삶이 이렇게 급작스럽게 몰락해간 것은 이 해 일어난 경신대출척庚申大黜陟 때문이었다. 이 사건으로 정국은 일변하여 허적許積과 윤휴尹鑴는 차례로 사사賜死되었으며 남인 계열은 정계政界에서 완전히 배제되었다. 따라서 이 시기 정치권의 핵심에서 변방으로 배제된 매산에 의해 기술된 「백벽산기」는 그가 본격적으로 정치에 몸담기 전에 쓴 「복거매산기」와 많은 부분 다른 상황 속에서 지어진 것이다. 작품을 직접 살펴보기로 한다.

(1) ① 내가 운양에 와보니 운양의 배후에는 백벽산이라고 하는 산이 있었다. 나는 이 산의 이름을 정한 뜻이 과연 무엇을 말하는 것인지 알지 못했는데, ㉠<u>멀리 바라보니 그 기운이 희고, 자세히 보니 그 빛이 푸르러 홀로 여러 봉우리들의 위에 우뚝하니 서 있고</u> 雲山郡, 泰州縣, 昌城都護府, 寧邊大都護府 이 네 군이 사방에서 고삐를 꿰듯 그 옆을 둘러싸고 있으니 진실로 서쪽을 잇는 진산이다. ㉡<u>그 주변에서 특별하기 때문에 형태로 이름을 지을 수 없어서 마침내 이런 이름을 갖게 되었다.</u> 백벽이라는 이름은 오래되었다.

② 내가 밝은 때에 죄를 짓고서 죄의 그물을 벗어날 수 없어 근심 걱정하며 이리저리 흔들리고 있던 중에 행운도 있었다. ㉠<u>맑은 아침 창문을 열 때마다 몇몇 봉우리 푸른 산 기운이 곧 다가와 읍을 하니 마치 ㉡위로하는 마음이 있는 것 같았다.</u> 이 어찌 ㉢조물주가 나를 불쌍히 여겨 일체 다른 것을 주지 않고서도 이 산의 빼어남으로 ㉣아침저녁 회포를 푸는 바탕을 삼게 하려는 뜻이 아니겠는가.

(2) ① 내가 한가한 날 지팡이를 짚고 찾아 나서니 나의 자취에 앞서 절의

학이 먼저 하였다. 이전에 시험삼아 난간에 기대 바라보니 그윽하고 깊어, ㉠동쪽으로 멀리 빼어난 경치가 눈에 들어왔다. ㉡묘향산의 정산과 용문산의 골격이 물러서서 그 재주를 다 바치고 있었다. 내가 몹시 기이하게 여겨 마침내 서둘러 ㉢가마에 올라타니 두 사람이 메어주어서 ㉣산등성이에 오를 수 있었다. ㉤정상에 올라보니 층진 바위들이 벽처럼 서 있어 참으로 의지하거나 매달릴 만한 것이 없어 위태로운 순간을 넘긴 것이 몇 차례나 되었다.

(2) 잠깐사이에 ㉠구름과 안개가 맑게 개이고 만물이 형상을 드러내니 동림이 다리 아래에 붙어 있고, 약산이 단정히 시립해 있어 백두산도 멀지 않아 겨우 강 너머 작은 연못과 같고 송골산도 높지 않아 단지 침상머리 주먹만 한 돌덩이 같았다. 오른쪽 겨드랑이로 안릉을 끼고 왼쪽 배로 진창을 싸안으니, 관문 바깥의 여러 산들이 사방에서 머리를 나란히 하고 자식과 손자의 자리에 있는 것 같았다. 이것은 그 실상을 기록한 것이다.

(3) 공자께서 말씀하신 "노나라가 작아 보이고 천하가 작아 보인다."라는 것과 흡사하니 여기에서 증명할 수 있다. 아아! 어찌 그리 가슴 시원한가. 내 또한 스스로 살펴볼 것이 있다. ①산의 몸체가 진실로 높고 우뚝한 것을 귀하게 여기지만 또한 여기에는 병통이 있다. 높으면 매서운 바람이 많고, 우뚝하면 이웃이 없다. ②하늘이 이곳에서 후려치고 움켜쥔 것이 어찌 또한 뜻이 있어서이겠는가, 아무런 뜻이 없는 것이겠는가. 무엇을 가슴 아파 하는가. 각각 부여받은 것에 따라 스스로를 잘 지켜나갈 뿐이다. 이에 기를 쓴다.[4]

---

4) 李夏鎭,「白碧山記」,『六寓堂遺稿』卷 4, "余到雲陽, 其背盖有白碧山云, 余不知是山命名之意, 果何徵焉, 遠而望之, 其氣皓然, 迫而視之, 其色蒼然, 獨立於衆峯之上, 而雲泰昌寧四郡者, 四面纒屬於其側, 信西維之鎭也, 以其別於傍近而不可名狀, 遂因而有是號焉, 白碧之稱, 厥維舊矣, 余負累明時, 無以解網, 愁憂飄轉之中, 幸亦存焉, 每淸曉開窓, 數峯嵐翠, 輒來共揖, 若有心於相慰者, 斯豈非造物者意, 憐我一箭無他, 界以玆山之秀, 以爲晨夕消遣之資耶, 余用暇日, 柱杖探討, 迹之所先, 浮鶴其寺也, 嘗試憑軒而望, 窈深幽閒, 而東網遠秀, 妙香之頂龍門之骨, 却立而畢獻其技, 余甚異之, 遂促駕藍輿, 兩白足肩之, 得以窮躋山脊, 而至于上頭, 層巖壁立, 實難實確, 盖涉危者數矣, 俄而雲霞澄霽, 萬象呈露, 東林寄於脚下, 藥山侍立端笏, 莫遠於白頭而僅如隔江之培塿, 莫高於松鶻而祗警床頭之拳石, 挾安陵於右脇, 抱陳倉於左腹, 而關外諸山, 駢頭回面, 效兒孫之役焉, 玆其爲實錄也, 而孔子所以小魯小天

백벽산에 올라본 뒤 쓴 글이라는 점에서 이 글은 유기문遊記文의 일종이라고 할 수 있는데, 글 전체를 크게 세 단락, 작게 다섯 단락으로 나누어볼 수 있다. 글의 구성은 사형寫形의 단계에서 전신傳神의 단계로 옮겨가고 있는데, 이 단계의 이동은 시·공간의 이동과 같이한다. 따라서 이 글은 초점투시焦點透視, 혹은 일점투시一點透視의 기법 아래 하나의 초점을 지니는 선명한 서양화와 같은 그림을 만들기보다 여러 곳에서 하나의 대상을 바라보는 산점투시散點透視의 기법 아래 묘사된 동양화를 만들게 된다.

시간의 흐름에 따른 공간 이동과 함께 사형寫形의 단계에서 전신傳神의 단계로 넘어가는 이 글은 (2) 단락에서 사형과 전신의 경지가 만나게 되는데, 이 부분이 가유可遊의 단계이다. 즉 (1) 단락의 사형이 가망可望의 단계로, 이 부분에서 매산은 운산에 도착한 뒤 접하게 된 백벽산과 그 산의 명칭에 대해 설명하고 이어 이 산을 찾게 된 동기를 밝히고 있다. 다음 (2) 단락이 가유可遊의 단계로 이 부분에서 매산은 백벽산을 오르는 과정과 백벽산 정상에서 바라본 경치를 묘사하고 있다. 마지막 (3) 단락이 가락可樂, 혹은 가흥可興의 단계로 전신의 경지이다. 이 단락에서 매산은 백벽산 정상에서 느끼는 자신의 심회心懷를 밝히고 있다. 이 가운데 (2) 단락의 가유 단계에서 일어나는 사형과 전신의 변화는 바림이나 그러데이션gradation처럼 시나브로 이루어지기 때문에 급격한 내용상의 변화는 나타나지 않는다.

단락에 따라 조금 더 자세히 살펴보면, (1) 단락은 전체가 사형을

下者, 騈騑而驗於是焉, 噫何其快哉, 余又以有所自省矣, 山之爲體, 固貴於高且孤, 而亦有以病於是者, 其高也多烈風, 而其孤也無與隣焉, 天之搏攫乎是也, 豈亦有意耶, 其無意耶, 何傷乎, 各因其所賦而善自保持焉耳, 遂爲之記."

중심으로 한 것으로, 가망可望의 단계에 해당한다. 이 (1) 단락은 다시 두 부분으로 나누어지는데, ①은 백벽산이란 명명의 유래를 밝힌 것이다.

이 단락은 운산군에 도착한 매산이 마주하게 된 백벽산과 그 산의 명칭에 대해 기술한 부분이다. 운양雲陽은 운산군雲山郡을 말하며 백벽산白碧山은 운산군의 진산鎭山이다. 처음 운산에 도착하여 모든 경물이 낯설기만 한데 산의 이름조차 희고 푸른 산이라고 하니 어떤 뜻이 있는지 알지 못하겠다며 글을 시작했다. 이어 매산은 "멀리 바라보니 그 기운이 희고, 자세히 바라보니 그 빛이 푸르러 홀로 여러 봉우리들의 위에 우뚝하니 서 있고 …… 그 주변에서 특별하기 때문에 형태를 가지고 이름을 지을 수 없어서 마침내 이 때문에 이런 이름을 갖게 되었다."라고 하여 백벽산이라는 명칭이 산의 모습 그 자체에서 따온 것이라고 설명하고 있다. 즉, 산의 이름이 백벽이라 명명된 이유는 크게 두 가지 ㉠과 ㉡인데, ㉠을 살펴보면 명명의 과정에서 백벽산의 신령함을 강조하기 위해 매산이 사용한 수사법이 흰색과 푸른색의 색감 대조와 원근의 거리감을 통한 환상적 서술이라는 것을 알 수 있다.

②는 백벽산의 전체적인 풍광을 큰 그림으로 보여주며, 백벽산의 주변 풍광을 중심으로 그 주변 풍광을 통해 매산이 갖게 되는 심리적 위안감을 서술하고 있다.

이 부분은 매산이 백벽산을 보고 느끼는 자신의 정서를 서술하여 백벽산을 찾게 된 동기를 밝힌 것이다. 매산은 맑은 아침 창문을 열 때마다 눈에 들어오는 백벽산의 모습이 마치 자신을 위로하는 것 같은데, 이것은 조물주가 자신을 위해 배려해주고 있는 것이라고 생각했다. 정치 현실에서 배제되어 먼 지방으로 쫓겨난 신세지만 주변 경물에서 울분과 悔恨을 느끼기보다는 자연 속에서 자신의 내면세계를 잔잔하게 정화하려고 하는 매산의 의식을 살펴볼 수 있다. 매산에게 자연은 자신을 돌아보는 계기로써 의미를 지니는 것이다.

매산이 백벽산의 주변 풍광에서 위안을 얻게 되는 이유가 ㉠이라면 그 ㉠의 표면적 이유가 ㉡이고, 내재적 이유가 ㉢과 ㉣이 된다. 이와 같이 하나의 현상을 제시한 뒤, 그 현상이 지닌 외연적 의미부터 내포적 의미까지를 하나하나 밝혀나가는 매산의 기술 방법은 점층漸層의 기능을 하여 글 내용의 비중과 정도를 점차 높여 독자의 관심을 자연스럽게 이끌어 올린다. 이런 기술 방법은 독자를 설득하거나 감동을 전하는 데 효과적인 표현법이다.

이 (1) 단락은 글의 서두 역할을 하는 부분으로 매산과 백벽산은 공간적 거리감을 가지고 있다. 직접 다가서서 접하는 것이 아니라 멀리서 눈으로 보고 즐기는 대상이다. 따라서 가망可望의 단계로 사형寫形이 중심이 된다.

(2) 단락은 사형寫形에서 전신傳神으로 넘어가는 과정이다. 이 단락에서 매산은 직접 산을 찾는다. 이 부분에서 매산은 백벽산을 찾아가는 과정을 묘사한 뒤 정상에서 바라본 주변의 풍광을 기술하였다. 백벽산을 오르는 과정의 묘사는 독자들에게 현장감을 주고 사실성을 더한다. "층진 바위들이 벽처럼 서 있어 참으로 의지하거나 매달릴 만한 것이 없어"라는 표현은 백벽산 정상을 오르는 과정의 어려움과 백벽산의 험난한 산세를 설명하지 않고도 느낄 수 있게 해준다.

이런 묘사는 다음에도 이어진다. "잠깐 사이에 구름과 안개가 맑게 개이고 만물이 형상을 드러내니 동림이 다리 아래에 붙어 있고, 약산이 단정히 시립해 있으니 백두산도 멀지 않아 겨우 강 너머 작은 연못과 같고 송골산도 높지 않아 단지 침상 머리 주먹만 한 돌덩이 같았다."라는 표현은 험난한 길을 거쳐 백벽산의 정상에 올라선 뒤 바로 그 자신의 눈에 들어온 주변의 풍광에 대한 묘사이다.

백벽산의 정상은 구름과 안개도 모두 개어 있는 곳이다. 높다란 산 정상에서 흘깃 한 번 눈을 주었을 뿐인데 저 멀리 있는 동림이 다리 아래에 와 붙어 있는 것 같았고 저 먼 백두산이나 송골산도 그지없이 가까이 보였다. 조금 더 자세히 바라보니 산의 바위는 오른쪽에 안릉을 끼고, 왼쪽에 진창을 싸고 있으며, 주변의 여러 산들이 사방에서 머리를 조아리고 있다. 마치 공자께서 '노나라가 작아 보이고 천하가 작아 보인다'라고 하신 것을 증명이라도 하는 듯하다.

이렇게 ①은 정상까지 찾아가는 과정을, ②는 정상에서 바라본 풍경과 그 풍경을 통해 느끼는 매산의 호쾌한 심상心狀을 서술하고 있는 부분이다. 이 두 번째 단락은 매산의 이동 경로에 따라 백벽산의 풍광이 변해가고 있다는 점에서 기본적으로 산점투시散點透視의 기법을 사용하고 있다. ①의 ㉠~㉢은 매산이 백벽산의 정상까지 올라가는 과정을 서술한 부분이다. 원경에서부터 근경으로 시선을 이동시키며 서술하고 있는 매산의 서술방법에 따라 서술과정이 진행될수록 독자는 대상에 대해 구체적이고 명확한 인식을 얻게 된다.

②에서 매산은 정상에서 바라본 주변의 풍경을 읊으며 자신의 심상을 슬며시 투영하고 있다. ㉠에서 매산은 원경에서 근경으로 다시 근경에서 원경으로 시선을 이동하며 자신이 바라본 주변 풍광을 기술하고 있는데, 이와 같은 기술 방법은 앞의 ①에서 사용한 원경에서 근경으로의 이동을 통해 대상을 구체화한 서술 기법과는 다른 것이다. ②의 ㉠에서 사용한 원근의 교차 서술은 대상에 대한 환상성을 강조하고 몽환적 분위기를 만들어 현실 공간을 관념화·이상화하는 표현방법이다. 이와

같은 표현방법을 통해 매산은 주변 풍광을 묘사하고 있을 뿐이지만, 그 속에 자신의 정신을 담아 자연스럽게 사형寫形에서 전신傳神으로 의미 단계를 확장한다.

(2) 단락은 글의 본론 역할을 하는 것으로 매산과 백벽산의 공간적 거리감이 제거되었다. 이 단락에서 백벽산은 앞의 (1) 단락에서와 같이 멀리서 눈으로 보고 혼자 즐기는 대상이 아니라 매산이 들어가 노닐 수 있는 현실의 공간이 되었다. 따라서 가유可遊의 단계로 사형寫形이 전신傳神으로 전환되는 과정으로 의미를 지닌다.

(3) 단락은 전신傳神의 단계를 보여주는 단락이다. 이 단락에서 매산은 산 위에서 느끼는 자신의 소회를 서술하고 있지만, 그 소회가 어떤 것인지 구체적으로 밝히지 않았다. 또 매산의 움직임도 멈추어져 있다. 이 단계에서는 어떤 움직임이나 설명도 구차한 것이다.

매산은 백벽산의 정상에 올라 가슴 시원함을 느꼈다. 그가 가슴 시원함을 느낀 것은 그곳이 높은 산 정상이어서가 아니다. 그보다는 자신을 둘러싸고 있던 번뇌와 고민에서 스스로 벗어날 수 있었기 때문이다. 매산은 산의 모습과 인간사를 대비시켜 자신의 처지와 행동을 서술하였다. "산의 몸체는 진실로 높고 우뚝한 것을 귀하게 여기시만 또한 여기에는 병통이 있다. 높으면 매서운 바람이 많고, 우뚝하면 이웃이 없다."고 한 표현은 산을 두고 한 것이라기보다는 오히려 인간 세상을 바라보고 한 것이라 보아야 할 것이다.

빼어난 지조와 절개를 가지고 살아가는 것을 세상 사람들이 모두 귀하게 바라보지만 이런 사람들에게는 언제나 질시와 비난이 뒤따르게 된다. 그래서 그런 사람들에게는 반드시 매서운 비난이 많고, 함께 하는 사람이 드문 것이다. 백벽산의 정상에서 매산은 다시 이런 삶의 진리를 느꼈다. 지금 자신의 처지는 바로 자신이 살아온 삶이 만든 것이다. 이런 생각은 지난날을 돌아보며 스스로를 후회와 번민 속에 빠지게 만들 만도 한데 매산은 곧 스스로를 위로한다. "하늘이 이곳에서 후려치고 움켜쥔 것이 어찌 또한 뜻이 있어서이겠는가, 아무런 뜻이 없는 것이겠는가. 무엇을 가슴 아파하는가. 각각 부여받은 것에 따라 스스로를 잘 지켜나갈 뿐"이라는 마지막 부분은 현재의 자기 처지 때문에 상심할 필요 없다고 스스로를 다독이는 것이다. 이에 따라 매산은 '하늘이 자신을 이런 상황에 둔 것은 분명히 어떤 뜻이 있어서이다. 그러니 지금 자신의 상황 때문에 가슴 아파하기 보다는 차라리 하늘에서 부여받은 자신의 본성을 잘 지키도록 노력하는 것, 본래 가진 자신의 의식을 꺾지 말고 지켜나가는 것이 옳은 것이고 자신도 그렇게 하겠다'라는 의지를 이 부분에서 보여주고 있다.

(3)의 ①은 매산에게 소회所懷를 일으킨 그 자신의 지각 작용을 보여주는 것이고, ②는 지각 작용을 넘어 자신의 마음속에서 일어난 감흥의 표현이다. 그래서 ① 부분은 구체적으로 서술이 가능하지만, ② 부분은 달리 서술할 수 있는 방법이 없는 전신傳神의 과정이 된다. 따라서 글 전체의 주제가 (3)의 ②에 모이게 되는 것이다.

(3) 단락, 특히 (3)의 ②는 글 전체의 핵심이 되는 것으로 매산과 백벽산이 일체감을 보이고 있다. 이 단계에서 매산은 백벽산을 보고 즐기거나 들어가 노닐지 않고 산과 하나가 되어 나눌 수 없는 존재가 되었다. 그래서 이 단계를 가락可樂·가흥可興의 전신傳神 단계라고 한 것이다.

이제 작품 외적인 상황과 연계하여 다시 작품을 살펴보면서 그 속에 드러난 매산의 의식지향을 찾아보도록 하겠다. 매산은 현종 3년(1662, 임인壬寅) 겨울 내시교관內侍教官을 시작으로 관직생활에 몸담기 시작했다. 이듬해 그는 성균관 유생으로 구일과제九日課製에 수석을 하여 곧바로 전시殿試에 응시하게 되었으나, 재신宰臣 가운데 그를 좋아하지 않는 사람이 있어 어려움을 겪다가 이로부터 3년 뒤인 현종 7년 전시에 직부直赴하여 이갑二甲에 뽑혔다. 이것으로 보아 매산의 관직생활은 그 시작부터 자신을 견제하는 세력에 대항하면서 이루어진 것이다. 매산은 자신에 대한 견제에도 불구하고 직장直長·전적典籍·감찰監察·좌랑佐郞 등을 역임하였고, 지평持平·장령掌令 등을 반복하면서 숙종조를 맞이하였다.

숙종조는 현종 말년의 복제服制 문제問題에서 승리한 남인들이 정국을 주도하면서 시작된 시기였다. 그러나 집권 남인들은 정국의 주도권을 확보하면서 스스로 분열하기 시작했다. 허목許穆·윤휴尹鑴를 중심으로 한 청남淸南 계열과 허적許積·권대운權大運 등을 중심으로 한 탁남濁南으로 갈렸는데, 이들은 서인西人 세력에 대한 배척에는 힘을 모았지만 두 패로 나뉘어 서로를 비방하기에 이르렀다. 이 시기 매산은 청남 계열에 있으면서 청남과 탁남의 화합을 도모한 인물이었다. 당시 매산은 관직생활 동안 누구보다도 원칙에 충실한 인물이었다. 그의 원칙적인 관직생활은 서인은 물론 남인 중 탁남 계열의 거센 비판을 불러왔다.

매산의 「백벽산기」는 이와 같은 관직생활 끝에 얻게 된 극변원찬極邊遠竄의 적거謫居에서 창작된 것이다. 원칙을 지키고자 했던, 그 원칙에서 물러서지 않으려고 했던 관직생활의 결과 얻게 된 유배이기 때문에 매산의 글 속에서 울분과 회한의 모습을 찾아볼 수도 있으리라 생각되지만 「백벽산기」에서는 그러한 모습이 겉으로 드러나지 않는다. 그렇다고 자신의 행동에 대한 후회나 아쉬움의 감정 역시 나타나지 않는다. 그것은 지금까지 스스로가 지켜온 삶의 모습이 그 자신의 신념에 따른 것이었고, 그 신념은 언제까지나 변치 않는 원칙이라고 여겼기 때문일 것이다.

이러한 삶의 자세는 「복거매산기」에서 볼 수 있었던 그의 고절孤節이 유배 이후까지 그대로 유지되고 있음을 보여주는 것이다. 따라서 「백벽산기」는 매산이 지금까지 지켜온 자기 삶의 원칙에 대해 고뇌하거나 번민하기보다 그 원칙을 더욱 굳건히 지켜나가는 자수自守·자존自尊의 삶과 의식을 지향한 것이라 생각된다.

매산의 기문 두 편은 20대 중반 번성한 가문의 자제로 이제 막 세상에 나갈 때와 50대 초반 정치적 몰락과 유배라는 시련을 맞은 시기에 창작된 것이다. 따라서 상이한 시기, 상이한 처지의 결과물이다. 또 「복거매산기」의 매산은 그 스스로가 원해 찾아간 곳이고, 「백벽산기」의 백벽산은 원하지 않았지만 어쩔 수 없는 처지에서 가지 않으면 안 되었기에 갈 수밖에 없는 곳이었다. 이렇게 두 편의 기문은 상반된 배경과 상황 아래에서 창작된 것이지만 글 속에 드러나는 매산의 의식세계는 동일한 기조를 가지고 있다.

매산의 문집에는 그가 매산별업을 짓고 그곳에서 학문을 연마하며 지속적으로 자신을 되돌아보고 삶의 자세를 가다듬던 모습이 여러 곳에서 확인된다. 이를 통해 매산의 학문이 내수지학內修之學을 중심으로 하고 있었음을 알 수 있다. 특히 매산의 내수지학內修之學은 학문으로만 의미를 지니는 것이 아니라 삶의 지표로 생활 속에서 구현되고 있었다. 따라서 매산에게 학문을 통해 형성된 삶의 지표는 일평생 흔들리지 않는 것이었다.

그의 학문세계, 의식세계는 한마디로 성궁직행省躬直行이라 할 수 있다. 성호는 매산의 행장에서 "눈은 밝고 밝아 밤에도 작은 글자를 분별

할 수 있고, 기백이 충만해 있고, 이전에 친족 중에 귀신 든 사람을 보니 귀신이 곧 도망갔고, 기억력이 남보다 뛰어났으나 재주를 믿고 스스로 게으르지 않았으며 책을 대하고는 반드시 자세하고 깊이 있게 봐 몸에 젖어드는 것으로 법도를 삼았다."[5]라고 하여 매산이 지니고 있었던 삶의 자세를 자세히 밝히고 있다.

 이와 같은 삶의 자세와 인식세계가 현실의 부조리와 만나게 되었을 때 매산이 추구했던 자세가 바로 고절孤節이었다고 생각된다. 이 고절은 현실의 부조리와 충돌한 자아가 현실에 순응하거나 대항 혹은 거부하기보다 현실을 벗어나 자신을 지키는 자수自守의 행위이다. 따라서 고절은 현실 도피적인 모습을 지니는 것이라고도 볼 수 있다. 하지만, 이와 달리 고절이란 현실의 상황에 구애되지 않고 언제 어디서나 자기 삶의 원칙을 지켜나가겠다는 흔들리지 않는 의지의 구체적 표현이자 실천이라고 볼 수 있다. 그것은 고절이 처음부터 외부 상황을 고려하지 않는 것이기 때문이다. 따라서 고절을 삶의 원칙으로 추구했던 매산은 자신의 위치가 어떠하냐에 따라 현실에 적극적으로, 또 한 걸음 물러서며 자기 삶의 원칙을 지킬 수 있었다고 보인다.

 고절은 매산이 평생을 지켜온 자기 삶의 모습이었다. 이것은 어느 한순간 생겨났다가 사라졌다거나, 젊은 시기 한때의 목표였거나, 노년기 인생을 정리하면서 갖게 된 것이 아니었다. 학문에 뜻을 둔 이후 그가 자신의 삶을 마칠 때까지 자신의 인생을 움직여나간 규칙이었고 법도였다. 평소에 검약을 숭상하여 관직에서 영달했음에도 집에 장물長

---

5) 李瀷,「先考司憲府大司憲君行狀」,『星湖全集』卷 67, "目炯炯夜能辨細字, 氣魄充完, 嘗視族人之病鬼祟者, 鬼輒避, 記性絶人, 然亦不恃才而自怠, 對卷必以熟深沕然爲度."

物이 없었고, 곡록穀祿이 들어오면 반드시 인족빈자隣族貧者에게 나누어 주고 늘 성만盛滿을 경계하는 마음을 지녀 아들 잠潛이 약관으로 등과登科하였을 때도 소년등과 일불행少年登科 一不幸이라 하여 회시에 나아가지 못하게 했으며, 사환仕宦하여서는 거짓 없이 할 만한 일은 반드시 헌의獻議했으며, 후진後進을 인접引接하여서는 힘써 공도公道를 넓혀서 사론士論과 사기士氣를 부식扶植하는 것을 제일 의義로 삼아 흘연屹然히 유림의 영수가 되었다6)는 매산에 대한 평가는 비록 성호가 매산의 아들이기 때문에 어느 정도 지나친 부분이 있다고 하더라도 매산의 삶의 자세와 의식세계를 확인하기에 부족하지 않은 것이라 하겠다.

이와 같은 의식을 삶의 기준으로 지니고 있었기 때문에 매산은 숙종 6년(1680) 2월 25일 대사간으로 있으면서 강화도 돈대구축 문제의 잘못과 윤휴尹鑴의 사직, 허목許穆의 해직, 홍우원洪宇遠의 원찬遠竄에 대해 잘못을 거론하며 사직의 항소를 올렸다. 이 사직소는 바로 숙종의 진노를 불러와 매산은 그 당일 특명으로 진주목사로 좌천되었고, 이후 삭탈관직·문외출송된 뒤 마침내 평안도 운산으로 유배되었다.

이 시기 매산이 자신의 상소문이 가지고 올 결과에 대해 아무런 예상도 하지 못했다고 보기는 어렵다. 그것은 상소라는 간쟁의 방법은 언제나 예상과 다른 반대급부를 가지고 올 위험성을 충분히 가지고 있기 때문이다. 그럼에도 불구하고 매산은 스스럼없이 상소를 올렸고, 그

---

6) 李瀷,「先考司憲府大司憲君行狀」,『星湖全集』卷 67, "嗚呼. 死生之間, 君臣之義, 至此無復餘憾矣. 公生有異表, 額上有文曰文, 目烱烱復能辨細字, 氣魄充完, 嘗視族人之病鬼崇者, 鬼輒避, 記性絶人, 然亦不恃才而自怠, 對卷必以熟深沛然爲度. 故至于衰晚, 猶背誦甚多, 爲詩不屑爲組織之工, 下筆源源, 頃刻累數篇, 或問詩, 應曰: 詩以欲解未解間爲高, 蓋爲言語可造而眞賞難論也. 筆法亦絶世, 人始信聽蟬堂之爲有眼矣. 性剛方嫉惡若浼, 又恐傷容人之量, 墜先世忠厚之德, 張而或弛. 故爲訴譖醞如也, 然至是非之分則卓然有不可犯者, 故人皆樂與之借也. 素尚儉約, 身至貴顯而家無長物, 穀祿之入, 必分諸郊族貧者, 平居常坦蕩自怡, 每日萬事分定, 吾以眉頭不挂愁色爲心, 又每持盛滿之戒, 公子潛弱冠有聲譽中解額, 公曰: 少年登科一不幸, 命不就會試, 人韙之, 其立朝也, 事上不欺, 有可必獻, 引接後進, 務恢公道, 以植士論扶士氣爲第一義, 屹然作儒林領袖, 當時人莫不以文衡台鼎期之."

결과를 그대로 받아들였다. 이와 같은 행동은 그가 지니고 있었던 간쟁에 대한 인식에 기인한 것이다. 간쟁이란 신하가 임금에게 할 수 있는 마지막 행위이기 때문에 신하는 이 간쟁에 자신의 모든 것을 걸고 임금에게 다가서야 한다는 것이다. 그가 이와 같은 간쟁의식을 지니게 된 것은 학문을 시작한 이후 한 번도 떠난 적 없었던 고절이라는 삶의 원칙 때문이라고 생각된다.

그래서인지 매산의 기문에서 볼 수 있는 매산의 의식세계는 혼란한 현실 속에서 스스로 자신을 지켜나가고자 하는 마음가짐, 그리고 스스로 옳다고 생각하는 일에 대한 주저 없는 실천뿐이다. 매산이 비록 격화하는 당론의 화난禍難 속에서 세상을 떠나게 되었지만 「백벽산기」에서와 같이 그 스스로 자신의 삶과 인생에 대해 어떤 후회도 보이지 않을 수 있었던 것은 이러한 의식세계 때문이라 생각된다.

2) 상소문上疏文을 통해 본 의식 지향意識指向

상소上疏란 왕조 시대王朝時代에 긴관諫官 등의 신하가 임금에게 정사政事를 간하기 위해 올리던 글을 말한다. 상소 외에 의견서나 품의서는 상주上奏라고 하는데, 상소와 상주를 합해 상주문上奏文이라고 하며 종류에 따라 명칭을 달리 쓴다. 상소는 상주문 중에서도 특히 간언諫言이나 의견, 진정을 전달하는 글을 말하는데, 짧은 상소를 차자箚子라고 하며 상소와 차자를 합해 소차疏箚라 한다. 이외에도 관리들이 올리는 보고서로 계啓와 장계狀啓가 있는데, 이것들도 때에 따라서는 상소의 역할을 한다. 그밖에 진소陳疏·소장疏章·장소章疏 등의 여러 명칭이 있다.

상소는 방법에 따라서도 명칭을 달리하는데, 봉사封事·봉장封章은 왕 이외에 다른 사람이 보지 못하도록 밀봉하여 올리는 상소이고, 상서上書는 조신朝臣이 동궁東宮에 올리는 문서를 말한다. 만언소萬言疏는 만언이나 되는 상소란 뜻으로 장문의 상소를 말한다. 응지상소應旨上疏는 왕의 구언교지求言敎旨에 응하여 올리는 상소이다. 상언上言은 글을 올린다는 일반적인 의미로도 쓰이지만 문서를 지칭할 때는 사인私人이 왕에게 올리는 문서로 상소와 다른 서식의 글을 말한다. 집단적으로, 또는 연명으로 하는 상소 중 여러 관청이 합해서 하는 상소를 합사合辭, 유생들의 집단상소를 유소儒疏라고 한다. 복합伏閤은 상소자가 직접 합문閤門 밖에 엎드려 상소의 내용이 받아들여지기를 청하는 것이었다.

왕조시대 상소는 중요한 언로言路의 하나로 문무백관에서 평민에 이르기까지 폭넓게 운영되었다. 그러나 상소는 나름대로 엄격한 규칙과 절차가 있었다. 승정원을 경유하여 왕에게 전달되고, 왕의 비답批答도 승정원을 통해 하달되었다. 상소를 전해받은 승정원에서는 규격, 문장의 법식, 오자, 성명오기 등을 심사했다. 서식과 규격, 전달방식, 처리방식도 상소자의 수준과 상소의 종류에 따라 차별적으로 규정되어 있었다. 격식에 어긋난 상소는 상소자를 추핵推覈하게 했다. 이런 규정을 만들어 상소를 규제한 것은 상소문이 신하가 임금에게 올리는 글이기 때문만은 아니다. 이것보다는 오히려 상소문이 고도의 정치적 담론행위이기 때문이라고 보는 것이 옳을 것이다.

상소는 대부분 정치적인 사안을 소재로 삼아 정치적 언술행위를 하는 것이다. 특히 왕이라는 절대 권력자에 대한 비판과 충고라는 그 기능상의 특성 때문에 상소는 정치적으로 독특한 특징을 지닌다. 그렇기 때문에 상소는 아무리 공인된 행위였다고 하더라도 상소 행위자에게는 목숨을 걸 만한 용기가 필요한 것이다.

이런 상소의 특성을 고려해본다면 왕의 행위와 정책에 대해 비판하는 간쟁소나 신하의 잘못을 탄핵하는 탄핵소, 정책이나 사건에 대해 비판하는 논사소, 특정 사건에 대해 변론하는 변무소는 왕의 구언교지에 답하는 시무소나 자신의 직을 버리고 사직을 청하는 사직소와 비교하여 훨씬 더 큰 위험을 지닌 것이라고 할 수 있다. 그러나 자신의 직을 버리고자 하는 사직소가 간쟁소나 탄핵소, 논사소, 변무소와 결합된 형태로 나타날 때 그 상소의 위험성은 일반적인 간쟁소나 탄핵, 논사, 변무소보다 훨씬 더 커지게 된다. 그것은 이럴 경우 대부분의 사직소가 단순히 자신의 직을 사직하거나 왕이 내린 직책을 사양할 목적으로 왕에게 올리는 것이 아니라 사직이라는 행위를 통해 왕을 압박하여 자신의 정치적 목적을 이루기 위한 것이기 때문이다.

일반적으로 상소는 상소가 왕에게 꼭 필요한 것임을 인정받기 위해 다양한 설득의 방법을 사용한다. 특히 구체적인 비판의 대상이 존재할 경우 비판의 대상이 지니는 논리가 허구이며 모순이라는 것을 밝히기 위해 자신의 견해를 완곡하지만 구체적이고 명확하게 밝히게 된다. 따라서 이런 경우 상소문 속에 자신의 정치적 견해를 분명하게 드리낼 수밖에 없다. 특히 상소가 사직소의 형태로 기술될 경우 이런 특징은 더욱 강화된다. 그것은 사직소가 왕에게 받아들여지지 않을 경우 상소 행위자는 모든 것을 잃을 수 있기 때문이다.

현재 개인의 문집에 남아 전하는 상소의 대부분이 사직소일 정도로 많은 양의 사직소가 전한다. 하지만 이런 사직소들은 대부분 앞에서 언급한 것과 같이 상소 행위자가 진정으로 사직을 원해서라기보다는 사지 상소를 통해 자신이 원하는 결과를 얻고자 한 정치적 행위로 해석

될 여지를 많이 지니고 있다. 따라서 사직소의 경우 일정 정도 이상의 정치적 무게를 지닌 신하가 선택하는 정치적 모험과 결단의 표출이라고 할 수 있다. 그렇기 때문에 정치적 혼란기에는 특히 많은 양의 사직소를 볼 수 있다.

매산의 문집에도 모두 31편의 사직소辭職疏가 있는데, 이 장에서 주로 살펴보고자 하는 글은 그 중 가장 마지막에 나온 「경신사대간소庚申辭大諫疏」이다. 이 상소문은 경신대출척庚申大黜陟(경신환국庚申換局)이라는 정치적 격변이 일어나던 숙종 6년(1680) 2월에 올린 상소문이다. 이 글 속에서 매산은 당대의 정치적 상황에 대해 직설적인 표현으로 비판을 가하였지만, 이 글로 인해 그는 유배되어 유배지에서 죽음을 맞이하였고 그의 집안은 몰락하게 되었다. 이 상소문이 바로 그의 후대들의 삶을 질곡 속으로 빠트리는 시작점이 되는 것이다. 경신대출척이 일어나기 불과 1-2개월 앞서 작성된 매산의 상소문은 그와 후대 그의 가문이 몰락하게 된 계기였다는 개인사적인 의미 이외에도 앞으로 일어나게 될 정치적 변화를 엿보게 하는 중요한 단서가 된다.

숙종 6년(1680) 경신년 2월 매산 이하진이 올린 「경신사대간소」는 사직 상소문이라는 제목을 가지고는 있지만 사직 상소문의 형식을 취하고 있다기보다는 간쟁소나 논사소와 비슷한 형식과 내용으로 구성되어 있다. 이 상소문은 『숙종실록』 9권, 숙종 6년(1680) 경신년庚申年 2월 25일 을유乙酉의 첫 번째 기사로 조선왕조실록에 축약 기술되어 있다.

전체 다섯 단락으로 구성되어 있는데 제일 첫 단락만이 사직과 관계되는 내용이고 나머지 네 단락은 모두 사직과는 관계없는 내용이다. 사직을 청한 첫 단락과 마지막 정리 단락을 제외하면 본론 부분에 해당하는 세 단락은 모두 당대 정치적 논쟁의 중심에 놓여 있었던 아주

민감한 사항들이었다. 하지만 매산은 상소문에서 이런 문제들에 대해 거침없이 자신의 의견을 직설적으로 진술하며 임금을 비판하고 있다.

매산의 「경신사대간소」에서 간쟁하고 비판하는 세 단락은 각기 하나씩의 문제를 중점적으로 다루고 있는데, 이 문제들을 정리하면 첫째 현종顯宗의 사당에 배향할 대신의 선정과정에 관한 문제, 둘째 대흥산성大興山城과 강화도江華島의 돈대墩臺 축조築造문제, 셋째 홍우원洪宇遠·허목許穆·윤휴尹鑴의 사직문제이다.

(1) 「경신사대간소庚申辭大諫疏」의 구성構成

매산의 「경신사대간소庚申辭大諫疏」는 사직 상소문이라는 제목을 달고 기술되어 있지만 그 내면을 살펴보면 사직 상소문이라기보다는 오히려 간쟁소諫諍疏나 의사소論事疏와 같은 성격의 것이다. 매산의 상소문이 지니고 있는 이런 특징은 『숙종실록』 9권, 숙종 6년(1680) 경신년庚申年 2월 25일 을유乙酉의 첫 번째 기사에 축약 수록되어 있는 상소문을 살펴보면 분명하게 확인할 수 있다. 이 축약된 상소문에는 사직과 관계된 내용이 모두 생략되어 있는데, 이런 현상은 당대 매산 상소문의 성격을 사직소라고 보기보다는 간쟁소나 논사소로 보고 있었음을 의미한다고 할 것이다.

매산의 상소문을 간쟁소라고 본다면 기본적인 성격이 임금의 바르지 못한 행동이나 과실에 대하여 간하는 것이고, 논사소로 본다면 당대 있었던 정치적 사건에 대해 비판하는 것이라고 할 수 있는데 매산의 상소문에는 사안에 따라 이 두 성격이 모두 나타난다.

매산의 「경신사대간소」는 모두 다섯 단락으로 구성되어 있다. 첫 번째 단락은 그가 사직을 청하는 내용인데, 일반적인 사직 상소문과 같이 그가 사직을 청하는 이유에 대해 세 부분으로 나누어 기술하고 있다. 첫 번째 부분은 자신의 성격이 지닌 문제점과 세상에서 받는 배척, 그리고 이런 많은 문제점이 있음에도 불구하고 받은 임금의 은총에 대한 감격을 서술한 부분이다. 두 번째 부분은 이런 임금의 은총에 보답하기 위해 노력하였으나 병에 걸려 더 이상 직책을 수행할 수 없음을 말하는 부분이다. 마지막 세 번째 부분은 이런 자신의 현재 처지를 이해하여 면직을 허락해달라고 청한 부분이다.

매산의 「경신사대간소」에 나오는 사직과 관련된 부분은 이 첫 번째 단락에서 완전히 끝난다. 만약 매산의 상소문이 사직을 청하고자 하는 목적에서 기술된 것이라면 이 부분만으로 충분할 것이고, 이 부분의 논지가 더 보강될 필요가 있다. 그러나 매산의 상소문에서 첫 번째 단락은 전체 상소문의 서두로 도입부의 역할을 하고 있다. 이 첫 번째 단락이 전체 상소문의 도입부 역할에 머무르고 있다는 것은 상소의 목적이 진정으로 사직을 청한 것이라기보다는 다음에 나올 정치적 언술에 있음을 의미하는 것이다.

정치적 언술을 목적으로 한 매산의 상소문이 사직을 청하는 내용으로 시작하는 것은 상소의 대상인 임금에 대해 자신의 상소가 가지는 진정성을 강조하기 위해서라고 보인다. 관직에 진출한 관리가 자신의 직을 내놓겠다고 하는 것은 자신이 가진 것을 모두 던지겠다는 의미로도 해석이 가능하다. 즉 자신의 상소는 자신이 지닌 모든 것을 버리기로 한 사람이 하는 행위로 그만큼 절박한 것이고 또 진정에서 우러나온 것이라는 묵시적인 암시이다. 이 상소를 임금이 받아들일 경우 매산은 자신의 직을 그대로 수행할 수 있겠지만, 만약 받아들이지 않는다면 매산의 미래는 아무도 보장할 수 없는 것이다. 첫 번째 단락을 이렇게 시작했기 때문에 매산의 상소는 자연히 직설적이고 과감해질 수밖에 없었다고 보인다.

두 번째 단락은 현종顯宗의 사당에 배향할 대신을 선정하는 과정에 대해 논한 부분이다. 이 단락에서는 임금의 잘못을 직접적으로 거론하여 지적하고 있다. 이런 내용으로 보아 이 단락은 간쟁소의 성격이 강하다고 할 수 있다. 「경신사대간소」 안에서 상대적으로 작은 분량을 차지하고 있어 전문을 인용해 본다.

또 신이 생각하기에 임금의 한 마디 말은 사신이 기록하고 나라 사람이 듣는 것입니다. 시에 이르기를 "왕의 말씀이 노끈 같으면 그 나오는 것은 밧줄같이 굵다"[7]고 했으니, 그 가볍게 할 수 없는 것이 이와 같습니다. 전일 相臣을 임금의 사당에 追配하는 논의가 대신들 사이에서 나왔으니 이는 고금을 통틀어 드물게 듣는 말이고 국가의 막중하고 막대한 법도입니다. 전하께서 이미 여러 신하들에게 빈청에서 논의하도록 명하셨으니 이는 전하께서도 마음대로 행해서는 안 된다는 것을 잘 알고 계시는 것입니다. 여러 사람들의 의논이 서로 어긋난 뒤에는 전하께서 더욱 널리 儒臣들에게 물어 禮意에 합하도록 힘써서 후회를 남기지 말도록 해야 합니다. 지금은 곧 옳고 그른 것이 어떤 것인지 따지지도 않고 단연코 행하였으니, 이는 이미 어렵게 여기고 신중하게 하는 뜻이 아닙니다. 승정원에 내린 교지에 다그치고 억압하는 기색을 드러내 보이셨으니 신하들의 다른 생각을 용납하지 않는 것입니다. 거스르는 마음과 도를 구하는 가르침이 마치

---

7) 이 부분은 매산 이하진의 오류라 생각된다. 이 말은 『禮記』 권27, 「緇衣」 제 33에 나오는 말이다. "子曰: 王言如絲, 其出如綸, 王言如綸, 其出如綍."

서로 비슷하지도 않은 것과 같습니다. 이는 孔子께서 이른바 '오직 내 말을 따르고 내 뜻을 어기지 말라'[8]는 것과 같은 것입니다. 한 마디 말로 나라를 잃는다는 성인의 말씀이 지나친 것이 아니니 살피지 않으신다면 전하께서 평소 읽으신 것이 무슨 전 무슨 경입니까. 그런데 지금 바로 이렇게 하시니 전에 없던 잘못이 아니시겠습니까. 선왕 삼백년 이래 禮로써 신하를 대하시고 서로 옳고 그름을 따지시던 그 성대한 덕을 오늘 다시 보지 못할까 두렵습니다.[9]

간쟁소는 기본적으로 임금의 실책이나 과실 등에 대해 과감히 자신의 의견을 개진하여 그 의견대로 왕을 유도하는 언술 행위이다. 간쟁은 그 방법에 따라 사실을 간접적으로 비유하는 풍간風諫, 임금의 마음에 거슬리지 않도록 말을 온순히 하여 간하는 순간順諫, 정면으로 사실 그대로 간하는 직간直諫, 시비를 가려서 임금이 행할 것을 강요하는 쟁간爭諫, 자신의 목숨을 걸고 간하는 함간陷諫 등으로 나누는데, 이 가운데 풍간이 가장 바람직한 방법으로 여겨졌다.

간쟁의 방법으로 풍간을 가장 바람직하게 여긴 것은 임금과 신하 사이에 어떠한 직접적인 부조화도 드러나지 않기 때문일 것이다. 이 말은 신하의 비유를 통해 임금 스스로 깨달아 자신의 행동을 고치는 것이기 때문에 임금은 그 권위와 위엄에 손상을 입지 않아도 되고, 신하는 임금이라는 절대 권력자를 개인 자격의 상소로 비판해야 한다는

---

8) 「子路」제 15장, 論語 제 13. "一言而喪邦, 有諸. 孔子對曰; 言不可以若是其幾也, 人之言曰; 予無樂乎爲君, 唯其言而莫予違也."

9) 李夏鎭, 「庚申辭大諫疏」, 「六寓堂遺稿」卷 4, "且臣念之, 人君一話一言, 史臣書之, 國人聞之, 詩曰; 王言如綸其出如綍, 其不可輕也如此. 日者相臣追配廟庭之議, 出於筵席, 此古今所罕聞, 而國家莫重莫大之典也. 殿下旣令諸臣會議賓廳, 則是殿下亦知, 率意行之之爲不可矣. 及其群意參差之後, 殿下尤當廣詢儒臣, 務合禮意, 勿之有悔焉可矣. 今乃不論是非之如何, 斷然行之, 已非難愼之意矣. 及見下政院之敎, 顯示迫勒之色, 不容臣隣之異議, 其與逆心求道之訓, 若不相似. 殆孔子所謂; 唯其言而莫予違者也. 一言喪邦, 聖訓非過, 不審, 殿下平日所講讀, 何傳何經. 而今乃直爲此, 無前之過擧耶. 我先王三百年來, 待臣下以禮, 相與可否之盛德, 恐不可復見於今日也."

정치적 부담과 위험에서 벗어날 수 있다는 것이다.

　이런 풍간이 불가능할 경우 대체로 간쟁소는 다양한 설득방법을 통해 임금을 교정하고자 한다. 특히 간쟁의 목적이 인식과 태도의 변화를 넘어서서 행동의 변화를 추구할 경우 상소자는 설득에 더욱 적극적일 수밖에 없다. 그것은 상소자의 언술만으로 임금이라는 절대 권력자가 스스로 자신의 잘못을 인정하고 교정하도록 해야 하기 때문이다. 따라서 이런 경우 설득의 방법은 더욱 치밀해지고 구체적으로 드러나게 된다.

　전술한 것과 같이 매산의 상소문 두 번째 단락은 현종의 사당에 배향할 대신을 선정하는 과정에 대해 간한 것이다. 상소문 안에 "승정원에 내린 교지에 다그치고 억압하는 기색을 드러내 보이셨으니 신하들의 다른 생각을 용납하지 않는 것입니다."라는 부분이 있는 것으로 보아 이미 숙종은 현종의 사당에 추배할 대신을 내심 결정했다고 보아야 할 것이다. 이런 경우 이에 대한 반대 의견의 직접적인 개진은 자신의 정치적 생명뿐만 아니라 목숨마저 내놓아야 할지도 모르는 모험이다.

　이런 상황에서 매산은 임금의 행위가 잘못되었다는 것을 직접적으로 비판했다. "이는 전히께서도 마음대로 행해서는 안 된다는 것을 잘 알고 계시는 것입니다."나 "이는 이미 어렵게 여기고 신중하게 하는 뜻이 아닙니다." 혹은 "전하께서 평소 읽으신 것이 무슨 전 무슨 경입니까. 그런데 지금 바로 이렇게 하시니 전에 없던 잘못이 아니시겠습니까." 하는 부분은 설득행위라기보다는 일방적인 비판행위라고 볼 수 있다. 특히 이 단락에서 『예기禮記』나 고금의 법도, 공자孔子의 말을 인용한 것은 자신의 논거가 성현과 경전에 바탕하고 있음을 밝힌 것이다.

　그러나 인용된 성현과 경선의 이야기는 이 단락에서 이성적 설득과 심리적 공감을 확대하기보다는 비판의 타당성을 강화하는 역할을 하고 있다. 이렇게 보았을 때 「경신사대간소」의 두 번째 단락은 설득의 논리보다 비판의 논리가 강화된 부분으로 직간이나 쟁간의 성격이 강하다고 할 수 있다.

세 번째 단락은 대흥산성大興山城과 강화도江華島의 돈대墩臺 축조築造 문제를 간한 것으로 「경신사대간소」에서 가장 많은 부분을 차지하고 있다. 이 부분은 대흥산성의 축조와 돈대의 구축이라는 구체적 사안을 비판하는 것이라는 점에서 논사소의 성격을 띤다고 볼 수 있다. 모두 다섯 부분으로 되어 있는데, 첫 번째 부분은 성곽이나 갑옷·병장기 같은 것은 진정으로 나라를 굳게 지키는 방책이 될 수 없으며 당장 조선에는 변란이 없다고 주장하는 부분이다. 두 번째 부분은 대흥산성의 축조가 불필요한 일임을 강조하는 부분이고, 세 번째 부분은 강화도의 돈대가 아무런 쓸모가 없음을 강조하는 부분이다. 네 번째 부분은 전국에서 정예무사를 뽑아 한양에 배치해두는 것은 어리석은 일임을 강조한 부분이고, 다섯째 부분은 이런 여러 가지 잘못을 시정하기 위해 임금이 해야 할 일을 권하는 부분이다.

앞 단락과 달리 구체적인 사안에 대해 비판하고 있기 때문에, 이 단락에서 매산은 주로 상황 설명을 통한 설득의 방법을 사용하고 있다.

> 지난해 大興城의 築造는 견식이 있는 자는 모두 그것이 잘못된 계획임을 알았습니다. 신은 실로 그곳을 보지도 못했었는데, 마침 지난해에 우연히 성 아래를 지나다가 사방의 형세를 살펴보니 그 밖은 진실로 깎아지른 듯 험하고 그 안은 거처할 만한 땅이 없었습니다. 남북의 두 창고가 멀리 십리 밖에 있는데, 갑자기 급한 일이 일어나면 수백만의 곡식을 누가 활과 돌을 무릅쓰고 고개를 넘

어 이고 져서 성 안으로 옮길 수 있겠습니까.¹⁰⁾

하물며 江華島의 墩臺축조는 더욱 절실하지 않은 것입니다. 무릇 用兵의 법에 군사가 많으면 서로를 믿으며 힘이 나는 것이지만 수가 적으면 세가 약해 겁이 나는 것입니다. 지금 이 돈대의 크기는 수백 명의 군사도 용납할 수 없으니 적선이 쳐들어오면 높은 곳에 포진하여 포를 쏘더라도 그 형세가 반드시 적중시키기 어려울 것입니다. 가령 몇 척의 적선이 용기를 떨쳐 달려드는 자가 있으면 작고 약한 한 돈대의 군사들은 반드시 감히 밖으로 나가서 막아 끊지 못할 것이니 어찌 여러 돈대와 약속하여 일제히 나갈 수 있겠습니까. 적이 만약 그 빈 땅을 엿보아 한 무리의 군대가 먼저 넘어가면 뒤에 있는 여러 돈대들이 앞다투어서 달아날 것이니 금지할 수 없는 것이고 많은 무리들이 지니는 큰 위력을 덜어내어 스스로 약해지는 잘못된 계책이 될 것입니다.¹¹⁾

이렇게 구체적이고 직접적인 사안의 설명은 비판의 근거를 구체적으로 제시하여 주장의 타당성을 획득하는 방법이라는 점에서 논사소의 중요한 설득 방법 중 하나이다. 이런 구체적 설명의 방법 이외에 이 단락의 첫 번째 부분에서 매산은 성현이 이야기와 고사를 이용하여 자신의 주장을 정당화하고 이를 통해 신뢰감을 확보하도록 하는 한편 다섯째 부분에서 다시 "신은 적이 주상의 조정을 위하여 통곡하여 눈물

---

10) 李夏鎭, 「庚申辭大諫疏」, 『六寓堂遺稿』 卷 4, "頃年大興之築, 識者盡知其非計, 而臣實未見其地, 適於上年, 偶過城下, 仍察四面形勢, 則外固險絶, 而中無可居之 土. 南北兩倉, 遠在於十里之外, 猝然有急, 數十百萬之穀, 誰能冒矢石越岡嶺, 擔負以移於城中哉."
11) 李夏鎭, 「庚申辭大諫疏」, 『六寓堂遺稿』 卷 4, "況江都墩築, 尤涉不切. 凡用兵之法, 多則相恃而爲力, 少則勢孤而膽怯, 今此墩臺之大, 不能容數百之卒, 而敵舟之來, 據高施砲, 勢必難中, 設有數舡之實勇搶入者, 則單弱一墩之卒, 必不敢出外攔截, 亦何能約諸墩, 而齊出哉. 敵若闖其空地, 一隊先過, 則在後諸墩, 相擧而迯, 莫可禁止, 損衆多之盛威, 爲自弱之謬計."

을 흘려도 부족합니다."라고 하여 자기 주장의 진정성을 강조했다.

> 신은 적이 주상의 조정을 위하여 통곡하여 눈물을 흘려도 부족합니다. 신이 엎드려 원하옵건대 전하께서는 빨리 문서를 만드시어 병사를 뽑으러 간 무신들을 불러들이시고 분명히 스스로를 책하는 교시를 내리시어, 여러 도로 하여금 모두 전하께서 허물을 알면 곧 고치고 본래 백성들을 병들게 할 뜻은 없었다는 것을 알게 한다면 오히려 성대한 덕을 잘 보하여 방법이 되어 위태로움이 편안해질 것입니다.[12]

이런 설득의 기법을 사용하여 매산은 임금의 철저한 자기 반성은 오히려 나라를 번성하게 하는 길임을 깨닫도록 권했다. 두 번째 단락과 세 번째 단락이 지니는 이런 차이점은 두 단락의 상소가 지니는 성격상의 차이를 의미한다고도 할 수 있다.

네 번째 단락은 홍우원洪宇遠・허목許穆・윤휴尹鑴의 사직에 관한 부분이다. 그리 길지 않은 부분이므로 전문을 인용해 본다.

> 또 신이 엎드려 듣건대 右贊成 신 尹鑴가 벼슬을 버리고 은둔하기 위해 이미 나가 강을 건넜다고 합니다. 아, 휴는 儒者입니다. 전하께서 일찍이 높이고 믿는 자입니다. 책을 읽고 도를 찾는 것은 앞으로 세상에서 쓰기 위해서인데, 지금 홀연히 결단하고 가버려 돌아보지 않으니 생각건대 반드시 현재의 일에 아주 합하지 않음이 있어서 이렇게 부득이한 일을 거행했을 것입니다. 휴가 어찌 전하를

---

12) 李夏鎭, 「庚申辭大諫疏」, 『六寓堂遺稿』 卷 4, "臣竊爲聖明朝, 痛哭流涕之不足也, 伏願殿下亟發簡書, 召還揀幸之武臣, 明下責己之敎, 俾我諸道, 皆知殿下過而卽悔, 本非病民之意, 則猶爲善補之盛德, 而危可使安也."

잊는 자이겠습니까. 지난해에 전하께서 비슷하여 가려내기 어려운 의심스러운 일로써 여러 신하를 쫓아내어, 끝내 그 죄목을 명확하게 할 수 없었으니 덕이 높은 늙은 신하에 이르기까지도 조정에서 편안히 있지 못하였는데, 지금 윤휴가 또 갔습니다. 후일 나라 역사에 기록되기를, "금일에 다섯 신하가 임금의 뜻을 거슬렀다는 이유로 外職으로 전보되고, 명일에 네 신하가 다른 사람의 말로써 귀양갔으니, 예컨대 신하 洪宇遠 같은 사람은 덕이 높은 노인으로 죄를 얻었고 신하 許穆 같은 사람은 大老로서 용납되지 않아 물러가고, 그 명년에는 儒臣 윤휴도 또 笏을 바치고 시골로 돌아갔다."라고 할 것입니다. 그렇게 되면 전하께서 왕위에 계신지 7년 사이에 어진 이를 좋아하고 선비를 예우하는 성의가 모두 장차 실상이 아닐 것이라고 의심하여, 혹 책을 덮고 길이 탄식하는 사람이 있게 될 것입니다. 엎드려 바라옵건대 전하께서는 빨리 현명한 교시를 내리시어 우선 무엇보다 먼저 여러 신하들을 돌아오게 해서, 詩人으로 하여금 처음을 계승하지 못한다는 탄식이 없게 하소서.[13]

이 단락은 전형적인 간쟁소의 성격을 보이고 있다. 이 단락에서 매산은 두 번째 단락보다 더 직접적으로 임금을 지목하여 그 잘못을 지적하며 수정을 요구하고 있다. 특히 "지난해에 전하께서 비슷하여 가려내기 어려운 의심스러운 일로써 여러 신하를 쫓아내어, 끝내 그 죄목을 명확하게 할 수 없었으니 덕이 높은 늙은 신하에 이르기까지도 조정에서 편안히 있지 못하였는데, 지금 윤휴가 또 갔습니다."라고 한 부분은

---

13) 李夏鎭,「庚申辭大諫疏」,『六寓堂遺稿』卷 4, "且臣伏聞, 右贊成臣尹鑴, 棄位遯逸, 已出江外. 噫, 鑴儒者也. 殿下之所當尊信者也. 讀書求道, 將以措之於世, 而今忽決去不顧, 想必有大不合於時事, 而container已之舉也. 鑴豈忘殿下者哉. 前年, 殿下類以疑似, 斥逐諸臣, 而卒未能明其罪名, 至於耆德之臣, 亦不安於朝, 著今鑴又引去矣. 他日國乘載之曰: 今日五臣, 以忤旨補外, 明日四臣, 以人言竄逐, 有若臣洪宇遠, 以耆碩獲罪, 有若臣許穆, 以大老不容而退, 其明年儒臣尹鑴, 又納笏歸鄉云爾. 則殿下臨御十年之間, 好賢禮士之誠, 擧將疑其不實, 而人或有掩卷長歎者矣. 伏願殿下亟卜明敎, 姑先追回諸臣, 毋使詩人, 有不承權輿之詠焉."

임금의 잘못이 반복되면서 현재까지 계속되고 있음을 지적하고 있는 부분이고, "후일 나라 역사에 기록되기를, '금일에 다섯 신하가 임금의 뜻을 거슬렀다는 이유로써 외직外職으로 전보되고, 명일에 네 신하가 다른 사람의 말로써 귀양갔으니, 예컨대 신하 홍우원洪宇遠 같은 사람은 덕이 높은 노인으로 죄를 얻었고 신하 허목許穆 같은 사람은 대노大老로서 용납되지 않아 물러가고, 그 명년에는 유신儒臣 윤휴도 또 홀笏을 바치고 시골로 돌아갔다'고 할 것입니다."라고 한 부분은 현재와 같은 상황이 계속될 경우 미래에 겪게 될 결과를 각성시키는 부분이다.

이 단락에서 매산은 우회적인 방법을 사용하여 임금을 설득하기보다 단도직입적으로 임금의 실수를 지적하는 직접적인 비판을 가하고 있다. 자기 글의 진정성이나 비판의 당위성, 혹은 논리성을 강조하는 어떤 이야기보다 행위 그 자체의 잘못과 잘못된 행위가 가지고 올 미래에 대한 강조는 기본적으로 설득의 방법이 아니다. 따라서 이 단락은 임금을 설득하고자 하는 의도보다 각성시키고자 하는 의도가 더욱 큰 단락이라고 보아야 할 것이다.

마지막 단락은 자신의 상소가 지니고 있는 진정성과 당위성을 강조하는 부분이다.

> 무릇 이 몇 조목은 모두 전하께서 듣기를 싫어하는 바이요, 아첨하고 간교한 행동을 하는 자가 남몰래 비웃고 멀리 피하는 것입니다. 그러나 신은 밝은 주상을 만나 받은 은혜가 너무나 깊어 감히 한 몸의 사사로운 계책을 위해 우리 전하를 저버릴 수 없습니다. 신마저 말하지 않는다면 누가 전하를 위하여 말하는 자가 되겠습니까? 아! 사나운 범은 산에 있으면서 명아주잎과 콩잎을 따먹지 아니하고, 용이 없는 큰 못에는 미꾸라지와 두렁허리[鱔]가 춤을 춥니다. 이제 충

성스럽고 어진 사람이 다 가버려 나라가 텅 비게 된다면, 전하께서는 누구와 정치를 하시겠습니까. 마땅히 이 변괴가 겹쳐 나타나는 날이 바로 전하께서 생각을 바꾸실 때입니다. 어리석은 신의 충은 격렬한 말이 되었고 절제할 줄 모르니 곧 그 마음은 나라를 위하는 것이지 신을 위한 계책이 아닙니다. 천지귀신이 실로 신의 충정을 살펴보시니 엎드려 원하옵건대 전하께서는 공평한 마음으로 너그럽게 살펴주시기 바랍니다.[14]

이 단락에서 매산이 강조하는 것은 상소하는 자기 마음의 진정성이다. 자신의 위치를 철저하게 신하의 자리에 고정시켜두고 그 자리에서 느끼는 책임감과 의무가 바로 이러한 상소를 만들게 했다는 그의 주장은 성리학적 세계관이 보편 질서로 자리 잡은 당대 사회에서 상소의 진정성과 당위성을 강조하는 한 방법이다.

"밝은 주상을 만나 받은 은혜가 너무나 깊어 감히 한 몸의 사사로운 계책을 위해 우리 전하를 저버릴 수 없습니다. 신마저 말하지 않는다면 누가 전하를 위하여 말하는 자가 되겠습니까." 하는 부분은 자신의 상소가 성리학적 질서 안에서 임금에게 충성을 다하고자 하는 신하의 당연한 책무임을 강조하는 것이다. "어리석은 신의 충은 격렬한 말이 되었고 절제할 줄 모르니 곧 그 마음은 나라를 위하는 것이지 신을 위한 계책이 아닙니다."라고 한 부분 역시 자신의 상소가 간언하는 직책에 있는 신하로써 당연한 것임을 다시 한 번 강조하는 것이다.

---

14) 李夏鎭,「庚申辭大諫疏」,『六寓堂遺稿』卷 4, "凡此數條, 皆殿下所厭聞, 而容悅巧進者之, 所竊笑而遠避也. 然臣遭遇聖明受恩最深, 不敢以一身之私計, 而辜負我殿下. 臣惟不言, 誰當爲殿下言者. 嗚呼, 猛虎在山, 藜藿不採, 龍亡大澤, 鰌鱓是舞, 今忠賢盡去, 國爲空虛, 則 殿下誰與爲治哉, 當此變怪, 層出之日, 正殿下易慮改圖之時也. 臣愚忠所激語, 不知裁, 乃若其情, 則爲國而非爲身謀, 天地鬼神, 實鑑臣衷, 伏願殿下, 平心恕察焉."

이렇게 보았을 때 매산의 「경신사대간소」는 전체 다섯 단락으로 나누어진 상소문으로, 첫 단락의 사직소와 마지막 단락의 정리 부분을 제외하면 모두 당대의 정치적 문제에 대해 직접적이고 과감하게 비판하는 글임을 알 수 있다. 따라서 이 글은 표면적으로는 사직소라고 하지만 그 이면에는 당대 임금의 실책에 대해 강하게 비판하는 간쟁소의 성격을 여실히 담고 있는 글이라고 할 수 있다.

(2) 「경신사대간소庚申辭大諫疏」의 의미意味

「경신사대간소」로 인해 매산은 상소 당일 진주목사로 강등 전보되었다. 숙종의 이와 같은 반응에 대해 승정원承政院에서 돌려보내고 사헌부司憲府에서 반대하였으나 숙종은 끝내 들어주지 않고 자신의 뜻을 관철시켰다. 숙종의 이런 태도는 기본적으로 매산의 상소가 숙종을 설득시키지 못하여 상소의 목적을 달성하는데 실패한 결과라고 볼 수 있다. 특히 "상소 가운데에 있는 아첨·간교한 행동·맹호·명아주잎·콩잎·용·범·미꾸라지·두렁허리 등의 말은 당론을 사사로이 옹호하고 조정 신하를 능멸하는 뜻에서 나왔다고 해서 진주목사晉州牧使로 강등 전보하고, 말을 주어 떠나보내게 하였다."[15]는 실록의 기록은 그의 상소가 임금의 설득이라는 목적 달성에 실패하였을 뿐만 아니라 오히려 상소의 반대급부로 역효과를 불러왔음을 의미한다.

이런 숙종의 반응은 상소문의 내용과 구조로 보아 당연한 결과라고

---

15) 『朝鮮王朝實錄』 肅宗 6년 2월 25일(乙酉) 1번 째 기사, "又以疏中, 容悅巧進, 猛虎藜藿, 龍虎鯂鱓等語, 謂出於私護黨論, 凌蔑廷臣之意, 黜補晉州牧使, 使之給馬發送."

도 할 수 있다. 그것은 매산의 상소문이 일반적으로 간쟁소가 지니는 설득의 기법을 배제하고 임금의 실책을 정면에서 비판하는 직간의 방법을 사용하고 있기 때문이다. 임금의 행위에 대한 인정과 승복의 태도 없이 일방적인 비판을 가할 경우 그 비판은 상소자의 충정과 의도의 순수함에도 불구하고 임금을 설득시키기 어려울 뿐만 아니라 상소행위 자체가 용인되기도 어렵다.

이런 상소문의 기본적인 성격과 상소의 결과에 대해 당대 매산이 예상하지 못했으리라고 보기는 어렵다. 그것은 당시 그의 직책이 임금에 대한 간쟁을 책임진 사간원의 장관인 대사간大司諫이었기 때문이다. 만약 매산의 「경신사대간소」가 상소의 결과에 대해 충분히 예상하고 있었음에도 불구하고 이렇게 기술된 것이라고 한다면 이 상소를 통해 몇 가지를 유추해 볼 수 있다.

우선 생각해 볼 수 있는 것은 간관으로써 매산이 지니고 있었던 간쟁에 대한 인식이다. 매산은 임금을 적극적인 간언諫言의 대상으로 생각하고 있었고, 간쟁을 통해 왕의 과실을 바로 잡을 수 있다는 생각을 가졌다고 할 수 있다. 또 그의 간쟁이 사직소의 형태로 나타났다는 것은 자신의 간쟁이 진정성을 지니기 위해서는 자신의 모든 것을 걸고 임금에게 다가가야 한다는 생각을 가졌다는 뜻이 된다.

간쟁에 대한 매산의 의식과 함께 확인해 볼 수 있는 것은 당대의 정치적 문제에 관한 인식이다. 매산의 「경신사대간소」에서 세 가지 문제를 거론하고 있다는 것은 그가 생각하기에 이 세 가지 문제가 당대 가장 큰 정치적 쟁점이라고 의식하고 있었음을 말해준다.

첫 번째 문제는 현종의 사당에 배향할 대신의 선정과정에 관한 것이다. 이 문제는 배향할 대신이 어떤 사람이어야 한다는 것이 아니라 그

대신을 선정하고 논의하는 과정에 관한 문제이기 때문에 표면적으로 보아서는 청남淸南 계열이라는 자신의 정치적 성향과 독립된 객관적 논의라고 볼 수 있다. 즉, 매산의 상소는 오로지 상신 추배의 과정에 개입한 숙종의 태도를 문제삼은 것이라고 할 수 있다. 그러나 그 이면에는 이와 다른 복잡한 정치적 배경이 숨어 있다고 생각된다.

『숙종실록』 9권, 숙종 6년(1680) 2월 15일의 기사를 보면 숙종이 의정부에 명해 이 날 안으로 빈청에 모여 현종의 사당에 추배할 대신을 정하도록 하였고, 이에 따라 정태화鄭太和가 계하啓下되었음을 알 수 있다.[16] 현종의 사당에 배향할 대신을 결정하는 문제는 숙종 2년 7월 17일 시작되어 정태화鄭太和·조경趙絅·김좌명金佐明 세 사람이 거론되었다. 이후 정태화가 가장 유력한 인물로 지목되었고, 숙종의 마음이 정태화로 기울자 찬반양론이 일어나 조정을 시끄럽게 만들었다.

허목, 윤휴를 중심으로 하여 홍우원, 이옥李沃, 권진한權震翰, 김해일金海一, 이석관李碩寬, 이무李袤, 조사기趙嗣基 등의 인물들은 모두 정태화를 반대하였는데, 그들이 반대한 가장 큰 이유는 정태화가 1659년 효종의 승하 후 일어난 제1차 예송禮訟에서 송시열 등 서인西人이 제기했던 기년설朞年說을 지지하여 이를 시행시켰다는 것이다. 이와 달리 허적을 중심으로 조위명趙威明, 유명현柳命賢, 민희閔熙 등은 정태화의 배향에 찬성하였다.

매산의 상소는 이미 정태화의 배향이 결정된 이후 나온 것으로 결정의 과정에 대한 문제 제기이다. 이 말은 과정 자체에 대한 문제라고도 볼 수 있지만 본질적으로 본다면 결과에 대한 부정을 의미한다고 할

---

16) 『朝鮮王朝實錄』肅宗 6년 2월 15일(乙亥) 1번째 기사. "今日內政府會于賓廳, 圈點以入. 且近來人心不淑, 公道不行, 始初憲然者, 或不無反復之態. 今此圈點之後, 若有如許之人, 則當各別重罪. 以此意申明分付. 大臣與政府西壁六卿王堂諫院長官, 會賓廳圈點, 顯宗廟庭配享大臣以鄭太和啓下."

수 있다. 그는 상소문에서 "승정원에 내린 교지에 다그치고 억압하는 기색을 드러내 보이셨으니 신하들의 다른 생각을 용납하지 않는 것입니다."라고 하였다. 이 말은 대부분의 신하가 임금의 결정에 반대하고 있음을 암시하여 자신의 주장에 보편성을 부여하는 표현이다. 이와 함께 공자와 『예기』, 경전을 인용하고 있는데, 이것은 이들의 절대적 권위에 기대어 자신의 주장에 논리성과 도덕적 가치를 부여하는 태도라고 할 수 있다. 매산의 이런 표현들은 허적을 중심으로 한 탁남濁南 계열에 대한 반대를 통해 서인의 재집권 가능성을 견제하고자 하는 것이라고 할 수 있다.

결국 매산의 상소에서 제기한 첫 번째 문제는 현종의 사당에 추배할 대신을 선정하는 과정과 이에 개입한 숙종의 태도를 문제삼아 결정을 원점으로 되돌리고, 이를 통해 허적을 중심으로 한 탁남 계열과 송시열을 중심으로 한 서인 계열의 오류를 거론하여 이들의 재집권 의지를 봉쇄하려는 정치적 의도의 결과라고 할 수 있다.

두 번째 문제는 대흥산성大興山城과 강화도江華島의 돈대墩臺 축조築造라는 구체적 사안에 관한 것이다. 이 부분이 매산의「경신사대간소」에서 가장 많은 양을 차지하고 있는 것으로 보아 낭시 매산이 이 부분에서 가장 큰 고민과 어려움을 겪고 있었다고 생각된다.

대흥산성 축조는 숙종 1년(1675) 9월 18일 송도松都에서 돌아온 허적許積의 건의에 의해서, 강화도 돈대구축은 숙종 4년(1678) 10월 23일 병조판서兵曹判書 김석주金錫冑와 부사직副司直 이원정李元禎이 강화도를 순심巡審하고 돌아와서 지도地圖와 서계書啓를 봉진奉進하면서 시작되었다. 이 두 사업에 대해 매산은 처음부터 반대한 것으로 보인다. 특히 매산은 김석주의 강화도 돈대공사 논의에 대해 "돈대는 내부가 사람 수백 명 정도를 수용하는 데 불과하여 세가 나누어지고 힘이 약하니 외모外侮를 막기에 부족하다. 하물며 공사가 그때가 아니어서 백성에게 원망을 무수히 부르게 될 것이니 참으로 국가의 근심을 두려워하는 것이 해구海寇에게 있는 것은 아닌 듯하다."17)고 하며 반대하였었다고 한다.

이렇게 반대하던 강화도 돈대구축 사업에서 숙종 5년(1679) 4월 이유정李有湞의 역모사건이 발생하자 역모사건이 정리된 뒤 쓴 김석주의 고묘문告廟文 수정에 매산이 참여하게 되었다. 실질적인 고묘문의 수정은 오정창吳挺昌과 권해權瑎의 주도로 이루어졌지만 이 자리에 참여했다는 것만으로도 이후 매산은 책임을 벗어나지 못하였다.

매산과 김석주는 과거의 동방同榜이었으나 관직생활 동안 항상 대립 관계에 있었다. 매산과 김석주의 불편했던 관계에 대해 성호星湖는 "석주錫胄가 여러 차례 공과 과거科擧의 고시考試를 함께 하였는데, 이 때 석주錫胄가 객사客師를 위하여 은밀히 사사로움을 두도록 명하여 여러 차례 갑과甲科로 발탁하고자 하였으나 곧 공에게 발각되었기 때문"18)이라고 했다. 이런 김석주와의 불편한 관계가 매산이 김석주의 고묘문 수정에 참여하면서 표면적으로 분출되었다고 보인다. 즉 이 시기 매산은 김석주를 중심으로 한 세력에 의해 상당한 정치적 곤경 속에 놓여 있었다고 생각할 수 있다.

이런 상황에서 나온 매산의 상소는 자신의 처지를 적극적으로 변호하는 것일 수밖에 없다. 따라서 대흥산성 축조와 강화도 돈대구축이라는 두

---

17) 李瀷,「先考司憲府大司憲府君行狀」,『星湖全集』卷 67, "先時, 錫胄議築江華墩臺. 公曰: 墩臺之內, 不過容人數百, 勢分力弱, 不足以捍外侮. 況役非其時, 厚招民怨, 誠恐國家之憂, 不在海寇也."
18) 李瀷,「先考司憲府大司憲府君行狀」,『星湖全集』卷 67, "蓋錫胄每與公同考試, 錫胄爲其客師, 命有秘私, 屢欲擢之魁, 輒爲公所覺."

가지 사안은 시작부터 문제를 지닌 것이고 일이 진행되어갈수록 문제는 보다 확대·심화될 것임을 임금에게 설명해야 했다. 이와 함께 현재 자신이 처한 곤경은 잘못된 사안에 대한 반대의 결과이기 때문에 신하의 직분을 수행하는 이로써는 당연한 것임을 묵시적으로 밝혀야 했다. 자신의 곤경에 대해 직접적인 언급을 피한 것은 상소의 목적이 자신을 보호하고자 하는 것이 아니라 임금에 대한 충성, 국가와 국민을 위한 근심의 결과라는 상소의 진정성을 확보하기 위해서라고 보인다. 따라서 매산의 상소는 두 사안의 잘못과 이를 바로잡을 방법에 대해서만 언급하고 있지만, 그 이면에는 사안을 제기한 인물들에 대한 비판과 자신의 현재 처지에 대한 적극적인 옹호가 숨어 있는 것이라고 짐작할 수 있다.

마지막 세 번째 문제는 홍우원·허목·윤휴의 사직에 관한 것으로 그 자신의 당색을 가장 선명하게 보여주고 있는 부분이다. 이 부분의 기술은 같은 달 20일 윤휴가 조정이 분열되고, 인재가 없어지고, 백성이 곤궁하고, 나라의 재용財用이 고갈되고, 성지城池가 퇴폐하고, 산택山澤이 분탈分奪되고, 군비軍備가 충실하지 못하고, 군기軍器가 완비되지 못했다는 팔조八條와 폐해를 구제하는 상소를 올리고 사직한 것이 직접적인 계기가 되었다고 보인다. 그러나 윤휴의 사직을 계기로 기술된 매산의 상소는 윤휴의 사직을 넘어서서 홍우원, 허목까지 거론함으로써 숙종의 신하 관리 전반에 대한 문제로 확대되었다. 이런 매산의 상소문은 당대 매산이 느끼고 있었던 안타까움과 아쉬움의 직접적인 노출이자 자신의 정치적 동류들이 정계에서 축출됨에 따른 정치적 위기감의 표출이라고 할 수 있다. 그가 느낀 위기의식은 세 신하에 대한 칭송과 임금에 대한 비판, 그리고 미래에 대한 경계에서 충분히 확인할 수 있다.

마지막 부분은 상소 전체에 대한 마무리로 자신의 상소가 부득이한 상황에서 나온 신하로서 어쩔 수 없는 것임을 강조하고 있다. 이와 함께 이 부분에서 매산은 "사나운 범은 산에 있으면서 명아주잎과 콩잎을 따먹지 아니하고, 용이 없는 큰 못에는 미꾸라지와 두렁허리[鱓]가 춤을 춥니다."라고 하여 자신의 정치적 동류들과 달리 현재 임금의 곁에 있는 인물들은 임금의 이목을 가리고 총명을 흐리는 이들이며, 이들이 득세할수록 임금의 미래는 점점 어두워질 것임을 강조하였다. 매산의 이런 표현은 자신과 자신의 정치적 동류들이 지니는 가치에 대한 강조라고 할 수 있다.

이렇게 보았을 때 매산의 「경신사대간소」는 그가 지니고 있는 간쟁에 대한 인식을 바탕으로 당대 정계에서 느끼고 있었던 자신의 위기의식과 문제의식을 직설적 화법을 통해 문면에 그대로 노출시키고 있는 직간直諫의 상소문이라고 할 수 있다.

매산의 「경신사대간소」는 표면적으로 보아 사직을 청한 상소문이다. 그러나 그 내면을 들여다보면 그가 진정 사직을 원해 이 상소문을 썼을 것이라고 생각하기 어렵다. 오히려 사직소라기보다는 당대의 정치적 사안에 대해 간쟁하는 간쟁소라고 보는 것이 이 글의 실상을 더욱 분명하게 확인할 수 있도록 하는 것이라 생각된다.

간쟁소로 보았을 때 매산의 상소문은 일단 실패한 글이라고 할 수 있다. 그것은 간쟁을 통해 그 자신이 원했던 정치적 목적을 달성하지 못하고 오히려 그 자신이 당일로 강등 전보되어 외직으로 나가게 되었기 때문이다.

당대 매산이 자신의 상소문이 가지고 올 결과에 대해 아무런 예상도 하지 못했다고 보기는 어렵다. 그것은 직간이라는 간쟁의 방법은 언제나 예상과 다른 반대급부를 가지고 올 위험성을 충분히 가지고 있기 때문이다. 그럼에도 불구하고 매산의 상소문이 이와 같이 구성된 것은 우선 그가 지니고 있었던 간쟁에 대한 인식에 기인한다고 생각할 수 있다. 간쟁이란 신하가 임금에게 할 수 있는 마지막 행위이기 때문에 신하는 이 간쟁에 자신의 모든 것을 걸고 임금에게 다가서야 한다는 것이다.

간쟁에 대한 매산의 인식과 함께 더 생각해 볼 수 있는 것은 당대의 정치적 상황에 대한 매산의 위기의식이다. 당대의 격변하는 정치적 환경은 매산에게 끊임없이 위기의식을 환기시켰고, 그에 따라 매산은 절박한 심경을 지니게 되었다고 생각된다. 이런 위기의식과 절박함이 자연스럽게 그의 상소문을 직설적이고 과격해지도록 이끈 것이라 보인다.

제3부

매산梅山 이하진李夏鎭과 성호학星湖學의 형성形成

1. 성호학星湖學의 기반基盤 구축構築
2. 문학 세계文學世界의 토대土臺 형성形成

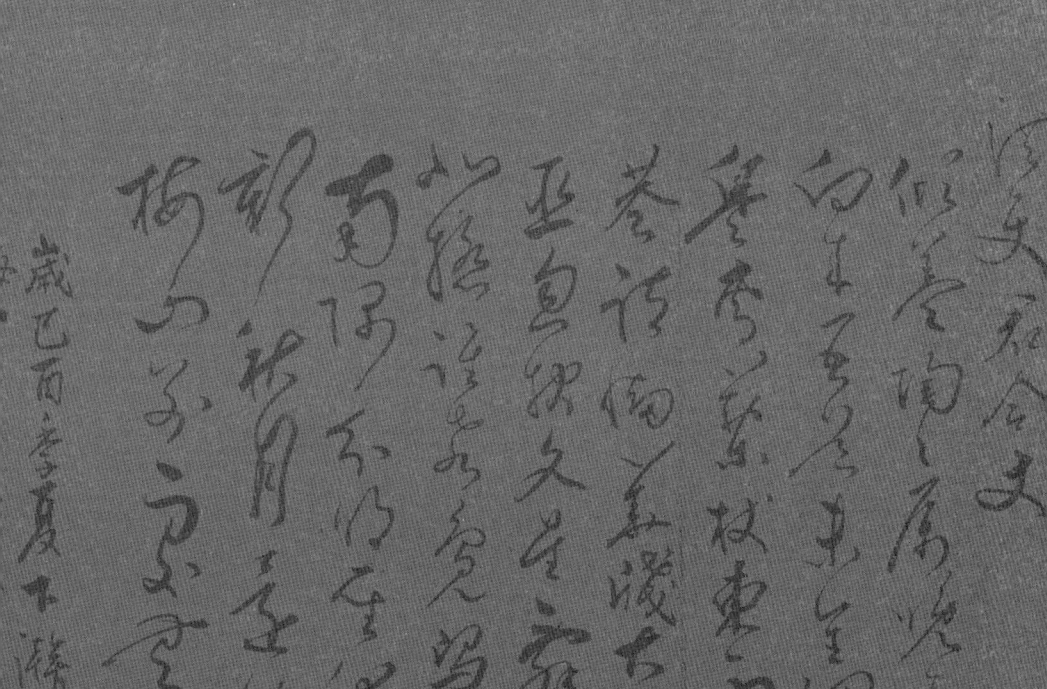

매산梅山이 보여준 삶의 태도와 학문자세는 그의 후손들에게 다양한 영향을 미쳤다. 특히 둘째 아들 섬계剡溪 이잠李潛과 셋째 아들 옥동玉洞 이서李溆를 거쳐 막내 성호星湖 이익李瀷에게 이어진 그의 영향은 조선후기 경세치용학파經世致用學派를 형성하는 데 중요한 역할을 하였다고 생각된다. 이러한 유추를 가능하게 하는 것은 매산 가문의 세대 전승과정과 함께 특별히 어떤 스승에게 나아가 학문을 익히지 않았다는 가문의 학문 전승과정 때문이다.

 매산 가문의 세대 전승과정에 매산이 미친 영향은 지대했다. 매산의 가문은 소릉공少陵公 상의尙毅 대에 와서 이전과 비교할 수 없는 명성을 누리며 잠영簪纓의 반열班列에 올라섰다. 그러나 그의 가문은 인조반정仁祖反正을 겪으며 점차 위축되기 시작했다.

 물론 성호의 언급과 같이 소릉공의 증·현손 대에 이르기까지 사환자仕宦者가 끊이지 않았던 것은 사실이다. 그러나 소릉공에 비견될 만한 관력官歷을 지녔던 사람은 소릉공의 손자인 매산이 유일하다.[1] 더구나 매산의 운산雲山 유배시점인 경신년庚申年 이후 그의 가문은 당시 남인南人으로 활동했던 가문의 정치적 성향 때문에 점차 중앙정계에서 소외되어 이후 정치적 위상으로만 본다면 몰락한 남인 가문의 하나가 되어버렸다.

가문의 이러한 상황 때문에 매산은 관직생활 동안 주변의 족친들에게 기둥과 같은 역할을 했었다고 생각된다. 성호가 쓴 매산의 행장에 따르면 매산이 이웃에 살고 있었던 그의 일족들에게 상당한 관심을 기울였고, 이들이 삶을 부지하는 데 많은 도움을 주었다는 것을 알 수 있다.[2] 이런 상황은 매산이 관직에 진출하여 남인의 중진으로 정계에서 활발히 활동하였던 것에 비하여 당시 그의 족친들 중에는 별다른 관직 경력을 가진 사람들이 없었고, 그의 동생들도 대부분 일찍 죽어 별다른 관직활동을 할 수 없었기 때문이다.

세대 전승과정에 미친 매산의 영향은 그의 형제들이 후사를 전한 과정을 살펴보면 보다 분명하게 알 수 있다. 그의 네 동생 가운데 세 명이 매산보다 일찍 운명했다. 둘째 동생 국진國鎭은 20세에 사망하여 후사를 두지 못했고, 셋째 동생 주진周鎭도 17세에 사망하여 계자繼子를 들였다. 첫째 동생인 은진殷鎭도 16세의 어린 나이로 사마시에 합격하며 낭대 가문의 기대를 한몸에 받았지만 부친의 삼년상을 마치던 32세에 운명했다. 비록 막내 동생 양근공楊根公 명진明鎭이 매산보다 14년을 더

---

1) 少陵公의 큰아들 貞簡公 志完이 正憲大夫 刑曹判書를 지냈고 驪城君에 봉해졌으나 少陵公보다 7년 먼저 세상을 떴다. 이후 志完의 큰아들 太湖公 元鎭이 梅山家門의 정신적 지주역할을 했으나 주로 外職을 전전했고, 內職으로는 刑曹參議에 오른 것이 가장 高位職이었다. 그러나 太湖公도 梅山이 본격적인 관직생활을 시작하기 전인 顯宗 6년(1665) 72세로 사망했다. 이로 보아 소릉공의 관직생활 이후 그의 가문을 부지할 수 있었던 인물은 매산이 유일했다고 할 수 있다.

2) 李瀷, 「先考司憲府大司憲君行狀」, 『星湖全集』 卷 67, "素尙倫約, 身至貴顯而家無長物, 穀祿之入, 必分諸隣族貧者."

살았지만 14살이나 나이 어린 동생이었기 때문에 그의 학문 형성과 삶의 과정에서 매산의 영향이 지대했을 것이라 짐작할 수 있다.[3] 특히 명진이 관직에 진출했을 때는 경신대출척庚申大黜陟 이후로 남인 계열이 정국에서 배제되고 있었기 때문에 그는 예산현감禮山縣監·양지현감陽智縣監·신계현령新溪縣令 등 외직을 전전했고, 양근군수楊根郡守를 마지막으로 숙종 20년(1694) 벼슬을 그만둔 뒤 자식 없이 운명했다.

　이런 형제들의 후사를 잇기 위해 매산은 자신의 아들들을 동생의 후사로 들였다. 『여주이씨세보驪州李氏世譜』를 살펴보면 매산의 첫째 동생 은진만 후사를 두었을 뿐 다른 동생들은 모두 후사를 두지 못하고 사망했다. 후사를 두지 못한 동생들의 후대는 매산의 아들들이 잇게 되는데, 셋째 아들인 옥동은 둘째 동생 주진의 후사로, 넷째 아들인 아정은 막내 동생인 명진의 후사로 들어갔다.

　가문의 이러한 세대 전승과정은 성호의 학문 형성에 그의 직계 존속 이외에 다른 족친의 영향이 작용할 수 없었던 상황을 보여준다. 이와 함께 가학의 전승과정을 살펴보면 성호의 학문 형성에 미친 매산의 영향을 보다 분명하게 확인할 수 있지만, 현재 이를 위한 자료로는 성호와 그 형제들에 관한 단편적인 기록과 성호의 학문을 정리·집대성했다고 평가받는 다산茶山 정약용丁若鏞의 기록 몇 편만이 전할 뿐이다. 가학의 전승과정에 관해서는 현재 전하고 있는 성호 가문의 기록과 다산을 중심으로 한 후학들의 글들을 취합·정리하여 성호의 학문 형성에 미친 매산의 영향에 대해 살펴보고자 한다.

---

3) 李瀷, 「從父楊根郡守府君行狀」, 『星湖全集』 卷 67, "慈戒常曰: 余曩昔之日, 見汝季父郡守公, 與汝先考同居, 事之如嚴父."

梅山의 자식 여섯 명 가운데[4] 드러난 사람이 셋이니 첫 번째가 玉洞 漵이다. 벼슬이 찰방이었다. 다음이 剡溪 潛이니 포의로 상소하여 죽었다. 뒤에 사헌부 집의에 증직되었다. 마지막이 星湖 瀷이니 경학으로 천거되어 선공감역이 되었다. …… 우리 星湖 선생은 하늘이 내신 빼어난 호걸로서 도덕과 학문이 고금을 통하여 견줄 만한 사람이 없고 학문을 전수받은 여러 자제들도 모두 큰 학자가 되었다. 貞山 李秉休는 역경과 삼례를 전공하였고, 萬頃 孟休는 경제와 실용을 전공하였고, 惠寰 用休는 문장을 전공하였고, 長川 嘉煥은 張華·干寶와 같이 해박하였고, 木齋 森煥은 崇義·繼公과 같이 예에 익숙했고, 剡村 九煥도 조부의 유업을 이어 이름이 났으니 한 집안 유학의 성대함이 이와 같았다.[5]

이 글은 다산이 금대錦帶 이가환李家煥의 사후에 쓴 묘지명의 일부분이다. 이 글을 통해서 다산 당대에 매산의 가문이 누렸던 학문적 명성을 익히 짐작할 수 있다. 그런데 이 글에서 다산은 매산을 시작으로 하여 그의 아들대에 이르러 가학의 전통이 빛나기 시작했음을 밝히고 있다. 다산이 보다 중요하게 생각했던 인물은 성호였지만, 이 글을 통해 성호학문의 시작점에 매산이 있었음을 알 수 있다.

退翁發閫奧　　退翁은 朱子 진수 드러내시어
千載得宗傳　　천년 뒤에 그 道統 이어받으니

---

[4] 이 부분은 茶山의 착오가 아니었나 생각된다. 梅山은 두 부인에게 5남 3녀를 두었고, 側室夫人에게서 딸 하나를 두었다. 6子라는 이야기는 그의 族譜와 家系 등 관련 기록을 모두 살펴보았지만 확인할 수 없다. 6子라는 언급은 茶山의 이 이야기 이외에는 나오는 곳이 없다.

[5] 丁若鏞,「貞軒墓誌銘」,「與猶堂全書」卷 15, "梅山之子六人, 其顯者三人, 長曰玉洞漵, 仕爲察訪, 次曰剡溪潛, 以布衣上疏而死, 後贈司憲府執義, 季曰星湖瀷, 以經學薦爲繕工監役. …… 我星湖先生, 天挺人豪, 道德學問, 超越古今, 子弟之親炙服習者, 皆成大儒 貞山秉休治周易二禮, 萬頃孟休治經濟實用, 惠寰用休治文章, 長川博洽如張華干寶, 木齋森煥習禮若崇義繼公, 剡村九煥, 亦以繩祖武名, 一門儒學之盛, 如此."

六經無異訓	六經에 다른 가르침 없어
百家共推賢	모든 이들 다 함께 받들었다네.
淑氣聚潼關	맑은 기운 동관에 모여들었고
昭文耀剡川	밝은 문장 섬천에 빛을 밝히니
指趣近鄒阜	지취는 공맹에 다가서 있고
箋釋接融玄	주석은 공융 정현 이어져있네.[6]

이 시는 다산이 안산安山의 성호 구택舊宅을 지나며 성호의 선영에 참배한 뒤 쓴 시의 일부분이다. 이 시에서 다산은 성호의 학문이 퇴계를 이었음을 밝힌 뒤, 그 학문의 성취도가 공자와 맹자의 본지에 다가서 있음을 밝히고 있다. 성호의 학문에 대해 공융孔融·정현鄭玄의 주석과 맥이 닿아 있고, 공자와 맹자의 지취指趣에 근접해 있다는 표현에서 다산이 가지고 있었던 성호에 대한 경외심을 느낄 수 있다. 그런데 이 시에서 성호의 학문 형성에 관해 주목해 보아야 할 것은 '숙기취동관淑氣聚潼關'이란 구절이다.

이 시의 마지막에 다산은 '성호선생 생어벽동군星湖先生 生於碧潼郡'이라고 자주自註를 달아놓았는데, 벽동군碧潼郡은 평안북도 북부 압록강 연안에 있는 군으로 서부는 청성군, 남부는 동창군, 동부는 자강도 우시군과 잇닿아 있으며 북부는 압록강을 사이에 두고 중국과 인접한 곳이다. 매산이 유배되었던 운산군과는 북부와 동부의 경계가 이어져 있는 곳이다. 성호의 가장에는 성호가 매산의 유배지에서 태어났다고 했는데, 벽동군은 운산군보다 조금 더 북쪽에 있는 곳이다.

---

6) 丁若鏞, 〈過剡村李先生舊宅〉, 『與猶堂全書』 卷 1.

그런데 이 시에서 다산이 자주까지 달아 굳이 성호의 출생지를 벽동군이라고 밝히고, 이곳에서 성호가 태어났다고 한 것은 앞서 살펴본 금대의 묘지명에서 다산이 성호 학문의 시작으로 매산을 거론한 것과 같은 의미라 생각된다.

다산의 이 두 글을 통해서 성호를 정점으로 급격하게 발달한 매산 가문의 학문세계를 확인할 수 있다. 성호는 그 스스로가 근기 남인 계열 近畿南人系列의 학문을 대표하는 인물이 되었을 뿐만 아니라 당대 그의 가문이 다양한 방면에서 명망을 이루고 지켜나가는 데 중요한 역할을 했다. 성호 이후 그의 가문은 다산의 글에서도 알 수 있듯이 문학에서뿐만 아니라 경학과 예학, 경제와 실용에 이르기까지 폭넓은 분야에서 명성을 이루며 근기남인을 대표하는 가문의 하나가 되었다.

그런데 앞의 글을 살펴보면 다산은 이런 성호의 학문이 구체적으로 매산에게서 어떤 영향을 받았는지 밝히지 않았지만, 분명히 성호의 학문이 매산에게서 시작되었다고 생각한 것이라 보인다. 다산의 이런 생각은 성호의 학문이 둘째 형 섬계와 셋째 형 옥동에게 익힌 것을 바탕으로 하고 있는데, 이 두 형의 학문이 모두 부친 매산에게 익힌 것을 근본으로 하여 이룩되었기 때문에 나온 것이라 생각된다.

다산의 글을 살펴본다면 조선후기 실학의 대표적인 한 학통인 경세치용학파의 성립에 미친 매산의 영향을 짐작해 볼 수 있다. 그것은 이미 밝힌 것과 같이 경세치용학파의 확립이 성호에게서 이루어졌으나, 성호의 학문이 부친을 직접 사사한 형들을 통해 형성되었기 때문이다.

이 글에서는 매산 가문의 가계와 학문전수 관계 그리고 당대의 정치적 상황을 고려하여 매산이 그의 아들, 특히 성호에게 미친 영향을 학문과 문학의 두 측면으로 나누어 살펴보도록 한다.

제3부 매산梅山 이하진李夏鎭과 성호학星湖學의 형성形成

1. 성호학星湖學의 기반基盤 구축構築

매산의 학문세계가 성호에게 구체적으로 어떻게 전해졌고, 어떤 영향을 미쳤는지는 명확하게 확인하기 어렵다. 매산이 그 자신의 학문세계를 밝히지 않은 것과 마찬가지로 성호도 스스로의 학문세계가 형성된 과정을 분명하게 밝히지 않았기 때문이다. 그러나 성호의 가장과 행장, 묘갈명을 살펴보면 성호의 학문이 매산에서 그의 형제들에게 이어진 학문을 연원으로 시작하고 있음을 잘 알 수 있다.

선생은 일찍이 아버지를 잃었고, 또 마르고 여위어 병이 많았다. 권대부인(성호의 모부인 - 필자 주)께서 늘 몸에 약주머니를 지니고 있으며 (약을) 먹이셨다. 이 때문에 일찍 글공부를 하지 못했다. 그렇지만 나면서부터 남다른 자질을 가지고 있었고, 총명이 남달랐다. 조금 자라서 중형 剡溪公을 따라 학문을 익혔는데, 스스로 분발하여 독서에 뜻을 두었다. 여럿이 모여 학문을 익힐 때 남들은 모두 떠들고 웃으며 장난쳤으나 홀로 조용히 책을 쥐고 앉아서 종일 그만두지 않았다. …… 다음 해 병술년에 중형이 화를 당하자 이로부터 세상에 뜻을 버리고 마침내 과거를 포기했다. 다시 셋째 형 玉洞先生과 종형 素隱공을 따라 노닐며 개연히 구도의 뜻을 두었다.[1]

병술년에 중형이 세상의 화에 걸리자 연좌될까 두려워 숨어살며 세상의 일에 뜻을 두지 않아 마침내 과거의 뜻을 버렸다. 셋째 형 玉洞先生과 종형 素隱先生의 문하에서 따라 노닐며 익숙히 들어 아는 것을 학문의 방법으로 삼았다.[2]

조금 자라 중형 剡溪公을 따라 배워 마음을 오로지 학문에 힘썼다. 총명이 남보다 뛰어났고 여러 책을 널리 보았다. 중형이 세상의 화에 걸리자 세상에 대한 뜻을 버리고 科擧를 포기하였다. 셋째 형 玉洞과 종형 素隱 두 사람을 따라 노닐며 개연히 구도의 뜻을 두었다.[3]

이 글들은 모두 성호의 후인들이 성호의 수학기 혹은 학문 형성의 기초에 관해 쓴 글들이다. 이 글들을 살펴보면 성호의 학문이 중형 섬계에게서 시작하여 셋째 형 옥동과 종형 소은공素隱公의 영향을 받아 기초를 형성했다는 것을 알 수 있다. 섬계는 성호의 둘째 형이지만, 큰 형인 청운靑雲 이해李瀣가 운명한 지 8년 뒤에 태어나 큰 형을 접하지 못한 성호에게는 가장 큰 형이었다. 옥동은 섬계의 바로 밑 동생으로, 섬계와

---

1) 李秉休,「星湖 家狀」,「星湖全集」, 附錄 卷 1, "先生旣早孤, 且淸羸多疾. 權太夫人常身佩藥囊而餌之, 由是未嘗就傳受書, 然生有異質, 穎悟絶人, 稍長從仲兄剡溪公學, 則自奮刻意讀書, 群居講業, 衆皆喧笑嬉戲, 而獨默坐手卷, 終日不輟. …… 明年丙戌仲兄遭禍, 自是無意於世, 遂棄擧子業, 復從第三兄玉洞先生及從兄素隱先生遊, 慨然有求道之志."
2) 尹東奎,「星湖 行狀」,「星湖全集」, 附錄 卷 1, "丙戌仲兄罹世禍, 畏約屛居, 無意世事, 遂棄擧業, 遊第三兄玉洞先生從兄素隱先生之門, 習聞爲學之方."
3) 蔡濟恭,「星湖 墓碣銘」,「星湖全集」, 附錄 卷 1, "稍長從仲兄剡溪公學, 專心勤業, 聰穎絶人, 博覽群書, 及仲兄罹世禍, 無意於世, 棄擧子業, 從第三兄玉洞從父兄素隱二公遊, 慨然有求道之志."

옥동은 모두 성호의 이모형異母兄이었다. 소은공은 성호의 중부인 은진의 아들 이진李濔이다.

유배지에서 태어나 이듬해에 부친을 잃은 성호는 이 세 사람의 형을 따라 배우면서 학문을 시작하였는데, 그 순서는 섬계를 시작으로 옥동, 소은의 순서로 이어졌다고 보인다. 그런데 섬계가 병술년丙戌年에 화禍를 당하자 성호는 잠시 동안 학문을 포기하고 화에 연좌될까 두려워 몸을 피했다고 했는데, 섬계가 화를 당한 병술년은 숙종 32년(1706)으로 성호의 나이 26세였을 때이다. 이 당시 성호가 얼마나 오랫동안 몸을 피해야 했었는지는 정확히 알 수 없지만 성호는 상당히 곤란한 처지에서 안산의 첨성리瞻星里로 몸을 피했던 것 같다.[4]

성호의 가장에는 성호가 어려서 몸이 약해 일찍부터 글을 배우지 못했다고 했는데, 성호의 글을 살펴보면 대략 10세를 전후할 때까지 성호는 글을 익히지 못한 듯하다.[5] 이 10세를 전후한 어느 시기부터 성호는 섬계에게 학문을 익혔다고 생각된다. 당시 성호는 타고난 영민한 자질을 바탕으로 독서에 빠져들었는데, '박람군서博覽群書'로 그의 학습태도를 밝히고 있는 것으로 보아 가문의 학문 전통과 같이 성호도 어려서부터 박학에 상당한 관심을 보였다고 할 수 있다.

성호가 추구한 박학의 학문자세는 그의 부친 매산에게서 우선적으로 확인할 수 있는 것이다. 매산은 인간, 그 가운데에서도 유자儒者로 태어났다는 것에 대한 자부심을 바탕으로 광지廣志와 양재養才의 박학을 추구했

---

4) 李瀷, 「李司成 旌閭記」, 『星湖全集』 卷 53, "飢虞忉, 余西遁海上, 咸送我於山之下, 相顧爲之惻然."
李瀷, 「權上舍遺稿跋」, 『星湖全集』 卷 55, "後吾兄弟遭罹世患, 禍不測, 當是時親戚朋舊搖手諱避."
5) 李瀷, 「金執義鶴皐子墓碑銘」, 『星湖全集』 卷 65, "幼有奇才, 八歲已能成五字詩, 余年長數歲, 猶未知讀書, 每見之懷慙也."

다. 당시 매산이 추구했던 학문세계에는 의약·복서卜筮·성력星曆·종수種樹 등이 포함되어 있어 그가 백과사전적인 박학과 다예多藝를 추구했다는 것을 알 수 있다.[6] 이런 학문 태도는 평생 끊임없이 지속되었던 세상에 대한 매산의 관심을 보여주는 것이고, 그의 관심이 심성의 수양과 함께 당대의 현실과 인간의 문제를 떠나지 않았음을 말해주는 것이다.

매산이 박학을 추구했던 것은 당대의 주된 사상 체계였던 성리학性理學이 심성 수양의 내적 지향에 주목하여 현실에 대한 역동성을 상실하였고, 이로 인해 현실적 문제에 대해 실질적인 해결책을 제시하지 못한다고 생각했기 때문이다. 그렇기 때문에 매산은 당대의 혼란한 사회문제를 해결하기 위해 다양한 학문을 추구하여 현실적 쓰임에 대비했던 것이다. 결국 박학은 다양한 학문에 대한 개방적 사유를 바탕으로 학문의 가치를 실사구시實事求是에 둔 것이라 할 수 있다. 실제로 매산은 세상에 대한 책임감과 성취 욕구를 바탕으로 박학을 추구했기 때문에 그의 학문세계에서 현실적 효용가치는 학문의 궁극적인 목표였다고 할 수 있다. 매산의 이런 학문세계와 학문관이 그의 두 아들 섬계와 옥동을 통해 자연스럽게 성호에게 이어졌다고 생각된다.

섬계에게 학문을 익힐 당시 셋째 형 옥동은 성호의 학습에 직접적으로 어떤 영향을 미치지 않았다고 보인다. 옥동은 10세가 되던 해(숙종 12년, 1671)에 숙부 주진의 후사로 들어가 명례동明禮洞에 나가있으면서 부친인 매산에게 학문을 익혔다.[7] 주진은 효종 3년(1652) 17세의 나이로

---

6) 李夏鎭,「省躬篇」,『六寓堂遺稿』卷 4. 1장 제2절의 각주 11) 참조.
7) 李是鉷,「玉洞先生 行狀 草」,『玉洞先生遺稿』, 附錄, "十歲出爲叔父學生公後, 就養於明禮洞, 學生公十九而夭, 配尹夫人年老, 子子無所寓心."
이시홍은 옥동선생 행장에서 학생공 주진이 19세의 나이로 요절하였다고 했지만, 기문의 다른 기록늘을 보면 주진의 운면은 17세 되던 임진년(1652) 7월 20일이다. 이시홍의 착오로 보인다.

요절했는데, 옥동이 후사로 들어갈 때 숙모 윤씨부인尹氏夫人은 41세의 나이로 혼자 지내고 있었다. 주진의 후사로 들어간 옥동은 매산이 유배지인 운산에서 운명하자 섬계와 함께 운산에서 부친의 시신을 모시고 와 장례를 지냈으나, 윤부인이 연로하여 시묘살이를 하지 못하고 3년의 애도기를 보냈다. 이 3년의 애도기를 마친 뒤 옥동은 과거의 뜻을 버리고 주진의 산소가 있는 포천抱川의 청량포淸涼浦에 은거하여 도학道學에 몰두했다.[8]

이 시기 성호는 겨우 4, 5세의 어린아이에 불과했고, 병약한 몸이어서 학문을 시작하지 못하고 있었으며, 옥동도 포천의 은거지를 떠나지 않았다. 따라서 성호가 옥동과 종유하며 학문을 다듬은 것은 섬계의 화가 있고 난 뒤라고 보아야 할 듯하고, 이런 사정은 성호 학문의 수학과정을 언급할 때 항상 섬계의 다음으로 옥동과 병기된 소은공과의 관계에서도 마찬가지라 생각된다. 이렇게 본다면 성호 학문의 가장 기본적인 바탕을 형성해준 사람은 섬계이고, 섬계가 만들어준 바탕을 다듬어준 사람이 옥동과 소은이라고 유추할 수 있다.[9]

섬계는 47세의 나이로 당시 원자元子를 부지하여야 한다는 상소를 올렸다가 장살杖殺당했다. 섬계의 장살은 그 개인의 불행으로 그치지 않고 이후 그의 가문 후손들이 지속적으로 정치적 곤경에 빠지게 되는 가장 큰 원인이 되었다. 이런 이유 때문인지는 모르지만, 현재 섬계에 관해 구체적으로 살펴볼 수 있는 자료가 거의 남아 있지 않다. 그러나

---

[8] 李是鉷, 「玉洞先生 行狀 草」, 『玉洞先生遺稿』, 附錄, "遂隱居講道於抱川之淸涼浦, 卽學生公依履之藏也".
[9] 星湖가 剡溪와 玉洞, 素隱의 영향 아래 학문을 익혔다는 것이 梅山과 어떤 관계를 갖느냐하는 것은 剡溪와 玉洞, 素隱이 梅山에게 어떤 영향을 받았는가를 살펴보면 확인할 수 있지만, 현재로서는 이를 살펴볼 수 있는 명확하고 구체적인 자료가 없어 이렇게 유추할 수밖에 없다.

섬계가 매산이 33세 되던 해(현종 1, 1660)에 태어났고, 섬계의 출생 이후 매산의 관직생활이 시작되었다는 점에서 본다면 섬계는 그의 형제들 중 누구보다 매산과 오랜 시간을 보냈던 아들이었음을 알 수 있다. 또 16세의 어린 나이로 사마시司馬試에 합격한 뒤 대과大科에 응시하려 하자 매산이 "큰 그릇은 일찍 이루어지는 것을 꺼린다."며 이를 저지하였는데,[10] 단편적이기는 하지만 이런 사실로 보아 당시 매산이 섬계에게 상당한 기대를 가졌다는 것을 알 수 있다.

매산과 옥동의 학문 전수과정에 관해서도 구체적으로 확인해 볼 수 있는 자료가 남아 있지 않다. 매산과 옥동의 관계에 대해서는 여섯 살의 어린 나이로 어머니를 잃은 옥동에 대한 매산의 안쓰러운 마음을 보여주는, 부자간의 인간적인 정에 관한 단편적인 기록[11]을 제외하고는 다른 기록을 살펴볼 수 없다.

매산과 섬계·옥동·소은의 학문 전수관계를 확인할 수 있는 다른 자료가 없기 때문에 이들의 학문적 유사성은 학문세계를 직접 살펴보면서 확인할 수밖에 없다. 그러나 이것도 현재 매산이나 섬계·소은의 학문세계를 구체적으로 살펴볼 수 있는 자료가 전하지 않아 불가능하다. 단지 이들의 학문에 관한 단편적인 언급민 진하고 있을 뿐이어서, 이를 통해 이들 사이의 학문적 유사성을 짐작해 볼 수 있을 뿐이다.

> 공은 만년에 대체로 경학에 뜻을 두었다. 늘 "선현의 주해는 경전의 문장을 깊이 연구하기 위해 필요한 것이니 輕重을 구별하지 않아서는 안 된다. 지금 엇갈

---

10) 李孟休,「剡溪公 家傳」,『驪江世乘』卷 9, "十六發解, 大憲公戒之曰; 大器忌早成, 遂不赴會試."
11) 李是鉷,「弘道先生 行狀 草」,『弘道先生遺稿』附錄, "六歲喪李夫人, 哀毁骨立, 梅山公畫置膝下, 夜置懷中, 百方撫慰."

려 섞이고 어지럽게 논하여 그 뜻이 서로 가리기도 한다. 그러므로 익숙해진 뒤에야 곧 경전의 문장에 마음을 오로지 할 수 있어 얻는 것이 남다를 것이다."라고 하였다. 어린 아이들을 가르칠 때 반드시 먼저 音讀을 바르게 하여서 법도를 얻을 수 있도록 하였다. 이 때문에 경전 하나에 대해서만 가르침을 받아 책을 읽은 사람이라도 종신토록 의지할 수 있었다. 또 "예는 익히지 않을 수 없으니 익히지 않으면 막되어 버린다. 내 후미지고 조용한 곳에 단을 쌓고 집안의 아이들과 예를 행하고 익히고 싶다."고 했다. 이 일에 뜻을 두었으나 실행하지 못했다.[12]

이 글은 섬계의 학문 태도를 보여주는 것이다. 너무 소략한 것이기는 하지만 섬계가 성현의 경전을 기본으로 하여 글자 한자 한자에 주목하여야 한다고 한 것이나 익숙해져 몸에 젖어들 때까지 익혀야 한다고 한 것은 매산이 "책을 대하고는 반드시 자세하고 깊이 있게 봐 몸에 젖어드는 것으로 법도를 삼은"[13] 태도와 같은 것이다. 특히 이 글에서 섬계가 "선현의 주해는 경전의 문장을 깊이 연구하기 위해 필요한 것이니 경중을 구별하지 않아서는 안 된다."라고 한 것은 매산이 경연에서 "윤휴가 『논어』의 주를 반드시 읽을 필요는 없다'고 하자 검토관으로 윤휴의 말에 동조했던 것"[14]과 같은 태도이다.

매산이 경전을 학문의 주맥으로 생각하였으면서도 성현과 경전에 대해 객관적 자세를 견지했던 것은 그의 박학과 관계 있는 것이다. 매

---

12) 李瀷,「上息山」,『星湖全集』卷 9, "公之晚年, 頗留意經學, 每曰; 先賢註解, 要使之究極乎經文, 非欲其無輕重之別也, 今參錯混誦, 義或相掩, 故飫黙之後, 便可專心經文, 所得自別也. 其敎誨蒙士, 必先正音讀, 有以立乎程規, 故執卷者一經敎導, 終身賴之. 又曰; 禮不可不習, 不習則荒, 吾欲就僻靜爲壇, 與家塾子弟行且習之, 此蓋有志未就."
13) 李瀷,「先考司憲府大司憲君行狀」『星湖全集』卷 67, "對卷必以熟深沛然爲度."
14) 『朝鮮王朝實錄』肅宗 1년 1월 18일(丁丑) 2번째 기사. 서설의 각주 5) 참조.

산이 추구한 박학은 현실의 문제에 대해 실질적인 해결책을 제시하기 위한 것이었다. 그런데 매산 당대의 학문 경향은 관념화된 성리학性理學의 절대적인 신봉을 주장하는 것이어서 현실의 문제에 대해 탄력적인 대응을 할 수 없었다. 매산은 교조화된 성리학이 지닌 문제에 대해 깊이 인식하여, 성리학이 종지宗旨로 삼고 있는 육경의 학문세계에 직접 접하고자 한 것이다. 매산의 이런 학문 경향은 백호 윤휴와 미수 허목의 경학관과 잇닿아 있는 것이고 다음 세대 성호의 학문과 궤를 같이한다.

성호는 유자가 본원의 학으로 돌아가 경의經義에 심통心通한다는 것은 무엇보다 중요한 것이고 방증傍證도 철저히 할 일이지만 그렇다고 후대의 전주箋註에 구애되어서는 안 된다고 여겼다. 또 궁경窮經의 목적은 치용致用에 도움이 되게끔 하는 데 있으므로 유자는 세무실용世務實用에 비익裨益이 되는 학문을 해야 한다고 했다. 그리고 성현의 말이란 그 하나하나가 발휘치용發揮致用될 수 있는 것이라는 점에서 경의經義의 추궁追窮 · 심통心通과 세무世務에의 유심留心은 다른 일이 아니라고 보았다.[15] 그래서 성호는 전주라는 것은 원전의 노맥路脈을 지도하는 것에 불과하다고 여겼다.[16] 이런 성호의 경학관은 매산의 학문관과 닿아 있는 것으로, 매산의 학문세계가 섬계를 거쳐 성호에게 이어지고 있다는 추론을 가능하게 하는 것이다.

---

15) 韓㳓劤, 『星湖李瀷硏究』(서울대학교 출판부, 1980.9), 33쪽.
16) 李瀷, '窮經', 「經史門」『星湖僿說』 卷 27, "古者取明一經以上, 爲其力專而見深資于實用也. 余晩曉讀書法, 心中雖若有見, 玩味滋久, 益覺意趣, 或今日不得, 而明日有覺, 目前不得, 而異日有得, 箋註者, 不過導而指示其路脈, 及足到心通, 則在讀者矣."

선생의 학문은 忠·信을 위주로 하여 지향하고 따르는 바가 오직 周公·孔子·程子·朱子였다. 차라리 師說을 지키며 통달하지 못할지언정 보기 좋은 작은 도는 돌아보지 않았다. 저서에 힘을 써서 지은 책이 상자에 넘쳐났다. (저서는) 心身으로부터 그 바깥으로 나라를 다스리고 백성을 다스리는 것, 律曆의 서책, 천문과 의학의 술수에 이르기까지 크고 작은 것들이 서로 융합되어 本末을 겸비했으니 서로 참조하여 드러내 밝히지 않은 것이 없었다. 이것이 六經과 四書에 귀결되어 그것을 安宅·正路로 삼았다.[17]

선생께서는 誠과 信을 이치에 가까운 것이라 여겼다. 가르칠 때는 반드시 먼저 소학을 천 번 읽도록 하고 다음으로 『중용』·『대학』·『논어』·『맹자』를 읽도록 하였으니 먼저 天人·性命의 이치와 孝悌·忠信의 도를 안 뒤에 다른 책을 보도록 하신 것이다.[18]

이 글들을 보면 옥동의 학문은 철저하게 경전 위주였음을 알 수 있다. 그와 함께 옥동은 다양한 분야에 관심을 가졌고, 그 분야들에 대해 육경과 사서를 기준으로, 참조하여 유기적으로 이해하려 했었다는 것을 알 수 있다. 이것은 매산이 『대학』과 『중용』을 중심으로 학문에 몰두하였으며 폭넓은 대상에 대해 다양한 흥미를 지녔던 것과 같은 맥락에서 이해할 수 있다. 또 매산이 '경'을 수양과 행동의 기준으로 설정했던 것과 같은 차원에서 옥동의 '성과 신'을 이해할 수 있다.

---

17) 李瀷, 「玉洞先生 家傳」, 『玉洞先生遺稿』 附錄, "其學忠信爲主, 步步趨趨, 維周孔程朱, 寧守師說而未達, 不顧小道之可觀, 棄著書, 卷秩溢篋, 自心身, 以外至治家治民, 汎及於律曆之書, 甘石歧黃之術, 大小相銜, 本末兼該, 無不參互著明, 歸宿於六經四子, 爲安宅正路."
18) 李是鉷, 「玉洞先生 行狀 草」, 『玉洞先生遺稿』 附錄, "先生以誠信近理, 爲敎必使先讀小學千遍, 次讀庸學論孟, 先知天人性命之理, 孝悌忠信之道, 然後及於他書."

글을 읽을 때는 이전의 학설에 얽매이지 않아 때때로 새로운 뜻을 드러내기도 했다. 이른 아침부터 저녁까지 생각하여 저서가 벽에 가득했다. 六經과 四子, 伊洛의 글에 푹 빠져 관통하였고, 醫藥·籌數·星命의 술수에 이르기까지 우러러보고 굽어보아 두루 통달하였다. 易經에 더욱 전심하여 힘을 썼다.[19]

소은의 학문 태도도 섬계나 옥동과 다르지 않다. 경전에 침잠하는 수양 태도와 다양한 분야에 대한 다채로운 관심은 지금까지 살펴본 매산이나 섬계, 옥동의 학문 태도와 다른 점을 찾기 어렵다. 특히 소은의 학문 태도에서 이전의 학설에 구애받지 않았다는 것은 매산과 섬계에게서 다 같이 볼 수 있는 개방적인 학문 태도이다. 이런 세 형에게 학문을 익혔기 때문에 성호의 초기 학습 내용도 이를 크게 벗어나지 않았다.

대부인을 모시고 집에 있으면서 昏定晨省의 예를 다하는 이외에 방에 꿇어앉아 성현의 경전과 송나라 정주의 서적 그리고 우리나라 퇴계의 글을 가져다가 굽어 읽고 우러러 생각하여 반복하고 참고하였다. 밝은 지혜가 비추어주는 곳과 정신을 쏟는 곳은 깊숙히여도 꿰뚫어보지 않는 것이 없고, 은미하여도 풀지 못하는 것이 없었다. 비록 한 글자의 잘못과 한 의미의 이지러진 것도 분명히 변별하여 자세히 알지 못하는 것이 없었다.[20]

---

19) 李瀷,「從兄素隱先生家傳」,『星湖全集』卷 68, "讀書不拘前說, 往往發新義, 夙夜覃思, 著書滿壁, 淹貫六經四子伊洛文字, 旁通于仰觀俯察, 醫藥籌數星命之術, 用力尤專於易."
20) 李秉休,「星湖 家狀」,『星湖全集』, 附錄 卷 1, "奉大夫人在家, 朝夕定省之外, 危坐一室, 卽取聖經賢傳, 及有宋程朱之書, 及我國退溪之文, 俯讀仰思, 反覆參考, 蓋其明叡所照, 精神所存, 無奧不透, 無微不釋, 雖一字之訛, 一義之舛, 無不明辨詳識."

성호의 조카 정산 이병휴가 성호의 가장에서 밝힌 성호의 학문 태도이다. 이 글을 보면 성호의 학문 태도도 매산이나 섬계·옥동·소은과 다른 점이 없다는 것을 알 수 있다. 철저한 경전 중심의 학문관과 글자 한 자 한 자에 천착하는 태도, 다양한 학문에의 관심, 그리고 '경'을 중심으로 한 수양 기준의 설정[21]은 매산에게서부터 섬계·옥동·소은을 거쳐 성호에게까지 공통적으로 볼 수 있는 태도이다.

그런데 성호가 추구한 '경'을 중심으로 한 수양 태도는 인간 본연의 선한 마음을 회복하여 성인에게 다가서고자 하는 것으로, 인간 내면의 선성善性이 악으로 변질되는 요인을 제거하고자 하는 것이다. 이런 수양 태도는 퇴계 이황에 이르러 절정을 이룬 것이다. 퇴계의 수양관은 한마디로 '경을 통한 알인욕 존천리閼人慾 存天理'라고 할 수 있는데, 이 수양관은 이후 그의 문인들을 중심으로 이루어진 남인 계열의 대표적 수양 태도가 되었다. 따라서 성호가 '경'을 중심으로 한 수양을 추구했다는 것은 성호의 학문이 근기 남인 계열의 퇴계학과 뿌리를 잇고 있음을 보여주는 것이다. 이 때문에 번암樊巖 채제공蔡濟恭과 다산 정약용은 성호 학문의 근원으로 퇴계를 거론했다.

> 우리나라의 道統을 생각해보건대 절로 계통이 있다. 退溪는 우리 동방의 부자이시다. 그 도를 寒岡에게 전하셨고, 寒岡은 그 도를 眉叟에게 전하셨고 선생께서는 眉叟를 사숙하셨다. 眉叟를 배워서 退溪의 계통을 이으신 것이다.[22]

---

21) 蔡濟恭, 「星湖 墓碣銘」, 『星湖全集』, 附錄 卷 1, "危坐一室, 取經傳及有宋程朱我東退溪書, 俯讀仰思, 刃迎縷解. 蓋其入道之門, 惟敬是主."
22) 蔡濟恭, 「星湖 墓碣銘」, 『星湖全集』, 附錄 卷 1, "但念吾道, 自有統緖, 退溪我東夫子也. 以其道而傳寒岡, 寒岡以其道而傳眉叟, 先生私淑於眉叟者, 學眉叟而接夫退溪之緖."

아 우리 星湖夫子는 하늘이 내신 영걸스러우신 인재로서 도가 망하고 교화가 해이해진 뒤에 나서서 晦齋와 退溪를 사숙하여 심성의 학문으로 날줄을 삼고 경제의 사업으로 씨줄을 삼아 수백여 편의 저서로써 후학들에게 아름다운 은혜를 베풀었으므로 학통을 이어받은 집안의 자제들과 문하에서 친히 가르침을 받은 제자들이 모두 원만한 인격을 이루어 스승의 뒤를 이어 후학을 계도하지 않은 이가 없었다.23)

성호가 퇴계를 사숙私淑했다는 것은 성호 가문의 정치적 성향이 퇴계의 문인들이 중심이 된 근기 남인 계열에 속했기 때문에 당연하다고 할 수 있지만, 성호는 퇴계를 사숙하는 정도를 넘어서 존숭하게 된다. 성호의 「이선생예설유편서李先生禮說類編序」나 「서퇴계선생필후書退溪先生筆後」, 「도산도맥첩발陶山道脈帖跋」, 「이자수어서李子粹語序」와 같은 글을 보면 성호가 퇴계를 존숭하고 흠모한 마음을 충분히 알 수 있다. 그런데 성호가 퇴계를 배운 순서를 살펴보면 미수를 사숙한 것에서부터 시작하여 미수를 통해 한강寒岡으로, 한강을 통해 퇴계로 거슬러 올라갔음을 알 수 있다.

성호가 미수를 사숙하고 높인 흔적은 싱호가 쓴 「미수허선생신도비명眉叟許先生神道碑銘」, 「미옹예설眉翁禮論」, 「발미수선생전예삼첩跋眉叟先生篆隷三帖」과 같은 글 속에 잘 드러나 있다. 성호가 미수에게 다가서게 된 것은 무엇보다 미수의 학문이 가지는 특성 때문이라 생각할 수 있다. 『시경』·『서경』·『주역』·『춘추』·『예기』 속에 담겨 있는 원시 유학

---

23) 丁若鏞, 「上木齋書」, 『與猶堂全書』 卷 19, "惟我星湖夫子, 以天挺英豪之才, 生於道喪敎弛之後, 得以私淑於晦退, 經之以心性之學, 緯之以經濟之業, 著書累百餘編, 以嘉惠後學, 其同堂邁傳, 及門高弟, 藍美彬彬郁郁, 繼往開來"

의 세계에 깊은 관심을 보였고, 진秦·한漢 이전의 문물에 대해 탐구하여 문자 특히 전서篆書에 독보적 경지를 이루었던 미수의 학문세계는 성호를 자극할 만한 충분한 매력이 있었다. 특히 단순한 복고주의가 아니라 당대의 모순을 극복하기 위한 방법을 유학의 근본이념에서 찾는 미수의 학문 태도는 박학에 대한 관심과 경전에 대한 개방적 사유를 바탕으로 한 것이어서 성호에게 상당한 흥미를 주었다고 생각된다.

미수의 이러한 학문적 특성과 함께 성호를 보다 미수에게 가까이 가게 만든 것은 조선후기의 정치적 상황과 미수와 그의 가문 사이에 있었던 친분관계였다고 생각할 수 있다. 왕권 강화를 통해 벌열 세력을 억제하여 왕조의 질서를 확립하고 사대부에게 균등한 정치적 기회를 제공하려고 하였던 미수의 학문은, 왕실에 대해 보편적 예를 적용하여 상대적으로 사대부의 권위를 강화하려는 서인 계열의 학문과 대립되는 것이었다. 이런 미수의 학문 태도는 미수를 당대 남인 계열, 특히 청남 계열의 정신적 지주로 만들었다.[24]

이런 미수와 성호의 가문은 조부대부터 친밀한 관계를 맺었다. 미수는 21세 되던 광해군 7년(1615) 총산蔥山 정언옹鄭彦顒에게 『예기禮記』의 「단궁편檀弓篇」을 익히는데,[25] 이때 성호의 조부 지평공 지안 형제들과 교분을 맺었다.[26] 성호의 글을 보면 당시 지평공은 미수보다 6살이 어렸으나 미수와 상당한 친분을 맺었다고 생각된다. 지평공이 맺은 미수와의 인연이 그의 아들 매산에게 그대로 이어졌다고 생각된다.

---

24) 尹絲淳, 「眉叟의 經濟思想」, 『許眉叟의 學·禮·思想 論攷』(眉叟研究會, 1998,2), 3972쪽.
25) 「眉叟 年譜」, 『記言』 卷 1, "乙卯 先生二十一歲, 學檀弓於蔥山鄭彦顒 先生."
26) 李瀷, 「先考司憲府持平 贈吏曹參判府君行狀」, 『星湖全集』 卷 67, "旣而登鄭蔥山彦顒 之門, 同學與眉叟許公穆之倫, 咸推重焉."

남인 계열의 중진으로 중앙정계에서 활동했던 매산은 숙종 즉위 이후 정국이 남인 중심으로 변화하자, 1차 예송논쟁 뒤 삼척 부사三陟府使로 좌천되었다가 파직된 미수를 다시 중앙정계에 불러오기 위해 노력했다. 미수가 출사한 뒤로 매산은 미수를 도와 정국의 운영에 적극적으로 가담했다. 미수에 대한 매산의 태도는 숙종 5년(1679)과 6년 미수의 해직이 부당하다고 올린 두 편의 상소[27]에 잘 나타나 있다. 매산이 가지고 있었던 미수에 대한 존경은 매산의 아들들에게 그대로 이어져 성호가 그의 형들을 통해 보다 쉽게 미수를 사숙할 수 있게 하였고, 성호는 미수의 학문을 통해 자신의 경학을 다듬게 되었다고 생각된다.

지금까지 살펴본 바에 따르면 성호의 학문이 가학을 바탕으로 퇴계 이래 미수까지 이어져 온 퇴계학의 전통을 이었음을 충분히 알 수 있다. 그러나 성호의 학문은 퇴계학만을 이은 것이 아니었다. 부친 매산이 연경燕京에서 사 가지고 온 수천 권의 서적[28]은 성호에게 또 다른 자극이 되었고, 고폐固閉된 당대의 정치적 현실은 성호에게 경화硬化된 성리학의 학문 경향에 반대하여 실용적이고 시무에 합당한 것을 추구하도록 만들었다.

특히 매산이 연행을 갔던 숙종 4년(1678)은 강희康熙 17년(청淸 성조聖祖)으로, 청나라 안에서 적극적인 학술 부흥책이 실시되고 있던 때였다. 고증학을 중심으로 고전에 대한 새로운 연구가 활발하게 진행되고 있었고, 황종희黃宗羲·고염무顧炎武·왕부지王夫之 등이 나와 경세치용의 실용적인 학문을 주장하던 시기였다.[29] 당대 청나라에서 유행하던 다양한 학풍과 매산의 박학 취향에 비추어보아, 당시 매산이 구해온 서적들은

---

27) 「辭疏」·「庚申辭大諫疏」, 『六寓堂遺稿』 卷 4.
28) 李瀷, 「先考司憲府大司憲府君行狀」, 『星湖全集』 卷 67. 1장 제1절의 각주 33) 참조.
29) 金學主, 『中國文學史』(新雅社, 1989.9), 537-539쪽.

이전 시기의 문집이나 경전뿐만 아니라 당대 청나라의 새로운 학문 경향을 담고 있는 서적들이 많았을 것이라 추정할 수 있다. 이 서적들도 성호에게 당대에 만연해 있었던 주자 중심의 성리학적 학풍에 대해 반발하여 실용적이고 시무에 합당한 학문을 추구하도록 자극하였으리라 생각된다.

실제로 이 시기 성호가 보았던 책에는 중국의 서적뿐만 아니라 한역漢譯된 서양의 서적들도 있었다고 유추된다.[30] 이와 같이 성호 주변의 다양한 상황과 여건들은 성호가 학문을 계속해 나갈수록 점차 폭넓은 사고를 갖게 하여, 이후 성호가 하나의 이론이나 학설에 집착하지 않을 수 있게 만들었다고 생각된다. 특히 수학기 성호가 가장家藏 서적에 심취해 있었던 것은 그 스스로도 밝히고 있는 사실이다.

> 세속을 따라 명예를 구하는 데 분주하던 중 화난을 당하여 곤궁한 지경에 빠지고 계획이 틀어졌습니다. 그래서 다시 과거공부에는 뜻이 없었으니 그 형세가 문을 닫아걸고 엎드려 있더라도 날마다 세상과 어그러지는 것 같았습니다. 집에 장서 수천 권이 있어 때때로 반복해서 읽는 것으로 소일거리를 삼았습니다.[31]

이와 함께 성호는 퇴계의 경학관과 수양관을 중시하면서도, 고질적인 병폐를 지니고 있었던 당대의 현실문제를 해결하기 위한 시무에

---

30) 李瀷, 「答鄭玄老 甲戌」, 『星湖全集』 卷 29, "自先丈棄朋友之後, 尤覺單孑, 時有心思, 無處質問, 若邁他國而中道失伴也, 家有一卷外邦書交友論者, 有云友者, 第二我也, 身二而心一."
이 글에서 外邦이라 한 것이 최소한 중국이나 일본, 혹은 동아시아 지역의 다른 국가를 의미한 것은 아니라 보인다. 그것보다는 서방을 의미한다고 보는 것이 타당하다고 생각된다.
31) 李瀷, 「答息山先生 甲辰」, 『星湖全集』 卷 9, "只奔走於應俗求名中, 罹禍難, 隕穫失圖, 便無意於擧業文字, 則其勢將杜門跧伏, 日與世齟齬, 家有藏書數千, 以時繙閱, 爲消遣之資."

있어서는 율곡栗谷과 반계磻溪를 추종했다.

> 국조 이래로 시무를 알았던 분을 손꼽아보면 오직 李栗谷과 柳磻溪 두 분이 있을 뿐이다. 栗谷의 주장은 태반이 시행할 만한 것이고, 磻溪의 주장은 그 근원을 궁구하고 일체를 새롭게 하여 왕정의 시초를 삼으려 했으니 그 뜻이 진실로 컸다. 그러나 밭을 모조리 개간하는 것과 서울에서 벼슬하는 자가 처자를 거느리는 등의 문제는 반드시 구애되는 것이 있어 시행하기 어려울 것이고, 結負의 부세와 번갈아 숙직하는 규칙은 오히려 폐단 없이 시행할 수 있으나 어찌 이같이 할 필요가 있겠는가. 栗谷의 주장에 감사는 임기에 구애하지 말고, 작은 고을은 큰 고을에 합치고, 다 큰 종은 그 아비를 좇지 못하게 한다는 등의 말은 하나하나 사리에 합당한데 무엇을 꺼려 시행하지 않았던가. 貢案을 개정하는 한 가지 일만은 결국 시행되었으나 오히려 부역은 가볍고 조세는 과중하다는 아쉬움이 있었으니 이는 역량이 부족하고 조치하는 국량이 좁기 때문이었다. 만약 栗谷과 磻溪를 시켜 시행했더라면 반드시 볼 만한 것이 있었을 것이다. 오늘날 『磻溪隨錄』 가운데 여러 가지 좋은 의론을 단 한가지도 시험한 것이 없으니, 예나 지금이나 지사가 마음 쏟은 것을 끝내 세상 사람들이 알아주지 않으니 어떻게 하겠는가.[32]

이 글에는 성호가 지니고 있었던 율곡과 반계에 대한 인식이 잘 드러나 있다. 학문이란 현실적 쓰임을 가져야 한다는 성호의 학문관은 그에게 시대의 폐단에 대해 적극적으로 대응하는 학문을 추구하게 만들었

---

[32] 李瀷, 〈變法〉,「人事門」,『星湖僿說』卷 11, "國朝以來, 屈指識務, 惟李栗谷柳磻溪二公, 在栗谷太半可行, 磻溪則究到原本, 一齊刻新, 爲王政之始, 志固大矣. 然如田之盡佃, 京司之率眷之類, 必將有礙阻難擧者, 結負之稅, 遞直之規, 猶可以辨事無虧, 何必如此也. 如栗谷之監司久任, 小郡合, 大奴不從父等說, 一一中竅, 何憚而不擧, 惟改貢案一事, 畢竟施行, 猶有賦輕稅重之歎, 自是力量不大, 措置局狹故也. 苟使栗谷磻溪爲之, 必有可觀也, 今磻溪隨錄中, 連蘊各論, 無一擧以試之, 古今志士之用心, 終無奈世人何耳."

다. 성호는 당대의 정치·경제·사회·문화 제분야의 여러 가지 모순을 신랄하게 비판하고 그 대안을 찾고자 노력했다. 성호는 학문의 효용성이란 경세에 있는 것이라 여겼고, 경세의 기준으로 경학을 중시했다. 따라서 성호의 학문은 그가 비록 퇴계의 수양관과 학문관을 이었다 하더라도 현실의 제반문제에 대한 대응이란 측면에서는 현실적 효용을 중시하는 경세적 학문관으로 변모되어 나타날 수밖에 없었다. 다음 글을 보면 성호의 의식을 보다 분명하게 알 수 있다.

> 근세에 李栗谷 같은 이가 更張에 대해 많은 말을 했으나 당시에 논의하는 사람들이 바르게 여기지 않았다. 그러나 지금 살펴보면 명쾌하고 절실하여 팔구할 은 실행할 수 있는 것이었다. 대체로 國朝 이래로 시무를 아는 사람의 으뜸이었다. 애석하구나, 지금의 존숭이여. 그 사람은 높이지만 그 실상을 높이지 않는구나. …… 磻溪 柳馨遠에 이르러서는 더욱 큰 것이 있으니, 한 번 (폐습을) 씻어서 古代로 되돌아갔다. 그러나 반드시 토지를 준 뒤에 그만두고자 하는 것에 이르러서는 그 뜻이 비록 좋다고는 하지만 끝내 또한 실행하기 어려운 것이다. 하지만 또 한 가지 일을 두고 편안히 경계를 정한다면 자연스럽게 법도에 맞을 것이다. 비록 당세에는 시행되지 않는다 하더라도 뒤에는 반드시 와서 법으로 취할 사람이 있을 것이니 스승됨이 무궁할 것이다.[33]

시무를 위한 실용적 학문을 추구한 성호는 율곡과 반계의 학문에 주목했다. 성호의 이런 태도는 사단칠정四端七情의 심성론에서 율곡을

---

33) 李瀷,「論更張」,『星湖全集』卷 46,"如近世李栗谷, 多言更張, 當時議者不韙也. 以今考之, 明快切實, 八九可行. 蓋國朝以來, 識時務之最, 惜乎今之尊也. 尙其人, 而不尙其實. …… 至柳磻溪馨遠, 尤有大焉. 一洗而反乎古, 必至授田而後已, 其意雖善, 辛亦難行. 且置一事, 其佗區劃, 恰恰中窾, 雖未克見施當世, 後必有來取法者存, 而爲師于無窮也."

비판한 것과는 다른 모습이다.34) 당대 정권을 장악한 서인들이 대부분 우계牛溪와 율곡의 계통을 잇고 있다는 점에서 정치적 고폐固閉로 인해 괴로움을 겪고 있었던 성호가 율곡의 학문을 인정한 것은 그의 객관적 학문 태도를 보여주는 것으로 시사하는 바가 크다.

성호는 학문적 견지에서 당파와 학파를 초월하여 객관적으로 현상과 실체를 바라보고자 하였다. 성호의 이런 객관적 학문 태도는 이후 그의 후손과 문인들이 경세치용학이라는 조선후기를 대표하는 새로운 하나의 학문세계를 형성할 수 있도록 하였다.

그런데 여기서 주목해 보아야 할 것은 성호의 가문과 반계와의 관계이다. 성호는 『성호사설』에서뿐만 아니라 문집 속에서도 반계에 대해 여러 편의 글을 남기고 있다. 「반계유선생전磻溪柳先生傳」, 「반계수록서磻溪隨錄序」, 「반계유선생유집서磻溪柳先生遺集序」와 같은 것인데, 성호가 반계의 학문세계를 접하고 이에 주목하였던 것에는 시무를 중시했던 그의 학문 경향과 함께 반계와 맺고 있었던 부친 매산의 친분이 적지 않은 역할을 했다고 생각된다.

반계는 태어나 2세 때 아버지를 여의고, 5세에 외숙 태호공太湖公 이원진李元鎭에게 글을 배우기 시작했다.35) 이원진은 매산의 백부 정간공 지완의 큰 아들로 반계의 외숙이었다. 당시 반계는 외가에서 태어났고, 어려서 아버지를 잃었기 때문에 외가에서 생활하고 있었다. 이원진은 매산

---

34) 四七 心性論에 대한 星湖의 태도는 그가 문하 제자들과 주고받은 많은 편지에서 쉽게 발견할 수 있다. 특히 『星湖全書』 卷 23의 愼耳老에게 답한 편지와 卷 31의 萬大來에게 답한 편지에서 자세히 볼 수 있다. 金容傑, 『星湖 李瀷의 哲學思想硏究』(成均館大學校 大東文化硏究院, 1989.2)에 星湖가 退溪와 栗谷의 理氣·心性論에 대해 가지고 있었던 태도가 잘 설명되어 있다.

35) 吳光運, 「磻溪 行狀」, 『磻溪隨錄』 附錄, "娶右參贊李志完之女, 以天啓壬戌, 生公, 檢閱公有遠大之望, 不幸二十八而卒, 公生裁二歲, 能知悲哀號慕, 不食肉, 人異之. =四歲, 凡遇口用事物, 必問本末, 至其極處, 雖草木禽蟲, 皆不忍傷害. 五歲, 通算數, 旣知讀書, 自立課程, 雖羣兒喧戱其傍, 而若不聞也. 就學於伯舅李監司元鎭."

의 종형제 중 가장 윗사람으로 매산보다 34세가 많았으며, 당시 집안 형제들의 정신적 지주 역할을 했었다. 이 시기 매산도 종형 원진에게 가 학문을 익혔는데, 이 때 반계보다 6살이 많았던 매산은 이원진을 매개로 반계와 친밀한 관계를 형성했다고 보인다. 매산이 맺었던 반계와의 교분은 섬계와 옥동을 거쳐 성호에게 이어져 성호의 학문을 형성하는 하나의 바탕이 되었다고 볼 수 있다.

성호는 학문의 목적을 치용致用에 두어 세무실용世務實用에 보탬이 되는 학문을 진정한 학문이라고 여겼다. 이런 성호에게 국가체제의 전반적인 개혁을 제시한 반계의 학문은 당연히 주목의 대상이 되었다. 반계는 부민, 부국을 위한 개혁이 이루어져야 한다고 주장하면서 개혁의 요체를 자영농민의 육성에 있다고 보고 경자유전耕者有田의 원칙에 입각한 균전제均田制·세제개혁稅制改革·병농일치兵農一致의 군사제도, 공거제公擧制의 실시와 신분제 및 직업세습제, 관료 및 학제의 개혁을 주장하는 등 다방면에 걸쳐 과감한 개혁의 실천을 강조하였다. 반계의 이런 사상은 양반들도 생업에 종사해야 한다는 사농합일론士農合一論과 유능한 인재는 추천에 의해서도 관직에 등용해야 한다는 천거제도薦擧制度, 소농민小農民을 보호하는 한전법限田法의 실시 등 농업의 혁신을 통한 현실문제의 해결을 모색한 성호의 학문과 맥을 같이하는 것이다.

반계에 대한 추종과 함께 성호는 지봉芝峯 이수광李睟光의 박학에 대해서도 인정하였다.[36] 지봉은 성호의 증조 소릉공 이상의가 동궁면복 주청사東宮冕服奏請使로 연경에 갈 때 부사로 소릉공을 수행했다. 당시 지봉

---

36) 李瀷,〈灰酒〉,「萬物門」,『星湖僿說』卷 4. "李芝峯引魯望詩, 謂中朝人釀酒, 多用灰, 芝峯之博, 亦不及此也." 이 글에서 星湖가 지봉이 한 주장의 오류에 대해 지적하고는 있지만, 그의 박식에 대해서는 인정하고 있었음을 알 수 있다.

은 소릉공의 시에 감탄했고,[37] 이후 소릉공과 지봉은 지속적으로 친밀한 교분을 이어가[38] 그 교분이 후대에까지 영향을 미쳤다고 생각된다. 지봉과 그의 가문이 맺었던 친분은 성호대까지 이어져 성호는 자신의 외동딸을 지봉의 후손 이극성李克誠에게 시집보냈다.

지금까지 살펴본 사실들을 통해 성호의 학문은 매산에 의해 전해진 가학을 바탕으로 퇴계를 사숙하여 큰 골격을 이루었다는 것을 알 수 있다. 또 성호가 퇴계를 사숙하기 위해 미수에게 다가갔던 것에는 당대 미수가 가지고 있었던 학문적 역량과 정치적 위치에 더하여 성호의 조부 지평공 이지안 때부터 미수와 맺고 있었던 가문의 친분관계도 상당한 영향을 미쳤다고 유추할 수 있다.

이와 함께 성호는 당대의 관념적 학문 태도가 가지고 있었던 문제점을 극복하기 위해 율곡과 반계의 학문을 수용하였는데, 그가 반계의 학문을 수용한 것에는 반계의 학문적 역량과 함께 부친 매산이 반계와 맺고 있었던 교분도 적지 않은 역할을 했다고 생각된다.

이런 여러 사실들을 종합해보면 성호의 학문은 그 자신에게까지 이어져 내려온 가학을 다양한 방면으로 발전시켜 조선후기 경세치용학파라는 새로운 학문세계를 열었지만, 그 학문의 바탕과 학문세계의 형성과정에는 가문의 전통과 영향이 여전히 뿌리 깊게 자리 잡고 있었음을 짐작할 수 있다. 성호의 학문은 이후 다양한 갈래로 발전하여 경세치용학파, 혹은 성호학파라 부르는 하나의 학맥을 형성하였다.

---

37) 李震休,「少陵公 家狀」,『驪江世乘』卷 5, "秋以東宮冕服奏請使, 如京師, 時李芝峯晬光爲副, 芝峯文章士也, 以公居常謙恭, 不以翰墨自居, 故芝峯亦未深知, 至是與之酬唱, 大驚服曰; 少陵文章, 當代罕敵."
38) 少陵公의 文集인『少陵集』에는 芝峯과 주고받았거나 芝峯의 시에 차운한 少陵公의 시가 많이 나오는데, 家狀의 기록과 문집을 살펴보면 이 시들은 모두 燕行 중 少陵公이 芝峯과 주고받은 것이라 생각된다. 이로 보아 少陵公이 당시 芝峯과 친밀한 관계를 유지하고 있었음을 알 수 있다.

제1부 매산梅山 이하진李夏鎭과 성호학星湖學의 형성形成

2. 문학 세계文學世界의 토대土臺 형성形成

매산의 문학 경향이 그의 후예, 특히 성호에게 전승된 과정을 찾는 것은 학문의 전승과정을 찾는 것보다 더 어렵다. 그것은 매산이 그 자신의 문학관 형성과정이나 문학 수업의 과정에 대해 구체적으로 밝혀놓지 않았던 것처럼, 그의 후손들도 문학관이나 문학 수업의 과정을 구체적으로 밝히지 않아 명확한 근거 자료를 찾을 수 없기 때문이다.

　물론 옥동이나 성호의 문집을 살펴보면 그들 개개인이 가지고 있었던 문학관을 확인해 볼 수 있겠지만 이런 경향이 어디에서 온 것인지 그 경향의 형성과정에 대해서는 구체적으로 확인하기 어렵다. 특히 매산에게서 가장 많은 영향을 받았고, 성호에게 가장 큰 영향을 미쳤다고 생각되는 섬계에게서는 문학에 관한 직접적인 어떤 언급도 찾을 수 없다.

　현재 매산 가문의 문학관이나 문학에 대해 구체적으로 확인해 볼 수 있는 자료가 남아 있지는 않지만, 남아 전하는 자료만을 보았을 때 그의 가문은 선대부터 매산 이후까지 계속해서 문학으로 상당한 명성을 얻었다는 것을 알 수 있다. 매산도 스스로 시인이라 자부하지는 않았지만 당대 시로 상당한 명성을 떨쳤고 인정받았다. 가문의 이런 특성은 그의 아들들에게서도 볼 수 있는 것인데, 매산 가문의 문학적 명성은 성호를 거쳐 매산의 손자와 증손자대의 혜환惠寰 이용휴李用休와 금대錦帶 이가환李家煥에게 와서 두드러지게 드러난다.

매산의 아들들이 당대 얻었던 문학적 명성, 특히 시로 얻은 명성은 소략하지만 그들의 행장 속에서 쉽게 발견할 수 있다.

> 공이 겨우 말을 배우고 얼마 지나지 않아 문자를 해독하였다. 약관도 되지 않아서 벌써 훌륭하게 글을 지으니 동료들이 모두 宗匠으로 추존하였다. 선부께서 공이 지은 글을 보고는 탄식하시기를 "이 아이가 지은 것이 그가 본 것에 앞서니 상서롭지 못할까 두렵다."고 하셨다. …… 공이 남들과 응대할 때에 붓을 쥐면 文才를 발휘하여 滔滔한 것이 일찍이 빠뜨린 것이 없었다. …… 또, 민첩하고 빠른 것이 남보다 뛰어나 銅鉢의 울림이 멎기 전에 시를 지었다. …… 말하기를 "내 말이 비루하여 옛 사람들에게 미치지 못하지만 多作으로 대적한다면 곧 순식간에 지을 수 있다."고 하였는데 참으로 성대하여서 수만 마디의 말을 읊어내니 보는 사람들이 혀를 내두르지 않는 자가 없었다. 공은 華閥에서 태어나 자랐으나 재주를 믿고 남에게 교만하게 구는 것을 좋아하지 않았다. 늘 글을 가지고 벗을 모았기 때문에 당대의 문인들이 뒤를 따랐다.[1]

---

1) 李溏, 「伯兄靑雲居士行狀」, 『星湖全集』 卷 67, "公甫學語, 卽解文字, 未弱冠已裵然成章, 儕流咸推爲宗匠, 先考公見其所屬文, 歎曰; 此兒所作, 先乎其所見, 恐不祥. …… 其與人應酬, 輒把筆摛藻, 滔滔未嘗遺也. …… 又敏速絶人, 擊鉢成詩. …… 謂曰; 余詞陋不及古人, 當以多敵之. 卽立草就篇, 實浩浩累數萬言, 見者莫不吐舌. 公生長華閥, 而不屑爲挾才驕人, 常以文會友, 故一時韻士追踵後塵."

文思가 민첩하고 빨라 붓을 쥐면 곧 글을 지었다. 객이 이전에 文山策을 예로 들어 말하기를 "그대가 본뜰 수 있겠는가?" 하자 공은 "뛰어나고 뛰어나지 않은 것에는 진실로 차이가 있겠지만 단지 많이 짓는 것만이라면 대적할 수 없겠는가." 하고는 곧 수만 마디의 말을 草하니 성대하여 그치지 않았다. 銅鉢의 울림이 그치기 전에 시를 지었는데, 시는 盛唐의 풍조를 가졌다. 호사가들이 그 좋은 구절을 그려내어 세상에 유포시켰다. 노사제, 이구, 신선온 등 여덟 사람과 文會를 열었는데, 남들이 보고 艷慕하여 八仙이라고 불렀다.[2]

이 글은 성호와 성호의 아들 만경萬頃 이맹휴李孟休가 그들의 백형과 백부인 청운靑雲 이해李瀣를 두고 쓴 행장과 가전의 일부분이다. 현재 전하고 있는 청운 관련 기록이 너무 부족하기 때문에 이 이상 자세히 살펴볼 수 없어 단정하기에는 어려움이 있으나 이 글을 통해서 당시 청운이 성취했던 문학적 역량과 성가를 짐작할 수 있다.

청운은 매산의 나이 20세가 되던 인조 25년(1647)에 태어나 숙종 14년(1673)까지 불과 27년을 살았을 뿐이지만, 그의 행장과 가전을 통해 청운이 당대 시로써 상당한 명성을 얻어 많은 이들과 교유하였다는 사실과 그의 시가 널리 유포되었던 실상을 짐작할 수 있다. 특히 뛰어난 필력을 바탕으로 순식간에 수편의 시를 이어 지을 수 있었던 청운의 장기는 바로 매산의 특기이기도 하다.[3]

---

2) 李孟休,「靑雲公 家傳」,『驪江世乘』卷 9, "文思捷速, 操筆立就, 客嘗擧文山策曰: 君能效焉否. 公曰: 工不工, 誠有之, 獨不能以多敵乎. 卽草數萬言, 浩浩不竭, 擊鉢成詩, 詩得盛唐風調. 好事者, 得其佳句, 繪畫流布. 與盧思齊李絿申善溫等八人, 爲文會, 人艶慕之, 號稱八仙."
3) 李瀷,「先考司憲府大司憲君行狀」,『星湖全集』卷 67, "爲詩不屑爲組織之工, 下筆源源, 頃刻累數篇."

유고 약간이 있는데 공을 들인 것은 대체로 시에 있었다. 시대를 가슴 아파하고 도리에 마음 상했을 때 반드시 시로 드러냈지만 문장가들과 같이 많이 짓는 것을 좋아하지 않았으니 예컨대 秋興과 같은 여러 작품을 볼 수 있다.[4]

가만히 생각해보건대 선생의 시와 문은 비록 한 글자 한 구절이라도 사람마다 얻어 아끼고 공경하는데 하물며 선생의 자손이 되어 어찌 선생의 글 한 편이라도 흩어져 전하지 않게 할 수 있겠는가.[5]

이 글들은 성호가 그의 형 섬계剡溪의 묘갈명을 식산息山 이만부李萬敷에게 부탁하며 쓴 편지와 섬계의 6세 후손 이종헌李鍾憲이 책 상자를 정리하다 우연히 발견한 섬계의 시를 두고 쓴 속록 서문의 일부분이다. 이 글 속에 등장하는 섬계의 모습도 앞에서 살펴본 청운과 흡사함을 알 수 있다. 섬계 역시 스스로 시인이라 자처하지도, 많은 수의 시를 짓지도 않았지만 당대 이미 문학적으로 상당한 명성을 얻었고, 그의 작품들은 후대까지 계속 유전되며 내려왔다고 보인다.

청운과 섬계의 문학적 성취에 대한 언급이 얼마 되지 않는 양이라도 남아 있는 것과 달리 셋째 옥동玉洞과 넷째 아성鵝亭에 대해서는 문학적 평가가 전혀 남아 있지 않다. 그러나 이들에 대한 문학적 평가가 남아 있지 않다는 것이 이들의 문학적 성취가 부족했다는 것을 의미하지는 않는다.

---

4) 李瀷, 「上息山」, 『星湖全集』 卷 9, "遺稿若干, 用功多在于詩, 其感時傷道, 必發諸吟詠, 不樂爲詞家漫成, 與秋興諸作可見也."
5) 李鍾憲, 「續錄 序文」, 『剡溪先生遺稿』 乾, "竊伏念先生之詩若文, 雖一字一句, 人人傳而愛敬之, 況爲先生之了孫, 豈可以先生之文, 一任放散, 不得其傳也哉."

옥동은 일생을 학문과 수양 속에서 보낸 당대 대표적 지성인의 한 사람이었다. 그는 숙종 3년(1662) 12월에 태어나 경종 3년(1723) 3월, 62세의 일기로 운명할 때까지 우리 예술계, 특히 서예계에 큰 기여를 한 인물이었다. 그렇기 때문에 옥동의 문학적 성취에 대해 당대 별다른 평가가 없었던 것은 그가 문학에 전심하지 않았기 때문이기도 하겠지만 그의 문학적 성취를 함부로 논할 수 없었기 때문이었다고도 볼 수 있다.

옥동과 달리 아정의 문학적 성취에 대한 평가가 전하지 않는 것은 평생을 초야에 묻혀 수기修己로 일관하였던 그의 일생에서 이해할 수 있다. 아정은 어려서부터 재기才器가 뛰어나 가문의 기대를 한 몸에 받았을 정도로 학문이 남달랐다. 그는 숙종 29년(1703) 사학유생四學儒生을 대표하여 당시 이미 사사당한 우암尤庵 송시열宋時烈을 신변伸辨하는 상소를 올려 임금은 물론 당대 노론 계열의 여러 신하들에게까지 인정받았다.[6] 그러나 얼마 뒤인 숙종 32년(1706) 둘째 형 섬계가 숙종에게 왕세자의 보호를 주청하는 항소를 올린 뒤 장살되자 현실에 대한 욕구를 모두 접고 계부季父인 양근공楊根公 명진明鎭의 후사가 되어 충청남도忠淸南道 예산군禮山郡 덕산현德山縣 고산면高山面 장천리長川里로 내려가 42세로 운명할 때까지 세상에 나오지 않았다. 이런 삶으로 인해서인지 현재 아정의 문집이 전하지 않고 있으며, 다만 『가장家藏』이라는 제목의 시집에 양근공의 시 7수와 함께 그의 시 16수가 전할 뿐이다. 하지만 이런 아정의 삶과는 달리 그의 아들 혜환과 손자 금대는 한 시대를 문학으로 울렸다는 평가를 받고 있다.

---

6) 『朝鮮王朝實錄』肅宗 29년 7월 17일(辛酉) 1번째 기사, 1장 제1절의 각주 40) 참조.

앞에서 살펴본 것과 같이 성호는 네 형 중 둘째 섬계와 셋째 옥동의 지도 아래 학문을 시작했다. 이와 같은 학문의 전수과정은 문학 수업에서도 마찬가지였다고 생각된다. 그러나 섬계와 옥동을 따랐던 기간, 익혔던 학문에 대해 성호의 가장에서 소략하게라도 언급하고 있는 것[7])과 달리 문학에 대해서는 어떤 언급도 하지 않았다. 이와 같은 현상은 그의 선조들과 같이 성호도 문학에 상당한 성취를 지녔지만, 문학을 본질적인 것이라 인식하지 않았음을 보여주는 것이라 할 수 있다.

이런 현상은 매산에게서도 볼 수 있다. 비록 매산 당대 그와 가문의 명성이 문학을 바탕으로 이루어진 것이기는 하였지만 매산은 스스로 문학에 마음을 두지 않았다고 했다. 이것은 당대의 사대부들이 일반적으로 경전에 의한 수양을 우선시하고 문학을 부수적인 것이라 여겼다는 점에서 당연하다고 할 수 있다. 이런 점에서 볼 때 매산 가계 내의 문학적 영향관계는 그들의 학문 전수과정을 따라 자연스럽게 전해진 것이라고 보아야 한다. 그렇다면 성호의 문학에는 당연히 매산으로부터 섬계·옥동을 거쳐 전해진 가학의 영향이 존재할 수밖에 없다.

성호의 문학세계에 전해진 매산의 영향이 어떤 것이었는지에 대해 섬계나 옥동, 성호가 밝히지 않아 현재로서는 작품 속에 드러난 모습을 통해 유추해 볼 수밖에 없다. 그러나 작품을 통한 영향관계의 확인은 자칫하면 당대의 문학 작품에서 일반적으로 볼 수 있는 보편적인 성격을 매산의 가문이 지닌 특수성으로 왜곡할 우려가 있다. 이 글에서는

---

7)   李秉休,「星湖 家狀」,『星湖全集』, 附錄 卷 1, "斥半一室, 卽取聖經賢傳, 及有宋程朱之書, 及我國退溪之文, 俯讀仰思, 反覆參考, 盡其明叡所照, 精神所存, 無奧不透, 無徵不釋, 雖一字之訛, 一義之舛, 無不明辨詳識."

이러한 문제점을 충분히 인식하면서 매산의 문학적 특성이 그의 후손들, 특히 성호에게 어떻게 이어졌는지 살펴보기로 하겠다. 우선 그를 위해 섬계와 옥동의 문학관이나 문학에 대한 의식을 먼저 살펴보도록 하겠다.

섬계의 문집[8]을 살펴보면 쉽게 확인할 수 있는 것이 시와 문에 대한 섬계의 태도이다. 섬계의 문집에는 「대학통문大學通文」과 「소疏」 단 2편의 문만 실려 있다. 이 2편의 문도 통문과 상소문이어서 문예적이거나 문학적인 문장이라 보기는 어렵다. 물론 현재 전하는 문집의 모습을 보고 섬계가 문장의 창작을 등한시하였다거나 하지 않았음을 의미한다고 판단할 수는 없다. 하지만 시와 문을 비교해 보았을 때 섬계가 상대적으로 문보다 시에 주목했다고 보아야 할 가능성은 충분히 있다.

이와 같은 문집 구성의 특성은 섬계에게서만 볼 수 있는 것이 아니다. 매산의 문집에도 시는 1,900여 수가 실려 있지만 문은 111편만 실려 있다. 또 이 111편의 문 가운데 문예적인 가치를 지닌다고 평가할 수

---

8) 剡溪의 문집은 현재 세 종류의 필사본이 국립중앙도서관에 소장되어 있다. 『剡溪先生遺稿』 乾·坤 2册本과 같은 제목의 『剡溪先生遺稿』 두 종류인데, 하나는 剡溪遺稿라고 附記되어 있다. 이 가운데 『剡溪先生遺稿』 乾·坤 2册本이 성균관대학교 부설 대동문화연구원에서 간행한 『近畿實學淵源諸賢集』의 제 2권에 「剡溪遺稿」라는 제목으로 처음 공개되었다. 국립중앙도서관에 소장되어 있는 세 종류의 필사본을 비교해 보면 수록된 작품 수와 편차에 약간의 차이가 있을 뿐 내용은 모두 대동소이하고 기본적인 편집체계가 일치하여 어느 본이 선행본이고 선본인지 판단하기 어렵다.

국립중앙도서관 소장 필사본 세 종류를 조금 더 구체적으로 살펴보면 『剡溪先生遺稿(乾坤 2册)』는 乾·坤 2책으로 나뉘어 있는데, 乾은 吳光運과 權重經의 序文 뒤에 67題 102首의 시를 수록하고, 이어서 續錄이라고 하여 24題 31首의 시를 수록하고 있다. 그 뒤 다시 剡溪의 6세 후손 李鍾憲의 續錄 序文을 싣고 이후 剡溪의 文으로 「大學通文」과 「疏」를 싣고 있다. 이후로 朝野輯要와 朝野僉載의 기록과 함께 15편의 祭文과 嘉林四稿 기록을 첨부한 뒤 哀悼詩 12題 33首와 贊 2편을 수록했다. 坤은 『剡溪先生遺稿』 附錄이라고 첫머리 상단에 기록되어 있는데, 剡溪의 상소 이후 剡溪를 위해 조정에 올린 상소문과 告廟文, 祝文, 箚剌 그리고 剡溪의 행장 등으로 모두 41편의 文을 싣고 있다.

『剡溪先生遺稿』는 1책본인데, 『剡溪先生遺稿(乾坤 2册)』와 같이 吳光運과 權重經의 序文 뒤에 67題 102首의 시를 수록하고 있으나, 속록의 시와 李鍾憲의 서문이 없고 애도시와 상소문 중에서 누락된 것이 있다. 『剡溪先生遺稿(剡溪遺稿)』도 『剡溪先生遺稿(乾坤 2册)』와 같이 吳光運, 權重經의 序文 뒤에 67題 102首의 시를 수록하고 있으나, 속록의 시와 李鍾憲의 서문이 없고, 또 文에서 누락된 부분이 『剡溪先生遺稿』보다 더 많다.

있는 글은「피서북서서避暑北署序」·「송이정자문약중유금강시서送李正字文若重遊金剛詩序」·「오의헌시서五宜軒詩序」·「송신인백접위동래서送申寅伯接慰東萊序」·「친정계병서親政契屛序」·「유춘오수계서留春塢脩禊序」·「복거매산기卜居梅山記」·「백벽산기白碧山記」·「성궁편省躬篇」·「변힐辨詰」·「거불이혜사居不易兮辭」·「책기잠責己箴」의 12편에 불과하다. 이외의 글은 대부분이 상소문과 제문이어서 문학성을 따지기가 쉽지 않다.

이런 특성은 섬계의 형 청운의 문집에서도 확인할 수 있다. 청운의 문집[9]은 현재『청운거사유고靑雲居士遺稿』와『정신록精神錄』두 종류가 전하고 있는데, 시는 각각 59제 112수와 154제 228수가 실려 있지만 문은『청운거사유고』에 학찬學贊이 13편, 용찬庸贊이 18편 실려 있고,『정신록』에는「구루비서呴嶁碑序」·「송박통판지임구대서送朴通判之任丘大序」·「제신처사문祭申處士文」·「천보산불암사기天寶山佛巖寺記」4편이 실려 있을 뿐이다. 이와 같은 문집의 특성은 매산이나 그의 아들들이 상대적으로 문보다 시를 중시했고, 시에 특기가 있었다는 것을 보여주는 것이라 할 수 있다.

섬계의 문집 속에 그의 문학관과 관련된 글이 실려 있지 않아 섬계

---

9)   靑雲의 문집으로는 현재『靑雲居士遺稿』와『精神錄』두 종류가 전하고 있다. 이 가운데『精神錄』이 성균관대학교 부설 대동문화연구원에서 간행한『近畿實學淵源諸賢集』의 제 2권에 실려 처음으로 公刊되었다. 이 두 종류의 책은 모두 不分卷 1책의 筆寫 草稿本인데, 시와 문이 같이 실려 있으나 시가 중심이 된다. 淨書되어 있지 않은 것으로 보아 출간을 전제로 시문을 모은 것은 아니라고 생각된다. 또 이 두 책에 실려 있는 시들은 서로 중복되는 경우가 있어서 이 두 책이 동일인물에 의해, 혹은 각기 다른 목적을 가지고 동시에 편찬되었다고 보기는 어렵다.
좀 더 자세히 살펴보면『靑雲居士遺稿』는 序文 없이 시와 문으로만 되어 있다. 시와 문은 나누어져 있는데, 시는 五言古詩, 七言古詩, 七言律詩 순으로 배열되어 있고 이 밖에 다른 형식의 시는 수록되어 있지 않다. 이 가운데 五言古詩는 17題 63首, 七言古詩는 25題 29首, 七言律詩는 17題 20首가 실려 있어 수록된 시는 모두 59題 112首이다. 文으로는 學贊이 13편, 庸贊이 18편 실려 있을 뿐이어서 문예적인 순문학 작품의 文章은 볼 수 없다.
이와 달리『精神錄』은 自序를 가지고는 있지만 일정한 편집체계를 찾을 수 없다. 古詩와 近體詩뿐만 아니라 六言詩까지 다양한 형식의 시가 섞여 있으며, 모두 154題 228首의 시를 싣고 있어 수록된 시의 양으로만 본다면『靑雲居士遺稿』보다 풍부하다. 시를 수록한 다음에 文을 싣고 있는데 文은 겨우 4편에 불과하며, 또『靑雲居士遺稿』에 있는 學贊이나 庸贊은 보이지 않는다.

가 가지고 있었던 문학관을 그의 문집 속에서 직접적으로 찾아내기는 어렵다. 그러나 섬계에 대해 쓴 성호의 글10)과 『섬계선생유고剡溪先生遺稿』의 서문을 통해 문학에 대한 섬계의 인식을 어느 정도 유추해 볼 수는 있다.

어느날 선생의 아우 星湖公이 선생의 유고 약간 편을 보여주고는 내가 이전에 선생에게 가르침을 받았다는 것으로 서문을 부탁하였다. 내가 손을 씻은 뒤 읽어보니 마치 세상 저 바깥의 짙푸른 하늘로 우뚝 솟은 대나무 같아 모든 것이 보배롭고 귀중한 것이었다. 그 가운데에서도 「秋興八首」 같은 것은 더욱 그 기세가 요동치고 음절이 호탕하여 烈丈夫의 풍모를 생각하게 한다. 선생께서는 저 큰 우주와 같은 뜻을 지니시어 문장으로 후세에 이름을 남기는 것을 달가워하지 않았다. 지은 글이 있으나 흩어지고 없어지도록 내버려두고 수습하지 않았기 때문에 星湖公이 벗들의 글 상자 속에 보관된 것들을 수습하였으나, 엉성하고 부족한 것이 이와 같다.11)

나보다 두 살 어렸지만 여러 사람들 중에서 뛰어났다. 기개와 절의를 좋아하였으며 담론은 강직하면서도 호쾌하였고 글솜씨가 뛰어났다. 만난 때가 좋지 않아 과거의 뜻을 버리고 세상 바깥을 떠돌았는데 해진 옷과 찢어진 삿갓을 쓰고 정처 없이 떠돌았다. 술을 마신 뒤에는 언제나 비분강개하여 세상을 우습게 여기는 것이 방약무인하였고, 의롭지 않은 방법으로 부귀해진 사람 보기를 하찮게

---

10) 李瀷, 「上息山」, 『星湖全集』 卷 9, "遺稿若干, 用功多在于詩, 其感時傷道, 必發諸吟詠, 不樂爲詞家漫成."
11) 吳光運, 「遺稿 序文」, 『剡溪先生遺稿』 乾, "日先生之季星湖公, 示先生遺稿若干篇, 而不佞竊嘗奉敎於先生, 屬之爲序, 不佞盥手而後敢讀, 如世外之空靑琅玕, 皆可寶重, 而若秋興八首, 尤抑揚頓挫, 音節豪宕, 可想烈丈夫之風焉, 先生志大宇宙, 不屑以文章爲身後名, 凡有著作, 任散逸不收, 故星湖之攟拾於朋知篋笥中者, 零殘如此."

여겼다. …… 아아. 중연이 어찌 烈丈夫가 아니겠는가. 평소 지은 詩文을 대부분 스스로 아끼지 않았으니 지금 그의 유고는 다 잃어버리고 난 뒤 남은 약간을 구한 것이다. 청신하고 장렬하여 시가 그 사람됨과 같다. 그러나 이것이 어찌 중연의 뛰어남이 되겠는가마는 우선 이 글을 써서 내 평소의 끓어오르는 뜻을 보인다.[12]

위에서 인용한 글은 약산藥山 오광운吳光運과 손재巽齋 권중경權重敬이 쓴 『섬계선생유고』 서문의 일부분이다. 약산은 섬계의 시들이 모두 현실계를 벗어난 듯 맑고 호탕한 것으로, 그 시 속에서 섬계를 느낄 수 있다고 했다. 또 섬계의 뜻이 "저 큰 우주와 같이 넓었기 때문에 문장으로 후대의 명성을 얻는 것을 좋아하지 않았다."라고 했는데 여기에서 문학을 본질적인 것으로 여기지 않았던 섬계의 의식을 확인할 수 있다. 그렇기 때문에 섬계는 흥이 오르면 시를 짓기는 하였지만 이를 갈무리하여 남겨두어야 할 필요를 느끼지 못했던 것이다.

손재도 서문에서 섬계가 평소 지은 시문을 아끼지 않아 지금 남아 전하는 것은 일부분에 지나지 않는다고 했는데, 이것도 앞에서 살펴본 것과 같이 문학에 대한 섬계의 의식을 말해주는 것이다. 이와 함께 손재는 약산보다 직접적으로 섬계 시의 특징을 밝히고 있다. 첫 번째는 청신淸新하고 장렬壯烈하다는 것이고, 두 번째는 그 사람됨과 같다는 것이다. 즉 섬계의 시는 그의 사람됨과 같아 청신하고 장렬한 기운을 풍긴다는

---

12) 權重敬,「遺稿 序文」,『剡溪先生遺稿』乾, "少余二歲, 偶儻, 好氣節, 談論优爽, 文辭絶人, 遭時不淑, 棄擧子業, 放迹方外, 幣衣破笠, 蓬累而行, 每酒後, 慷慨高視一世, 傍若無人, 彼不義而富且貴者, 視之蓋蔑如也. …… 噫乎, 仲淵豈非烈丈夫哉. 平日所著詩文, 多不自惜, 今其遺稿, 若干得之放迭之餘, 淸新壯烈, 詩如其人. 然此何足爲仲淵重, 姑書此以示余平生激昂之意."

것이다. 이것은 약산이 서문에서 "세상 저 바깥의 짙푸른 하늘로 우뚝 솟은 대나무와 같다."라고 한 것이나 "열장부의 풍모를 생각하게 한다."라고 한 것과 같은 의미이다.

이와 함께 청신하고 장렬한 시의 특성이 그 사람과 같다는 손재의 언급이나 열장부의 풍모를 생각하게 한다는 약산의 말을 통해, 섬계의 시에서 볼 수 있는 청신과 장렬이란 시 작법이나 구법, 혹은 시어의 사용과 같은 창작 기법상의 특성을 말하는 것이 아니라 섬계의 시에서 느낄 수 있는 섬계의 정신세계를 의미한다고 할 수 있다. 즉 약산이나 손재는 섬계의 시에서 섬계의 맑고 깨끗한 정신세계와 기개 넘치는 비장한 의식세계를 읽을 수 있기 때문에 그의 시가 바로 그 사람과 같다고 한 것이다.

섬계의 문집을 살펴보면 애도시나 증별시와 같이 특수한 상황이나 관계 속에서 지은 시를 제외한 대부분의 시들이 현실과의 갈등 속에 고뇌하는 섬계의 내면세계를 담고 있다. 이와 함께 유달리 차운이나 호운에 의해 창작한 시가 많고, 우음偶吟이나 잡흥雜興이라는 제목으로 읊은 연작시가 쉽게 눈에 띈다는 것도 섬계의 시에서 볼 수 있는 또 다른 특징이다.

특히 섬계의 시 91제 133수 가운데 52제 88수가 차운이나 호운에 의해 지은 시여서, 그의 시는 차운이나 호운을 중심으로 지어졌다고 해도 과언이 아니다. 그런데 섬계의 시에서 차운이나 호운은 대체로 시기적으로 당시를, 작가로 두보를 대상으로 한다. 섬계가 주로 두보의 시를 차운했다는 것은 그의 삶과 인생에서 두보의 영향이 적지 않았다는 것을 말해준다. 그래서인지 그의 차운시나 호운시에서는 여타의 차운시나 호운시에서 흔히 볼 수 있는 즉흥적 감상이나 애상적 정조를 읊은 시를 찾기 어렵다. 섬계 시의 이런 특성은 매산의 차운시가 주로 두보를 대상으로 한 것이었고 낭만적이거나 애상적인 정조를 보이지 않았다는 점에서 공통점을 지닌 것으로, 섬계의 학시 과정이 부친 매산의 영향 아래 이루어졌을 것이라는 유추를 가능하게 한다.

섬계의 시가 매산의 시와 흡사한 모습을 보여주는 것은 섬계도 매산과 같이 시를 자신의 내면감정을 있는 그대로 드러내는 진솔한 감정 표출의 도구라고 생각했었음을 암시하는 것이기도 하다. 구체적으로 섬계의 시를 살펴보기로 한다.

溢目無非有國虞　눈에 넘쳐 드는 것 모두 나라 위한 근심
雖居漆室未全愚　캄캄한 방에서도 완전히 어리석지만 않네.
食桃或見齊三士　복숭아 먹으면서 제나라 세 선비 생각하니
對事誰爲魯一儒　일 대하면 그 누가 노나라 선비가 되나.
五世分朋爭富貴　다섯 세대 나뉜 붕당 부귀를 다투지만
十年塡壑泣鰥孤　십 년을 구덩이 속 홀아비 고아 울부짖네.
近聞隋廣魚商語　근자에 광주에 온 생선장수 말 들으니
海舶尋常覘兩湖　큰 바닷배 언제나 호남, 호서 넘본다네.[13]

이 시 속에서 섬계는 자신의 처지와 심경을 솔직하게 드러내며 당대 관료들을 직접적으로 비판하고 있다. 방외의 삶을 살며 현실에 다가서지 못하는 섬계였지만 그의 눈에 들어오는 광경은 온통 나라를 위한 근심을 불러오는 것뿐이었다. 사방 어디를 둘러보아도 그의 마음에 위

---

13) 李潛,〈用前韻和錦里六詠〉其 6,『剡溪先生遺稿』乾.

안을 삼을 만한 것은 하나도 없었다. 그의 근심이 비록 옛날 노나라의 천부賤婦가 어두운 방 안에서 했던 것과 같다고 비웃을지라도 섬계의 근심은 전혀 근거 없는 것이 아니었다. 현실의 부조리에 대한 그의 근심과 이에 대한 섬계의 절박한 위기의식이 첫 구의 '일목무비유국우溢目無非有國虞'라는 일곱 글자 속에 잘 드러나 있다.

섬계에게 이런 절박한 우환의식, 위기의식을 만들어준 것은 당대 관료들의 행태였다. 섬계의 눈에 비친 당대 고관들의 모습은 마치 제나라의 공손접公孫接(공손첩公孫捷), 전개강田開疆(진개강陳開疆), 고야자古冶子(고야자顧冶子) 세 사람이 뛰어난 용력 때문에 안영晏嬰의 계략에 의해 복숭아 하나로 죽음을 당했던 일이 자신들에게도 닥칠까 근심하는 것과 같았다. 그러니 이들은 찾아서 일하기는커녕 자신들의 자리 보존에 급급했고, 공적으로 남에게 인정받기보다는 가만히 엎드려 삶을 보존하려 하였다. 이런 관료들은 벌써 몇 대를 연이어 붕당을 짓고 부귀를 다투지만, 이 때문에 고통받는 것은 백성들뿐이었다. 삶의 질곡, 고통의 구렁텅이에서 벗어나지 못한 대다수의 백성들은 하소연할 곳 없는 울부짖음을 계속한다. 고관들의 부귀가 쌓이면 쌓일수록 백성들의 구렁텅이는 깊어만 가는 것이다.

어려운 나라 사정과 스스로를 돌아보고 반성할 줄 모르는 고관들의 모습에 섬계는 강한 두려움을 느꼈다. 새로운 외침을 걱정한 것이다. 생선장수가 요 근래 큰 외국배들이 늘 우리나라 근처를 엿본다고 한 말은 섬계의 가슴에 더할 수 없는 근심으로 다가왔다. '사람들은 반드시 스스로를 업신여긴 뒤에 업신여김을 받고, 집안은 반드시 스스로 무너뜨린 뒤에 무너지며, 나라는 반드시 스스로 정벌한 뒤에야 정벌당한다'[14]는 말을 생각해보면 당시의 상황은 섬계에게 나라가 무너질 정도로 위태롭고 절박한 상황이었다. 이 마지막 구절은 섬계의 내면 갈등과 위기의식, 우환의식이 더 이상 나아갈 수 없는 마지막 지점에까지 이른 것이다.

六年仍坐廣西頭	육 년을 연이어 광주 서쪽 어귀에 있으니
天地陰森又暮秋	어둠침침한 천지에 또 가을 저무네.
家窘歲飢無以樂	가난한 집 주린 해에 즐거울 것은 없고
時危身老有餘愁	위태한 때 늙은 몸엔 근심만 남아도네.
風霜剩餒逋仙鶴	서릿바람에 더욱 주리는 것은 임포의 학이고
波浪遙憐海客鷗	물결 속 멀리 가여운 것은 나그네 갈매기네.
利盡魚鹽民事急	이익 다한 어장 염전 백성 살 길 급한데도
還聞米價賤楊州	도리어 쌀값이 양주보다 싸다 하네.[15]

이 시는 섬계의 울분과 좌절이 극대화되어 드러난 것이다. 이 시에서 섬계는 현실 속에서 느끼는 자신의 좌절감과 부조리한 현실에 대한 우환의식·위기의식을 숨기지 않고 있다. 육 년을 연이어 광주 서쪽의 한 모퉁이에 물러나 있었지만 그동안 심계의 눈에 들어온 세상은 잔뜩 찌푸려 어두컴컴한 것이었고, 그는 아무것도 하지 못한 채 또 한 해를 보내게 되었다. 섬계의 이런 근심과 회한은 다음 연에서 더 구체화되어 드러난다. 가난한 집에 흉년까지 겹치니 어디서도 즐거움을 찾을 수 없는데, 혼란한 시절 세상에 대한 근심 속에 그의 몸은 늙어가기만

---

14) 「離婁」 上, 『孟子』, "夫人必自侮然後, 人侮之, 家必自毁而後, 人毁之, 國必自伐而後, 人伐之."
15) 李潛, 〈次秋興八首韻〉 其 7, 『剡溪先生遺稿』 乾.

한다. 그는 다가설 수도 물러날 수도 없는 세상에서 고뇌하고 좌절하는 그의 모습을 임포林逋의 학, 나그네 갈매기에 비유했다. 섬계의 이런 비유는 현실 속에서 그 스스로가 느끼는 내면의 갈등과 좌절감의 표현이다.

이런 갈등과 좌절감은 그의 시선이 백성들의 삶에 미치면서 극대화되어 현실에 대한 구체적인 우환의식으로 형상화된다. 함련頷聯의 '세기歲飢'와 '시위時危'는 자연스럽게 백성들의 삶이 풍족할 수 없음을 말해주고 있다. 지금까지 백성들의 삶을 지탱해주었던 어장과 염전도 더 이상 백성들의 생활을 유지시켜주지 못한다. 바닷가에서 사는 이들의 생활을 뒷받침해줄 어떤 이익도 찾을 수 없는 것이다. 살 길이 급하기만 한데, 도리어 섬계는 쌀값이 양주보다 싸다는 말을 듣는다. 그 자신이 느끼는 개인적인 내면의 좌절감이 백성들의 삶으로 확대되면서 현실에 대한 강한 위기의식, 우환의식으로 전환되어 더할 수 없는 무게로 그의 가슴을 짓누르는 것이다.

위의 시에서 볼 수 있듯이 섬계는 그가 현실 속에서 느낀 울분과 좌절감을 시 속에서 감추지 않았다. 그것은 앞서 언급한 것과 같이 섬계가 시란 자기 내면의 진솔한 감정을 거짓 없이 표출하여 내면의 진실을 되찾는 도구라고 생각했기 때문이라 보인다. 그렇기 때문에 섬계는 시가 가치를 가지는 것이라고 생각한 것이고, 시를 긴요한 것이나 절실한 것이라고 여기지는 않았지만 없어서는 안 될 것으로 간주하였으며 시에 대해 남다른 애착을 가졌다고 생각된다.

섬계의 이런 태도는 매산이 가지고 있었던 시 의식과 동일한 것이라 할 수 있다. 또, 앞에서 살펴본 섬계의 시에서 볼 수 있는 울분과 좌절은 매산이 좌천된 이후 운산에서 운명할 때까지 그의 시 속에서 보여준

좌절이나 울분과 궤를 같이하는 것이다. 이와 같은 동질성은 섬계의 시세계가 매산과 동일한 양상을 보여주고 있음을 보여준다. 섬계는 매산의 다섯 아들 가운데 매산과 가장 오랜 기간을 보냈고, 매산에게 가장 많은 영향을 받았다고 생각되는데, 그래서인지 그의 시세계는 많은 부분에서 매산과 동일한 모습을 보여준다.

셋째 옥동 이서의 문집은 현재 『홍도선생유고弘道先生遺稿』라는 제목으로 12권 11책의 방대한 양이 전하고 있다.[16] 옥동은 학행學行으로 기린도찰방麒麟道察訪에 천거되었으나 나가지 않고 평생을 독서와 강학, 서도와 음률로 일관하며 초야에 묻혀 산 인물이었다. 특히 그는 종조부 청선공 지정과 부친 매산을 이어 가문의 필법을 발전시켜 '동국진체東國眞體'라는 독보적인 필법을 수립하였다. 옥동은 부친 매산이 유배지인 운산에서 운명하자 시신을 모시고 와 장례를 지내고 삼년간의 애도기를 지낸 뒤 과거科擧의 뜻을 버렸다. 이후 옥동은 포천에 머물며 평생 독서와 강학하는 선비로 일생을 보냈기 때문에 당대의 정치적 풍파 속에서도 별다른 파란을 겪지 않았다.

옥동의 이와 같은 삶은 이전까지 문학에 기울어 있었던 가문의 학문을 다양한 분야로 확대하는 계기가 되었다. 옥동은 경학을 학문의 중심에 두고 철저한 자기수양을 강조했는데, 그의 학문 태도는 성호에게 영향을 미쳐 후손들이 문학 이외의 다양한 분야에서도 성가를 드러내도

---

16) 玉洞 李溆의 문집은 현재 『弘道先生遺稿』라는 제목으로 12卷 11册本의 방대한 양이 전하고 있다. 12권 뒤에는 附錄이 첨부되어 있는데, 여기에는 回甲宴序와 祭文, 家傳, 跋書帖, 行狀草가 있다. 또 권 10부터는 上下로 나뉘어있다. 淨寫된 筆寫本이어서 간행을 전제로 한 定藁本이라고 생각된다. 서문은 星湖가 썼다.
문집은 크게 詩集과 雜著, 筆訣의 세 부분으로 나눌 수 있다. 시집은 권 1에서 권 4까지인데, 권 4의 뒷부분에는 시 이외에 賦 3편, 操 23편, 銘 7편, 贊 6편이실려 있다. 잡저는 권 6에서 권 11上까지이고, 필결은 권 12下에 수록되어 있는데 모두 24장이다. 이 사이의 권 5에는 금강산 기행시문집인 「東遊錄」과 序 3편, 記 2편, 論 1편, 祭文 13편, 雜著 9편이 실려 있다. 권 11下에는 玉洞이 쓴 행장과 묘갈명이 1편씩 있고, 권 12下에는 서찰이 14편 수록되어 있다.

록 하는 계기가 되었다. 옥동의 학문 태도 때문이라고 단정하기는 어렵지만 시를 통해 볼 수 있는 옥동은 이상과 현실 사이에서 고뇌하는 현실 속의 인간이 아니라 철저한 심성수양을 바탕으로 확립한 자신의 내면세계를 드러내는 수양인의 모습이다.

그런데 옥동의 문집을 살펴보면 옥동에게서도 섬계와 같은 특징을 볼 수 있다. 12권 11책이라는 방대한 문집 속에서도 문학적인 문장은 겨우 서序 3편, 기記 2편, 논論 1편, 제문祭文 13편이 전부이다. 이와 같은 특징은 매산이나 섬계와 같이 옥동도 문장보다 시에 주목하고 있었음을 보여주는 것이다.

옥동이 시에 주목하고 있었음을 보여주는 또 다른 근거는 그의 기행시문집인 「동유록東遊錄」이다. 이 시문집은 옥동이 38세 되던 숙종 26년(1700) 8월 17일부터 그해 10월 12일까지 권명언權明彦, 변의완邊醫完 두 사람과 금강산을 유람하고 쓴 일기체 기행시문집이다. 그런데 이 시문집은 매산의 「금강도로기」와 같이 문보다 시를 중심으로 구성되어 있다. 이와 같은 특징은 옥동도 매산이나 섬계와 같이 문장보다 시에 주목하였고, 시를 본질적이거나 긴요한 것으로 여기지는 않았지만, 없을 수 없는 것으로 생각했다고 볼 수 있다.

옥동이 문학 특히 시를 바라본 의식은 그의 문집 속에 있는 잡저에 잘 드러나 있다. 특히 잡저 속의 「논언여문시論言與文詩」・「시체詩體」・「비조충문장가非雕虫文章家」・「논문체論文體」・「논작문論作文」 등의 글은 옥동이 가지고 있었던 시문에 대한 의식을 그대로 보여준다.

글에 의해 도를 깨치는 사람이 있고 글에 의해 도를 잃는 사람이 있다. 익힌 것에 의해 도를 깨치는 사람이 있고 익힌 것에 의해 도를 잃는 사람이 있다. 이

것으로 살펴보건대 言語 文字의 학습은 조심스레 가리지 않을 수 없는 것이다. 말은 삼가지만 글은 조심하지 않는 사람이 있고, 또 글은 삼가지만 말은 조심하지 않는 사람이 있으니 모두 잘못된 것이다. 시를 짓는 것은 언어와 문자로 형용할 수 없기 때문이다. 반복하여 형용해서 사람들로 하여금 읊조리고 완미하는 사이에 그 말 밖의 뜻을 터득하여 그 오묘한 뜻에 이르도록 하는 것이다. 군자의 동작 하나, 말 하나가 모두 사람의 師表가 되니 조심하지 않을 수 없다. 따라서 군자는 시를 지을 때 비속하고 황당한 말을 사용하지 않으며, 터럭 하나만큼도 예에 맞지 않는 것을 자기에게 더하지 않는다.[17]

옥동이 스스로 밝힌 시문관을 보면 그가 지향하는 문학세계가 어떤 것인지 분명하게 확인할 수 있다. 경전을 바탕으로 한 수양과 그에 따른 조행操行을 중시했던 옥동에게 문학, 특히 시란 없을 수는 없는 것이지만, 그는 그것이 가치를 가지는 이유는 인간의 본성을 순화하고 더 높은 경지의 세계를 터득할 수 있게 하기 때문이라고 못 박고 있다. 결국 옥동에게 시는 수양을 위한 방편의 하나였다.

옥동의 이런 태도는 전술한 것과 같이 이전까지 전해오던 가학의 전통에 상당한 변화를 주었다. 옥동 이선에 了의 가문은 스스로 문학으로 자부하지는 않았다 하더라도 문예로 명성을 얻은 것이 사실이었다. 그의 가문이 자부하고 있었던 문예는 문학과 서예를 꼽을 수 있는데, 옥동은 이 가운데 서예 방면에서 가학의 전통을 이어 조선 서예계의

---

[17] 李潊, 〈論言與文詩〉, 「雜著」, 『弘道先生遺稿』 卷 7, "或有因文而悟道者, 或有因文而喪道者, 或有因習而悟道者, 或有因習而失道者, 以此觀之, 則言語文字之習, 不可不謹擇也. 或有謹於言而不謹於文者, 亦有謹於文而不謹於言者, 俱不可也. 詩之作, 由於不能以言語文字形容者, 反覆而形容之, 使人於吟咏翫味之間, 得其言外之旨, 以達其奧妙之旨也. 君子之一動一言, 皆爲人師表, 不可不謹也. 故君子作詩, 不用鄙俘荒唐之言, 不欲以一毫非禮加乎己也."

새로운 경지를 열었지만 문학에서는 그간 전해지던 가문의 전통에 변화를 이끌었다.

옥동 이전까지 그의 가문에서는 문학, 특히 시를 긴요하거나 본질적인 것이라고 생각하지는 않았지만 없어서는 안 될 것이라고 여겼고, 시를 쓸 때 중요하게 생각한 것은 그 속에 얼마나 자신의 내면을 진실하게 담아내느냐 하는 것이었다. 이것은 앞에서 살펴본 섬계의 시에 대한 약산과 손재의 평가를 통해서도 확인할 수 있다.

옥동에 와서 이전까지 전해지던 가문의 이러한 시 경향은 변화를 맞게 되었다. 시는 수양을 위한 도구이기 때문에 시 속에 담아내야 할 것은 중정한 인간의 본성이고, 시의 역할은 인간을 교화시켜 참된 본성을 찾아가도록 만들어야 한다는 옥동의 의식은 자연스럽게 그의 시를 지금까지 내려오던 가문의 시 경향과 달리하게 만들었다. 이와 같은 옥동의 모습은 그의 현손이 쓴 행장 속에 잘 나타나 있다.

> 아아. 우리 집안의 성리학은 실로 선생이 창시하셨다. 星湖 선생은 친히 그 문하에서 공부하여 斯文을 크게 열어놓으셨고, 貞山公·萬頃公·木齋公·可山公은 또 모두 星湖에게서 공부하여 덕을 이루었다. 例軒公·錦帶公·柿軒公은 모두 家學을 私淑하여 도를 이루었는데 詞藻에 치중하던 습속을 일변시켜 성대하게 詩禮의 집안이 되었다. 그 연원을 거슬러 올라가면, 선생이 참으로 그 실마리를 만들고 터전을 닦은 공이 있다.[18]

---

18) 李是鉷, 「弘道先生 行狀 草」, 「弘道先生遺稿」 附錄, "嗚乎, 吾家性理之學, 實自先生刱始之, 星湖先生親灸其門, 而大闡斯文, 貞山公萬頃公木齋公可山公, 又皆親灸於星湖而成德, 例軒公錦帶公柿軒公, 皆私淑於家學而成道, 一變詞藻之習, 蔚爲詩禮之家, 溯其淵源, 則先生實有造端肇基之功云."

이와 같은 시의식과 함께 옥동이 전범으로 삼았던 시인들이 대부분 당대唐代의 시인이었다는 점도 그의 시세계를 이해할 때 주목해서 보아야 할 점이다. 선대의 시인 가운데 옥동이 인정했던 시인은 도연명陶淵明을 비롯하여 당대의 시인 몇 사람에 불과했다. 그 가운데에서도 옥동은 도연명을 가장 높게 보았는데, 옥동이 도연명을 인정한 이유는 그의 시가 충담고박沖淡古朴하며 헛된 글을 숭상하지 않아 풍아風雅의 격조가 있다고 보았기 때문이다.[19]

부드럽고 담박하며 예스럽고 질박하기 때문에 도연명의 시를 인정한다고 한 옥동은 도연명 이후의 시인으로 당의 왕발王勃·양형楊炯·노조린盧照隣·낙빈왕駱賓王·고적高適·왕유王維·잠삼岑參·맹호연孟浩然·두목杜牧·진자앙陳子昂·심전기沈佺期·원진元稹·이백李白·두보杜甫·백거이白居易·한유韓愈·위응물韋應物만을 거명하였다. 하지만 옥동은 이들을 완전히 인정하지 않았다. 그는 이백과 두보가 도연명과 함께 가장 고의古意에 가까운 사람이라고 보았지만 이들에 대해서도 선택적 긍정을 가했다.[20] 옥동의 이런 태도는 시란 '풍아風雅의 고의古意를 추구하여 수양된 중정한 성정을 묘사해야 하며, 이를 위해 기교를 배제하고 진실한 자신의 내면을 되돌아봐야' 하는 것이라는 뜻이다.

도연명 이외에 옥동이 거명한 시인들은 모두 당대에 시로 명성을 떨친 인물이고, 두목을 제외하고는 만당晩唐의 시인들이 하나도 없다.

---

19) 李漵,〈詩體〉,「雜著」,『弘道先生遺稿』卷 7, "西漢去古未遠, 故猶有上古之習, 猶有所可取也. 至于建安, 而古意亡 晉無可取者, 獨有靖節一人而已. 靖節先生, 沖淡古朴, 不尙虛文, 頗有風雅之格, 猶有所晉晉之餘風, 故多有淡蕩底氣習, 亦有俠士之風, 惜哉, 若使如此之資, 幸而親炙於孔門, 則其庶幾矣."
20) 李漵,〈詩體〉,「雜著」,『弘道先生遺稿』卷 7, "唐有王楊盧駱高王岑孟杜陳沈元李杜白韓韋數者而已, 其餘無足可取也. 太白過也, 杜白韓韋, 不及也. 太白虛而蕩, 子美刻而苦, 香山巧而俗, 昌黎鄙而野, 蘇州狹而弱, 靖節和而淡, 靖節工部淸蓮, 最近於古. …… 太白尙風而失風, 流於虛放, 子美尙雅而失雅, 流於刻野, 無他, 不得於風雅之道, 而橫馳故也, 若使如此之資, 得聞大道, 則亦庶幾矣."

이것은 옥동이 당풍唐風의 시 경향을 선호했지만, 만당의 시 경향은 그다지 좋아하지 않았음을 말해준다. 또 당대의 시인들을 평한 평어로 보아 옥동은 기상氣像을 기준으로 시인을 평가했다고 생각된다. 이렇게 보았을 때 옥동은 기교를 배제하고 기상을 중시한 성당盛唐의 시 경향을 추구했다고 볼 수 있다. 물론 옥동의 시는 중정한 마음의 상태를 담백한 어조로 표현하고자 한 것이기 때문에 내적으로 완전히 성당의 시와 같은 것이라고 보기는 어렵다.

오히려 옥동은 '이理가 구현된 중정한 심리 상태'를 진실한 내면의 모습이라고 생각했고, 이를 표현하기에 가장 적절한 시 경향으로 성당의 시를 선택했다고 볼 수 있다. 옥동의 이와 같은 시 의식은 표면적으로 전통적인 가문의 시 의식이나 시 경향과 일치하는 모습을 보이기도 하지만, 옥동에게서 발견할 수 있는 시 중심의 문학 경향이나 당시를 선호했던 창작 경향이 반드시 가학의 영향이라고 단정하기는 어렵다.

주공은 비속한 말을 몰아냈고 공자는 鄭나라의 음악을 내쳤으니 그것이 덕을 어지럽힐까 염려해서다. 어떻게 후세의 비속하고 황당한 말을 써서 아무렇지도 않게 문장을 쓰는 일을 보통 일로 삼을 수 있는가. 절대로 안 된다.[21]

경전은 도를 싣는 그릇이고 문장가는 도를 어지럽히는 그릇이다. 문장가가 비록 도를 어지럽히더라도 그 말에는 취할 만한 것이 있으므로 다 버려서는 안 된다.[22]

---

21) 李溆,〈論言與文詩〉,「雜著」,『弘道先生遺稿』 卷 7, "周公黜俚言, 孔子放鄭聲, 恐其亂德也, 如之何以後世鄙悖荒唐之言, 尋常掇文, 而以爲常事也, 甚不可也."
22) 李溆,〈論老子兼論莊子〉,「雜著」,『弘道先生遺稿』 卷 8, "經傳載道之器, 文章家亂道之器. 文章家雖亂道,

위의 글은 문장과 문장가에 대한 옥동의 의식을 보여주는 글이다. 이 글을 보면 옥동이 문장을 상당히 폄하했다고까지 할 수 있다. 비록 문장을 다 버려서는 안 된다고 하여 문장의 가치를 부분적으로 인정하기도 하지만, 문장가를 '난도지기亂道之器'라고까지 한 것은 그가 문장에 대해 가지고 있었던 부정적 의식을 잘 보여주는 것이다. 이 글을 앞에서 살펴본 글과 비교해 보면 옥동이 문장보다 상대적으로 시에 우호적이었음을 알게 된다. 그렇기 때문에 옥동이 문장보다 시에 치중했던 것은 가학의 영향이라기보다 문장의 가치를 최소화하려 했던 의식 때문이라고 생각할 수도 있다.

그러나 이 점은 다른 한편으로 옥동이 매산을 통해 이어져 온 가학의 영향에서 완전히 자유롭지 못했다고도 볼 수 있게 만드는 요소이다. 옥동이 문장보다 시에 주목하였던 것은 시가 가지는 간결성과 진실성 때문이었다고 생각된다. 특히 중정한 마음의 상태를 드러내기 위해서는 문장보다 시가 유리한 것이라 생각했고, 오랜 시간 되풀이하여 음미할 수 있기 위해서는 간결한 시가 적절하다고 여긴 것이라 보인다. 그런데 이와 같은 의식은 그의 가문에서 시에 주목했던 이유이기도 하다.

옥동은 17세기와 18세기의 교체기를 살았다. 이 시기는 전 시기 시문학이 가시는 규범성과 상투성에서 탈피하여 개성의 시대로 나아가기 위한 전초기였다. 당시 옥동은 부친 매산이 청나라에서 구입해 온 서적을 바탕으로 다양한 분야에 대해 폭넓은 지식을 쌓아가고 있었다. 그렇기 때문에 옥동은 당대 중국의 문학 경향과 변화에 대해 잘 알고 있었다고 할 수 있다. 그런 옥동이 여전히 성당의 시를 선택했다는 것도 그가

言有可取, 不可全棄."

시에서 중요하게 여긴 것이 시를 쓰는 시인의 기상이었다는 것을 의미한다고 볼 수 있다. 이 점도 그의 가문에서 시에 주목했던 이유와 같은 것이라 할 수 있다.

매산의 시를 통해서도 알 수 있듯이 그의 가문에서 시에 주목한 것은 시가 수식이나 과장을 배제하고 진실한 감정을 표현하기에 알맞은 문학 양식이었기 때문이었다. 이것은 시의 간결성과 진실성에 주목한 것이다. 또 이와 같은 시 의식은 시 속에 드러난 시인의 감정과 시를 쓰는 사람의 기상을 중시한다.

이런 연관성은 상당히 조심스럽기는 하지만 옥동의 시 의식이 가학의 영향에서 완전히 벗어나지 못했다고도 생각해 볼 수 있게 한다. 구체적으로 시를 살펴보기로 한다.

夜深群生靜　　밤 깊어 모든 사물 고요해질 때
帶月挾册歸　　달을 이고 책을 끼고 돌아오는데
無人如人見　　아무도 없지만 남이 보는 듯
恭立整冠衣　　공손히 서서는 의관 바룬다.[23]

이 시는 옥동의 수양 자세가 잘 드러나 있는 시로, 옥동 시의 전형적인 모습이다. 아무도 없는 달밤 책을 끼고 달빛을 받으며 돌아오는 도중 자신을 돌아보는 옥동玉洞의 심경을 읊은 시이다. "어두운 곳보다 더 나타나는 것은 없으며 미미한 것보다 더 드러나는 것은 없다. 그러므로 군자는 그 혼자 있을 때에 삼간다[莫見乎隱 莫顯乎微 故君子 愼其獨也]."고 한

---

23) 李漵, 〈月夜〉, 『弘道先生遺稿』 卷 1.

신독愼獨의 수양 자세를 옥동은 아무도 없는 달 밤 혼자서 실천하며 시를 쓴 것이다.

이 시에서 볼 수 있는 옥동의 의식세계는 청정함과 고요함 그 자체이다. 어떤 갈등이나 혼란, 격정도 드러나지 않는 흔들림 없는 담담한 의식세계를 보여주고 있다. 또 시를 구성하기 위해 수식이나 조탁彫琢도 가하지 않았다. 그저 그의 내면을 있는 그대로 옮기고 있을 뿐이다.

山家犬吠白雲鄕   산 집에는 개 짖고 흰 구름 떠 있는 마을에
一點輕鷗下夕陽   한 점 갈매기 가볍게 석양에 내려오네.
秋江日暮波紋滑   해 지는 가을 강에 물결무늬 번지는데
風送菱花滿地香   바람이 보낸 마름꽃으로 가득 향기롭네.[24]

一鶴盤廻海上來   학 한 마리 바다 위를 휘돌아 오는지
數聲時自月邊廻   몇 소리 때때로 달 가를 감싸고 들려오네.
簷花只是逢秋貴   처마 꽃은 가을 만나 귀해지고
詩興多因得友開   시흥은 대체로 벗을 만나 열리네.
窓外夜心將欲曙   창 밖의 밤 새벽 되려 하니
床前燭淚已成堆   상 앞의 촛농 이미 한 무더기네.
閒中自有悠然趣   한가한 속에 절로 그윽한 흥취 있어
移向東籬酌數杯   동쪽 울타리로 옮겨 몇 잔 술 마시네.[25]

---

24) 李溆, 〈美陰〉, 『弘道先生遺稿』 卷 1.
25) 李溆, 〈又次他韻〉, 『弘道先生遺稿』 卷 1.

이 두 수의 시는 옥동이 바라본 경물과 벗과 함께 하고 있는 자신의 심경을 읊은 시이다. 전체적으로 담담한 옥동의 내면세계가 잘 드러나고 있다. 첫 번째 시는 옥동이 포천의 우거지 근처에 있는 미음漢陰을 찾아보고 쓴 시이다. 가을 산골 마을의 정취를 담담한 필치로 묘사하고 있다. 개 짓는 산 집과 그 위에 떠 있는 구름, 석양 아래 가볍게 내려오는 갈매기, 강 위로 파문을 그리며 번지는 물결, 바람에 실려오는 마름 향기는 옥동이 한적한 시골 마을에서 느끼는 여유를 그대로 보여주고 있다. 특히 '폐吠'와 '향香'은 이 시의 배경이 되는 시골 마을에서 느꼈던 옥동의 여유가 시각적 단일 감각에 의한 것이 아니라 시각과 후각의 공감각에 의한 것임을 보여준다.

두 번째 시는 가을 저녁 벗과 밤을 지새우는 자신의 심경을 읊고 있다. 달빛을 타고 멀리 들리는 새의 울음소리는 고요한 밤의 모습을 강조하면서 옥동에게 바다 위를 휘돌아 오는 학의 모습을 떠올리게 한다. 이 속에서 벗을 만나 즐거운 옥동의 심사는 '촉루이성퇴燭淚已成堆'라는 다섯 자 속에 집약되어 있다. 밤을 지새우며 보낸 시간도 짧게만 느껴져서 아침 해를 맞이하러 옥동은 벗과 함께 동쪽 울타리로 자리를 옮긴다. 이 시에서도 앞의 시와 같이 한적을 드러내기 위해 옥동은 시각과 청각의 공감각적인 표현을 사용했다.

옥동의 시는 매산의 시보다 더 사색적이고 내면화되어 있지만, 담담한 묘사 속에 은은한 흥을 드러내며 옥동이 접한 주변의 경물과 인물들에 대해 그가 가지고 있는 애정을 보여주고 있다는 점에서 공통점을 찾을 수 있다. 특히 경물을 묘사한 첫 번째 시에서 볼 수 있는 담담한 묘사 속의 흥취와 애정은 대상과의 일치감을 통해 느끼는 흥이나 애정은 아니지만 옥동의 시가 수양된 내면과 대상에 대한 애정을 바탕으로 이루어지고 있음을 말해준다.

옥동에 의해 변화된 가문의 문학 경향은 이후 성호에게 일정한 영향을 미쳤다고 생각된다. 이와 같은 생각을 하게 된 것은 성호의 학문 수학과정 때문이다. 부친 매산의 유배지에서 매산이 운명하기 1년 전에 태어난 성호는 둘째 형 섬계에게 학문을 익혔지만, 섬계가 상소로 인해 장살杖殺된 뒤부터는 셋째 형 옥동을 따라 섬계에게 익힌 학문을 다듬었기 때문이다.

학문의 전수과정에서 미친 옥동의 영향 때문인지는 모르지만, 성호는 철저한 도道 중심의 문학론을 견지하면서 시교詩敎의 가치를 강조했다. 성호의 이런 태도는 옥동 이전 매산이나 섬계의 시 경향과는 다른 모습으로, 옥동이나 선대의 도학자들이 가졌던 시 문학관과 기본적으로 일치하는 모습을 보인다. 하지만 성호는 여기서 그치지 않고 도가 가지는 가치를 현실적 차원으로까지 확대하여 옥동의 문학관보다 문학의 효용범위를 넓혔다.

성호는 도의 배타적 절대화나 개인적 내면화보다 현실적인 경세적 효용가치에 주목하였다.[26] 도는 세상을 경영하고 인정을 바로잡을 수 있는 것이어야 한다는 성호의 의식은 문학이 사회 교화에 직접적으로 뛰어들어야 한다는 것을 의미한다. 성호의 이런 태도는 문학의 가치를 적극적으로 인정하면서 문학에 현실적 의무를 부여하는 것이다.

문학에 현실적 의무를 부여한 성호는 창작과정에서도 현실성을 강조했다. 과장된 수사·모호한 언어·상투적 표현에 대한 부정은 성호가

---

26) 이런 星湖의 의식은 그가 쓴 『星湖僿說』 卷 21 「經史門」의 不恥下問과 卷 25 「經史門」의 有敎無類에 자세히 나온다.

가지고 있었던 문학의 현실적 의무를 위해 당연한 것이었다. 그는 수식에 치중하여 진실을 드러내지 못하는 문학은 인간에게 실질적인 어떤 기능도 할 수 없다고 생각했다. 이런 작품들은 문학이 수행해야 할 근본적인 의무를 저버린 것이기 때문에 성호에게는 어떤 의미도 없는 것이었다.

> 고금의 문장을 樹木에 비유하자면 唐虞三代의 문장은 한여름 꽃과 잎이 무성하여 한 가지도 말라 시든 것이 없어 모두 찬란하여 볼만한 것과 같다. 秦漢時代의 문장은 가을 겨울 이후 꽃도 지고 열매도 떨어졌으나 참모습은 그대로 있는 것과 같다. 후세의 문장은 단청과 회화로 모양을 그려내어 비록 비슷하지만 생동하는 뜻은 꺾여버린 것과 같다. 우리나라의 문장은 시골 마을에서 화공이 실물은 보지 못하고 전해들은 것만을 본뜬 것으로, 비슷한 것 같지만 복숭아나무의 몸통에 버드나무 가지, 살구나무 잎, 아가위나무 꽃을 그려서 둥글고 길쭉한 것이 실상과 다르고 붉고 푸른 것이 기준이 없어 무슨 물건인지 알 수 없는 것과 같다.[27]

> 모든 사물의 참된 경계는 생각하는 것이 듣는 것만 못하고, 듣는 것이 직접 보는 것만 못하지만 혹시 百代 以前이나 천 리 밖의 것이라면 어떻게 그 실상을 눈으로 볼 수 있겠는가? 文字에 맡겨둘 뿐이다. 그러므로 글을 마음의 그림이라고 한다. 그 상황과 모습을 그려내어 눈으로 보는 것과 비슷하게 하여 일에 도

---

27) 李瀷,〈古今文章〉,「詩文門」,『星湖僿說』卷 30, "古今文章, 以樹木取比, 唐虞三代之文, 如方夏, 花葉極盛, 無一條枯柿, 而燦然可觀也. 秦漢之文, 如秋冬以後, 華實摧落, 而眞形自在也. 後世之文, 如丹靑繪畵, 撲狀雖逼, 而生意颯爾也. 我東之文, 如鄕社畵師, 不見其物, 但憑傳撲依, 佛彷彿, 桃身柳枝杏葉棠花, 圓楕違眞, 丹碧無準, 不審其何物也."

움이 되게 하는 것이다. 그런데 헛된 글로 修飾하여 형용하는 말이 온전한 진실에서 나올 수 없다면 무슨 보탬이 있겠는가.[28]

이 글은 문학 창작에서 사실성의 가치를 강조한 성호의 글이다. 이 글에서 성호는 당대의 문장이 대상을 화려하게 묘사하고 있지만 아무런 생명력이 없다고 비판하고 있다. 성호의 이런 태도는 문학이 수행해야 할 근본 의무를 벗어나 유희의 도구로 전락하고 있는 것에 대한 비판이다. 문학이 유희의 도구로 전락하는 것을 막기 위해 성호가 추구한 것이 바로 사실성의 강조였다.

대상의 사실성을 강화하기 위해 성호는 눈으로 보는 듯한 구체적인 묘사를 주장했다. 성호는 위의 글에서 볼 수 있듯이 상상이나 과장된 표현은 부정했다. 이와 함께 눈으로 보는 듯한 사실성을 확보하기 위해 농어촌의 일상적인 이어俚語도 시의 재료로 사용할 수 있다고 했다.[29]

옛날 사람의 시는 황량한 시골 사람이 관도 자기 손으로 만들고, 띠도 자기 손으로 만들고, 옷과 신발도 자기 손으로 만들고, 기물도 자기 손으로 만든 것과 같아서 참된 마음이 드러나 잘되고 졸렬함을 구별할 수 있지만 요즘 사람의 시는 서울 선비들이 관도 빌린 것이고, 띠도 빌린 것이고, 옷과 신발도 빌린 것이고, 기물도 빌린 것과 같아 비록 아름답고 우아하여 볼 만하지만 자신이 이 물건들을 소유하고 있는 것이 아니라 모두 동쪽 이웃에게 빌리고 서쪽 이웃에게

---

28) 李瀷, 〈謙用兵書〉, 「詩文門」, 『星湖僿說』 卷 30, "凡事物之眞境 思不如聞 聞不如見 或百世之前 千里之外 何得以目觀其實哉 惟付在文字 故曰書心畵也 畵出狀貌 庶幾其彷彿見之 而有益于事也 或虛文飾彩 不能形容 說出於十分眞實 何補之有"
29) 우리 언어의 詩語化에 대한 星湖의 意識은 그의 『星湖僿說』 卷 2 「天地門」의 〈八方風〉이나 卷 16 「人事門」의 〈諺文〉 속에 자세히 나온다. 또 이에 대해 참고할 문헌으로는 林熒澤, 「實學思想과 現實主義 文學」, 『第4回 東洋學 國際學術會議論文集』(성균관大學校 大同文化研究院, 1990)을 들 수 있다.

빌린 것이니 말할 것 무엇이 있겠는가. 내가 정절집을 보니 곧 스스로 만든 것이어서 이 때문에 끝내 배우기 어려운 것이다. 요즘 시를 논하는 것은 남의 물건을 빌려서 잘 나열해 놓아 빈틈이 없는 것에 불과하다. 또 남의 물건을 빌려서 앞뒤가 뒤집어지고 본말이 어지러워지는 경우도 있으니 더욱 우스운 일이다.[30]

이 글은 문학의 주체성을 강조한 성호의 글이다. 이 글에서 보듯이 성호는 자기의 것이 아니면 아무리 좋은 것이라도 가치를 가지지 못한다고 했다. 이런 인식은 시의 소재를 생활 주변의 삶 속에서 찾게 하였고, 우리 언어를 시어로 사용하도록 하였다. 성호의 시 의식은 혜환을 거쳐 다음 대의 다산에게 이어져 그의 '조선시 선언朝鮮詩宣言'에 영향을 미쳤다고 생각된다.[31]

실상을 바탕으로 한 사실적 묘사를 추구하여 눈으로 보는 듯 시를 그려내고, 이를 위해 시의 소재와 언어를 생활 주변에서 찾았던 성호의 태도는 이전까지 만연했던 낭만적이고 감상적인 관념적 문학을 배격하고 문학의 현실적 효용가치를 강조한 것이다. 이와 같은 성호의 문학관은 이후 그의 후손과 후학들에게 영향을 미쳐, 기호 남인 계열 문인들이 시의 가치와 효용성을 새롭게 인식하게 하는 역할을 하였다고 할 수 있다.

---

30) 李瀷,〈陶詩自做〉,「詩文門」,『星湖僿說』卷 29, "古人之詩, 如荒郡野人, 冠是自做, 帶是自做, 衣屨是自做, 器物是自做, 眞心見而工拙可別也. 今人之詩, 如京邑之士, 冠是借物, 帶是借物, 衣屨是借物, 器物是借物, 雖都雅可觀, 皆非己有此物, 東隣借用, 西隣借用, 何足稱也. 余觀靖節集, 卽自做, 卒來所以難學. 今之論詩, 不過借物而善鋪排, 無罅漏也. 又或有借物, 而顚倒錯亂之者, 益可笑."
31) 宋載邵,『茶山詩硏究』(창작과 비평사, 1986.11), 33-47쪽.

看見兒童長	아이들 자라는 것 보니
推知我朽衰	내 쇠약해진 것 알겠네.
慣經除夕會	언제처럼 除夜에 모여 있으니
衆樂獨含悲	다들 즐거운데 혼자 서글프네.

十五成丁壯	열다섯이면 장정 되는데
年今倍過三	내 나이 지금 세 배가 넘었네.
晚生兒漸大	뒤늦게 얻은 자식 점점 커가니
聊以慰懷堪	회포를 위로하며 견디어내네.[32]

勤斯育女在閨房	부지런히 딸 가르쳐 규방에 두었다가
送與佗家作孝娘	남의 집에 보내서는 효부로 만드네.
有行固應辭父母	행동거지 참으로 부모 떠날 만하고
專心惟可事尊章	마음 씀은 오로지 시부모 섬기는 일.
山川凍合憂難徹	얼어붙은 산천은 내 근심과 합하고
骨肉分張意自傷	골육 나누어지려니 마음 절로 상하네.
一路平林風雪裏	외로 난 숲 사잇길 눈바람 속으로
任教歸馬踏斜陽	가르침 따라 시집가는 말 지는 볕 밟고 가네.[33]

山下皆秋草	산 아래는 온통 가을 풀
山巓逗片雲	산꼭대기엔 조각구름 머물고.

---

32) 李瀷, 〈除夜二首〉其 1·2, 『星湖全書』卷 2.
33) 李瀷, 〈送女〉, 『星湖全書』卷 4.

| 行人殘照外 | 져 가는 빛 너머로 가는 사람들 |
| 一一總疑君 | 하나하나 모두가 그대인 듯하네.[34] |

위에서 살펴본 네 수의 시는 모두 성호가 자신의 주변 사람들을 보며 느낀 심사를 읊은 시이다. 첫 두 수의 시에서는 섣달 그믐밤에 가까운 친지들과 모여 있으며 느낀 자신의 심사를 읊고 있다. 친지들과 모일 때마다 성호는 점점 장성하는 아이들의 모습을 보면서 이와 반대로 쇠약해지고 늙어가는 자신을 발견하게 되었다. 벌써 마흔 다섯이 되었지만 이룬 것도 없는데, 나날이 쇠해가기만 하는 자신을 보면서 서글퍼지지만 그래도 이런 자신을 다독일 수 있는 것은 자신과 반대로 커가는 아들 맹휴孟休의 모습 때문이라고 했다.

세 번째 시는 시집가는 딸에게 써준 것이다. 규방에 두고 부지런히 가르친 딸을 이제 남의 집으로 시집보내야 하는 아버지의 마음이 잘 나타나 있다. 부모를 하직하고 떠난 뒤 오직 시부모 섬기는 것에만 마음 쓰기를 바라는 아버지의 염려와 함께 추운 겨울 멀리 떠나야 하는 딸자식의 모습에 걱정이 앞서는 성호의 마음을 잘 알 수 있다.

마지막 시는 만나기로 약속한 사람을 기다리며 쓴 시이다. 산 아래 무성하게 우거진 가을 풀과 산꼭대기에 걸려 있는 흰 구름 사이에서 약속한 사람을 기다리고 있는 성호는 저 아래 석양을 받으며 지나가는 사람들이 모두 자신이 기다리고 있는 사람같이 눈에 들어온다고 했다.

자신의 주변 인물을 대상으로 한 성호의 시에서 볼 수 있는 가장 큰 특징은 시 속에 드러난 성호의 심경이다. 성호는 자신의 주변에서

---

34) 李瀷, 〈候人 三首〉 其 3, 『星湖全書』 卷 1.

자신과 관계를 맺고 있는 여러 사람들을 대상으로 다양한 시를 지었는데, 이 시 속에서 대상에 대한 자신의 솔직한 심경을 가감 없이 표현하였다. 성호 시의 이와 같은 특징은 시라는 문학 작품은 진실을 표현하는 것이어야 한다는 성호의 문학관을 그대로 드러내보이는 것이라 할 수 있다.

節物推遷惱索居	철 따른 물건 변해가니 쓸쓸한 삶 괴로운데
涔涔隱几亦吾廬	几案에 기대 눈물 쏟는 곳 나의 초막집이네.
行年五九謀身拙	사십 오년 살아와도 몸 위한 계책 졸렬하여
曲禮三千下手疏	곡례 삼천 가지를 듬성듬성 행해보네.
已覷山高兼水麗	산이 높고 물 고운 곳 이미 다 보았으니
俄驚陰慘又陽舒	가을 겨울 또 봄 여름에 갑자기 번뜩 놀라네.
邇來滋味着知見	이래로 재미를 학식과 견문에 두었으니
燈照牀頭一卷書	등 밝히고 책상머리에서 한 권의 책을 보네.[35]

世人總說白鷗閒	세상사람 모두 다 백구 한가하다 하지만
惟白鷗閒在靜觀	백구 한가한 것은 조용히 보여서 그런 것뿐.
誰遣鳴飛不離水	누가 우는 새에게 물을 못 떠나게 하나
嗒焉終日坐忘還	멍하니 종일 앉아서 돌아가길 잊었네.[36]

---

35) 李瀷,〈又題 四首〉其 1,『星湖全書』卷 2.
36) 李瀷,〈華浦雜詠九首〉其 3,『星湖全書』卷 1.

위에서 살펴본 두 수의 시는 성호가 자신의 울적한 심사를 드러낸 시이다. 앞에서 언급한 것과 같이 성호는 부친 매산의 유배지에서 매산이 운명하기 불과 1년 전에 태어났다. 부친의 훈도를 직접 접하지 못했을 뿐만 아니라 그 모습조차 제대로 기억하기 어려운 나이였지만, 성호의 일생은 매산의 사망과 함께 닥친 가문의 곤경을 그대로 받을 수밖에 없었다. 이런 상황에 더하여 성호는 그에게 부친과도 같았던 둘째 형 섬계가 장살당한 뒤로는 아예 초야에 묻힌 은사로 한평생을 보낼 수밖에 없었다.

은사로 살아야 했던 성호의 일생은 그 스스로가 원했던 것이 아니라 당대의 정치적 현실이 그렇게 만든 것이었다. 그렇기 때문에 성호는 초야에 묻힌 삶을 살면서 울분과 좌절, 갈등을 겪지 않을 수 없었고, 울분을 느낄 때마다 그 심경을 시 속에 그대로 옮겨놓았다. 위에서 살펴본 두 수의 시는 현실 속에서 갈등하는 성호의 심경이 잘 나타나 있는 시이다.

첫 번째 시를 통해 안산의 한쪽 구석에 숨어사는 처지이기 때문에 몸을 위한 계책은 무엇 하나 제대로 된 것이 없었고, 그저 학문에 재미를 붙일 수밖에 없었던 성호의 마음을 잘 알 수 있다. 두 번째 시에서 성호는 숨어살 수밖에 없는 자신의 삶이 그 스스로가 원한 것이 아니었음을 백구白鷗에 의탁하여 잘 드러내고 있다.

성호 시의 갈등과 좌절, 울분은 매산이나 섬계의 시에서 확인할 수 있었던 갈등이나 좌절보다 그 진폭이 작다. 이 차이점은 매산이나 섬계보다 수양된 성호의 인격에서 나온 것이라고도 할 수 있겠지만, 성호가 직접적으로 현실 정치에 뛰어들어본 경험 자체가 전혀 없었기 때문이기도 하다고 생각된다.

성호가 그의 주변 인물에 대해 쓴 시나, 자신의 내면 갈등을 드러내기 위해 쓴 시에서 주의해 보아야 할 것은 묘사의 방법이다. 앞에서 살펴본 것과 같이 성호는 문학이 유희의 도구로 전락하는 것을 막기 위해 사실성을 강조했고, 사실성을 강조하기 위해 눈으로 보는 듯한 구체적인 묘사를 주장했었다. 다음의 시에서 그가 주장했던 그림 같은 묘사방법을 더욱 분명하게 확인할 수 있다.

天長鳥去遲	하늘 멀어 새 천천히 가고
野曠人行步	들 넓어 사람은 더디 지나네.
歷歷七星外	뚜렷이 보이는 칠성산 너머
水光和夕照	물빛은 저녁노을에 얽혀 있네.[37]

尋春到花國	봄을 찾아 꽃나라에 이르러보니
萬樹鋪如海	온갖 나무 바다같이 펼쳐져 있네.
望之無畔岸	바라보니 끝없는 언덕 같은데
近前眼纈彩	다가가니 수놓은 비단같이 눈에 드네.
初來披錦幕	처음 와선 비단 같은 장막을 긷고
轉入穿蒸靄	들어가선 올라오는 아지랑이 헤친다.
已綻猶未褪	꽃봉오리 터졌어도 아직 시들지 않았고
後開方蓓蕾	뒤에 필 꽃 이제 막 봉오리 맺었네.
姸姸紅映肉	곱디고운 붉은빛 살에 비치니
頭白亦一快	흰 머리에도 이 또한 즐거운 일일세.

---

37) 李瀷, 〈七星落照〉, 「次蘭谷八景韻」其 2, 『星湖全書』 卷 2.

同我四五輩	나와 함께 너댓 사람이
約束意未怠	약속한 뜻 게을리하지 않았네.
東西雜遊蠡	동서로 이리저리 나도는 벌은
焂閃迷所在	잠깐 사이 번쩍여서 있는 곳 어지럽네.
一步忙一步	한 걸음 걸으면 한 걸음이 조급해지지만
脚疲猶未悔	다리 피곤해도 오히려 거리낌없다네.
遂登最高頂	마침내 최고봉에 올라서 보니
曠瞻眞爽塏	넓게 트여 참으로 상쾌한 곳이네.
到頭須盡歡	꼭대기 올라 즐거움 다 해보니
淸賞莫等待	맑은 흥은 견줄 만한 것이 없다네.
偏知得天餉	하늘이 준 것 다 얻었음을 알겠으니
努力報眞宰	힘써서 조물주에 보답하네.
於焉志喜事	이곳에서 즐거운 일 기록해두니
詩令愼無改	시 삼가서 고칠 것 하나도 없네.[38]

上山頭觸地	산 오를 땐 머리가 땅에 닿고
下山足躡空	산 내려갈 땐 발 허공 밟는 듯.
身疲不恤馬	몸 피곤해 말 동정할 겨를 없으니
僕健喘還同	튼튼한 종도 함께 오며 헐떡거리네.[39]

---

38) 李瀷, 〈賞花〉, 『星湖全書』 卷 3.
39) 李瀷, 〈嶺〉, 『星湖全書』 卷 4.

이 세 수의 시는 성호가 주변 경물을 접하고 쓴 시이다. 첫 번째 시는 칠성산七星山으로 석양이 지는 것을 바라보며 쓴 시인데, 한적하고 조용한 시의 분위기를 통해 성호는 마치 저녁노을에 물든 칠성산을 눈으로 보는 듯 생생하게 묘사하고 있다. 다음 시는 봄을 맞아 산에 올라본 성호가 산을 오르며 눈에 든 꽃의 모습을 묘사하고 있는 시이다. 마지막 시는 고개를 넘어가는 자신의 모습을 묘사한 시인데, 올라가는 모습과 내려오는 모습을 '두촉지頭觸地'와 '족섭공足躡空'이라고 표현하여 험준한 산의 모습을 눈으로 보는 듯 묘사하고 있다.

　성호가 시 속에서 주로 사용했던 묘사방법은 이국異國의 경물을 묘사한 매산의 시에서도 볼 수 있었던 것이다. 매산도 그의 주변에 있는 다양한 경물에 대해 다채로운 흥미를 느꼈고, 이 흥미를 시 속에 묘사하기 위해 자신의 주변에서 자신에게 흥을 준 대상을 직접적으로 묘사하는 표현방법을 사용했다. 특히 이국의 경물을 묘사한 시에서 매산은 자신의 감정을 시 속에 개입시키지 않고 오로지 관찰의 결과만을 시 속에 묘사하는 객관적 표현방법을 사용하였다. 따라서 주변의 경물을 대상으로 한 성호의 시에서 볼 수 있는 사실적 묘사 기법이, 반드시 그것이 매산의 영향이라 단언할 수는 없지만 매산이 이국의 경물을 묘사한 시에서 볼 수 있는 표현 기법과 방법적으로 일치하고 있다.

鸛有弊巢鳶作主	황새 낡은 둥지에 소리개 주인 되니
鸛來尋居鳶反猜	황새 와서 찾는데 소리개 도리어 싫어하네.
彼雖辛勤始開基	저 비록 힘들여 처음 터 열었지만
此亦經營功費來	이놈도 경영하여 공을 들여왔네.
小者輕飛固善攫	작은 놈 가볍게 날아 후려치기 잘하고

大者利嘴能啄之　큰 놈 예리한 부리 쪼기에 능하네.
嗚呼二物孰是非　아아 이 두 놈 누가 옳고 그른가
仰天一笑吾何知　하늘 우러러 한 번 웃으니 내 어이 알까.[40]

    이 시는 매산의 시에서는 찾아보기 어려운 경향의 시이지만 성호 시세계의 한 특성을 보여주는 것이다. 성호는 다양한 희작시戲作詩와 우화시寓話詩를 창작했는데, 그의 희작시와 우화시는 당대 사회의 여러 가지 모순에 대한 성호의 깊은 성찰이 문학적으로 형상화된 것이다. 특히 이와 같은 시들은 문학의 사회적 기능과 현실적 효용에 주목했던 성호의 문학관과 밀접한 연관을 가진 것이라 생각된다. 성호는 문학을 통해 현실의 모순을 고발하고 비판하여, 문학이 사회 교화에 직접적인 역할을 담당할 수 있어야 한다고 생각했다. 이를 위해 다양한 희작시와 우화시를 창작했고, 성호의 이런 시세계는 이후 다산을 비롯한 후대의 문인·학자들에게 다양한 영향을 미쳤다.

    이렇게 지금까지 살펴본 성호의 문학관과 시세계는 부친 매산을 통해 둘째 형 섬계에게 전해진 문학 경향이나 셋째 형 옥동의 문학관과 완전히 같은 것이라 보기는 어렵다. 하지만 이들의 문학관과 시세계는 모두 궤를 나란히 하며 일정한 관련을 맺고 있다. 성호가 도 중심의 문학론을 견지하며 시교詩敎의 가치를 강조했다는 문학의 본질에 대한 인식에서는 옥동과 근접해 있지만, 도의 가치를 현실적 차원으로 확대하여 문학이 경세적 효용가치를 가져야 한다고 보았던 것은 옥동보다 문학의 현실적 효용범위를 확대한 것이다. 또 이를 위해 사실적이고

---

40) 李瀷, 〈戲賦鴟鵲爭巢〉, 『星湖全書』 卷 3.

구체적인 표현을 강조한 것이나 우리말을 시어로 사용할 것을 주장한 것은 옥동과 다르다고 할 수 있다.

결국 사실적이고 구체적인 표현을 추구하며 인정을 긍정하고 진정을 묘사하고자 했던 성호의 문학관은, 이것이 반드시 매산의 영향 때문이라고 단언하기는 어렵지만, 매산의 시 경향과 동일한 축에 놓여있다. 그러나 문학의 경세적 효용가치와 시교詩敎의 가치를 강조하고, 우리말을 시어로 사용할 것을 주장했다는 것이나, 희작시·우화시와 같은 다양한 형식의 시를 창작했다는 점에서 성호는 매산보다 문학의 사회적 역할을 강조하였다는 차이점을 보여준다.

성호의 시세계는 표현된 시의 친밀성으로만 본다면 옥동보다 섬계에 가깝지만[41] 섬계와 일치한다고 단정하기에는 조심스러운 점이 많다. 이보다 성호의 문학관은 섬계를 통해 전해진 가문의 문학 전통과 옥동에 의해 전환된 새로운 문학 경향에, 스스로의 학습으로 터득한 자득自得의 문학관이 합해져서 이루어진 것이라 정리하는 것이 가장 적합하다고 생각된다.

성호의 학문과 문학세계는 그의 후손들에게 다양한 영향을 미쳤다. 성호가 그의 후예들에게 미친 영향은 앞에서 살펴본 다산의 글을 통해서도 분명하게 알 수 있다. 성호의 학문과 문학은 그의 문인들과 자질子姪들에게 골고루 영향을 미쳤지만, 각각의 특장에 따라 성취한 정도가 달랐다. 여기에서는 그중에서도 성호의 후예들로 성호에게 영향을 받은 이들에 대해 간략하게 살펴보고, 이를 통해 매산 가문의 학문과 문학

---

41) 앞에서 밝힌 것과 같이 星湖가 10세부터 剡溪에게 학문을 익혔다면 星湖는 玉洞을 從遊하기까지 거의 16년을 剡溪에게 修學하였다고 할 수 있다. 따라서 星湖 학문의 기초 형성에는 아무래도 玉洞보다 剡溪가 더 큰 영향을 미쳤다고 보는 것이 옳을 듯하다.

전통이 이어진 계보를 대략적으로 알아보도록 하겠다.

안산으로 이거移居한 이후 성호는 가문을 부지하는 중추적인 역할을 했다. 중형仲兄에게 후사가 없자 그를 위해 후사를 세워주었고, 넷째 형이 운명한 뒤에는 그의 자식들을 데려다 가르치고 길러주었으며, 집안의 대소사를 주관하고 기울어가는 가문을 부지하는 데 힘을 쏟았다.[42] 이런 성호에게 영향을 받은 집안 후예들은 이루 다 헤아릴 수 없지만 그 가운데 아들과 친조카가 성호에게 가장 큰 영향을 받았다고 생각된다.

성호에게는 아들 하나와 네 명의 조카가 있었는데, 그 중 세 명의 조카가 성호의 동모형同母兄 아정鵝亭 이침李沈의 아들이다. 네 조카 가운데 가장 큰 조카인 죽파竹坡 이광휴李廣休[숙종 19(1693)-영조 37(1761)]는 성호의 동모형 아정 이침의 큰 아들로, 아정과 첫째 부인 초계정씨草溪鄭氏의 사이에서 태어났다. 동생 혜환 이용휴李用休[숙종 34(1708)-정조 6(1782)]보다 15세가 많았으며, 일찍이 백부 청운 이해의 후사로 들어갔다. 죽파는 백부 청운의 후사가 되었지만 부친과 같이 20년을 보냈고, 성호보다 불과 12세가 어렸기 때문에 섬계가 장살되기 전까지는 부친과 중부仲父 섬계 이잠에게서 학문의 기초를 닦은 뒤 나중에 성호에게 학문을 익혔다고 생각된다.

죽파는 섬계가 장살된 뒤 부친 아정을 따라 충청남도 예산군 덕산현의 탁천장濯泉莊에서 생활하였다. 당시 죽파는 백부 청운의 후사를 이었지만, 『섬사편剡社編』을 살펴보면 죽파는 생활 기반을 덕산에 두고 있었

---

42) 李秉休,「星湖 家狀」,『星湖全集』附錄 卷 1, "又慟念仲兄之無嗣, 爲之置後, 其庶出子孫亦皆爲之收養嫁娶. 第四兄早卒, 有孤兒數人, 攜置家中, 敎養無異己子, 或有疾病, 爲之尋醫求藥, 不避晨夜風雪, 第五姊早寡無子, 爲之憫念, 遂置太夫人側, 恩愛曲至, 待其家立後而歸之, 至於宗族之疏遠, 常加軫念, 其貧弊孤弱婚嫁失時者, 或主其婚, 或助其具, 無異家內事. 其飢餓者, 必探其急而饋之, 其疾病者, 必診問之, 其死葬者, 必賻弔之, 不計家之窘絕, 不卹身之勤勞也."

고 덕산에서 생활하며 동생과 조카들의 정신적 구심점 역할을 했었다고 보인다.

죽파는 덕산과 성호의 퇴거지인 안산을 오가며 성호를 사사師事하여, 성호에게 많은 것을 배웠다고 한다. 경학·박물학博物學·의학醫學 등 박학으로 이름이 났고, 시를 잘 지었다는 평을 들었다.[43] 특히 동식물 사전인 『물보物譜』는 그의 손에서 시작하여 그의 손자 시헌柿軒 이재위李載威에게서 완성된 역작이다. 그런데 앞에서 살펴본 다산의 언급에서 죽파가 빠져 있었던 것으로 보아 다산 당시에 이미 죽파의 학문적 성취를 확인할 수 있는 자료가 남아 있지 않았다고 유추된다.

성호의 두 번째 조카는 금화金華 이원휴李元休[숙종 22(1696)-경종 4(1724)]로, 성호의 셋째 형 옥동 이서의 아들이다. 성호보다 15세가 어렸는데, 성호가 금화의 제문에서 "우리 집안의 대들보요 동량이었다[吾家之門楣棟樑也]."고 한 것[44]으로 보아 당시 금화에게 상당한 기대를 가지고 있었던 듯하다. 그러나 가난한 집안 살림 때문에 과거에 몰두하여 진사가 되었지만, 평소 병약한 몸으로 부친을 잃은 뒤 삼년의 시묘생활을 하고는 병을 얻어 29세의 젊은 나이로 세상을 떠나 별다른 업적이나 기록을 남기지 못했다.[45]

이 두 조카를 제외한 나머지 두 명의 조카는 모두 성호에 의해 부지되었다. 혜환 이용휴와 정산貞山 이병휴李秉休[숙종 36(1710)-영조 52(1776)]는 모두 성호의 동모형 아정의 아들로 죽파의 동생이다. 앞에서 언급했듯이

---

43) 李瀷, 「祭伯從子廣休文」, 『星湖全集』 卷 57과 李用休, 「伯氏 竹坡公遺事五則」, 『惠寰雜著』 2책에 竹坡 李廣休에 대한 개략적인 설명이 나온다.
44) 李瀷, 「祭從子元休文」, 『星湖全集』 卷 57.
45) 李瀷, 「祭從子元休文」, 『星湖全集』 卷 57.

아정은 첫 부인 초계정씨에게서 죽파와 딸 하나를 두었고, 둘째 부인인 한양조씨漢陽趙氏에게서 혜환과 정산을 두었다. 혜환은 부친 아정이 숙부 명진의 후사로 들어가 충청남도 예산군 덕산현에서 거주했기 때문에 부친의 퇴거지에서 태어났다.[46] 그는 세 살 때까지 몹시 허약해 아우 정산과 한 젖을 먹고 한 포대기에서 자랐다고 한다.[47]

현재 혜환의 부친인 아정에 관한 자료가 남아 있지 않아 구체적인 것은 확인하기 어렵지만 아정도 덕산현으로 은거하기 전까지는 문학적으로 상당한 명망을 지녔었다고 생각된다. 그러나 혜환은 불과 여섯 살 때 생부인 아정을 잃어 부친에게 별다른 학문을 익히지 못했고, 동생 정산과 함께 객지를 전전하게 되었다. 이들은 정산이 10세가 되던 해에 어머니를 따라 서울로 이주했다가 정산이 양자로 입계入繼한 중부仲父 섬계 이잠의 거처에서 얼마 동안 머문 뒤,[48] 정산이 13·4세경 되는 해부터 안산으로 계부季父인 성호를 찾아가 수학하였다.[49] 이 시기 혜환과 정산은 혜환보다 다섯 살 어린 성호의 외아들 만경萬頃 이맹휴李孟休[숙종 39(1713)-영조 27(1751)]와 함께 성호에게 학문을 익혔다.[50] 따라서 이들은 성호에게 의탁하면서부터 본격적으로 학문을 익혔다고 할 수 있다.[51]

---

46) 李用休, 「再祭舍弟文」, 『惠寰雜著』 3冊, "嗚乎, 君生於長川, 沒於長川, 葬於長川, 其中間所遊, 阿峴貞洞鷗湖刻里, 摠屬過歷浮景."
47) 李用休, 「祭舍弟貞山處士文」, 『惠寰雜著』 3冊, "少我二歲, 而我善病羸弱, 三年猶未免懷, 與君同飮一乳, 同臥一褓."
48) 李用休, 「記夢」, 『惠寰雜著』 7冊, "噫, 余幼小離鄕, 今二十餘年矣. 中間遊於鷗湖刻里者, 爲尤久, 而鷗湖卽外氏所居, 刻本吾季杜曲, 而又家季父曁家白氏之宅在焉."
49) 李秉休, 「自序」, 『貞山雜著』 11冊, "四歲而孤, 十歲母氏携余兄弟還京師, 十三四歲當壬寅癸卯之際, 余乃往受學于季父先生, 先生之學, 卽退陶李子之學也."
50) 李用休, 「送家從弟醇叟之任萬頃序」, 『惠寰雜著』 1冊, "顧醇叟幼與余同受業於星湖先生."
51) 李秉休, 「自序」, 『貞山雜著』 11冊, "家無翫好之物, 只蓄羣經及先儒之書若干卷, 門無雜賓, 惟與同志之友數人, 相從於寂寞之中, 而心有所樂, 不能易也."

앞에서 인용한 다산의 글을 통해서 정산은 『역경易經』과 『삼례三禮』에, 만경은 경제經濟와 실용實用에, 혜환은 문장에 특장이 있었다는 것을 알 수 있다. 이들은 성호에게 학문을 전수받으면서 본격적으로 학문을 시작하였고, 각기 한 분야에서 자신의 재능을 발휘하였다. 이들은 모두 과거를 통한 입신의 뜻을 갖고 있었지만 남인이라는 가문의 정치적 성향과 조부 매산의 유배, 숙부 섬계의 장살사건으로 인해 관직 진출에 어려움을 겪었다.

이와 같은 정치적 상황으로 인해 만경은 뛰어난 자질을 가지고 있었지만 힘들게 겨우 관직에 나갈 수 있었고,[52] 관직에서 얻은 명망으로 성호와 주위의 기대를 한몸에 받았지만 38세의 한창 나이로 운명하여 더 이상 큰 업적을 남기지 못했다.[53]

혜환과 정산도 모두 과거를 준비하였으나 막혀버린 가문의 처지 때문에 관직의 꿈을 버리고 재야의 생활을 할 수밖에 없었다. 특히 정산은 원자元子 보호 상소를 올렸다가 장살당한 섬계의 후사로 들어가게 되어 관직 진출이 원천적으로 봉쇄되었다. 이 때문에 정산은 일찍부터 과거에 대한 꿈을 버렸고, 그만큼 성호의 학문을 익히는 데 몰두하였다. 정산이 가졌던 성호에 대한 경외심은 그의 자서를 통해 잘 알 수 있다.

---

[52] 『朝鮮王朝實錄』 英祖 18년 9월 18일(甲戌) 1번째 기사. "上命許調用其奉祀孫, 仍謂景夏曰; 卿日前言, '李孟休爲潛之姪, 潛是得罪先朝者, 其姪亦有瑕累' 云, 雖使潛爲逆, 其人可用, 則古有盜跖·柳下惠, 雖父子兄弟, 亦或不拘矣."

[53] 李瀷, 「亡子正郎行錄」, 『星湖全集』 卷 67.

嶺北은 그렇지 않아서 그 사이에 혹 儒賢이 태어나 우렁차게 세상을 울린 사람이 있으나 감히 반드시 退陶의 법도를 다 따랐다고는 할 수 없다. 만약 嶺北 천여 리의 땅에서 태어나 간절히 사숙하여 그 계통을 이은 사람은 오직 선생 한 사람 뿐이다.[54]

성호에게 익힌 정산의 학문은 이후 목재木齋 이삼환李森煥에게 이어졌고, 목재의 학문은 다시 겸재謙齋 이명환李鳴煥과 금대錦帶 이가환李家煥, 다산 정약용에게 이어져 성호학파星湖學脈의 한 축을 형성하였다. 정산貞山은 1남 2녀를 두었는데, 친자인 겸재가 태어나기 전에 큰형 죽파의 셋째 아들 목재를 양자로 들였다. 친자 겸재는 정산이 운명하기 4년 전에 태어났으므로, 정산의 학문은 목재에게 전해졌다고 보아야 한다. 겸재는 목재에 의해 양육되었고, 그에게 학문을 익히는 과정에서 다산과 교류했다.[55] 특히 다산이 금정찰방金井察訪으로 있으면서 목재를 찾아와 강학할 때 그 자리에 동석했다. 이로 보아 성호의 학문은 정산을 거쳐 목재에게 전해졌고 이어서 겸재와 다산, 금대에게 이어진 것이라 할 수 있다.

이와 함께 성호의 문학은 그의 조카 혜환에게 이어졌다. 앞서 살핀 것과 같이 혜환은 큰형 죽파, 동생 정산과 함께 성호에게 찾아와 몸을 의탁하면서 학문을 익혔다. 이때 혜환은 성호의 학문세계를 접하고 성

---

54) 李秉休,「自序」,『貞山雜著』11冊, "嶺之北, 則不能然, 間或有儒賢挺生, 傑然鳴世者, 而未敢遽謂必遵退陶之規繩也. 若論其生於嶺北千有餘里之地, 竊竊私淑而得接其統, 則惟先生一人而已."
55) 茶山이 木齋를 찾아가 학문을 익힌 것이나 謙齋와 학문적 유대를 맺은 내용은 茶山의「西巖講學記」,『與猶堂全書』卷 21속에 잘 나와 있다. 이 이외에도 茶山은 木齋에게 자신의 궁금함을 묻는 많은 편지를 보내고 답을 얻었다. 錦帶와 茶山의 관계는 謙齋보다 훨씬 가까웠다고 보인다. 茶山과 錦帶는 다 같이 正祖의 지우를 받으며 함께 관료생활을 했다. 이 점은 茶山의『與猶堂全書』卷 15에 있는「貞軒墓誌銘」에 잘 나와 있다.

호를 사사하였는데, 다산의 언급과 같이 혜환은 성호의 폭넓은 학문세계 중 문학에서 특히 뛰어났다. 당시 혜환이 가지고 있었던 성호에 대한 경외심은 그가 쓴 성호의 화상찬에 잘 나타나 있다.

> 멀리는 주자와 같으니 그 도가 같은 것이고, 가까이는 퇴계와 같으니 그 도가 같고 태어난 해가 같은 것이다. 아. 선생의 마음은 선생이 저술하신 책에서 볼 수 있다. 이것은 遺像이지만 太極圖를 보는 것과 같아서 이치가 象에 드러난 것을 알게 될 것이다.[56]

이와 같은 혜환의 문학적 성가는 다산의 다음 글을 통해 분명하게 확인할 수 있다.

> 星湖의 형에 휘 침이 있으니 바로 공의 조부이다. 출계하여 계부 명진의 후사가 되었다. 그가 휘 용휴를 낳았는데 용휴는 진사가 된 뒤로는 다시 과거 시험장에 들어가지 않고 문장에 전념하여 우리나라의 속된 문체를 도태시키고 힘써 중국의 문체를 따랐다. 그의 문장은 기이하고 웅장하며 참신하고 교묘했으니, 요체가 우산 전겸익이나 석공 원굉도에 못지않았다. 혜환거사라고 자호하였는데, 영조 말엽에 명망이 당시의 으뜸이어서 글을 연마하여 스스로 새롭게 하고자 하는 사람들이 모두 찾아와 질정을 받았다. 몸은 평민의 반열에 있었으나 손수 문단의 권세를 쥔 것이 30여 년이었으니 예부터 없었던 일이었다. 그러나 우리나라 선배들의 문자가 가진 흠을 너무 심하게 끄집어냈기 때문에 속류들의

---

[56] 李用休, 「季父 星湖先生 像贊」, 『惠寰雜著』 4册, "遠同於新安, 其道同也, 近同於陶山, 其道同與其生年而俱同也. 噫, 先生之心, 見於先生所著之書, 此則遺像也. 猶之觀太極圖, 知理顯於象也."

원망을 사기도 하였다.[57]

이 글은 다산이 금대의 묘지명을 쓰면서 혜환의 문학에 대해 평가한 부분이다. 혜환의 문학적 성가에 대해서는 이외에도 다양한 평가가 있지만[58] 다산의 언급만 보더라도 당대 혜환의 정치적 처지와 함께 그가 가졌던 시문학에서의 명망을 익히 짐작할 수 있다. 이런 혜환의 문학적 역량은 그의 아들 금대에게 그대로 이어졌다고 생각된다.

  家煥에 이르러서는 일찍이 좋은 집안 출신이 아닌 것은 아니지만 여러 차례 몰락한 삶을 산지 오래되어 구슬을 꿰는 문예를 쌓고도 스스로 초야를 떠도는 사람으로 여겼다. 그 때문에 그가 드러내는 소리들은 하나같이 비장하고 강개한 것뿐이었고, 구하여 마음에 맞는 것은 齊諧나 索隱 같은 것뿐이었다. 자취가 불안하면 할수록 말이 더욱 편벽되고, 말이 편벽될수록 문장이 더욱 괴팍해졌다. 화려한 문장은 권세 있는 사람들에게 넘겨주고 離騷와 九歌에 의탁하여 스스로 읊었다. 그러나 이것이 어찌 가환이 좋아서 한 것이겠는가. 이것은 조정이 그렇게 만든 것이다.[59]

---

57) 丁若鏞, 「貞軒墓誌銘」, 『與猶堂全書』 卷 15, "星湖之兄, 有諱沈, 郞公之祖父也. 出爲季父明鎭後, 是生諱用休, 旣爲進士, 不復入科場, 專心攻文詞, 淘洗東俚, 力追華夏, 其爲文, 奇崛新巧, 要不在錢虞山袁石公之下, 自號曰惠寰居士, 當元陵末年, 名冠一代, 凡欲瓢磨以自新者, 咸就斧正, 身居布衣之列, 手操文苑之權者, 三十餘年, 自古以來, 未之有也, 然扶剔邦人先輩文字之瑕太甚, 以故俗流怨之."
58) 惠寰의 문학에 대한 평가는 惠寰 당대부터 다양하게 이루어졌다. 위에서 살핀 茶山의 평가 이외에 惠寰에 대한 중요한 평가를 살펴보면 대략 다음과 같다.
李德懋, 〈惠寰〉, 「淸牌錄」, 4, 『靑莊館全書』 卷 25, "李上舍用休, 號惠寰居士, 詩力追中國, 恥作鴨江以東語, 格律嚴苦, 藻采煥華, 別闢洞天, 超絕無隣, 博極墳典, 字句有根."
朴齊家, 〈戲倣王漁洋歲暮懷人六十首〉 25首, 『貞蕤集』 卷 1, "惠寰超妙出淸新, 譬似蓮花不染塵, 一自詞家開法眼, 東方無箇讀書人."
金澤榮, 「申紫霞詩集序」, 『申紫霞詩集』, "自英顯以下, 則風氣一變, 如李惠煥錦帶父子, 李烱菴柳泠齋朴楚亭李薑山之倫, 或主奇詭, 或主尖新, 其一代升降之跡, 方之古, 則猶盛晩唐焉."
59) 丁若鏞, 「貞軒墓誌銘」, 『與猶堂全書』 卷 15, "至於家煥, 未嘗非好家, 數而落拓百年, 斯輪而貫珠, 自分爲羇旅草莽, 發之爲聲者, 悲吒慷慨之辭也, 求而會意者, 齊諧索隱之徒也, 跡愈詭而言愈詖, 言愈詖而文愈詭, 綺繡五采, 讓與當陽 離騷九歌, 假以自鳴, 豈家煥之樂爲伊, 朝廷之使然."

이 부분도 앞의 글과 같이 다산이 금대의 묘지명을 쓰면서 금대의 문학에 대해 평가한 부분이다. 다산은 금대의 문학적 역량은 높이 사면서도 그의 시가 내보이고 있는 특성에 대해 부정적인 견해를 감추지 않았다.[60] 그렇지만 다산은 금대의 시가 가지고 있는 부정적인 면은 금대 그 자신이 원해서가 아니라 당시 그가 처했던 위치와 상황이 그의 시를 그렇게 만들었다고 했다.

혜환은 젊은 시절 현실 정치에 대해 적극적인 열정을 보였다. 그러나 그의 정치적 열정은 매산 이후 섬계를 거쳐 내려온 가문의 화난禍難과 함께 당쟁으로 얼룩진 정치 현실에 의해 좌절되었고, 마침내 혜환은 관직 진출에 대한 꿈을 접게 되었다. 이와 달리 금대는 정조의 즉위와 함께 관직에 진출하여, 정조의 총애를 받으며 남인 시파時派 계열의 여러 신하들과 돈독한 관계를 형성하고 있었다.

그러나 금대의 관직생활은 그에 대한 벽파僻派 계열의 강한 배척으로 인해 늘 위태로웠다. 금대에 관한 참소讒訴 가운데 끝까지 그를 괴롭힌 것은 가문의 이력과 천주교 신봉에 관한 것이었다. 특히 그의 종조부 섬계가 올렸던 왕세자 보호 상소에 관한 문제는 관직생활 내내 금대를 괴롭히는 것이었고, 그의 생질 이승훈李承薰의 천주교 신봉 문제는 그의 정치적 생명을 위태롭게 하였다.

당시 서교西敎를 빙자하여 시파 계열을 탄압하고자 했던 벽파 계열에서는 금대가 지니고 있었던 이와 같은 약점을 놓치지 않았고, 결국 금대는 정계에서 물러나게 되었다. 이후 금대는 정조의 사후 사교금압邪敎禁

---

60) 錦帶 뿐만 아니라 惠寰에 대한 평가도 긍정적인 것만 있는 것은 아니다. 당대 문풍의 변화를 선도한 그의 창작 태도에 대해 南公轍이나 沈魯崇, 兪晚柱는 모두 '奇를 추구하고 正을 버려 世道를 어긋나게 했다'라고 惠寰을 지목하여 비난했다.

壓을 명분으로 일어난 벽파 주도의 신유사옥辛酉邪獄에서 마침내 죽임을 당하게 되었다. 금대의 시에서 볼 수 있는 비장하고 강개한 심사와 괴이하고 편벽된 언어는 모두 금대가 겪었던 정치적 고난과 그 속에서 느낀 개인적 울분을 담고 있는 것이다.

혜환의 문학은 아들 금대 이외에 그의 외손자 낙하생洛下生 이학규李學逵에게 전해졌다. 낙하생은 혜환의 넷째 사위인 이응훈李應薰의 유복자로, 숙종 26년(1770) 혜환이 63세 되던 해에 아버지 없이 태어나 외조부인 혜환의 집에 머물며 당시唐詩와 학문을 익혔다. 이에 따라 낙하생은 외조부 혜환을 통해 성호 가문의 학문과 문학을 그대로 이어받을 수 있었다.

지금까지 살펴본 학문의 전수과정을 바탕으로 개략적이나마 매산을 통해 전해진 가학이 섬계와 옥동을 거쳐 성호의 학문 형성에 영향을 미친 과정을 유추해보았다. 섬계는 매산의 사후 매산에게 익힌 학문을 그대로 성호에게 전해주어 성호 학문의 바탕을 형성해주었고, 이와 달리 옥동은 스스로 현실에서 물러나 학문에 몰두하면서 자신만의 학문세계를 형성하여 이전까지 이어온 가학의 경향에 변화를 일으켰다. 옥동은 이렇게 변화된 학문을 성호에게 전해주어 성호의 학문 형성에 영향을 미쳤다. 이에 따라 성호에게 전해진 섬계와 옥동의 학문은 그 뿌리는 같은 것이었지만 드러난 열매는 조금씩 다른 것이었다고 볼 수 있다.

성호는 섬계와 옥동을 통해 전해 받은 학문을 바탕으로 자기 학문의 기초를 닦았고, 이 바탕 위에 다시 자신이 이룩한 학문적 성과를 첨가하여 이전까지 전해온 학문 경향보다 한 차원 높은 새로운 학문세계를 열었다.

성호의 학문은 그의 자질손子姪孫에게 다양한 영향을 미쳤지만, 특히 혜환은 성호의 다양한 학문세계 가운데 문학 방면의 역량을 극대화한 인물로 손꼽을 수 있다. 혜환에 의해 만개한 매산 가문의 문학적 역량은 혜환의 아들 금대와 그의 외손자 낙하생에게 이어지면서 근기 남인의 문학적 전통을 형성하는 하나의 줄기가 되었다. 이와 함께 경학을 중심으로 하는 성호 학문의 큰 줄기는 정산을 거쳐 목재에게 전해졌고, 이후 다산에게 이어져 집대성되었지만 이외에도 그의 후손들에게 다양한 영향을 미쳤다.

실제로 영조 30년(1754)과 31년 안산에서 거주하고 있던 성호의 후손들이 죽파 광휴와 예헌例軒 철환嚞煥이 살고 있던 탁천장을 찾아와 머물며 시회를 열었던 일을 기록하고 있는『섬사편』을 보면 이광휴, 이병휴, 이철환, 이삼환, 이창환李昌煥, 이광환李匡煥, 이현환李玄煥, 이경환李景煥, 이영환李英煥, 이형환李亨煥, 이재덕李載德과 같은 다양한 인물들이 등장한다. 나이로는 30년 이상, 항렬로는 조손간의 차이가 있고 안산과 예산이라는 먼 거리였지만 이들이 예산을 찾아 모임을 가졌다는 것은 가문의 결속력과 가학의 전통이 변함없이 지속되고 있음을 보여주는 것이다.

좀 더 자세히 살펴보면 이들 가운데 이광휴와 이병휴는 친형제이고, 환자煥字 항렬은 모두 성호의 문하에 드니들면서 함께 학문을 익힌 형제들이다. 또 이들이 찾아간 예산군 덕산면 장천리는 성호의 숙부인 명진이 은거한 곳으로, 성호의 형 아정이 후사를 이어 생활하던 곳이다. 아정이 운명하자 그의 아들 삼형제는 안산의 성호에게 의탁하였는데, 얼마 뒤 죽파가 이곳에 돌아와 정착하였다.

하지만 이들이 예산을 찾아 시회를 열고 동기들의 관계를 다진 것은 당시 현실에 적응하지 못하는 이들의 모습을 보여주는 것이기도 하다. 계속되는 당쟁의 화난과 정치적 고폐固閉 속에서 더 이상 혼자의 힘으로 자신들을 부지할 수 없었기 때문에 이들은 가문의 집단적 결속을 통해 자신을 지키고 유지해 나가려고 했던 것이라 생각된다.

매산의 가문은 성호가 안산에 정착한 이후 세거지를 안산으로 확정하게 되었다. 성호는 이곳에서 자신의 자질손들을 거두어 보살피고 교육하여 그의 가문이 조선후기 명문가로 자리 잡을 수 있도록 했다. 실제로 성호의 후손들은 성호의 다양한 학문적 성과를 계승하여 예학·문학·산술·지리·경제 등 여러 분야에서 뛰어난 업적을 이룩하여 순암順庵 안정복安鼎福, 하빈河濱 신후담愼後聃, 녹암鹿庵 권철신權哲身으로 대별되는 성호의 문하제자들과는 조금 다른, 후손들만의 학맥을 이어나갔다.[61]

하지만 성호의 현실적이고 실용적인 학문이 당대 사회의 변화에 직접적인 역할을 하지는 못했다. 그것은 성호의 후손들 중에서 당대의 정치적 억압을 뚫고 관직에 나아가 그들의 학문을 세상의 경륜을 위해 펼칠 수 있었던 사람이 없었기 때문이다. 결국 성호의 학문은 실행의 학문이 되지 못하고 추구하고자 하는 학문, 당위의 학문이 되어버렸다.

그러나 이런 한계에도 불구하고 성호의 학문은 실증과 실용의 학을 창도하여 폐색閉塞된 인심人心의 영규靈竅를 틔워주고 학문의 신방향新方向을 타개해 조선후기 실학의 문을 열었다. 성호의 실학은 이전까지 학문이 가지고 있었던 형이상학적, 사변적 학풍의 비생산적 논쟁을 지양하고 학문의 구경가치究竟價値를 경세치용에 두었다. 경세치용은 당대의 시대현실을 올바로 파악하고 정치·경제·사회의 모든 문제를 정면

---

61) 강세구, 『성호학통 연구』(혜안, 1999.7). 이 책에서 저자는 星湖學統의 系譜에 대한 여러 가지 논의들을 자세히 정리하여 설명하고 있는데, 지금까지의 대체적인 논의와 같이 저자도 星湖學統의 嫡孫을 順庵 安鼎福 系列로 보고 있다.

으로 다루어 개혁을 실행해야 한다는 것이다. 이런 점에서 성호는 우리 나라 실학의 최선두에 서서 한 시대의 향방을 개탁해준 인물이며, 그의 학문은 변함없는 가치를 지니는 것이다.[62]

---

62) 李佑成, 「가문(家門)과 학통(學統)」, 『民族文化推進會報』(2002.3).

정리를 대신하여

　매산 이하진은 17세기 정치적 격변의 한가운데에서 남인 계열의 중진으로 활동하며 당시 정치적으로 기울어가는 가문을 부지하였다. 그는 2차 예송논쟁 이후 남인 계열이 정권을 장악하자 정치적 전성기를 맞이하며 다시 가문을 부흥시켰지만, 뒤이어 일어난 경신대출척庚申大黜陟으로 좌천과 삭탈관직을 거쳐 유배된 뒤 유배지에서 운명하였다. 매산의 죽음과 함께 가문은 정치적으로 쇠퇴의 길을 걷게 되었다.

　매산은 당대 남인 계열의 중심에서 관료생활을 한 관료였지만 이와 함께 시로 명성을 얻었던 인물이었다. 현재 전하는 매산의 문집도 시가 중심이 된다. 매산 스스로 시를 즐긴다고 하지 않았지만 전하고 있는 작품의 대부분이 시이고, 당대 그의 명성도 시를 통해 이루어진 것이어서 매산의 문학적 특장이 시에 있다는 것을 알 수 있다.

　매산은 부화한 수식을 위주로 하는 유미적이고 탐미적인 시를 부정하고 대상에 의해 촉발된 진실한 감정을 시 속에 드러내고자 하였다. 이와 함께 시의 의미를 확장하기 위한 표현기법으로 함축을 통한 모호성, 애매성에 주목하였다. 이와 같은 표현기법의 강조는 대상에 의해 촉발된 진실한 감정을 표출하는 것이 바로 시라고 인식했던 그의 시의식과 관계가 있다.

　매산의 시세계는 삶의 역정에 따라 크게 사환기仕宦期와 방축기放逐期로 나눌 수 있다. 이 두 시기는 그의 생애를 기준으로 나눈 것이지만 그의 시세계에도 그대로 적용이 가능하다. 매산의 사환기는 거의 18년이나 되지만 방축기는 불과 2년 남짓하다. 시기적으로 두 기간의 거리는 비교가 되지 않지만, 지금 전하고 있는 매산의 시 1,900여 수 가운데 560여 수가 방축기에 지어진 것이기 때문에 전하는 작품 편수를 보아서도 매산의 시세계를 이 두 시기로 나누는 것에는 별다른 무리가 없다고 생각된다.

사환기 매산의 시세계는 인간이라는 존재를 긍정하고 인간의 감정에 가치를 부여했던 매산의 의식세계를 잘 보여주고 있다. 매산의 이런 의식은 시 속에서 대상에 의해 촉발된 자신의 감정을 숨기거나 과장하지 않고 그대로 드러내게 하며, 자신의 삶을 긍정하고 일상의 경물에 애정을 갖도록 만들었다. 그래서 사환기 매산의 시세계가 보여주는 첫 번째 모습은 자아와 일상 경물에 대한 애성이다.

자아에 대한 시에서 매산은 스스로의 자각의식에 의해 갖게 된 책임감을 강조하지만, 이와 달리 일상 경물에 대한 시에서는 자신이 가지고 있는 주변에 대한 애정을 표현한다. 삶을 긍정하고 일상에 애정을 가지고 있었던 매산은 그를 둘러싸고 있는 대상들에게 잔잔한 애정을 느끼며 그 속에서 일어나는 흥을 시로 표현했다.

자신에 대한 자부와 인간에 대한 애정을 바탕으로 시 속에 진실한 감정을 표현하고자 했던 매산에게 주변 인물의 죽음이나 이별은 하나의 큰 충격으로 다가왔다. 이런 충격은 매산에게 시를 통해 내면에 응축된 자신의 감정을 해소하도록 하기 때문에 사환기 매산의 시세계에서 볼 수 있는 두 번째 특징은 만시輓詩와 송시送詩에서 찾을 수 있다.

매산의 만시와 송시는 죽음이나 이별의 상황에서 그가 느끼는 서러움의 표현에 주목한 것이다. 매산은 그의 만시에서 죽은 자의 행적을 칭송하거나 상투적 감정을 표출하기보다 비탄을 시의 중심에 두고 죽은 사람으로 인해 갖게 되는 살아남은 사람의 고통을 표현하고자 했고, 송시에서는 떠나는 사람에 대한 당부보다 이별의 안타까움에 치중했다. 매산의 만시와 송시는 죽음과 이별이라는 절실한 상황 아래에서 그가 느끼는 감정에 주목한 것이다.

사환기 매산에게 큰 영향을 미친 경험은 금강산 유람과 연행燕行이었다. 금강산 유람은 매산에게 수양의 일환으로 지식을 확충하고 흥취를 발산하는 계기가 되었다. 그래서 매산은 금강산 유람에서 눈에 접한 모든 대상을 시의 소재로 사용하여 시 속에 자신의 흥을 표현했다. 매산의 이런 태도는 연행에서도 그대로 드러났다. 그는 연행의 모든 일정을 시로 남겨 놓았고, 연행기간 느낀 흥분과 기대, 고향에 대한 그리움을 솔직하게 시 속에 표현했다. 이와 함께 연행기간 접하게 된 이국異國의 풍경風景을 그림과 같은 사실적 묘사를 통해 시로 옮겼다. 매산의 이런 표현기법은 이후 성호星湖의 시에서도 찾아볼 수 있는 것이다. 성호는 문학이 유희의 도구로 전락하는 것을 막기 위해 묘사의 사실성을 강조하며 그림과 같은 시를 추구하는데, 이 묘사방법은 매산이 이국의 경물景物을 묘사한 시 속에서 볼 수 있는 것과 같은 것이다.

숙종 6년 상소로 좌천된 이후 매산은 현실의 장벽 앞에 고뇌하고 갈등했다. 더 이상 현실 속에서 자신의 이상을 실현하지 못하게 된 당대의 상황은 매산에게 삶의 의미를 돌이켜보게 한 것이다. 좌천된 이후 고폐固閉된 현실에서 느꼈던 매산의 갈등은 점차 그의 의식을 내면화하여 우수에 젖게 하였다. 이 우수는 매산의 현실적 처지가 악화되어갈수록 좌절과 번민에서 울분으로 확대·강화되었다. 그래서 방축기 매산의 시세계가 보여주는 첫 번째 모습은 우수와 내면 갈등이다.

하지만 매산이 가지고 있었던 인간에 대한 가능성과 현실에 대해 긍정하는 자세는 그를 막혀버린 현실 속에서 언제까지나 갈등하고 우수를 느끼도록 내버려두지 않았다. 매산의 자각의식은 스스로를 되돌아보며 새로운 가치를 부여하고 현실 속에서 수양을 통해 미래를 준비하도록 하였다. 이런 의식 때문에 방축기 매산의 시세계가 보이는 두 번째 모습은 자적自適과 안분安分의 지향이 된다.

방축기 매산이 가졌던 우수와 내면 갈등, 자적과 안분의 지향은 그의 후손들에게 공통적으로 볼 수 있는 모습이다. 점점 막혀가는 정치적 상황은 매산의 후손들이 현실 속에서 어떤 역할도 할 수 없게 만들어 그들을 울분과 좌절 속으로 몰고 갔다. 그렇기 때문에 매산 후손들의 시에서 볼 수 있는 기본적인 정조情調는 막혀버린 현실에 대한 좌절과 울분이다. 그러나 이 좌절과 울분은 그들이 다양한 학문세계에 몰입하여 스스로의 존재와 가치를 확인하면서 점차 자적과 안분으로 옮겨가게 된다.

　매산의 문집이 시를 중심으로 편집되어 있고, 시를 중심으로 하는 문학 창작의 경향이 그 가문에서 찾을 수 있는 공통적인 창작 경향이라고 하여 매산 문장의 가치를 부정해서는 곤란하다. 매산 문장의 양이 시에 비해 상대적으로 빈약하지만, 매산의 문장은 다양한 양식의 글들을 모두 포함하고 있다. 따라서 매산의 문학세계를 평가하며 매산의 문학적 역량이 오로지 시 속에 온축되어 있어 그의 문장은 그다지 가치를 가지지 못한다고 보아서는 곤란하다. 그것보다는 매산의 문학 활동이 시를 중심으로 이루어졌지만, 매산은 시로 읊어내기 어려웠던 자신의 정신적 지향세계를 문장으로 풀어내고자 노력했다고 보아야 할 것이다. 매산의 문장이 지니고 있는 가치와 의미를 살펴보기에 가장 적절한 양식으로 기문記文과 상소문上疏文을 들 수 있다. 특히 그의 문집 속에 수록되어 있는 두 편의 기문에는 자연 경물과 작자의 심경心境, 그리고 의론議論이 모두 나타나 있어, 매산의 문학세계와 의식세계를 한 눈에 살펴볼 수 있는 가장 좋은 자료가 된다.

매산의 기문 두 편은 20대 중반 번성한 가문의 자제로 이제 막 세상에 나갈 때와 50대 초반 정치적 몰락과 유배라는 시련을 맞은 시기에 창작된 것이다. 따라서 상이한 시기, 상이한 처지의 결과물이다. 또 「복거매산기」의 매산은 그 스스로가 원해 찾아간 곳이고, 「백벽산기」의 백벽산은 원하지 않았지만 어쩔 수 없는 처지에서 가지 않으면 안 되었기에 갈 수밖에 없는 곳이었다. 이렇게 두 편의 기문은 상반된 배경과 상황 아래에서 창작된 것이지만 글 속에 드러나는 매산의 의식세계는 동일한 기조를 가지고 있다.

매산의 문집에는 그가 매산별업을 짓고 그곳에서 학문을 연마하며 지속적으로 자신을 되돌아보고 삶의 자세를 가다듬던 모습이 여러 곳에서 확인된다. 이를 통해 매산의 학문이 내수지학內修之學을 중심으로 하고 있었음을 알 수 있다. 특히 매산의 내수지학은 학문으로만 의미를 지니는 것이 아니라 삶의 지표로 생활 속에서 구현되고 있었다. 따라서 매산에게 학문을 통해 형성된 삶의 지표는 일평생 흔들리지 않는 것이었다. 그의 학문세계, 의식세계는 한마디로 성궁직행省躬直行이라 할 수 있다.

이와 같은 삶의 자세와 인식세계가 현실의 부조리와 만나게 되었을 때 매산이 추구했던 자세가 바로 고절孤節이었다고 생각된다. 이 고절은 현실의 부조리와 충돌한 자아가 현실에 순응하거나 대항 혹은 거부하기보다 현실을 벗어나 자신을 지키는 자수自守의 행위이다. 따라서 고절은 현실 도피적인 모습을 지니는 것이라고도 볼 수 있다. 하지만, 이와 달리 고절이란 현실의 상황에 구애되지 않고 언제 어디서나 자기 삶의 원칙을 지켜나가겠다는 흔들리지 않는 의지의 구체적 표현이자 실천이라고 볼 수 있다. 그것은 고절이 처음부터 외부 상황을 고려하지 않는 것이기 때문이다. 따라서 고절을 삶의 원칙으로 추구했던 매산은 자신의 위치가 어떠하냐에 따라 현실에 적극적으로, 또 한 걸음 물러서며 자기 삶의 원칙을 지킬 수 있었다고 보인다.

고절은 매산이 평생을 지켜온 자기 삶의 모습이었다. 이것은 어느 한순간 생겨났다가 사라졌다거나, 젊은 시기 한 때의 목표였거나, 노년기 인생을 정리하면서 갖게 된 것이 아니었다. 학문에 뜻을 둔 이후 그가 자신의 삶을 마칠 때까지 자신의 인생을 움직여나간 규칙이었고 법도였다. 그래서인지 매산의 기문에서 볼 수 있는 매산의 의식세계는 혼란한 현실 속에서 스스로 자신을 지켜나가고자 하는 마음가짐, 그리고 스스로 옳다고 생각하는 일에 대한 주저 없는 실천뿐이다. 매산이 비록 격화하는 당론의 화난禍難 속에서 세상을 떠나게 되었지만 「백벽산기」에서와 같이 그 스스로 자신의 삶과 인생에 대해 어떤 후회도 보이지 않을 수 있었던 것은 이러한 의식세계 때문이라 생각된다.

이와 같은 의식세계의 구체적 실천 양상을 보여주는 것이 매산의 상소문이다. 매산의 문집에는 모두 31편의 사직소辭職疏가 있어, 문장 중 가장 많은 양을 차지한다. 이 중 가장 큰 의미를 지니는 것이 「경신사대간소庚申辭大諫疏」이다. 이 상소문은 경신대출척庚申大黜陟이라는 정치적 격변이 일어나던 숙종 6년(1680) 2월에 올린 상소문으로, 이 글로 인해 매산은 유배되어 유배지에서 죽음을 맞이하였고 그의 집안은 몰락하게 되었다. 이 상소문이 바로 그와 그의 후대들의 삶을 질곡 속으로 빠트리는 시작점이 되는 것이다.

매산의 「경신사대간소」는 표면적으로 보아 사직을 청한 상소문이지만, 그 내면을 들여다보면 그가 진정 사직을 원해 이 상소문을 썼을 것이라고 생각하기는 어렵다. 사직소라기보다 오히려 당대의 정치적 사안에 대해 간쟁하는 간쟁소라고 보는 것이 옳을 것이다. 이렇게 보았을 때 매산의 '경신사대간소」는 그가 지니고 있었던 간쟁에 대한 인식을 바탕으로 당대 정계에서 느꼈던 자신의 위기의식과 문제 의식을 직설적 화법으로 문면에 그대로 노출시키고 있는 직간直諫의 상소문이라고 할 수 있다. 그러나 간쟁소로 보았을 때 매산의 상소문은 일단 실패한 글이라고 할 수 있다. 그것은 간쟁을 통해 그 자신이 원했던 정치적 목적을 달성하지 못하고 오히려 그 자신이 당일로 강등 전보되어 외직으로 나가게 되었기 때문이다.

당대 매산이 자신의 상소문이 가지고 올 결과에 대해 아무런 예상도 하지 못했다고 보기는 어렵다. 그것은 직간이라는 간쟁의 방법이 언제나 예상과 다른 반대급부를 가지고 올 위험성을 충분히 가지고 있기 때문이다. 그럼에도 불구하고 매산의 상소문이 이와 같이 구성된 것은 그가 지니고 있었던 간쟁에 대한 인식에 기인한다고 할 수 있다. 간쟁이란 신하가 임금에게 할 수 있는 마지막 행위이기 때문에 신하는 이 간쟁에 자신의 모든 것을 걸고 임금에게 다가서야 한다는 것이다.

간쟁에 대한 매산의 인식과 함께 더 생각해볼 수 있는 것은 당대의 정치적 상황에 대한 매산의 위기의식이다. 당대의 격변하는 정치적 환경은 매산에게 끊임없이 위기의식을 환기시켰고, 그에 따라 매산은 절박한 심경을 지니게 되었다고 생각된다. 이런 위기의식과 절박함이 자연스럽게 그의 상소문을 직설적이고 과격해지도록 이끈 것이라 생각된다.

매산의 문학세계는 섬계剡溪와 옥동玉洞을 거쳐 성호星湖에게 이어졌다고 보인다. 성호의 학문세계가 섬계와 옥동에게 전해 받은 가학의 기반 위에 퇴계退溪와 율곡栗谷·반계磻溪의 사숙을 통해 이루어졌듯이, 문학에서도 섬계와 옥동을 거쳐 전해진 매산의 문학세계를 기반으로 성호는 자신만의 문학세계를 형성했다고 할 수 있다.

이런 가계의 흐름과 함께 주목해보아야 할 것은 당대 매산 가문의 위치이다. 매산 가문은 매산이 남인 계열의 중진으로 활동하다가 경신대출척 이후 변해버린 정치 상황에 의해 운산으로 유배가 사망한 뒤

급격하게 위축되었다. 집안을 부지하던 가장의 죽음은 가세家勢를 위태롭게 만들기에 충분한 것이었다.

외척과 노론 계열이 정권을 장악하며 당파적 특성을 강화하던 당대의 정치 현실은 매산의 후손들이 정계에 진출할 수 있는 길을 막았으며, 겨우 정계에 진출한 뒤에도 가문의 이력으로 인해 수없는 어려움을 겪게 만들었다. 이러한 정치적 현실은 매산의 후손들에게 현실에 대한 강한 울분을 가져다주었다. 스스로 갈고 닦은 학문을 세상의 경륜을 위해 펼칠 수 없었던 당대의 현실은 그들에게 말할 수 없는 절망감을 심어주기에 충분했다. 그렇기 때문에 소외된 당대의 정치적 상황은 매산 가문의 문학과 학문적 전통 수립에 지대한 영향을 미친 또 다른 중요 요소로 작용했다.

막혀버린 정치적 상황과 현실적 고난은 매산의 후예들을 울분에 빠뜨렸지만 한편으로는 다양한 방면에의 침잠을 이끌게 되어 문학뿐만 아니라 사상과 경제에 이르기까지 폭넓은 성가聲價를 드러내게 하였다. 이런 전환은 매산의 막내 아들 성호의 주도로 이루어졌다. 성호는 미수眉叟와 한강寒岡을 거슬러 올라가 퇴계에게 이르러 그 학문의 정수를 캐냈고, 당대의 병폐를 척결하기 위해 율곡과 반계를 따랐다.

그는 당시 만연해 있던 형이상학적이고 사변적인 학문 경향에 반대하여 실용과 실증 위주의 경세적 효용가치를 중시하는 새로운 학풍을 창도唱導하였다. 성호의 학풍은 조선후기 실학의 문을 열어 경세치용학파經世致用學派라는 실학의 한 학파를 수립하였다.

　성호의 학문은 퇴계의 이기理氣·심성론心性論과 율곡의 시무時務·실사實事를 받아들여 새로운 학문세계를 이룩한 것이지만, 그 학문의 바탕에는 부친 매산을 시작으로 두 형을 거쳐 자신에게 전해진 가학의 전통이 자리 잡고 있었다.

　성호의 학문은 경학과 경제·사회사상에서 우선적인 가치를 가지지만 문학적인 면에서 지니는 의미도 결코 작다고 할 수 없다.『성호사설星湖僿說』과 그의 문집을 살펴볼 때 성호의 문학은 이전까지 성행했던 성율聲律 위주의 수사적 문학이나 배타적으로 절대화되거나 규범적 보편성을 추구하는 도道 위주의 문학을 배격하고, 철저한 도 중심의 문학론을 견지하면서도 문학의 사회적 효용성을 강조하는 것이다. 이런 문학관은 문학이 사회 교화를 위해 적극적인 역할을 해야 한다는 것이다.

　성호의 문학관은 그의 학문세계와 같이 스스로의 학습을 통해 이룩한 것이다. 그러나 그 바탕에는 선대부터 내려온 가학의 전통이 자리 잡고 있었다. 성호의 가문은 성호대에 오기 전까지 문학을 통해 명성을 얻었다. 이런 가학의 특성은 부친 매산이나 성호의 형에게서 다 같이 찾아볼 수 있는 것이다. 성호의 학문이 둘째 형 섬계에 의해 시작되었듯이 성호의 문학 수업도 섬계에 의해 시작되었다고 생각되는데, 섬계의 문학 경향은 그의 부친 매산과 일치한다. 결국 성호 문학세계의 뿌리는 매산에게 있다고 할 수 있다. 매산의 문학이 의미를 갖는 것은 매산 문학세계 자체의 성취도와 함께 그의 문학 경향이 이후 성호에게 이어져 조선후기 새로운 경향의 문학을 만드는 바탕을 형성했다는 데에 있다.

성호의 학문은 이후 문하제자와 문중 자질門中子姪들에 의해 번영의 꽃을 피우게 되었다. 성호의 학술과 문장은 다방면에 걸쳐 우리 민족에게 영향을 미쳤고, 성호의 가문은 우리나라의 사상계에 큰 기여를 하게 되었다. 이들은 조선후기라는 시기적 특성과 정권에서의 배제라는 가문의 속성을 바탕으로 점차 현실 비판의 강도를 높이고 사회에 대한 참여의지를 강화했다.

이들의 학문은 조선후기 새로운 경향의 학문세계를 열며 경세치용학經世致用學이라는 실학을 이끌게 되었다. 하지만 그들의 학문세계 속에 자리 잡고 있는 생활 속의 수양과 실천을 중시한 학문 태도나 진실한 감정의 표현을 강조한 문학의식을 통해 매산을 거쳐 성호에게 이어진 가학의 전통이 유지됨을 볼 수 있다.

참고문헌

1. 資料

「梅山 簡札」, 성호기념관 소장.
國史編纂委員會 刊, 『朝鮮王朝實錄』 33-41, 國史編纂委員會, 1981. 8.
南鶴鳴, 『晦隱集』, 경인문화사 刊, 한국역대문집총서 2389.
朴齊家, 『貞蕤集』, 韓國史料叢書 第 12, 國史編纂委員會.
成均館大學校 大東文化研究院 刊, 『經書』.
成均館大學校 大東文化研究院 刊, 『近畿實學淵源諸賢集』 1~6, 2002. 11.
驪州李氏歷代人物誌 刊行委員會, 『驪州李氏歷代人物誌』, 1997. 2.
吳光運, 『磻溪 行狀』, 『磻溪隨錄』.
李瀷, 『星湖僿說』 上·下, 慶熙出版社, 1976. 9.
李瀷, 『星湖全集』, 民族文化推進會 刊, 韓國文集叢刊 197 ~ 200.
李潛, 『剡溪先生遺稿(乾坤 2冊)』 1-2, 국립중앙도서관 소장본(星湖 古 3648-62-905.)
李潛, 『剡溪先生遺稿(剡溪遺稿)』, 국립중앙도서관 소장본(星湖 古 3648-62-906.)
李潛, 『剡溪先生遺稿』, 국립중앙도서관 소장본(星湖 古 3648-62-907.)
李瀣, 『精神錄』, 국립중앙도서관 소장본(星湖 古 3643-643.)
李瀣, 『靑雲居士遺稿』, 국립중앙도서관 소장본(한 古朝 46-가1812.)
李㴭, 『弘道先生遺稿』 1-11, 국립중앙도서관 소장본(星湖 古 3648-62-923.)
李㴭, 『弘道先生遺稿』, (성호고3648-62-923)
李㴭, 『弘道先生遺稿』, 『近畿實學淵源諸賢集』 1
李乾昌, 『黨議通略』, 驪江出版社, 1983.
李肯翊, 『燃藜室記述』, 景文社, 1976.
李德懋, 『靑莊館全書』, 民族文化推進會 刊, 韓國文集叢刊 257 ~ 259.
李秉休, 『貞山詩稿』, 국립중앙도서관 소장본(성호 古 3644-445.)
李秉休, 『貞山雜著』, 국립중앙도서관 소장본(성호 古 3649-188.)
李尙毅, 『少陵集』, 民族文化推進會 刊, 韓國文集叢刊 속집 39.
李睟光, 『芝峯集』, 民族文化推進會 刊, 韓國文集叢刊 66.
李元鎭, 『太湖續稿』, 한국학중앙연구원 소장본
李元鎭, 『太湖詩薰』(필사본)
李元休, 『金華集』(필사본)
李夏鎭, 『梅山雜著』, 국립중앙도서관 소장본(한 古朝 46-가1813.)

李夏鎭, 『六寓堂遺稿』 1-4, 국립중앙도서관 소장본(星湖 古 3648-62-915.)
李夏鎭, 『六寓堂遺稿』(『근기실학연원제현집』 1, 2004.)
李夏鎭, 『六寓堂遺稿』, 民族文化推進會 刊, 韓國文集叢刊 속집 39.
張維, 『谿谷集』, 民族文化推進會 刊, 韓國文集叢刊 92.
丁若鏞, 『錦心』(필사본)
丁若鏞, 『牧民心書』(영인본)
丁若鏞, 『輿猶堂全書』, 아름出版社 영인.
朝鮮史學會 刊, 『新增 東國輿地勝覽』 1-4, 朝鮮史學會, 1930.
許穆, 『記言』, 民族文化推進會 刊, 韓國文集叢刊 98 ~ 99.
『家藏』, 국립중앙도서관 소장본(星湖 古 2511-62-195.)
『家藏』, 국립중앙도서관 소장본(星湖 古 3643-588.)
『家藏』, 국립중앙도서관 소장본(星湖 古 3644-444.)
『家藏』, 국립중앙도서관 소장본(星湖 古 6635-10.)
『大東詩選』(영인본)
『司馬榜目』(영인본)
『驪江世乘』(영인본)
『驪州李氏世譜』(영인본)
『淵鑑類函』(영인본)
『燃藜室記述』(영인본)
『諸子集成-淮南子』, 中華書局
『黃驪世稿』 乾·坤, 국립중앙도서관 소장본(星湖 古 2517-160-1, 2.)

2. 單行本

강경원, 『李瀷』, 성균관대학교 출판부, 2001. 12.
강명관, 『조선시대 문학예술의 생성공간』, 소명출판, 1999. 6.
강세구, 『성호학통연구』, 혜안, 1999. 7.
姜周鎭, 『李朝黨爭史硏究』, 서울大學校 出版部, 1971. 11.
국사편찬위원회, 『한국사』 22-36, 1998. 12.
權泰乙, 『息山 李萬敷 文學硏究』, 五成出版社, 1990. 4.
귀 라루 저, 조성애 역, 『사실주의 문학의 이해』, 東文選, 2000.
금동현, 『조선후기 문학이론 연구』, 보고사, 2002. 12.
金相洪, 『茶山文學의 再照明』, 단국대학교 출판부, 2003. 3.
金泳, 『朝鮮後期 漢文學의 社會的 意味』, 집문당, 1993.
金容傑, 『星湖李瀷의 哲學思想硏究』, 成均館大學校 大東文化硏究院, 1989. 2.
琴章泰, 『韓國儒學史의 理解』, 民族文化社, 1994. 6.

金學主, 『中國文學史』, 新雅社, 1989. 9.
金興圭, 『朝鮮後期 詩經論과 詩意識』, 高麗大學校 民族文化硏究所, 1982. 9.
김남형, 『성호이익 시선』, 예문서원, 2004. 6.
김학주, 『中國文學槪論』, 新雅社, 1977. 2.
김한식, 『현대소설과 일상성』, 월인, 2002. 4.
마페졸리 외 저, 박재환 외 역편, 『일상생활의 사회학』, 한울아카데미, 1994. 9.
문정자, 『玉洞과 員嶠의 동국진체 탐구』, 도서출판 다운샘, 2001. 11.
星湖先生記念事業會, 『驪州李氏星湖家門世乘記』, 2002. 5.
小川環樹, 심경호 역, 『唐詩槪說』, 이회, 1998. 5.
宋載邵 外, 『李朝後期 漢文學의 再照明』, 創作과 批評社, 1983.
宋載邵, 『茶山詩 硏究』, 創作과 批評社, 1986. 11.
_____, 『한시미학과 역사적 진실』, 創作과 批評社, 2001.
신연우, 『사대부 시조와 유학적 일상성』, 이회, 2000. 5.
심경호, 『한문산문의 미학』, 고려대학교 출판부, 1998.
안대회, 『18세기 한국한시사 연구』, 소명출판, 1999. 8.
_____, 『韓國 漢詩의 分析과 視角』, 연세대학교 출판부, 2000. 10.
_____, 『조선후기 소품문의 실체』, 태학사, 2003. 3.
안병국 편저, 『唐詩槪論』, 청년사, 1996. 2.
알프 뤼트케 외 저, 이동기 외 역, 『일상사란 무엇인가』, 2002. 6.
앙리 르페브르 저, 朴貞子 역, 『현대세계의 일상성』, 世界日報, 1990.
驪州李氏歷代人物誌 刊行委員會, 『驪州李氏歷代人物誌』, 1997. 2.
연세대학교 중국문학사전편역실, 『중국문학사전』 Ⅱ 作家篇, 다민, 1994. 3.
原州文化院, 『李夏鎭 一門의 實學思想』, 1992. 10.
유봉학, 『燕巖一派 北學思想 硏究』, 一志社, 1995. 8.
_____, 『조선후기 학계와 지식인』, 신구문화사, 1998. 10.
柳元東, 『韓國實學槪論』, 正音文化社, 1984. 3.
尹絲淳 外, 『許眉叟의 學禮思想論攷』, 眉叟硏究會, 1998. 2.
윤여탁, 『리얼리즘 시의 이론과 실제』, 태학사, 1994.
李家源, 『韓國漢文學史』, 民衆書館, 1961.
_____, 『朝鮮文學史』, 太學社, 1997. 7.
이상섭, 『문학비평용어사전』, 민음사, 1989.
李相周, 『澹軒 李夏坤 文學의 硏究』, 이화문화출판사, 2003. 11.
李佑成, 『韓國의 歷史像』, 創作과 批評社, 1982. 8.
李佑成 外, 『韓國의 歷史認識』 上・下, 創作과 批評社, 1975. 11.
李銀順, 『朝鮮後期 黨爭史 硏究』, 一潮閣, 1988. 1.
이정선, 『조선후기 조선풍 한시 연구』, 한양대학교 출판부, 2002. 9.
李鍾殷・鄭珉 共編, 『韓國歷代詩話類編』, 亞細亞文化社, 1988. 12.

李泰鎭, 『編朝鮮時代政治史의 再照明』, 汎潮社, 1985.
李夏鎭 著, 崔康賢 譯, 『매산 이하진의 금강산 도로기』, 新星出版社, 2001. 8.
이혜순 외, 『조선 중기의 유산기 문학』, 집문당, 1997. 3.
_____, 『우리 한문학사의 새로운 조명』, 집문당, 1999. 3.
이혜순, 『조선통신사의 문학』, 이화여자대학교 출판부, 1996. 10.
李熙煥, 『朝鮮後期黨爭硏究』, 國學資料院, 1995. 11.
임기중, 『연행록 연구』, 일지사, 2002. 6.
林熒澤, 『韓國文學史의 視角』, 創作과 批評社, 1984. 3.
____, 『실사구시의 한국학』, 창작과 비평사, 2000. 2.
____, 『한국문학사의 논리와 체계』, 創作과 批評社, 2002.
정대림, 『한국 고전 비평사』, 태학사, 2001. 3.
鄭良婉, 『朝鮮後期 漢詩硏究』, 誠信女子大學校出版部, 1983. 2.
鄭良婉 外, 『朝鮮後期 漢文學 作она論』, 집문당, 1994. 10.
鄭玉子, 『朝鮮後期 文學思想史』, 서울大學校出版部, 1990. 7.
____, 『조선후기 조선중화사상연구』, 일지사, 1998. 5.
조영복, 『한국 모더니즘 문학의 근대성과 일상성』, 다운샘, 1997. 3.
朱七星, 『실학파의 철학사상』, 예문서원, 1996. 2.
진복조 저, 김상철 역, 『동양화의 이해』, 시각과 언어, 1995.
陳在敎, 『耳溪 洪良浩 文學 硏究』, 成均館大學校 大東文化硏究院, 1999.
____, 『이조후기 한시의 사회사』, 소명출판, 2001. 6.
陳必祥 著, 沈慶昊 譯, 『한문문체론』, 이회, 1995. 6.
崔康賢, 『韓國紀行文學硏究』, 一志社, 1982. 5.
崔炳植, 『동양회화미학』, 東文選, 1994.
崔完基, 『韓國 性理學의 脈』, 느티나무, 1989. 6.
최재남, 『韓國哀悼詩硏究』, 경남대학교 출판부, 1997. 5.
한국고전문학회 편, 『국문학과 문학』, 월인, 2001. 3.
한국사상사연구회, 『실학의 철학』, 예문서원, 1996. 6.
_____, 『조선 유학의 학파들』, 예문서원, 1996. 12.
韓國精神文化硏究院, 『驪州李氏 星湖家門 典籍』, 韓國學資料叢書 30, 2002. 11.
한국철학사상연구회, 『논쟁으로 보는 한국철학』, 예문서원, 1995. 3.
한국학연구소, 『18세기 조선지식인의 문화의식』, 한양대학교 출판부, 2001. 12.
한수영, 『소설과 일상성』, 소명출판, 2000. 11.
韓㳓劤, 『星湖李瀷硏究』, 서울대학교 출판부, 1987. 4.
許捲洙, 『朝鮮後期 南人과 西人의 學問의 對立』, 法仁文化社, 1993. 11.

3. 論文

1) 學位論文

權五圭, 「流配文學硏究」, 연세대학교 교육대학원 석사학위논문, 1977. 12.
權鎭浩, 「眉叟 許穆의 尙古精神과 散文世界」, 성균관대학교 박사학위논문, 2000.
金南馨, 「朝鮮後期 近畿實學派의 藝術論 硏究」, 고려대학교 박사학위논문, 1988. 12.
_____, 「星湖 李瀷의 文學論과 詩世界」, 고려대학교 석사학위논문, 1983. 12.
金世仁, 「星湖 李瀷의 詩論 硏究」, 충북대학교 교육대학원 석사학위논문, 1988. 12.
金容蘭, 「星湖 李瀷의 文學 硏究」, 성신여자대학교 석사학위논문, 1989. 11.
金志姸, 「眉叟 許穆의 文學思想 硏究」, 가톨릭대학교 석사학위논문, 1996. 6.
김귀혁, 「순암 안정복의 흑문관과 실천」, 연세대학교 교육대학원 석사학위논문, 1999. 6.
南恩暎, 「息庵 金錫冑의 文學硏究」, 이화여자대학교 석사학위논문, 1988. 12.
南在澈, 「李書九 시문학 연구」, 성균관대학교 박사학위논문, 2003. 6.
盧京姬, 「17세기 전반기 官僚文人의 山水遊記 硏究」, 서울대학교 석사학위논문, 2001. 2.
朴用萬, 「李用休의 詩文學硏究」, 한국정신문화연구원 박사학위논문, 2000. 3.
朴浚鎬, 「惠寰 李用休 文學 硏究」, 성균관대학교 박사학위논문, 1999. 10.
白源鐵, 「洛下生 李學逵의 詩 硏究」, 성균관대학교 박사학위논문, 1991. 9.
成範重, 「韓國漢詩의 意境設定 方法과 樣相에 대한 硏究」, 서울대학교 박사학위논문, 1993. 2.
嚴美媛, 「錦帶 李家煥 硏究」, 이화여자대학교 석사학위논문, 1985. 12.
吳壽京, 「18세기 서울 文人知識層의 性向」, 성균관대학교 박사학위논문, 1990.
尹載煥, 「梅山 李夏鎭 詩文學 硏究 - 星湖 家學의 成立과 關聯하여 - 」, 성균관대학교 박사학위논문, 2004. 2.
李成鎬, 「朝鮮後期 漢詩의 徐事的 傾向과 形象化 方法」, 성균관대학교 석사학위논문, 1992. 11.
李迎春, 「朝鮮後期 王位繼承의 正統性論爭 硏究」, 한국정신문화연구원 박사학위논문, 1994. 2.
李虎鉉, 「星湖 李瀷의 文學論 硏究」, 계명대학교 석사학위논문, 1987. 12.
全松烈, 「朝鮮朝 初期學唐의 變貌樣相 硏究」, 연세대학교 박사학위논문, 2000. 12.
鄭雨峰, 「李家煥의 文學論과 詩 世界」, 고려대학교 석사학위논문, 1984. 12.
정은진, 「표암 강세황의 미의식과 시문창작」, 성균관대학교 박사학위 논문, 2005. 2.
趙源澤, 「星湖의 文學論과 詩 世界」, 인하대학교 교육대학원 석사학위논문, 1999. 2.
崔敬桓, 「韓國 題畵詩의 陳述樣相 硏究」, 서강대학교 박사학위논문, 1990.
崔博光, 「星湖 李瀷의 詩論」, 성균관대학교 석사학위논문, 1969. 12.
崔相殷, 「流配歌辭의 作品構造와 現實認識」, 한국정신문화연구원 석사학위논문, 1983. 11.
崔淑仁, 「朝鮮後期 文學에 나타난 繪畵性 硏究」, 이화여자대학교 박사학위논문, 1989. 4.
韓連錫, 「眉叟 許穆의 文學과 書藝觀」, 청주대학교 석사학위논문, 1997. 12.
許旺旭, 「芝峰 李睟光 詩論의 特性과 詩敎育的 適用 硏究」, 한국교원대학교 박사학위논문, 2000. 8.

2) 一般論文

姜景勳, 「重菴 姜彛天 文學 硏究」, 『古書硏究』 第15號, 한국고서연구회, 1997. 12.
姜明官, 「16세기 말 17세기 초 擬古文派의 수용과 秦漢古文派의 성립」, 『韓國漢文學硏究』 第18輯, 韓國漢文學會, 1995.
강혜선, 「17·8세기 금강산의 문학적 형상화에 대한 연구」, 『관악어문연구』 제17집, 서울대학교 국어국문학과, 1992.
강혜선, 「槎川 李秉淵의 金剛山詩 硏究」, 『한국한문학연구』 제16집, 한국한문학회, 1993.
고연희, 「17C말 18C초 白岳詞壇의 明淸文學 受容樣相」, 『東方學』 第1輯, 한서대학교 동양고전연구소, 1996.
金時晃, 「霽山 金聖鐸의 사상과 문학 : 霽山 金 (聖鐸) 先生의 上疏文에 대하여」, 『東方漢文學』 12, 東方漢文學會, 1996.
김원준, 「芝峯 使行詩의 一考察」, 『韓民族語文學』 42집, 한민족어문학회, 2003.
羅鍾冕, 「18세기 詩壇과 詩論의 새로운 樣相」, 『東方學』 第4輯, 한서대학교 동양고전 연구소, 1998.
閔丙秀, 「조선후기 詩論硏究」, 『韓國文化』 11, 韓國文化硏究所, 1990. 12.
박무영, 「일상성의 대두와 새로운 사유 방식」, 『우리 한문학사의 재조명』, 집문당, 1999. 3.
_____, 「실학파의 한시와 일상성」, 『세계화 시대의 실학과 문화예술』, 경기문화재단, 2004. 6.
朴用萬, 「李用休 詩意識의 실천적 의미에 대하여」, 『韓國漢詩硏究』 5, 韓國漢詩學會, 1997.
박용만, 「18세기 安山과 驪州李氏家의 文學活動」, 『韓國漢文學硏究』 第25輯, 韓國漢文學會, 2000. 3.
朴浚鎬, 「貞山 李秉休의 學問的 傾向과 詩世界」, 『東方漢文學』 제15집, 東方漢文學會, 1998.
_____, 「惠寰 李用休 詩世界의 한 局面」, 『漢文學硏究』 제14집, 啓明漢文學會, 1999.
박희병, 「韓國 山水記 硏究」, 『고전문학연구』 제8집, 고전문학회, 1993.
성당제, 「藥泉 上疏文의 文藝美와 현실대응」, 『인문과학』 36, 성균관대학교 인문과학연구소, 2005.
송준호, 「朝鮮朝 後期 四家詩에 있어서 實學思想의 檢討」, 『조선조 후기 문학과 실학사상』, 정음사, 1987.
_____, 「朝鮮後期 漢詩의 特色」, 『東洋學學術會議講演鈔』 第24回, 檀國大學校 東洋學硏究所, 1992.
申斗煥, 「訥齋 梁誠之의 상소문에 나타난 현실대응논리」, 『漢文學報』 3, 우리한문학회, 2003.
_____, 「'상소문'의 문예미학 탐색」, 『韓國漢文學硏究』 33, 韓國漢文學會, 2004.
심경호, 「18세기 중·말엽의 南人 문단」, 『국문학연구』, 1997.
_____, 「조선후기 시사와 동호인 집단의 문화활동」, 『민족문화연구』 제31집, 고려대학교 민족문화연구소, 1999. 12.
심재우, 「조선전기 유배형과 유배생활」, 『국사관논총』 92, 국사편찬위원회, 2000.
安大會, 「韓國 漢詩와 죽음의 문제」, 『韓國漢詩硏究』 3, 1995.
안세현, 「17세기 전반 樓亭記 창작의 일양상」, 『어문논집』 58, 민족어문학회, 2008.
안외순, 「西學 수용에 따른 朝鮮實學思想의 전개양상」, 『東方學』 第5輯, 한서대학교 동양고전연구소, 1999.
염은열, 「상소문의 글쓰기 전략 연구 - '諫打圍疏'를 중심으로」, 『국어교육연구』 3, 서울대학교 국어교육연구소, 1996.
오용원, 「누정문학의 양식과 문체적 특징」, 『어문논총』 44호, 한국문학어문학회, 2006.
오인환·이규완, 「상소의 설득구조에 관한 연구」, 『한국언론학보』 47권 3호, 한국언론학회, 2003.
우응순, 『近畿實學淵源諸賢集』 1, 「少陵集」 해제, 성균관대학교 대동문화연구원, 2002.
윤재환, 「섬계 시를 통해 본 좌절과 우환의식 - 그의 연작시 3편을 중심으로 -」, 『한국한시연구』 11, 한국한시학회, 2003.
_____, 「섬계 이잠 시세계의 일 단면」, 『한문학보』 9, 우리한문학회, 2003.
_____, 「청운 이해 시문학 연구」, 『한민족어문학』 45, 한민족어문학회, 2004. 12.
_____, 「옥동 이서의 문학관 연구」, 『동방한문학』 38, 동방한문학회, 2004. 12.
_____, 「玉洞 李溆의 文學觀 硏究」, 『동방한문학』 27, 동방한문학회, 2004. 12.
_____, 「玉洞 李溆의 金剛山 紀行詩文 硏究」, 『대동한문학』 21, 대동한문학회, 2004. 12.
_____, 「17세기 한시에 수용된 일상적인 것의 의미와 한계 - 매산(梅山) 이하진(李夏鎭)의 시를 중심으로」, 『한문교육연구』 24, 한국한문교육학회, 2005.
_____, 「梅山 李夏鎭의 生涯와 文學 世界」, 『韓國實學硏究』 9, 한국실학학회, 2005.
_____, 「梅山 李夏鎭의 詩에 드러난 寫實的 表現의 意味와 限界」, 『한문학보』 13, 2005.
_____, 「매산(梅山)과 옥동(玉洞)의 금강산 기행시문 비교 연구 - 「금강도로기(金剛途路記)」와 「동유록(東遊錄)」, 「동유편(東遊篇)」을 중심으로 -」, 『동양학』 38, 단국대학교 동양학연구소, 2005.
_____, 「정산(貞山) 이병휴(李秉休)의 시문학(詩文學) 연구(硏究): 학자적 의식세계의 구현을 중심으로」, 『민족문학사연구』 27, 민족문학사학회, 2005.
_____, 「옥동(玉洞) 이서의 시에 나타난 정신세계」, 『한국한시연구』 13, 한국한시학회, 2005.
_____, 「茶山의 미발굴 시 「效誠齋」 48首 分析」, 『韓國漢詩硏究』 14, 한국한시학회, 2006. 10.
_____, 「茶山 詩의 興趣와 敍情의 客觀化」, 『민족문학사연구』 33, 민족문학사연구소, 2007. 4.
_____, 「상소문을 통해 본 17세기 중반 남인 계열의 의식세계」, 『한국실학연구』 14, 한국실학학회, 2007.
_____, 「시론과 시세계의 상관관계 - 성호와 다산의 전가시를 중심으로」, 『한민족어문학』 52, 한민족어문학회, 2008. 6.
_____, 「신자료 『태호시고』를 통해 본 이원진이 시세계」, 『한문학보』 18, 우리한문학회, 2008. 6.
_____, 「조선후기 유배 경험의 시적 형상화」, 『한문학보』 19, 2008. 12.
_____, 「인재 신개의 기문을 통해 본 의식세계와 그 문학적 형상화」, 『동양학』 47, 단국대학교 동양학연구소, 2010. 2.
_____, 「기문을 통해 본 매산 이하진의 의식 지향과 표현양상」, 『우리어문연구』 37, 우리어문학회, 2010. 5.
_____, 「少陵 李尙毅의 「次芝峯詠枯竹韻」 64首 檢討」, 『漢文學報』 22, 2010.
_____, 「少陵家의 使行 經驗과 詩的 形象化」, 2010. 8.
_____, 「소릉 이상의 사행시 연구」, 2010. 9.
李九義, 「蓮潭 李世仁의 文學에 나타난 社會意識」, 『韓國思想과 文化』 9, 한국사상문화학회, 2000.
李君善, 「使行詩의 특징과 전개 양상」, 『東方漢文學』 42, 동방한문학회, 2010.
李東歡, 「朝鮮後期 漢詩에 있어서 民謠趣向의 擡頭」, 『韓國漢文學硏究』 第3-4輯, 韓國漢文學會,

　　　　1978-1979.
李勝洙, 「17세기말 天機論의 형성과 인식의 기반」, 『韓國漢文學硏究』 第18輯, 韓國漢文學會, 1995.
李迎春, 「붕당정치의 전개」, 『한국사 30』, 국사편찬위원회, 1998.
李佑成, 「18世紀 서울의 都市的 樣相」, 『鄕土서울』 第17號, 1963.
＿＿＿, 「實學의 社會觀과 漢文學」, 『韓國思想大系』 1, 成均館大學校, 1973.
＿＿＿, 「朝鮮後期 近畿學派에 있어서의 正統論의 展開」, 『한국의 역사인식』 下, 창작과 비평사, 1976.
李鍾默, 「朝鮮前期 漢詩의 唐風에 대하여」, 『韓國漢文學硏究』 第18輯, 1995.
＿＿＿, 「遊山의 풍속과 遊記類의 전통」, 『고전문학연구』 제12집, 고전문학회, 1997.
＿＿＿, 「朝鮮前期 文人의 金剛山 유람과 그 문학」, 『한국한시연구』 제6집, 한국한시학회, 1998.
李熙穆, 「李朝前期 館閣文人들의 '宮詞'硏究」, 『大東文化硏究』 第29輯, 成均館大學校 大東文化硏究院, 1994. 12.
李熙穆, 「우리나라 樂府의 敍述 方式」, 『人文科學』 第27輯, 成均館大學校 人文科學硏究所, 1997. 12.
임형택, 「實學思想과 現實主義文學」, 『東洋學國際學術會議論文集』 第4回, 成均館大學校 大東文化硏究院, 1991.
＿＿＿, 「古典文學에서의 現實主義의 發展과 民族文學的 成就」, 『韓國漢文學硏究』 第17輯, 韓國漢文學會, 1994.
정순우, 「퇴계사상에 있어서의 일상의 의미와 그 교육학적 해석」, 『퇴계의 사상과 그 현대적 의미』, 한국정신문화연구원, 1997.
정우봉, 「조선후기 문예이론에 있어 形과 神의 문제」, 『민족문학사연구』 제4호, 민족문학사연구소, 1993.
최기숙, 「조선후기 사대부의 생활공간과 글쓰기」, 『古典文學硏究』 33, 고전문학회, 2008.
崔錫起, 「貞山 李秉休의 學問性向과 詩經學」, 『南冥學硏究』 제10집, 南冥學硏究所, 2000.
＿＿＿, 「貞山 李秉休의 『大學』 解釋과 그 意味」, 『南冥學硏究』 제14집, 南冥學硏究所, 2002.
＿＿＿, 「貞山 李秉休의 經傳 解釋과 그 義意」, 『大東文化硏究』 제42집, 大東文化硏究院, 2003.
최인자, 「조선시대 상소문에 나타난 설득방식과 표현에 관한 연구」, 『先淸語文』 24, 서울대학교 국어교육과, 1996.
호승희, 「조선전기 유산록 연구」, 『한국한문학연구』 제18집, 한국한문학회, 1995.

찾아보기

가

『가장家藏』 322
〈간목마看牧馬〉 172
강계숙姜㫰叔 138, 139
「거불이혜사居不易兮辭」 325
견불산見佛山 249
경술환국庚戌換局 60
경신대출척庚申大黜陟 12, 33, 53, 58, 194, 196, 250, 266, 290, 368, 375, 376
「경신사대간소庚申辭大諫疏」 266~269, 272, 278, 279, 281, 284, 375
계유정난癸酉靖難 37
계찰季札 91
고령산高嶺山 173
고령역高嶺驛 177
고성군高城郡 158
〈고수賈豎〉 168
고야자古冶子(고야자顧冶子) 330
고염무顧炎武 309
고적高邁 337
고황顧況 85
공손접公孫接(공손첩公孫捷) 330
공손홍公孫弘 189
공융孔融 292
곽위경郭衛卿 192
관음각觀音閣 150
관음담觀音潭 150
광교산光敎山 34, 240, 249
광주廣州 50, 223, 249
굉형匡衡 189

「구루비서岣嶁碑序」 325
구사흠具思欽 41
구양수歐陽修 89
국도國島 154
굴원屈原 189, 191, 192, 213, 224
권대운權大運 259
권두위權斗緯 141
권명언權明彦 334
권중경權重敬 327, 328, 336
권중장權仲章 141
권진한權震翰 280
권철신權哲身 16, 63, 366
권해權瑎 57, 282
권홍權訌 63
권희權憘 41
「귀거래사歸去來辭」 124
귀담龜潭 150
금강대金剛臺 150, 151
「금강도로기金剛途路記」 23, 24, 93, 148, 154, 334
급암汲黯 189, 212, 213
기년설耆年說 49, 52, 280
기사환국己巳換局 60
기자헌奇自獻 40
기해복제己亥服制 49
김륙金堉 182
김석주金錫胄 13, 53, 56, 57, 59, 76, 80, 196, 281, 282
김수항金壽恒 51
김우명金佑明 54
김정하金鼎夏 154

찾아보기 389

김좌명金佐明 280
김징金澄 50, 51
김창집金昌集 60
김해일金海一 280
김호서金虎瑞 126, 127

동창同昌 140
두목杜牧 337
두보杜甫 85, 93, 328, 337

나

낙빈왕駱賓王 337
남구만南九萬 60
『남악창수집南岳唱酬集』 146
「남정록南征錄」 24, 93
낭자산狼子山 170, 173
노조린盧照鄰 337
「논문체論文體」 334
「논언여문시論言與文詩」 334
「논작문論作文」 334
능양군 종綾陽君 倧 40

다

단성丹城 124
담촌澹村 33
대공설大功說(9개월) 52
대숙륜戴叔倫 85
대흥산성大興山城 54, 182, 267, 272, 281, 282
덕산현德山縣 358
「도산도맥첩발陶山道脈帖跋」 307
도연명陶淵明 124, 247, 248, 337
『동국여지승람東國輿地勝覽』 146
동국진체東國眞體 48, 61, 333
동서분당東西分黨 43
「동유록東遊錄」 334

마

마하연摩訶衍 150, 151
「만록漫錄」 24, 25, 102
만폭동萬瀑洞 150
만회암萬灰庵 150
매산별업梅山別業 50, 223, 238, 241, 242, 245, 246, 249, 373
『매산잡저梅山雜著』 22, 23
맹교孟郊 85
맹호연孟浩然 337
목래선睦來善 56
목래지睦來之 137
목창명睦昌明 63, 137
무신정변戊申政變 249
『문심조룡文心雕龍』 89
『문원시격文苑詩格』 89
『물보物譜』 357
「미수허선생신도비명眉叟許先生神道碑銘」 307
「미옹예설眉翁禮論」 307
미음渼陰 342
민희閔熙 280

바

박세채朴世采 59
「반계수록서磻溪隨錄序」 313
「반계유선생유집서磻溪柳先生遺集序」 313
「반계유선생전磻溪柳先生傳」 313

「발미수선생전예삼첩跋眉叟先生篆隷三帖」 307
방장산方丈山 218
백거이白居易 85, 86, 89, 337
백로주白鷺洲 156
백벽산白碧山 209, 253~256, 374
「백벽산기白碧山記」 237, 250, 251, 259, 260, 263, 325, 373
벽동군碧潼郡 292
변의완邊醫完 334
「변힐辨詰」 24, 78, 236, 325
별포別浦 165
「복거매산기卜居梅山記」 78, 105, 237, 238, 240, 245, 248, 250, 251, 260, 325, 373
복선군福善君 58
복창군福昌君 58
복평군福平君 55, 58
봉래산蓬萊山 218
「봉황가鳳凰歌」 198, 199
봉황성鳳凰城 167, 171, 172
부계俯溪 138
부상역扶桑驛 189
「북정록北征錄」 24, 26, 93, 148, 159, 168, 175
「비조충문장가非雕虫文章家」 334

사

사마천司馬遷 153, 175
사자암獅子巖 157
사하역沙河驛 177
산청군山淸郡 124
산해관山海關 168, 169, 177
삼각산三角山 207
삼년설[2주년설] 49

삼류하三流河 170
삼복三福의 변變 58
삼하현三河縣 169
서억만徐億萬 56
「서정록西征錄」 24, 93
「서퇴계선생필후書退溪先生筆後」 307
서호西湖 26, 58, 184, 187, 192, 194, 196, 216, 221, 225
「서호록西湖錄」 24, 26, 184
선담船潭 150
『섬계선생유고剡溪先生遺稿』 326, 327
「섬사편剡社編」 356, 365
「성궁편省躬篇」 24, 70, 82, 236, 325
성천成川 105
『성호사설星湖僿說』 20, 313, 378
성혼成渾 313
소호少昊 109
『속동국여지승람續東國輿地勝覽』 146
「송박통판지임구대서送朴通判之任丘大序」 325
송시열宋時烈 45, 49, 52, 54, 59, 62, 194, 280, 322
「송신인백접위동래서送申寅伯接慰東萊序」 325
「송이정자문약중유금강시서送李正字文若重遊金剛詩序」 325
송참松站 167
수리산修埋山 240, 249
수주愁州 138
수해秀海 33
「시체詩體」 334
신유사옥辛酉邪獄 364
신임사화辛壬士禍 60
신후담愼後聃 366
심재沈梓 143
심전기沈佺期 337

ㅇㅏ

아향阿香 109
안록산安祿山의 난 85, 86
안영晏嬰 330
안정복安鼎福 16, 63, 366
양졸재養拙齋 144
양형楊炯 337
양홍梁鴻 207
「어부사漁父辭」 191, 224
어풍정御風亭 213
『여강세승驪江世乘』 33, 36, 66, 68, 69
여옹呂翁 200
『여주이씨세보驪州李氏世譜』 33, 290
『여지지輿地志』 146
연교진燕郊鎭 169
〈연도영회燕都詠懷〉 168
연산連山 163
연산관連山關 167, 172, 173
〈연산야좌燕山夜坐〉 168
영인郢人 129
영창대군永昌大君 39
오광운吳光運 24, 25, 90, 91, 186, 327, 328, 336
오삼계吳三桂의 난 55
오시수吳始壽 56
「오의헌시서五宜軒詩序」 325
오정위吳挺緯 58
오정창吳挺昌 57, 282
왕교王喬 212
왕발王勃 337
왕부지王夫之 309
왕유王維 141, 337
왕희지王羲之 83
요동遼東 170
우수재禹秀才 212
운산雲山 12, 26, 59, 61, 78, 80, 182, 184, 187, 196, 197, 205, 209, 225, 230, 250, 251, 254, 262, 289, 292, 300, 376
운산군雲山郡 59
「운양록雲陽錄」 23, 24, 26, 185
원결元結 85
위응물韋應物 85, 337
유명천柳命天 127
유명현柳命賢 127, 280
유사완柳士完 127, 128
유악油幄사건 58
유우석劉禹錫 85
〈유월초십일六月初十日〉 175
유종원柳宗元 83, 85
「유춘오수계서留春塢脩稧序」 325
유혁연柳赫然 58
유협劉勰 89
유형원柳馨遠 16, 311, 313, 315, 376, 377
유효립柳孝立 옥사사건獄事事件 45
『육우당유고六寓堂遺稿』 22, 23, 25, 92, 122, 148, 159, 237
『육일시화六一詩話』 89
윤두수尹斗壽 40
윤선도尹善道 49
윤증尹拯 59
윤현尹晛 40
윤휴尹鑴 19, 49, 53, 54, 58, 59, 73, 76, 182, 194, 251, 259, 262, 267, 274, 276, 280, 283, 302, 303
이가환李家煥 21, 63, 291, 319, 360, 362, 363
이건명李健命 60
이걸李潔 40
이경심李慶深 41
이경환李景煥 365
이계손李繼孫 14, 18, 34~39, 67, 69
이고李皐 34, 67
이공려李公礪 38

이괄李适의 난 44, 45
이광환李匡煥 365
이광휴李廣休 61, 356, 360, 365
이교李蕎 33
이국진李國鎭 48, 122, 289
이극성李克誠 315
이만부李萬敷 321
이맹휴李孟休 47, 63, 320, 348, 358
이명진李明鎭 62, 289, 290, 322, 365
이명환李鳴煥 360
이무李袤 280
이백李白 85, 337
이병휴李秉休 61, 63, 306, 357~360, 365
이삼환李森煥 63, 360, 365
이사언李士彦 38, 67
이사필李士弼 38, 67, 69
이산해李山海 40
이상관李尚寬 39
이상신李尚信 39, 41, 67, 69
이상의李尚毅 14, 18, 33, 39, 40, 42~44, 46, 47, 67~69, 249, 288, 314
이상홍李尚弘 39, 40, 67
이서李漵 13~15, 18, 21, 48, 55, 59, 61~63, 70, 81, 91, 94, 288, 290, 293, 297, 299~301, 304, 306, 318, 321~324, 333 340, 342, 343, 354, 355, 357, 364, 376
이석관李碩寬 280
이석규李碩揆 124, 125
이석령李錫齡 41
「이선생예설유편서李先生禮說類編序」 307
이수광李睟光 314
이숙의李淑義 38, 67
이승훈李承薰 363
이시애李施愛의 난亂 35
이양원李陽元 39
이여명李汝命 130, 133
이영환李英煥 365
이옥李沃 280
이용휴李用休 21, 63, 319, 322, 346, 356~360, 362~365
이우인李友仁 38, 39, 67, 68
이우직李友直 67, 69
이원익李元翼 45
이원정李元禎 58, 281
이원진李元鎭 69, 85, 86, 313, 337
이원휴李元休 357
이유李瀏 18, 34, 67
이유정李有湞의 역모사건 56, 282
이윤방李允芳 34
이은진李殷鎭 48, 288
이응훈李應薰 364
이의인李依仁 34, 67
이이李珥 16, 311, 313, 315, 376~378
이이첨李爾瞻 39
이익李瀷 13, 15~22, 25, 33, 36, 37, 44, 46, 47, 55, 57, 59, 62, 63, 70, 81, 88, 91, 94, 100, 120, 248, 249, 262, 282, 288~290, 292, 296~298, 300, 303, 305~310, 312, 315, 318, 319, 323, 326, 343, 345, 346, 349, 350, 353~360, 364~366, 370, 376~379
이익상李翊相 50, 148
이인거李仁居 작변作變 45
이인덕李仁德 33
이자명李子明 151
「이자수어서李子粹語序」 307
이잠李潛 13~15, 17, 18, 21, 55, 59~63, 81, 94, 262, 288, 293, 297, 299~302, 306, 321, 323~325, 328~332, 336, 343, 354~356, 358, 359, 364, 376, 378
이재덕李載德 365
이재위李載威 357

이정악李挺岳 50, 148
이정환李晶煥 63
이종헌李鍾憲 321
이주진李周鎭 48, 61, 122, 289, 290, 299
이지굉李志宏 40, 67
이지선李志宣 40
이지시李之時 38
이지안李志安 12, 41, 45~48, 67, 308, 315
이지완李志完 40, 42, 43, 46, 67, 69, 313
이지유李志裕 41
이지인李志寅 41
이지정李志定 41, 47, 48, 67, 69, 105, 333
이지천李志賤 67
이진李溍 297, 298, 300, 301, 305, 306
이창환李昌煥 365
이철환李嘉煥 63, 365
이침李沈 61, 62, 290, 321, 322, 356, 358, 365
이학규李學逵 63, 364, 365
이해李瀣 51, 61, 122, 134, 297, 320, 321, 325, 356
이현환李玄煥 365
이형환李亨煥 365
이황李滉 16, 63, 306, 307, 310, 315, 376~378
인목대비仁穆大妃 40
인조반정仁祖反正 12, 14, 40, 42~45, 249, 250, 288
임읍林邑 158
임천林川 138
임취정任就正 41
임포林逋 78, 116, 332
임해군臨海君 39

자

자하子夏 134
잠삼岑參 337
장건張騫 154
장석匠石 128
장성長城 169
장식張栻 147
장안사長安寺 151
장유張維 74
장적張籍 85
장천리長川里 62, 322, 365
장탕張湯 189
장해張楷 114
전개강전開疆(진개강陳開疆) 330
전둔위前屯衛 177
정구鄭逑 16, 63, 307, 377
정득주鄭得柱 63
정보鄭保 34, 67
『정신록精神錄』 325
정약용丁若鏞 16, 63, 290, 292, 293, 306, 359, 360, 362, 363
정양사正陽寺 151
정언옹鄭彦甕 46, 67, 308
정원로鄭元老 58
정인홍鄭仁弘 39
정치화鄭致和 50
정태화鄭太和 280
정현鄭玄 292
제1차 예송논쟁禮論爭 49, 280, 309
제2차 예송논쟁[갑인예송甲寅禮訟] 52, 368
「제신처사문祭申處士文」 325
조경趙絅 280
조령鳥嶺 188
조사기趙嗣基 280
조위명趙威明 280
조하주曹夏疇 63

종각宗殼　158
종성鍾城　137, 138
종요鍾繇　83
종자기鍾子期　128
주무숙周茂叔　247, 248
『주문공가례朱文公家禮』　59, 78
중향성衆香城　150
「진양록晉陽錄」　24, 184
진자앙陳子昂　337
진주晉州　187~189, 191, 193, 194, 213

통원보通遠堡　167
통주通州　169

파

팔계八溪　207
『팔도지리지八道地理志』　146
포은圃隱 정몽주鄭夢周　34
풍전豐田　154
「피서북서避暑北署序」　325
〈피혐避嫌〉　25, 236

차

차옥次玉　56
차윤車胤　117
채제공蔡濟恭　306
「책기잠責己箴」　325
『천금물전千金勿傳』　59
「천보산불암사기天寶山佛巖寺記」　325
철령鐵嶺　154
첨성리瞻星里　17, 37, 63, 249
청량포淸凉浦　300
청룡담靑龍潭　150
『청운거사유고靑雲居士遺稿』　325
촉석루矗石樓　213
최명길崔鳴吉　182
「친정계병서親政契屛序」　325
칠성산七星山　353
〈칠월초일일七月初一日〉　168

하

학포鶴浦　154
한명회韓明澮　34
한유韓愈　83, 85, 134, 194, 337
해산정海山亭　158
향로봉香爐峰　151
허견許堅　56, 58
허목許穆　16, 46, 49, 53, 56, 58, 63, 75, 182, 194, 259, 262, 267, 274, 276, 280, 283, 303, 307~309, 315, 377
허적許積　13, 53, 54, 56, 58, 59, 251, 259, 280, 281
허전許傳　16
『홍도선생유고弘道先生遺稿』　333
홍우원洪宇遠　54, 58, 182, 262, 267, 274, 276, 280, 283
화적연禾積淵　156, 157
황덕길黃德吉　16
황중희黃宗羲　309
흑룡담黑龍潭　150

타

탁천장濯泉莊　356, 365